遵义市民宗委铸牢中华民族共同体意识研究基地资助

陈季君 著

播州土司文化与国家认同研究

Bozhou Aboriginal Culture and National Identity

中国社会科学出版社

图书在版编目（CIP）数据

播州土司文化与国家认同研究 / 陈季君著. -- 北京：中国社会科学出版社, 2024. 12. -- ISBN 978-7-5227-4743-9

Ⅰ. D691.4

中国国家版本馆 CIP 数据核字第 2025AH5705 号

出 版 人	赵剑英	
选题策划	宋燕鹏	
责任编辑	王正英	宋燕鹏
责任校对	王文源	
责任印制	李寡寡	

出　　版	中国社会科学出版社	
社　　址	北京鼓楼西大街甲 158 号	
邮　　编	100720	
网　　址	http://www.csspw.cn	
发 行 部	010-84083685	
门 市 部	010-84029450	
经　　销	新华书店及其他书店	

印　　刷	北京明恒达印务有限公司
装　　订	廊坊市广阳区广增装订厂
版　　次	2024 年 12 月第 1 版
印　　次	2024 年 12 月第 1 次印刷

开　　本	710×1000　1/16
印　　张	21
插　　页	2
字　　数	355 千字
定　　价	118.00 元

凡购买中国社会科学出版社图书，如有质量问题请与本社营销中心联系调换
电话：010-84083683
版权所有　侵权必究

序

在这部《播州土司文化与国家认同研究》即将付梓之际，作者陈季君嘱我作序。我知道，这是作者完成国家社科基金项目的最终成果，鉴于本人对土司制度还略知一二，也就欣然答应了。

我与陈季君相识是在10年的第三届"土司制度与土司文化国际学术研讨会"上，当时她带队（遵义师范学院团队）参会，表现出对土司制度问题研究的极大热情。我了解到，陈季君研究土司问题起步较早，特别是对播州土司研究较为深入。2014年，她申报国家社科基金课题时，我是知道的。因此，她申报成功后，即向她表示了祝贺。现在课题已顺利结项，且研究成果即将出版，更值得祝贺了。

土司文化与国家认同是土司研究中的新课题、新领域，对土司研究的深入曾起到了极大的推动作用。而早在9年前，作者陈季君即抓住这一在当时最新的研究领域，充分说明了她是极具学术眼光的。

土司制度是元明清三朝在西南地区及西北地区推行的一种特殊的统治方式，即由中央政府任命少数民族首领为世袭地方官，并通过他们对各族人民加以管理，达到加强对边疆民族地区统治的目的。这可以看作是行省之内实行的双轨制，即在同一行省之内，既有由流官管理的府州县，也有由土司管理的地区。因此，土司制度也是一种地方行政管理制度，体现了国家对边疆地区的治理。它是中国古代社会政治运作和政治文化的创举，对中国古代边疆治理、开发和多民族统一国家的形成和发展产生了重要影响。它是边疆少数民族地区由"化外"到内属的重要过渡阶段，也是自元代以来，边疆与内地逐渐一体化的具体体现。因此，我们说，土司制度的创建与推行，其历史作用是不容否定的。而本书所论及的土司文化与国家认同，可以说是抓住了土司制度推进的实际效果及其重要的历史作用这一核心点。

本书以播州为例，详细阐述了土司地区的国家认同问题。在此之前，已有很多论著谈及土司地区的国家认同问题，但给人的感觉似乎与土司制度关系不大，好像放在其他民族地区也可以。细观本书，在这个问题的论述上的确有自己独到的见解。

首先，本书建立了自己的一套话语体系。虽然是讲播州土司，但颇具代表性，因为它是紧扣土司制度而言的。我们可以清楚地看到它完整的知识体系和论述框架。本书除第一章是讲播州自然环境、历史沿革与民族分布外，自第二章起，分别阐述的是：从羁縻制转变为土司制，催生了土司地区国家认同的萌芽；土司制度的建立与推行，为土司地区的国家认同创造了条件；文化认同是土司地区国家认同的基础；土司地区国家认同的方式是中心与边缘的互动，是中央王朝与土司的双向选择，互相认同；而认同的过程则是民族地区与中央王朝长期交往的过程，是一个渐进的过程，也是一个从自在到自觉、从模糊到清晰的过程；土司地区国家认同的实质，是少数民族逐渐融入中华民族大家庭的过程，反映了西南少数民族的进步与发展。这是紧扣土司制度谈土司地区的国家认同，思路清晰，论述中肯，且层层递进，给人耳目一新的感觉。

其次，在具体问题的论述上，也多有精彩之处，同样是令人信服的。如论述土司地区的国家认同的方式，指出："首先是土司的国家认同。而土司与国家认同则是双向认同。通过推行土司制度，中央王朝制定了对土司的任命、职衔、品级、承袭、贡赋等制度，用以笼络、约束、管理土司。中央王朝颁给土司号纸（委任状）、官印，承认土司在其管辖区的管理权；土司则要承认中央王朝的正统地位，按规定进行朝贡，缴纳赋税，并听命于中央王朝的征调。这种双向认同，保障了土司制度的稳定性。"土司的国家认同，"进而影响、带动广大土民的国家认同，这符合土司时期的客观条件，毕竟率先与中央王朝联系的是土司，而广大土民只能是在土司对国家认同之后，随着土司地区与内地的联系不断增强以及汉文化的推广，广大土民的国家认同随之逐渐萌生。随着朝廷征调的不断出现，众多土兵参与到国家的行动之中；随着逐年缴纳赋税，广大土民逐渐认识到自己是朝廷的臣民；随着儒学的兴办，科举的推行，相当一批人感到了朝廷的召唤与优待"。这段论述，紧扣土司制度的推行情况，进行了准确的概括，让我们深切感到在土司制度下，土司地区国家认同的长期发展过程。

最后，作者对本课题做了高屋建瓴的总结："这是一个重要的历史学术问题，其意义在于科学阐明西南边疆土司地区各民族内向凝聚于中国的历史进程，以及中国边疆与内地逐渐融为一体的必由之路。"正因为作者有这样清醒的认识，才会有本课题的申报成功，以及本书的圆满完成。

我们知道，有关土司问题的研究，这些年有了长足的进步。毫无疑问，本书的出版，必定会在当今研究的成绩上记下浓厚的一笔。可以想见，本书的出版会对土司问题的研究起到积极的推动作用。

最后，我想说的是，土司研究，任重道远，特别是在中国土司遗址申遗成功后，土司研究得到了海内外多方面的关注。因此，形势要求我们站在时代的前列，引领土司问题的研究，建立起我们自己的话语体系。希望作者与广大的土司问题研究者共同努力，坚持攻关，不断拿出令人信服的创新成果。

是为序。

李世愉

2023 年 5 月 10 日于北京

目 录

绪 论 …………………………………………………………………（1）

第一章 播州自然地理环境、历史沿革与民族分布 ……………（20）
 第一节 播州自然地理环境 ……………………………………（21）
 第二节 政区沿革 ………………………………………………（30）
 第三节 民族分布 ………………………………………………（45）

第二章 宋元明播州地方势力的形成与演变 ……………………（62）
 第一节 杨氏家族入播及王朝对播州的羁縻统治 ……………（63）
 第二节 宋代播州杨氏势力的巩固与发展 ……………………（67）
 第三节 元代杨氏领播州宣抚司 ………………………………（73）
 第四节 明代杨氏领播州宣慰司 ………………………………（78）
 第五节 播州境内的其他土司 …………………………………（85）

第三章 土官—土司制度在播州推行与地方治理 ………………（96）
 第一节 土司机构和官员设置 …………………………………（96）
 第二节 土司的任命、承袭和升迁、惩处 ……………………（107）
 第三节 朝贡纳赋 ………………………………………………（117）
 第四节 守土与征调 ……………………………………………（124）
 第五节 土司地区的阶级关系 …………………………………（128）

第四章 从王朝认同到华夏认同 …………………………………（133）
 第一节 民族的交融与汉文化的传播 …………………………（133）

第二节 播州土司文化与华夏认同 …………………………（162）

第五章 播州土司国家认同向地域社会的渗透 …………………（175）
第一节 经济发展 …………………………………………（175）
第二节 文化教育的发展 …………………………………（200）

第六章 播州土司地区国家认同过程的波折与增强 ……………（217）
第一节 国家认同的方式 …………………………………（217）
第二节 国家认同的过程 …………………………………（224）
第三节 国家认同的危机 …………………………………（236）
第四节 国家认同的巩固 …………………………………（256）

结语 从播州土司看西南土司地区的国家认同 …………………（271）

附录一 关于播州杨氏家世资料的考察 …………………………（294）

附录二 播州杨氏土司墓群揭秘的播州史事 ……………………（303）

参考文献 ………………………………………………………………（320）

后 记 …………………………………………………………………（329）

绪　　论

本书通过对播州土司的个案研究，力图较全面地呈现中央王朝对少数民族聚居的边远地区的治理体系，如何从羁縻性质的土官制到土司制，再通过"改土归流"将它最终纳入郡县制的长时段变迁。播州地方势力从其兴起到播州土司因作乱而亡于明军征讨，从一个侧面体现了中国西南紧贴内地的少数民族地区与内地治理体制一体化的曲折进程。

播州土官和土司，是联系黔北少数民族社会与古代中国王朝政府的重要的咬合环节。边远民族对于古代中国的国家认同，以及边远人群在逐渐加强与内地民众互动的过程中逐渐被纳入一个多元而统一的政治—文化凝聚体之中，都经过土官—土司的重要纽结作用才得以实现。可以说，大一统国家的王朝文化，从各个方面浸入土官—土司文化，再经过土官—土司文化向地域文化渗透。研究播州土司文化的意义，正是从这样的认识背景中被鲜明地凸显出来。

一

作为一个历史地理区域，播州约当今之贵州省北部地区。唐贞观九年（635）置郎州，后省去；贞观十三年复立为播州。其地处于川、黔、湘三地交界处，西北通巴蜀，东连湖南，是从中原进入贵州的重要门户。

播州杨氏，就是在这片自然条件相对优越的土地上经数百年发展而形成的一个强大的少数民族地方势力。历史地理学家谭其骧先生认为："西南夷族之大，盖自汉之夜郎，唐宋之南诏、大理而外无出其右者。元明之世有'思播田杨，两广岑黄'之谚，言土司之巨者，实则田、岑、黄三姓，亦非杨氏之比也。"①

元明时人言及播州杨氏地方势力，多有"邦宪（指宋元之际的杨邦宪）世袭播州十八世"一类说法。这可能是把播州地方的真实历史简单化了。自唐衰亡至五代中叶，该地大约处在一个覆盖范围更大的西南地方势力控制之下。943年，"南宁州酋长莫彦殊率其本部十八州、都匀酋长尹怀昌率其昆明等十二部、牂柯张万浚率其夷、播等七州"归附南楚。播州由是成为南楚的羁縻地区。《资治通鉴》晋天福八年载："宁州酋长莫彦殊以所部温那等十八州附于楚；其州无官府，惟立牌于冈阜，略以恩威羁縻而已。"②此时播州的状况，应与南宁相类似。

北宋中央政府与播州杨氏的接触始于11世纪下半叶。这时他们已获知杨贵迁在西南以"杨通判"闻名（当出于自我夸饰），"在夷人中最强盛"。熙宁六年（1073），他因本人年老，遣子光震、光荣奉贡入朝。兄弟两人分别获得三班奉职和三班借职的武职官阶。③这属于武臣自三班借职上升到节度使的二十七官阶中资级最低的两等本官阶。本官阶在宋代流内官系统中是官员领俸的依据，故又称寄禄官。对杨氏来说，这主要体现的是朝廷的恩宠。官员所承担的实际职事称差遣。杨贵迁的数代后人所任相当于流内差遣的职事为巡检或都巡检，此职在宋代前期之后一般都由官位较低的人担任（流内本官俸禄仅二百石），主要职责是维持地方治安。杨氏所任属于南平军管下"播州夷界"的羁縻巡检。这里的"播州"只是地域名称，而不成其为一个政区单元。

宋朝在播州地方设立羁縻建制后不久，分为两支的杨氏家族就因内讧分别向宋廷献地求内附。他们的请求被拒绝。大观二年（1108），杨文贵再度向宋朝献地。宋朝于是在那里设遵义军及播州（领三县）。军、州建制在十数年后撤销了，成为宋政权欲将播州纳入郡县制的直接治理体系的失败记录。

大观年间的播州及遵义军建制，很容易被人误解是杨氏羁縻州、

---

① 谭其骧：《播州杨保考》，《贵州民族学院学报》1982年第1期，第1页。
② 参见李晓杰《中国行政区划通史》（周振鹤主编），"五代十国卷"，复旦大学出版社2014年版，第638—639页。该书并注曰："邓之诚据《新五代史》卷66《楚世家·马希范》所载之文，疑其时马氏已据有全黔，唯史无明文，其待详考。"
③ （宋）李焘：《续资治通鉴长编》卷245，熙宁六年五月癸卯，文渊阁《四库全书》，第318册，台湾商务印书馆2008年版，第172页。

军。但是实际情况并不如此。政和六年（1116）九月，"播州夷贼攻州城。义军巡检田祐裨等击却之"。此处所谓播州夷贼，即"以杨文贵地建遵义军，以南平夷人地为播州"①语境中的播州杨氏一支。播州杨氏进攻播州城，充分证明播州是郡县制下建立在杨氏地盘上的正州。《宋史·地理志》枚举了边地州军管辖的极多羁縻州。可是它并没有把播州列为羁縻州。

据《宋史·地理志》，南宋端平三年（1236），"复以白锦堡为播州，三县仍废"。嘉熙三年（1239），"复设播州，充安抚使"。此时"复设"的播州，大概率就不再是正州，而已变成了由杨氏充任长官的羁縻州。至少在开庆元年（1259），我们发现杨文的官号已是"知播州［事］"。获得这个官号的，应可能是杨文之父杨价，他的寄禄官等第已迁至正刺史。杨文之后，知州官号被杨邦宪所承袭。由此可知，播州成为杨氏控制下的羁縻州，应当始于南宋理宗朝。这比它的东邻思州田氏被立为羁縻知州，晚了一个多世纪。②

元灭南宋后招谕西南民族地区。杨邦宪奉播州之地内附，元授之以播州等处管军万户、播州军民安抚使的官号。其子杨汉英继位后向朝廷提出："向所授安抚职任，隶顺元宣慰司，其所管地，与四川行省为近，乞改为军民宣抚司，直隶四川行省。"元廷遂将绍庆、珍州、南平等地区的部分边缘蛮荒地带移属播州，新建立一个"沿边溪洞宣慰使司"，以杨汉英为宣慰使，并让他以这个大半只是名义上的宣慰司派出大员的身份"行播州军民宣抚使"，而他的真正职事仍是播州安抚使。③此后直至入明后改授宣慰使职任，播州杨氏的正式官号应当一直是安抚使。但因为杨氏曾兼有行播州军民宣抚使及沿边宣慰使的名义，所以《元

---

① （宋）李埴：《皇宋十朝纲要》卷15，徽宗大观三年正月，中华书局2013年版，第421页。

② "高宗中兴，复以务川城为思州。就以田祐恭为守令。领县三，治务川。"绍兴二十六年（1155），"起复武翼大夫兼阁门宣赞舍人、充思州都巡检、通管州事田汝端知思州"。田氏正式获得知州官号前，似亦以"充思州都巡检"的身份"通管州事"。思州在《宋史·地理志》里两见，既被记入邠庆府羁縻州中，又作为正州被单列出来。恐怕就是因为它在北宋晚期经历过一个短暂的建置正州的时期。播州成为羁縻州已入南宋晚期，因此未见于南渡前的羁縻州序列。

③ 《元史》卷63，"地理志六"。志文虽以间注形式保留了上引史料，对播州则仍用"军民安抚司"的旧称。这样的处理是比较得当的。但该书《杨赛因不花传》将虚授给杨汉英的宣慰使官号误按到杨邦宪头上，则是一个错误。

史·杨赛因不花传》说元世祖时改播州安抚使为宣抚使，文献偶尔也有称杨氏在元代为宣慰使的。此皆以其虚衔而夸美之耳。

杨氏以宣慰使治播，始于杨铿。据15世纪后期一名播州宣慰司"随司办事长官"张渊的追述："洪武初年，有播州沿边安抚司安抚使杨铿率属投顺。钦蒙改安抚司为宣慰司，升杨铿为宣慰使，抚治民夷"。故万斯同《明史稿》称："元播州沿边安抚司，洪武四年为播州宣抚司，寻升为宣慰使司。"①

万历二十九年（1601），明朝发动震惊全国的平播战争。经过数月激烈征伐，官军攻下播州土司最后一个军事城堡海龙屯，杨应龙兵败自杀。同年，朝廷将播州宣慰使司一分为二，分置遵义军民府与平越军民府，以遵义军民府隶四川，平越军民府隶贵州。

从20世纪70年代出土的《杨文神道碑》来看，我们现在所知播州杨氏的世系谱，最早编撰在宋元之际。但这部家谱在元代业已佚失。在明初编修《元史》时，杨氏家族又向史馆提供了一部新编成的家传。后出的这部家谱资料，对杨粲（历史文献有写作杨璨的）以下各代的记录，基本符合史实。从杨粲上溯至杨贵迁的世次，已从过去记录中的九世被压缩为七世；而自杨贵迁以上的家系及事迹，则只能视为播州杨氏的"传说时代"。因此我们在使用有关杨氏的元明材料时，必须保持慎重态度，若无同时代文献佐证则不予轻信。

二

土司之名首见于明代，指土官衙门而兼及土官。《明史》在列述湖广、四川、云南、贵州及广西土司之前的"土司"总叙里写道，以土官、土吏自保其地始于汉代，"迨有明踵元故事，大为恢拓。分别司郡、州、县，额以赋役，听我驱调，而法始备矣"②。据学术界已大体形成的共识，土司制度始于元，发达于明。

到宋朝时，专制君主官僚制的中央集权治理体系对贴近汉文明边缘的少数民族区域所采用的羁縻政策，已经非常成熟。所谓羁縻，实质是

---

① （明）何乔新：《椒邱集》卷32，"奏议集略"；（清）万斯同：《明史稿》卷81，"地理志三"。《明史》谓杨铿以元宣慰使之职归附明朝，而仍旧职业。此说或不如何乔新、万斯同所记为确。

② 《明史》卷310《土司传》，中华书局1974年版，第5345页。

"不深治也"，即通过间接统治方式来实现治理。它具有三个特征。一是从当地部众或人群中选用长老酋首等作为政府官员，就地管理那里的民事。二是在民事法及轻罪范围内，"同类相犯，各从本俗法"。但凡犯徒以上刑法，涉及不同部众成员或涉及部众与编户百姓之间的案件，则须提交上级部门处置。三是这类特殊的地方官员许父子、叔侄或由正妻世袭，虽也得以据年资功绩提升官资品级，但不入流转，其所担任的执事官本职大体不变更。

宋代文献似无对这些羁縻官员的专称。当时人偶尔把地方上协助官府办事的乡老一类人物乃至沿边民族聚居区内未经政府封授的酋首泛称为土官。① 到了元代，土官一语被普遍地用来称呼西南及中南民族聚居区的羁縻官员。非常有意思的是，羁縻却几乎不再作为形容词用以界定土官所执掌的政区。元人骄傲地宣称："白雉来远夷之贡，火浣献殊域之琛。岂若前代直羁縻之而已焉"；"大哉皇元，极其全盛。二祖开辟，传于列圣。炎海冰天，日本、月氏，皆为郡县，不止羁縻。"② 元代的"天下"观里掺杂着蒙古世界帝国的遗留影响，从宏观角度冲淡了汉—唐—宋思想文化传统中华夷之辨的观念。

元代土官制度始于大蒙古国经略大理的时期，后来扩展到南宋的西南旧土。③ 但是元代土官制度的实际形态，与上面概括的两宋羁縻制度的三项特征基本一致。在这一层意义上，把两宋和元代治理汉地近边民族地区的制度看作属于同一体系，合称为宋元时期的羁縻—土官制度，似乎是比较妥当的。

与前代相比，明清土司制度的特点表现为以下三点：一、后者确立了一套从形式上明确区别于流官系统、专用于任命土官的官僚序列，即宣慰司、宣抚司、安抚司及长官司；二、在土司机构里参用若干汉族流官或佐理人员；三、对土司征收定额常赋、对土司的行政管束等方面都

---

① 前者如南宋初浔州知事杜天举奏："广西列郡无教官。昨沈晦请于土官内差拨教谕，未足为后进模范。乞令见任有出身或特奏名兼摄。"后者如"湖南管下溪峒归明土官，除本峒弹压山猺，即无系本路诸州添差职任外"云云。后一语里的土官，系泛指民族地方酋首而言。见《舆地纪胜》卷110，"广南西路·官吏"引"系年录"；（宋）李纲：《相度归明官任满论易奏状》，《梁溪集》卷76。

② （元）释念常：《佛祖历代通载》卷22；（明）蒲道源：《朵里直神道碑》，《闲居丛稿》卷16。

③ 翁独健主编：《中国民族关系史纲》（下），中国社会科学出版社2000年版，第549页。

逐渐被纳入日益严格的制度化轨道。

《明史》所谓"有明踵元故事",很容易造成读者误解,在很长一段时间我们以为明朝土司制度与元朝土官体系大同小异。但是若围绕上面三点加以比较衡量,二者之间应该说是异大于同。再说,土司之名未曾见于元代文献。① 不过二者差异远不止在是否以土司称呼土官衙门的命名问题。

宋朝未设宣慰使。元、明在边疆民族地区均设有宣慰使司,往往被看作"有明踵元故事"的一个重要证据。再仔细研究发现,其实两朝宣慰使制度大不相同。在明朝,宣慰使专属于土官武职系列,宣慰使司是负责管领最高一级土官辖区的土官衙门。元朝则在距行省统治中心较远地区普遍设立宣慰使司,协助行省就便处理军民之务,兼有行省派出机构和介于省、路之间的一级军政机构的性质。当时常设的宣慰使司有近三十处,其辖区的正式名称为"道"。管领边疆民族地区的宣慰司,如罗罗斯宣慰使都元帅府、乌撒乌蒙宣慰使司、八番顺元宣慰使都元帅府等,都是既有正职流官到任,又并用正职土官参治。所以它们还不能被全然看作是土官衙门。也有一部分设置在极边地区的宣慰司或军民府,属于土官建制,如车里宣慰司、木连军民府、木邦军民府等。

《元史》卷九十一《百官志七》"宣慰司"条说:"其在远服,又有招讨、安抚、宣抚等使,品秩员数,各有等差。"宣抚、安抚等使,在元前期多属于中央派往各地的特使,或镇守边地的军民兼管长官,除在"远服"有若干注授土官外,大都由流官担任。直到元中晚期,史料中仍有以这等官职指派内地流官的记录。② 土官中职位较低的长官司,亦非专属土官的职名。除"西南夷诸溪洞各置长官司"之外,《元史·百官志五》"储政院"等许多条目下,罗列了办理中宫财赋、营造供给等事的中政院,以及负责管领徽政院、皇族各成员私人事务和私属人口的

---

① 戴晋新:《〈元史〉记载有"土官"而无"土司"的历史解读提要》,《第八届中国土司制度与土司文化国际学术研讨会论文集》,第34页。
② 如至顺二年(1331)二月,"中书平章政事亦列赤兼沈阳等路安抚使",见《元史》卷35《文宗本纪四》。延祐二年(1315)正月,"诏遣宣抚使分十二道问民疾苦,黜陟官吏,并给银印"。见《元史》卷25《仁宗本纪二》。后至元元年(1335),授脱脱金紫光禄大夫,"兼绍熙宣抚使"。见《元史》卷138《脱脱传》。至正二十五年(1365)六月,皇太子加李思齐中书平章政事,兼四川行枢密院事、虎符招讨使。见《元史》卷46《顺帝本纪九》。

许多部门，都有长官司建制。在职官名称不区分流土方面，元代体制确实更接近宋代羁縻制，而不是明代的土司制。

"任何一种制度之创立，必然有其外在的需要，必然有其内在的用意。"① 在目前可见到的元代史料中，确指被朝廷封授的民族地方酋首为土官，始于大德二年（1298）。② 这比起元廷最初在云南委任后来称为土官的当地民族酋首要晚近半世纪。1254年，日后的元世祖忽必烈以皇弟身份率师从陕西南攻云南，灭大理国。他"留大将兀良合带戍守，以刘时中为宣抚使，与段氏（指降附元朝的大理国王族段信苴日）同安辑大理"③。自此，云南先后经历大蒙古国的军事统治时期和元朝将云南纳入行省—郡县治理体制的时期。很多部落先是就地被编为万户（如以于失部为于失万户）、千户（如以落温部为落温千户）或百户（如以么些徒蛮步雄之孙龙锸所部立为百户），后来又分别改为路（偶有改为宣慰司的）、州、县。灭南宋后，原来设立在南部中国的诸多羁縻州县也都改授新朝土官；于是在旧宋版图上出现一批沿用宋制的宣抚司、安抚司等土官建制。因此可以说，元代土官制度包含两个来源：一是由大蒙古国的间接统治遗产融入元朝专制君主官僚制后产生在云南的土官系统；其二则是元所继承的宋代羁縻制度。即所谓"制度有别，名称各异"。

以上认识能否成立，还值得进一步予以辨析。由此引出的一个涉及更宏观层面上的问题是：究竟是把土司制度的形成一直追溯到元代，或者把元代土官制度看作是从唐宋羁縻制向明朝土司制转型中的一个过渡时代更为合适？④ 任何一种制度的创立，不可能是凭空一蹴而就的，它必定有渊源，应是逐渐创立的过程。它的消失也不会忽然无端消失了，它必有流变。所以，我们把元朝土官制度看成是明代土司制度的草创未就时期。

---

① 钱穆：《中国历代政治得失》，九州出版社2012年版，第2页。
② 该年十月，"立平珠六洞蛮夷长官司二，设土官四十四员"。见《元史》卷19《成宗本纪二》。
③ 《元史》卷4《世祖本纪一》，第59页。
④ 本节文字的写作，受到姚大力先生在复旦大学主办的《元明清西南民族与边疆史地国际学术研讨会》（2023年11月18日）上的主旨发言《明清土司问题蠡测三则》，以及会后几次与他交流的启发。谨此致谢。

土官、土吏由来已久，但不同于明代才有的"土司"，而明代的土司"名目淆杂，难于缕析"①。土司和土官，只是土职的泛称，具体名称极其复杂，同时因时因地而异，并非完全统一。有学者认为："土司制度下的土官是指明清中央政府在推行西南、中南及西北实施土司制度的地区任命少数民族首领充当世袭地方官的统称。土司不仅指与土官官名相联系的政权机构或衙门，而且指元明清政府在土司地区任命的世袭地方官本人。"② 为了研究的方便，本书把元朝播州土官制度与明朝土司制度合称土官—土司制度，把元明播州杨氏统称为播州土司。

三

本书研究的主题，是播州土司文化以及播州土司社会对王朝国家认同的形成与发展。这里说的土司文化，也包含宋元时期播州的上层文化，即主要流行于直接统治该地的羁縻官—土官的小社会中，并向下渗透、扩散到下层社会，甚至还渗透、扩散到土司直接控制地域之外各旁近人群的文化。

李世愉先生十分精辟地指出：土司文化"是'土司制度'推行过程中的产物"；"土司文化不能简单地等同于民族文化、乡土文化"③。把他说的这两层意思综合起来，土司文化应可以理解为是以土官—土司为文化中介，而在相关地域内形成的种种文化表达，或曰文化现象。本书是在最广泛的意义上使用"文化"这个词的。它指通过学习而传播、承继的各种行为方式，以及被人们作为社会成员而习得的各种思维模式。文化包括了技术、语言、群体组织范式，以及意识形态等各个方面。

"夜郎自大"。这个典故很生动地说明，任何一个具有一定规模的人群，都会很自然地从自身文化中心论的立场去看待本人群与周围其他人群间的相互关系。在传统中国，推动边缘人群改变"夜郎自大"心态的最大的驱迫力，大概来自中央王朝的版图拓展及其对边缘地带统治

---

① 戴晋新：《读毛奇龄〈蛮司合志·序〉》，《第八届中国土司制度与土司文化国际学术研讨会论文集》，第63页。
② 李良品：《中国土司学导论》，中国社会科学出版社2017年版，第28、31页。
③ 李世愉：《试论"土司文化"的定义与内涵》，《遵义师范学院学报》2014年第2期。

的不断深入。由于"地里阔远，人户散处，于政不便"，为减低统治成本，中央政府对邻近汉地周围的山野地荒之处的治理，在相当一段时间内只能间接地依赖当地酋首才能实现。① 土司因而发挥了将王朝国家与"夷人"社会纽结在一起的不可或缺的链节功能。

就像是一块"三明治"，王朝文化不但直接影响和浸润了夹在它与最下一层即边地民族社会之间的土司这个中间层，并且透过土司层对王朝文化的接纳、仿效乃至有意无意的扩散而影响到边地民众之中。一个社会接受外来文化的影响，往往开始于社会上层；社会下层起初选择的总是相对保守的态度。因此，边疆民族社会里的土司层，在推动王朝文化对边疆民族地区的传播方面，起着十分关键的作用。而当地民族文化也主要通过土司的组织介入，获得在国家文化平台上的展示。从这个思考角度，也许可以把土司文化定义为在王朝国家、土司和边疆民族社会三者间的互动过程中所产生的各种文化现象。

王朝国家与土司间相互关系的核心，无疑是政治上统治与被统治的权力关系。因此土司文化的核心，就必然位于从确立王朝与土司间权力关系的一系列制度和政策中衍生出来的政治文化层面。王朝国家与土司间的册封—朝贡制度，和它与"徼外"政权之间册封—朝贡关系的最大不同是，给予土司的职名官号（无论与流官共享或专属于土官系列）完全被纳入专制君主下官僚制的等级框架之中，土司由此成为专制君主不折不扣的"臣下"。朝廷颁授给土司的一整套礼节书仪、朝贺服饰、印信符节、日历正朔、贡纳和从征条例、加官、死后封赠等，一方面固然体现了对土司作为专制皇帝的"臣下"必须承应的种种"强制性"身份约束，另一方面也是土司乐于接受甚至是急切追求的。因为这些都是从地域社会内部无法获得的非常重要的合法性资源，可以极大地提升、强化土司家族统治当地人群的权威地位。

---

① 这里举一个例子。北宋后期，因"边臣起衅，奏请置州拓境，深入不毛"，遂在广南西路新置平、观等十二州。不久因难以维持，被迫撤废。边吏乞存平州。"岁费钱一万四千四百一十八贯六百文、米一万一千一百二十五石有奇。州无租赋户籍，转运司岁移桂、融、象、柳之粟以给之，及徙融州西北金溪乡税米四百九十余石隶怀远，……况守臣到任，即奏推恩其子，州、县、砦、堡例行迁官酬赏，而税场互市之利又为守臣边吏所私，独百姓征戍转输之苦，诚为可悯。"（《宋史》卷495《蛮夷传三》，中华书局1977年版，第10957页）。

土司政治文化的一个客观的、积极的历史功能，是它有力地推动了边疆民族地区对中央王朝的国家认同。葛兆光先生认为从唐宋以来一直由国家、中央精英和士绅三个方面合力推动的儒学（理学）的制度化、世俗化、常识化，使得来自儒家伦理的文明意识从城市扩展到乡村、从中心扩展到边缘、从上层扩展到下层，使中国早早地就具有了文明的同一性。对文化或文明的认同，促进了中国古代民族国家的凝聚，形成了国家的"共同体"，这个共同体是实体的，而非"想象的"。中国古代形成了以黄河流域为中心的古文明，分布于黄土高原的古文明迅速发展，在国家制度、生产生活方式、文化发达与成熟方面，远远超过周边地区的民族，从而形成了一种吸引力，吸引周边民族向中心靠拢，这种文化优势吸引周边的民族并融合、同化这些民族。古代中国特别注重通过建立文化优势来处理同周边民族（国家）的关系。所以，儒家强调用"文德"招徕远人，而不诉诸武力。中国古代也有分裂，但其最终的结局都是走向统一。究其原因："一是有覆盖更广的'汉文化'，二是经历了秦汉一统，习惯认同早期的'华夏'，三是中心和边缘，'汉族'和'异族'有大小差异。"[①] 正是由于以上的原因，古代中国的政治、文化和传统得以一直延续。

国外的学者同样认为，儒家文化是土司地区国家认同的重要内容，如西雅图华盛顿大学教授郝瑞（Stevan Harrell）提出清代在边疆实行"儒家文明工程"（Confucian Civilizing Project），认为清代对于西南苗、瑶、彝、壮、佬等南方少数民族的治理中儒家教化的色彩非常浓厚。[②] 这其中包含了两层意思，一是西南等少数民族地区国家认同的核心为文化认同；二是中央王朝以文化为载体，对西南等地区的少数民族进行教化。

播州土司文化是土司制度在播州地区推行时产生的一种特殊的历史现象，是土司制度与播州民族文化结合的产物。其内涵可以理解为"土司制度在播州推行期间，在播州社会各个方面、各个层次引起的变化、影响

---

① 葛兆光：《宅兹中国：重建有关"中国"的历史论述》，中华书局2011年版，第25页。
② Harrell Stevan, *Ways of Being Ethnic in Southwest China*, Seattle：University of Washington Press, 2001, p. 12。

和反映的总和，它涵盖了播州社会生活的方方面面，有物质形态的，也有非物质形态的。实际上，我们可以把它看作是"播州的土司文化"。

并非播州地区所有的民族文化都是播州土司文化，播州土司文化产生于播州土司存续期间，只有播州地区的民族文化与土司制度发生关联时，我们才称之为播州土司文化。不能简单地把播州地区所有的民族文化、乡土文化都归属于播州土司文化，它的内涵是民族文化与中原文化混合型文化。播州各民族在独特的地域环境中创造了多彩绚丽的民族文化。播州民族文化构成上呈现出非汉文化的色彩，非汉文化中，呈现出明显的仡佬文化特色。在播州民族文化发展的过程中，中原汉文化及播州地域的其他非汉文化如仡佬、苗、彝、土家等文化相互交融、碰撞、融合，随着汉文化的传播逐渐深入，汉文化对其影响呈现明显增强的趋势。在播州的历史上，无论是羁縻时期，还是后来的土司时期，随着中原王朝对播州区域统治的不断强化，以儒家文化为核心的中原文化不断以各种方式进入播州社会，在强势的汉文化的冲击下，播州民族文化上的非汉特色逐渐减弱，进一步融入汉文化之中。尽管如此，播州民族仍保留其多彩的面貌，在不同的历史时期呈现出不同的特点。

播州土司文化保留许多民族文化的成分，并显示出逐渐认同于华夏主流文化趋势。杨氏提倡汉文化，以儒家道德标准为核心价值观。文化认同是播州土司国家认同的思想基础，这种认同的趋势在播州土司历史遗存中得到了较充分的展示。体现了土司制度下边远少数民族地区的相对独立性及其与华夏核心的一体性。土司制度在一定的历史时期有利于多民族的交流与融合，有利于多民族国家的统一。

四

所谓认同，应是源于心理学的一个概念，指个人或人群对自己身处其中的某个群体的集体身份意识与集体归属感。个人可以同时处于很多种范畴，诸如性别、职业、阶层、政党团体、亲属、地域、族群或民族、国家、文明等等范畴的群体之中。这些归属感可以在人们意识中并存不悖，也可能在某种程度上互相支撑或互相抵触，在某些社会条件下还可能互相对立或互相颠覆。有些表面上看来是先验的、生而固有的、不可变更的归属意识，其实也是后天塑造的、流动的、随环境而变化的。

在古代的中国，国家认同主要发生在参与王朝国家统治体系运作的官僚群体和作为国家候补官员的知识分子中间。"但是，由于占统治地位的意识形态向其他社会群体的渗透，也由于中央集权制国家的权力至少已部分地直接伸向民间，这种认同在一般民众中间也或多或少地存在着。"① 如果说在当代社会公共事务中，占有最显著地位的，是民族和国家这两种认同，那么在传统中国历史上，国家认同的重要性，可能要高过对这个或那个历史民族的集体归属感。传统时期中国人的国家认同对于历史中国的疆域及其内在凝聚力不断扩大与强固的积极意义自不待言。这是我们在估价土司政治文化的历史意义时必须重点予以强调的。

本书研究的中国古代国家认同是指边疆地区少数民族的"中国认同"或者"中原认同"，换言之，就是他们对自身属于"中国"或者"中原王朝"的认知，由此而产生的强烈持久的情感，以及自觉地去维护中原王朝利益的国家意识。这是一个重要的历史学术问题，其意义在于科学地阐明边疆及其民族内向凝聚于中国的历史进程。

我们知道，至少在周武王伐殷时，已经出现"中国"一词。1963年，在陕西省宝鸡县出土的何尊有铭文，曰："唯武王既克大邑商，则廷告于天，曰：余其宅兹中国，自之乂民。"② 意思是周武王推翻商朝后，要建都于"中国"，以便于统治人民。有理由认为，中国古代国家认同是对王朝的认同。因为古代中国是王朝国家，古代中国是由一个个前后相继、时而分裂、时而统一的王朝国家所构成。古代中国王朝连续不断，而且每个王朝又总是力图将本朝看作是大一统中国的延续，王朝可能结束，"中国"却不会结束，它的生命会以下一个王朝为形式而继续下去。宋代以后"国家认同以本王朝作为忠诚的核心对象的基本形态并没有改变，国家认同中的文化至上论倾向也没有改变。③ 我们可以认为，中国古代的国家认同是对具体王朝的认同，中国古代的王朝都会灭亡，于是就有了超越具体王朝而建立在政治共同体上的国家认同。

---

① 姚大力：《追寻"我们"的根源：中国历史上的民族与国家意识》，生活·读书·新知三联书店2018年版，第17页。

② 中国社会科学院考古研究所编：《殷周金文集成22》第11册，中华书局1992年版，第6014页。

③ 姚大力：《变化中的国家认同——对中国国家观念史的研究述评》，《原道》第十六辑，首都师范大学出版社2010年版。

关于土司地区国家认同，近年来学界进行了有益的探索。古代中国疆域既包括国家直接管控的郡县地区，又包括了王朝国家间接控制的羁縻州、土司之地。中国古代的王朝国家连续不断，包含着各王朝的典章制度的承续，也包括语言、礼仪、风俗等方面的文化传承。中国古代的王朝是连续不断的，如何超越具体的某个王朝而形成国家认同？古人早就懂得，天下无不亡之国，于是就出现了超越这个或那个具体王朝而始终存在的一个政治上的共同体的观念。"中国"作为一个共同体，如何凝聚？许倬云认为："一方面，维系'中国'这观念的真正力量，可能是经济。经过长期构建的市场交换网，使得各地物资有无相通，也互相依赖。另一个方面……一般的老百姓，都是编户齐民，统治阶级的文官都是凭其知识和能力进入精英阶层，这些精英并不能永远世袭。第三个因素，可能是因为中国方言复杂，却有一个以视觉符号作为基础的文字系统，作为人与人之间交流的工具，也作为超越时间的数据媒介，使得文化得以赓续。"① 上述三个要素，即"三同"，促使"中国人"形成了共同的归属感。在这三个要素中，文化是核心的要素，中华民族传统文化是内向凝聚国家认同的核心力量。即使王朝国家结构和王权都已名存实亡，但在其典章制度、礼仪规范、衣冠服饰等方面都表现出共同心理和文化层面上的一致性。

土司地区国家认同，最初是通过少数民族上层即土司对国家的认同得以实现，元明清时期，中央王朝在西南等少数民族地区推行土司制度，任用地方民族首领管理少数民族地区；土司认同国家的制度，借助王朝的权威维护其统治的合法性与正统性。从这个意义上来讲，土司地区的国家认同是土司与王朝国家之间的一种双向互动。土司对国家的认同不仅表现为对汉文化价值取向、科举制度、诗书礼乐等的认同，最重要的表现为土司对国家政治文化、典章制度和统治理念的认同。土司地区的国家认同，实际上是通过土司与王朝之间的互相认同、互相认可得以实现。

不过王朝文化对播州土司文化的浸染，还溢出政治文化，而渗透到它的另外若干层面。撰写于元明之际的杨氏家乘，称杨汉英"喜读濂洛书，为诗文尚体要，著《明哲要览》九十卷、《桃溪内外集》六十四

---

① 许倬云：《说中国：一个不断变化的复杂共同体》，《自序》，广西师范大学出版社2015年版，第2—3页。

卷"。但对这些话，在宋濂主编的《元史》杨汉英本传里一字不提，表明宋濂并不采信被他照抄在《杨氏家传》中的那些内容。可是本传所据《杨氏家传》在明初的存在（其书名被收入《千顷堂书目》卷三十二），本身即是一项证据，说明理学和汉文化中传统悠久的文学写作，其影响范围在元代应该已经及于播州。近十多年来对杨氏墓葬的发掘和研究，证明播州杨氏的汉化程度非常高。佛教对播州杨氏也有不小影响，很可能是川地佛教向南传播的结果。

杨氏土司文化深受汉文化影响的另一项证据，就是他们力图把本家族的世系上接到宋代名将杨业的谱系中去。这当然属于家谱写作和祖先传说中经常使用的虚托手法。但由此带出的一个值得深探的问题是，在播州杨氏自己的观念中，他们究竟是出于汉人血脉、而融进了当地人群的土著人群一分子，或者是长期统治着非汉族当地土著的汉人？他们又是采纳哪一种分类范畴来界定被他们统治的当地人群的？

有关播州杨氏的文献史料和实物遗存的播州土司文化遗存分布广、内容丰富，保存较为完整。如位于距遵义市中心城区北40里的龙岩山上的海龙屯，是我国迄今保存较为完好的集军事防御与行宫为一体的大型中国南方土司遗址，屯内面积达1.59平方千米，屯之周边，尚有养马城、养鸡城、养鹅池、望军屯互为羽翼，构成播州杨氏土司庞大的军事防御体系。2015年7月中国土司遗址贵州遵义海龙屯、湖南永顺老司城、湖北唐崖土司城一道位列世界文化遗产名录。2016年以来随着海龙屯考古的新进展和播州墓葬、司治、关囤等考古工作全面展开，以及申遗后土司文化的开发利用为我们提出了新的研究课题。尽管这些研究素材所覆盖的内容，仍然存在很大的局限性，但从现有素材出发去进一步细致地探究上面提出的这些问题，相信对于推高我们的认识，总还有一定的空间。本书成稿已在两年之前。如今写在这篇绪论里的，部分是从我两年来继续学习和思考中发现的新问题或新想法，还需要在今后的研究中加以细化、证实及调整、纠正。

五

本书的主要内容由地理环境、历史沿革、制度认同、文化认同、地域社会、认同危机等六方面构成。

"一方水土养一方人"，本书从地理环境入手，厘清了播州地域自然环境、历史沿革和民族分布的大致情况，以使我们更容易理解播州土司文化与国家认同产生的自然和人文环境机理。播州所在的贵州高原位于多雨的季风区，雨量充足。由于多雨，高原上的河流水量大，许多河流长期切割地面，形成许多又深又陡的峡谷。贵州高原的地貌大致分为三级地形面：山原、盆地和峡谷。高原面因长期受河流切割而呈山原形态。正所谓"遵义，山国也，举目四顾，类攒蓄险峻，无三里平"①。不同于中原地区四季分明的平原农耕区，也不同于北方游牧民族地区的草原环境，这种地理气候决定了此地的生产方式为游耕型的方式，使其呈现出浓郁的南方民族特色。这种游耕文化在生产方式上的体现是"刀耕火种"的原始生产方式，渔猎在经济生活中占一定比重。如直到明代，巫溪地区的部分仡佬族还"食不足则猎兽"，新添卫的仡僚"以耕猎为生"，清平县的仡佬族"种山射肉为生"②。等等，这些说明在播州及周边地域，特别是在仡佬族先民中，渔猎还占有相当比重，生产生活方式总体上处于游耕阶段。播州山地经济形态以种植业为基础，兼有狩猎、采集、游牧、渔猎等其他经济成分，"一山有十里，十里不同天"，不同地区经济的构成差异较大。分散的生产方式，难以形成中原地区的中央集权社会，也难以组成如北方草原游牧民族那样强大的军事力量，只能产生相对分散的、闭塞的播州地方土著势力，亦即形成当地各地方势力松散的联合统治模式。这类地区正是适合土司制度推行的地区。这种模式下，内部的矛盾冲突无法避免，难以形成强大持久的统治力量。所以，这种生产方式下的相对松散的土司，在依靠农耕经济建立的高度中央集权的王朝国家面前，内部矛盾重重的土司是难以与其对抗的。

从羁縻制到土司制，播州土司社会的国家认同开始了萌芽到发展的历程。杨氏从唐朝末年入播历经五代至宋，在羁縻制度下，与王朝之间有了相互的了解和初步认同；以及在土司制度统治下的杨氏国家认同的进一步深化。我们看到，杨氏国家认同是随着土官—土司制度的出现、发展、汉文化的传播与土著上层精英的率先汉化而变化的。唐宋羁縻统治下，少数

---

① 道光《遵义府志》卷4《山川》，第32册，第86页。
② 国家民委《民族问题五种丛书》编委会编：《中国民族问题资料·档案集成》，中央民族大学出版社2005年版，第239页。

民族首领只要表示归附，朝廷就给予封号，并不过问其内部事务，实际上为"化外"之区，这与元朝开始实行的土官制度有较大的区别。元明时期杨氏土司能效忠朝廷，与中央王朝保持一致，"尽臣节"，保境安民，按规定朝贡纳赋；在军事上服从征调，配合官兵征剿"叛寇"，历来为朝廷所倚重。杨氏土司随着财力和军事力量日益强大，辖境也逐渐扩大，成为威震西南的大土司。这个大土司与下辖的各级土司和睦相处，共同为播州的繁荣做出了贡献，正所谓"家和万事兴"。总之，元明时期，播州杨氏土司顺应了时代潮流，接受中原文化并大力践行推广，与朝廷同心同行，创造了播州经济的发展、文化的昌盛和武备的振兴。

土司制度是元明清封建王朝在西南少数民族地区采取的一种地方行政管理制度，体现了中央对边疆地区治理的强化。尽管土司仍行世袭制，在管辖区有较大的自治权，但是，毕竟把土司纳入了中央职官体系，把土司辖地纳入了中央王朝行政区划中。而且，对土司的设置、任命、承袭、奖惩、朝贡、纳赋、守土、征调等都有明确的规定，这和之前的羁縻制有较大的区别。土司制度对播州产生了深远的影响。播州杨氏顺应时代的发展，自杨邦宪成为元朝第一任土官后，土官制度便在播州地区推行，元朝的播州历经五任宣抚使治理，成为区域辽阔、实力雄厚的大土司。明朝，形成了一整套严格驾驭和管理土司的制度。在土司制度下，各项制度把土司与中央王朝紧紧地联系在一起，杨氏土司的国家认同感增强，大多与中央王朝保持良好的关系，效忠朝廷，维护国家统一和地方安宁，对内发展经济，推行儒家文化，使得播州"土俗大变""地方殷富，人物颇华"。才有了元明之世"思播田杨，两广岑黄"之谚，言土司之巨，实则田、岑、黄三姓，亦非杨氏之比也。所以，我们认为，土司制度作为一种历史时代的产物，基本上适应了当时播州的社会基础，为播州地区的国家认同创造了条件，才会对播州社会产生积极的影响。至于末代土司杨应龙走向反叛中央王朝的道路，有个人、地方和中央各方面复杂的原因。

从对中央王朝的政治认同到对华夏文化的认同，是土司地区国家认同发展的一个自然结果。播州地区的民族文化交流由来已久，进入土司制度时期后则更为频繁。而促进民族文化交流的一个重要渠道是广大土兵奉朝廷征调，与朝廷官兵日夜相处，协同作战。它也构成了中华民族共同体中文化交流的一种独特的方式和重要组成部分。播州地区民族文化交流的直接效果则是促成了播州上层社会的率先汉化，继而儒家伦理型政治文化逐渐被播州土民（包括土兵）所认同。播州的土司文化是在原有民族文化的基础上打上了土司制度的烙印，而播州土司文化所表现出的内容又充分反映了播州社会精英自觉融入中华主流文化圈的诉求，以及中华文化逐渐成为播州地区核心文化的趋势。毫无疑问，播州地区的国家认同是以制度认同为先导，文化认同为基础的。

播州土司国家认同逐渐渗透到地域社会，随着地区经济、文化的发展带来了认同的进一步加深。可以看出，从唐设播州以来，直到杨氏领播，成为羁縻州，播州的经济文化一直在缓慢地发展。当播州进入土官—土司制度时期，这一发展趋势明显加快，比如在经济方面，手工业和商业快速发展，土司庄园的大量出现；在文化方面，地方儒学的兴建，儒户的出现，科举制的推行，乃至儒、道、佛三教的渗透和影响，都充分说明了这一点。同时可以看出，土司时期经济、文化发展的一个重要特点是受内地的影响越来越强，接受中原文化的趋势越来越显著，播州地区与内地的联系越来越紧密。从中我们可以看到播州地区逐渐融入中华共同体的过程。可以说，没有这样一个融入过程，也就谈不上播州土司地区的国家认同。毫无疑问，这就是播州地区国家认同的实质，它建立在播州地区经济、文化进步与发展的基础之上。

在明朝万历年间，播州土司出现国家认同危机，随后的改土归流让国家认同得到巩固和加强。最后我们着重讨论播州土司地区国家认同的方式与过程。可以看出，土司地区国家认同的方式是边缘与中心的互动，是中央王朝与土司的双向选择，表现在杨氏土司身上尤为明显。这里，中央王朝的作用非常重要，往往成为矛盾的主要方面。只要朝廷能拿出有效的措施，安抚笼络各地土司，双方互相认同的基础就大大增强。当然，土司的主动性、积极性也是不可忽视的。土司地区国家认同的过程是一个渐进的过程，而且先是土司的国家认同，进而才是广大民众的国家认同。杨氏土司的国家认同可谓表现得非常突出，不仅是积极朝贡、听征调、缴纳赋税，而且还能体谅朝廷之需。播州广大民众的国家认同也很有特色。这里特别要提及的是，播州土司地区国家认同过程的曲折及复杂性。由于土司制度本身存在着弊病，造成了一些土司势力膨胀，尾大不掉。同时，朝廷在某些问题上处理失当，也会造成土司国家认同的中断与反复。应该看到，播州改流并不是播州地区国家认同的终止，而是一个新的起点。杨应龙的暴政激起了播州辖境各阶层人士的激烈反抗，可以说他是被众人告倒的，更是在广大兵民众维护国家统一的斗争中走向败亡。这也说明播州地区广大民众对国家的认同，并未因杨应龙而终止，随着播州的改土归流，废除了土司制度，广大民众摆脱了对土司的人身依附关系，调动了他们的生产积极性，推动了播州地区经济、文化的进一步发展，同时也更加强了他们对国家的认同感。这也是西南民族地区发展的必由之路。

　　本书最后力求探讨播州土司文化的特点及与国家认同的关系，总结杨氏家族兴衰的历程以及影响杨氏土司国家认同的原因和教训。播州土司地区的国家认同在西南土司地区极富代表性，进而可以管窥西南土司地区国家认同的复杂性、长期性、曲折性，进而探讨其规律性。

　　本书注重对历史文献资料的充分利用，所收集的历史文献资料80余万字，包括实录、正史、政书、地方志、地方文献、奏议、笔记、文集，以及碑刻等。此外，还重视对田野调查资料、出土文物资料的使用，特别注重吸收和利用土司考古的最新成果。田野调查资料主要是对播州土司辖区空间范围内展开的资料收集，还包括对播州土司辖区内民族习俗的调研资料收集与整理等。迄今为止，我们发现的播州土司文化遗存主要有四大类：一是关隘屯垒遗址37处，二是土司墓葬15处，田庄46处，三是碑刻82块，四是文物藏品20000余件。这些文化遗存，提供了大量历史文献没有记载的史料，涉及唐宋元明时期播州民族关系以及土司家规、家风、战争等方面的重要历史资料，为研究黔北少数民族的文化变迁和国家认同提供了丰富的史料，也为研究播州土司文化与国家认同提供了第一手资料。

　　本书在田野调查、文献分析的基础上，考量播州土司族群认同、王朝认同、文化认同心路历程和表现。用图像证史的方式从播州最具代表性遗迹遗物，以播州土司墓葬及海龙屯考古新发现为中心，以跨文化视角对播州土司文化和中国古代国家认同进行研究。力图为历史上中华多民族国家逐步走向大一统的过程提供一个生动的历史佐证和历史借鉴。

　　因为经过播州末代的战乱，直接反映播州历史原貌的第一手文献资料遭到人为的破坏，现有的资料多是在传统中原中心模式下的汉文文献，不可避免地带有某种偏颇。相信随着新研究方法的不断介入，以及考古文献的不断出现，我们对播州土司文化特征和国家认同的认识会越来越理性完善。

　　本人水平有限，上述目的不一定能如愿，且文中难免疏漏之处，敬请方家指正。

第一章 播州自然地理环境、历史沿革与民族分布

地理环境是人类文明产生和发展的载体,从长时段来看,地理环境对人类社会所起的作用是决定性的。它能通过经济生活影响社会关系和上层建筑,并对人类文明和民族性格产生直接影响。我国著名地理学家胡焕庸1935年在《地理学报》发表了"中国人口之分布"一文,提出中国人口地理分界线——"胡焕庸线",首次揭示了我国人口分布的空间格局,成为名闻天下的中国国情分界线,其学术思想至今仍有重要的时代价值。"胡焕庸"线两边是以生态环境巨大差异造成的人口密度和经济文化形态的强烈反差,也带来传统时代区域治理政策的迥异。我们看到,唐宋以来中央王朝对南北边疆采取了不同的版图整合的大略,线南是大河农耕文化区,即内扩型疆域,实行羁縻土官制度,渐次改土归流,用郡县制逐步消化。

播州地理位置独特,西通巴蜀,为中原进入贵州的重要门户。既联系长江通道,又可连接乌江流域。大娄山脉自西南向东北绵亘其间,成为天然难以逾越的屏障,历来为兵家所倚重。明朝人诸葛元声对播州地理环境的描写具体而确切:"其封域南极牂牁,西连僰道,东西广一千四十里,周围远近三千里,盖西南奥区也。西北出四川綦江、南川,为前门;西南出赤水、乌撒、水西、黄平,为后门;其东出湖广偏桥、沅州,为右肋。凡联三省,其地势,西北堑山为关,东南俯江为池,中皆山谷盘亘。巉崖峻壁,跨接溪峒,人马不得并行。"[①] 播州地连三省,山川险峻,具有重要战略地位。

---

① (明)诸葛元声:《两朝平攘录》卷5,《续修四库全书》史部,上海古籍出版社2002年版,第434册,第187页。以下再次引用《两朝平攘录》,仅标注卷数、页码,特此说明。

播州境内地形多样，有大山、丘陵、草甸、河谷、平坝、河流，大娄山脉蜿蜒起伏，山势嵯峨，高峰插云。赤水河和乌江是境内两大河流，源远流长，浇灌着两岸的土地。这里气候湿润，夏无酷暑，冬无严寒，宜人宜居。既有良田沃土，又有适合放牧的原野，还有丰富矿藏，冶炼技术发达，故其经济发达且富饶。播州的历史正是在这片美丽富饶的土地上铺展开来。

第一节　播州自然地理环境

播州位于云贵高原东北部，属中亚热带高原湿润季风区，气候宜人；境内地形起伏较大，地貌类型复杂，山高谷深，河流纵横，有汉、苗、布依、侗、土家、彝等民族共处其中，独特的地理环境孕育了独特的民族文化。我们从明清有关遵义府的自然环境的记载中可以清楚了解播州的地理环境状况。

一　山川雄秀　地势险要

史书曰："遵义，山国也，举目四顾，类攒峇崚巇，无三里平。偶平处，则涧壑萦纡，随山曲直，名之不胜名也，书之不胜书也。"[1] 其山、涧之多、地势之多变跃然纸上。《明史》载：遵义，"北有龙岩山。其东为定军山，又有大楼山，上有太平关，亦曰楼山关。又东有乌江，源自贵州水西，即涪陵江上源，中有九接滩，其南有乌江关。又东南有仁江，东有湘江、洪江，皆流合于乌江。又西南有落闽水，东有乐安水，亦俱流入焉。又东南有河度关。西南有老君关。又东有三度关。西有落濛关。西北有崖门关、黑水关。北有海龙囤，有白石口隘"[2]。不仅《明史》记载了遵义府的地势状况，明代平定播州的将领李化龙对遵义地势的描述尤为真切："跨重冈复岭以疏疆，介绝涧茂箐以设险。丹岩紫涧，常截地而潆回；翠壁苍峦，每横天而巀嶭。羊肠鸟道，一夫可以当关；虎啸猿啼，万骑总为却步。加以腥烟幕覆，毒露纵横。上漏

---

[1] 道光《遵义府志》卷4《山川》，第32册，第86页。
[2] 《明史》卷43《地理志四·遵义军民府》，中华书局1974年版，第1034页。本书中引用二十四史，均为（北京）中华书局点校版，特此说明。

下蒸，坐见飞鸢之堕；前溪后陷，常多有蜮之灾。"①李化龙在播州征战多年，作为指挥军队的将领，他自然对当地地形地貌地势等自然状况的了解极其详细，否则就无法指挥行军打仗，从他的语言中，我们不仅了解播州地势地貌和气候等自然状况，而且还可以看出该区域地势之险，同时也能够了解其自然条件之复杂。

以绥阳（即今遵义绥阳县）为例，史书载：绥阳县，"蜀东门户，黔地咽喉"②。该县老鹰关，"在城东一百五十里，地势奇险，为正安入绥孔道，有一夫当关之势"。风坎关，"在城北二十五里，关最险要"。小风坎关，"在城北二十里，连山高耸，凿石开路，以通往来。所谓天堑者，殆不过此"。分水岭关，"城北二十里，山势欹斜，层叠而上，颇称要隘"。羊头关，"在城北八十里，险要易守"。五里坎关，"在城西三十五里，两面狭隘，仅一路可寻，势颇险要"③。史书对绥阳县关口的描述，或云"奇险"，或云"险要"，或云"天堑"，或云"要隘"，无不说明该县所处地理位置之险。

所属仁怀县（即今遵义仁怀市），"前临山涧，后枕大江。云帠山雄，赤川水曲"、"悬岩四塞，长江天堑。万里箐弯，旋羊上圈。屏播郡北，独当一面。夙称天险，路通一线。危溪断涧，风愁雨□。钻嵌嵚巇，要害之咽"④，"地僻而险"⑤，"西南溢而东北险，扼要以守一夫可敌千万人之众"⑥。以上材料是就仁怀县地势的总体描述。除此之外，大石坝，"地势险要，一夫可以挡百"⑦。关门屯，"一夫守之，千人望废者"⑧。蛇皮箐，"仅容一人行，县厅交界最险处也"。长滩隘，"在赤

---

① （明）李化龙：《平播露布》，道光《遵义府志》卷43《艺文二·露布》，第33册，第362页。
② （清）爱必达、张凤孙等修撰：《黔南识略》卷31《绥阳县》，《中国地方志集成·贵州府县志辑》，巴蜀书社2006年版，第5册，第538页。本书所引贵州府县志均引自《中国地方志集成·贵州府县志辑》，不再一一出注，特此说明。
③ 民国《绥阳县志》卷1《地理上·关隘》，第36册，第255页。
④ 道光《遵义府志》卷3《疆域》，第32册，第85页。
⑤ 《大清一统志》卷515《仁怀厅·形势》，《续修四库全书》史部，古籍出版社第624册，第198页。
⑥ 光绪《增修仁怀厅志》卷1《形势》，第38册，第68页。
⑦ 光绪《增修仁怀厅志》卷1《形势》，第38册，第68页。
⑧ 嘉庆《仁怀县草志·山川》，第38册，第6页。

水岸上，路经半崖，入合江极险处"①。由此可见，仁怀县境内不仅有坝、屯、箐，隘等地貌，地理环境较为复杂，而且地势险要，故而史书称之为"天险"。

正安州（即今遵义正安县），"介巴黔之间，控蛮僰之要"、"西南有事，州实当其冲"、"脉祖会仙，河流乘凤。山谷阻深，幅员辽阔"②。

桐梓县（今遵义桐梓县），"有岩谷之险，原隰之利"。周家洞，"上通官渡河，下达马江壖，最为扼要"③。有山脉90座，另有以"堡、崖、垭、坪、顶、岩、岗、岭、台、坉、箐、炉、坡、头、门"等为名称的地貌31处。④

遵义县七连山，"西水为带潮，南水为湖阳，东则大、小竹流二水，实乐闽河源也……其东有老鸦山，顶平出泉"⑤。三岔河，"一从县南四十里煤塔桥汇诸涧水，东流十余里来会。一从县南五十里沙子坎龙井出，汇诸小水，北流十余里来会"⑥。仅仅一条三岔河就汇聚了多条不知名的大大小小的山涧水，显示了本区水道之密布。又如原土司庄园遵义县永安山，"在城北六十里，外高内平，有田二千余亩，有杨酋旧庄…中有永安溪，时见时伏"⑦。永安庄外高内平，有田地、溪水，时见时伏，正是播州自然环境的写照，山水相连，"坝子"⑧散布其间。

综上所述，遵义境内的龙岩山、定军山、大楼山、七连山……山山相连；乌江、仁江、湘江、洪江、落闽水、乐安水、三岔河……江河水相通；河度关、老君关、三度关、落蒙关、风坎关、崖门关、五里坎关、黑水关等，关关相护。无不昭示着遵义山水相间、地势险要。这又如清人和明人所见所载："今其地介川、湖、贵竹之间，西北则堙山为关，东南则附江为池。蒙茸镵削，居然险奥。川黔有事，

---

① 嘉庆《仁怀县草志·关隘》，第38册，第12页。
② 道光《遵义府志》卷3《疆域》，第32册，第85页。
③ （清）爱必达、张凤孙等修撰：《黔南识略》卷31《桐梓县》，第5册，第537页。
④ 民国《桐梓县志》卷6《舆地志下·山脉》，第37册，第71—77页。
⑤ 道光《遵义府志》卷4《山川》，第32册，第95—96页。
⑥ 道光《遵义府志》卷5《水道考》，第32册，第119页。
⑦ 道光《遵义府志》卷4《山川》，第32册，第97页。
⑧ 在贵州山间盆地，河谷沿岸分布着局部平原，地势平坦，土地肥沃，灌溉便利，利于种植，当地人称为坝子。

此亦碁劫之所。"① "东通思南，西接泸，北走綦江，南距贵州，万山一水，抱绕萦回，天生巢穴"②，古人真实描述了黔北地势之奇险、播州位置之重要，还有心中的芥蒂。

播州地形复杂，大致可分为三大片区，西北部为山区，相对地势最高，中部为湘江区，起伏较小，东南部为乌江区，相对地势较大。大娄山山脉是境内南北水系的分水岭，在地貌上几乎把全境划分为两大片：南面是以丘陵和宽谷盆地为主，一般耕地比较连片集中，是粮作物的主要产地。山北面以高山峡谷为主，耕地比较分散。这样的自然条件，为多种经济发展提供了环境基础，也导致播州文化明显的地域差异性。

二 重山复岭 陡涧深林

播州地势起伏多变，千岩竞崎，万壑争流，秀色争奇。如锦屏山，"茂林修竹，状如锦屏"③。碧云峰，"青碧如云"。易氏井，"其泉味甘，四时清洁不涸"。碧泉，"在碧云峰麓，其水澄碧"④。夕阳山，"落照衔峰，半规隐树，景致极佳"⑤。遵义县砂冈山，"万松垂阴，夜涛吟风足以动荡心魂，游涤凡想也"。胜龙山，"在城北五里，冠林带溪，大道侧丘壑之秀异者"⑥。聚秀山，"林壑隐秀，望之蔚然"。金华山，"林木丰翳"。禹门山，"巨峦深翠，林壑翳然"。饭甑山，"山水葱茏"。王林山，"林木森秀"。七宝山，"林峦深秀"⑦。宝峰，"山拔起平原中，体皆石成，老树森错。去巅数十步，南向一洞，口高、阔二丈，稍入渐低。行三十步外，则平坦轩敞，高可三丈，阔五丈许。进十余步，复束而小，仅容一人入。斜下数十步，宏阔倍前。洞顶垂乳玲珑，若宝

---

① （清）顾祖禹撰，贺次君、施和金点校：《读史方舆纪要》卷70《四川五·遵义》，中华书局2005年版，第七册，第3303页。
② （明）王士性：《广志绎》，元明史料笔记丛刊，中华书局1981年版，第135页。
③ （明）李贤：《大明一统志》卷72《播州宣慰使司·山川》，三秦出版社1990年版，第1129页。
④ （明）李贤：《大明一统志》卷72《播州宣慰使司·山川》，三秦出版社1990年版，第1129页。
⑤ 《大清一统志》卷511《遵义府·山川》，《续修四库全书》史部·地理类，624册，第152页。
⑥ 道光《遵义府志》卷4《山川》，第32册，第96页。
⑦ 道光《遵义府志》卷4《山川》，第32册，第98页。

盖，若莲花，若璎珞，若牙签、贝叶，若飞鸟、游鳞，千奇万态，不可名状。递下，愈深窈。昔有人结伴秉烛，奥折下行，可里许，遇暗溪，深浅莫测，不敢渡而返，卒莫碍其究竟"①。宝峰山起自平原，中有石洞，洞内钟乳石密布、暗河交错，显然是典型的喀斯特地貌；老树森错，则又表明其环境之幽；钟乳石像宝盖、莲花、璎珞、牙签、贝叶、飞鸟、游鳞，说明其景色之美。桐梓县，"文峰叠嶂，秀色争奇；溱水龙溪，襟流带合"、"千岩竞峙，万壑争流"②。这显然是桐梓县环境秀美的真实反映。正安州（今遵义正安县）松山，"山多松，因名"。青山，"林菁深密"。绥阳县马脑山，"丛林茂密，绵亘不绝"③。鸡冠山，"其右有漂水崖，其下多竹，其上多杉。崖下一溪相绕，杉浅水清，颇具'天光云影'之妙"。仁怀县（今遵义仁怀市），浴泉桥，"两山夹之，泉声淙淙，流入赤水，野花杂树，交映期间，一胜境也"④。绥阳县白莲池，"城西十八里螺水坝，池大百亩，自产白莲，五、六月间，先后开花，清香爱人"⑤，并且"常有鹭鸶百余，潜游其中"⑥。野猫山，"在城西十五里，林木茂盛，山腰有寺，香火不绝，乡人建醮于兹"⑦。长碟寺，"寺界正绥间，地假且险，林木翳翳，非停午不见日光"⑧。小峰崖井，"赵里下三甲，四时清澈，气馥味甘"。鱼子孔，"在县西朗里田坝间，水形现花，四时清洁"。合口河，"上有草木，蔚然深秀"⑨。这些描述不用进一步分析便可看出当地环境之优美。优美的环境换来了诗人的诗兴，明人傅光宅《过螺水寺》云："螺水溪边寺，松杉一径深。好山多近户，芳树半成阴，落日烟霞色，寒宵钟磬音。"诗人描绘了螺水寺附近松杉成荫、落日烟霞、寒宵钟磬这般让人流连忘返的景色。程仲愚《桃源洞》曰："清响出沉冥，空翠宛可拾""飞阁临高烟，

---

① 道光《遵义府志》卷3《山川》，第32册，第96页。
② 道光《遵义府志》卷3《疆域》，第32册，第85页。
③ 道光《遵义府志》卷4《山川》，第32册，第112页。
④ 道光《遵义府志》卷9《关梁》，第32册，第221页。
⑤ 民国《绥阳县志》卷1《地理上·山册》，第36册，第252页。
⑥ 民国《绥阳县志》卷1《地理上·山册》，第36册，第252页。
⑦ 民国《绥阳县志》卷1《地理上·山册》，第36册，第251页。
⑧ 民国《绥阳县志》卷2《营建下·坛庙寺观》，第36册，第280页。
⑨ 民国《绥阳县志》卷2《营建上·坛庙寺观》，第36册，第280页。

竹柏秀林立",这是诗人对桃源洞环境优美的赞扬。彻字所吟诗《游西山》:"西山峻且高,云雾连朝夕。古木似龙蟠,怪石如人立。猿猱发妙音,好鸟声非一。中有梵王宫,岩翁亲手辟。金碧伟辉煌,庄严亦奇朋。乘兴频来游,不觉偶成偈。"诗中既有云雾、古木、怪石、猿猱和鸟儿这些自然风景,还有吸引人眼球的人文景观如金碧辉煌的梵王宫,这种自然与人文的交相辉映之景色,无疑是环境优美之写照。彻字对遵义环境之美印象深刻,不觉又有《将出桑木关联句》:"犬吠隔林来,前村如可见。乔木势参天,青山拖白练。卷舒云自闲,飞集鸟知倦。携手出重关,咫尺分乡县。"① 这次映入诗人眼中的是参天的乔木、如练的青山、悠闲的卷云、疲倦而歇息的鸟儿,这显然又是一幅环境优美的画卷。不仅明人有此类诗句,清人有不少诗句咏叹,如李先立《万丈林》:"连峰青不断,极目转幽森。日抱林阴静,苔封石气深。草香肥野,果熟饱山禽。欲尽探奇兴,愁惊木客吟。"② 焦尔厚《题岩门胜境》:"小民乐升平,吏间少案牍,来游清道心,半菽胜食肉。烹茶坐石根、小憩比三宿。洞口老青苔,洞外荫竹木。花鸟悦闲闲,山枣红簇簇。雉堞横村云,获刈稻俱熟。人家烟火明,声声响碌碡。"③ 刘诏升《播州郡署八景》:"共有青云兴,凭高一洒然。似迎苍翠色,不隔蔚蓝天。帘卷黔山,窗窥蜀道悬。最怜新雨后,芳草正芊芊"、"烟霞偕傲吏,劲节复称慈。影拂浮云管,痕销泣露枝。朦胧残月上,袅娜晓风迟。别有丛深处,幽人恐未知?"④ 诗人眼中的这幅场景无疑是世外桃源,怡然恬静。

以上材料显示,播州山依偎着水、水环绕着山,松树、修竹等茂林密布,野花与杂树相映,白莲和紫莲相间,古木和怪石并存,彰显着生态之美。

乌江即古之延江,为播州第一大河流,江北岸皆为播之南境。湘江古称穆家川,发源于娄山山脉南麓,东南注入乌江;娄山山脉以北,则属于赤水河流域。除乌江、洪江、湘江、平安江、赤水、鳛水等大水

---

① 道光《遵义府志》卷45《艺文四》,第33册,第434页。
② 道光《遵义府志》卷45《艺文四》,第33册,第442页。
③ 民国《绥阳县志》卷8《艺文下·诗》,第435页。
④ 道光《遵义府志》卷46《艺文五》,第33册,第927页。

外，播州境内诸多泉水、小溪，为灌溉土地提供了得天独厚的自然条件。遵义县龙岩，"有泉垂瀑布数十丈，会为渠，土人引以溉田，可数千亩"①。说明龙岩附近的泉水和瀑布溉田面积之大。遵义县雷变山，"山麓有池，宽平数十丈，灌田万亩"。尽管"万亩"一词有夸大之嫌，但却说明雷变山山麓的水池灌溉了大面积的田地。② 此类记述在史书很多，如盖山峰，"下有泉，可灌千亩田"。又有"下龙塘，水灌百顷田"。雷水堰，"中有九井，灌田数千亩"。白泥堰，"多菱芡。灌田数千亩"。楼子堰，"灌千亩田"。双龙塘，"灌田数千亩"。火焰龙，"平地出水，汇渠灌田二千余亩"。龙坑，"深莫测，灌千顷田"。红井，"灌千亩田"。大寺河，"灌田千亩"。西坪泉，"周十余丈，灌田数百亩"。青坑洞，"可灌田数千亩"。茶园塘，"引灌数里田"。官庄堰，"分四十八濠，灌田千余亩"。小板水、常舒堰，"灌田千亩"。官陂，"灌田数千亩"。绥阳县山茶山，"宽可数百亩，其上有田"。笔架山，"下有龙洞，水四时不竭，广溉民田"。福泉，"灌田百亩"③。大水田山，"上有池可资灌溉"④。仁怀后溪，"沿溪田土多资灌溉，又至官田坝"⑤。绥阳县小峰崖井，"约溉田二百余亩"。老虎水，"城南十余里，水利足以灌溉田亩"。石家沟井，"在城北赵六甲，井水清洁，冬夏不涸，溉田千余亩"⑥。仁怀渔溪，"沿溪筑二十七堰，引水灌田，出谷万余石，兼以菽麦杂粮，一岁三获，水旱无虞"⑦。北门河，"居民藉以溉田"⑧。上述众多泉水、溪水、河流，加上历代所修水利工程如井、堰、坝等，为播州地区农业发展提供了有利的条件，史料所载绥阳县（即今遵义绥阳县），"禽堡则农归岐下"，桐梓县，"原隰之利"，正安县，"物产饶给"⑨。以及上文所记仁怀县"一岁三获，水旱无虞"即是明证。不仅如此，河流还为贸易提供了便利，如仁怀县赤水河，"自毕节

---

① 道光《遵义府志》卷4《山川》，第50页。
② 一说是四百亩，见《嘉庆重修一统志》卷511《遵义府·山川》。
③ 道光《遵义府志》卷4《山川》，第72页。
④ 《大清一统志》卷511《遵义府·山川》，《续修四库全书》史部，第624册，第152页。
⑤ 道光《仁怀直隶厅志》卷2《疆域志》，第39册，第39页。
⑥ 民国《绥阳县志》卷1《地理上·山川》，第36册，第254页。
⑦ 道光《仁怀直隶厅志》卷2《疆域志》，第39册，第38页。
⑧ 《大清一统志》卷515《仁怀厅·山川》，《续修四库全书》史部，第624册，第198页。
⑨ 道光《遵义府志》卷3《形胜》，第32册，第85页。

县流入县界，经李博里、安罗里至茅台村，始可行船，商旅由此驾舟以通蜀盐"。高洞河，"自仁怀县治吼滩里发源，经赤水里至官渡塘，可行船。有关税属"①。总之，播州河流纵横，雨量充沛，泉源广布，农田水利设施广建，农业发达。

三 气候湿润 物产丰饶

播州气候温和，夏无酷暑，冬鲜严寒，雨量充沛，即"气候平和，寒燠不爽，雨旸恒调，《水经注》谓牂牁夜郎之间，山无瘴毒，即此等处也"②，适宜农作物的生长。

播州不仅有岩谷之险，还有原隰之利、物产富饶。如乾德四年（966），"下溪州刺史田思迁亦以铜鼓、虎皮、麝脐来贡"③。由于古代多是"任土作贡"，下溪州的贡品说明下溪州（即今遵义和湖南龙山一带）出产有铜鼓、虎皮、麝脐。明代史书总结该地著名物产主要有"斑竹、文龟、斑布、丹砂、犀角、雄黄、蜜、茶、靛、楠木、杉木、猱、熊"④。此外还有不少零星记载，如豹子山，"在州北八里。山多产豹"⑤。遵义县石棱子山，"山产木耳、紫草"。月亮崖，"产铅。亦有白金"。绥阳县冠子山，"山下有泉，产油黄鱼，味甚美，钓之不食，潜以网捕之，时得一二，重十余斤"。风岩，"中产滑药，邑人以之造纸"。尖山，"其上产铜。其阴多茅，其阳多甜蕨"。山茶山，"中多油鱼、碎鳞鱼"。黄鱼溪，"中多黄鱼"。牛肚河，"其山产方竹、黄柏之物"。鹿鸣山，"参差相接，树木丛盛，麋鹿群游"⑥。饭甑山，"山水葱茏，高约四百余丈，产方竹与蕨"。殷家山，"在城东南十九里，殷氏居民颇众，广蓄森林"。梯子岩，"岩间有洞，中有矿质，颇可开采"。清水坪，"中有龙塘，颇产佳鱼"。白莲池，"在螺水，约百亩，产白莲"。鱼子孔，"产鱼甚伙，中有红、黑二色，皆称绝品，每头重三、

---

① 道光《仁怀直隶厅志》卷20《艺文志》，第39册，第394页。
② 乾隆《贵州通志》卷1《气候》，第4册，第17页。
③ 道光《遵义府志》卷31《土官》，第33册，第60页。
④ 《大明一统志》卷72《播州宣慰司·土产》，第1129页。
⑤ （宋）祝穆撰，祝洙增订、施和金点校：《方舆胜览》卷61《珍州》，中华书局2003年版，第1078页。
⑥ 道光《遵义府志》卷4《山川》，第32册，第116页。

四斤不等"。水杨溪，"昔产佳鱼，细鳞巨口，状如淞江之鲈鱼"。山阳沟，"相传产黄油鱼"。黄鱼塘，"昔产黄鱼，故以是名"。后堰藕塘，"在城西朗八甲，塘宽数亩，水从中出。野藕丛生，根茎肥嫩，时值饥荒，居民可采而食"。天公塘，"常出大鱼"①。播州不仅有上述物产，还有不少出自自然的特色物产，这些物产被诗人所见，留下了赞不绝口的诗篇。如清代诗人查慎行《赋鸡枞瑶华慢词》云："傍松似缴，比肉非芝，喜筠笼初稛。肌分理细，脆于瑶柱，嫩于玉笋。厨嬢好瀹，触纤指微防轻损。任清涎齿颊先流，欲嚼芳鲜未忍。"② 在诗人眼里，鸡枞纹理的细腻、味道的鲜美跃然纸上，让人回味无穷。仁怀县，"县有虎匠，邑令与之卷，命寻虎，以白竹弩濡以药射杀之"③。尽管材料记载的是射杀老虎的事件，但侧面反映了仁怀县境内有老虎出没。明代刘瑞诗"闻说近来多虎迹，行人莫到日头西"、彻字诗《乙丑春，闻虎屡次入绥阳城》："虎亦何多事，山城屡见过。惊人犹自可，害物其何如？"④ 再次说明该区域有虎存在，反映了明清时期这一区域生态环境好。仁怀不仅有老虎这样的大型食肉动物，而且有较为珍贵的矿物和植物，如"采（丹）砂甚难"、"黄连，根即生叶，长三四寸，以根为干，叶数瓣，深碧色，兹土所产，颇佳"⑤。虽然材料是为了说明开采丹砂比较困难、其地黄连则的质量较高，但却反映了该县有丹砂和黄连的事实。金鱼溪，"溪产金鱼，味美不多得"。劳溪，"鱼如条，味甚佳，渔人捕之不多得"⑥。

除上述材料外，史书如《黔南识略》、嘉庆《仁怀县草志》、道光《遵义府志》、光绪《增修仁怀厅志》、民国《绥阳县志》等还有一定的篇幅和章节专述各地的物产，如绥阳县，"土产蓝靛、皮纸、漆、茶、桐油、白蜡、五棓子之属"⑦。这些物产与以上材料中的物产如木耳、

---

① 民国《绥阳县志》卷1《地理上·山川》，第36册，第254页。
② 道光《遵义府志》卷46《艺文五》，第33册，第437页。
③ 嘉庆《仁怀县草志·物产》，《中国地方志集成·贵州府县志辑》第38册，巴蜀书社2006年版，第38册，第14页。
④ 道光《遵义府志》卷45《艺文四》，第33册，第434页。
⑤ 嘉庆《仁怀县草志·物产》，第38册，第14页。
⑥ 道光《仁怀厅直隶厅志》卷2《疆域志》，第39册，第38页。
⑦ 《黔南识略》卷31《绥阳县》，第5册，第540页。

紫草、藕、鸡枞、蕨、茅、滑药、铅、白金、纸张、森林、油黄鱼、麋鹿、老虎、丹砂、黄连等，这些仅是该区域植物、矿物和动物物产的代表，它说明播州地区物产丰富。

上述史料虽多引自清代方志。正如前所言，由于清代生产相对落后，人们对自然的破坏能力相对较小，自然地理环境尤其是地势地貌、山川、河流、土地等的改变并不大，因此，清代史料所记遵义府的自然条件，某种程度可以看作是唐代至明代播州的自然环境状况。故而言之，山水众多、地形复杂、地层多样、环境优美、物产丰富，这是播州的自然地理特征。

播州地处西南，可谓是西南地区自然环境之代表。如"山洞阻深""土气郁热，多霖雨""土气多瘴疠"①"重山复岭，陡涧深林"②"环城皆山，叠翠如屏"③。"黔地窊而土瘠，气沴而候愆……山高箐深，蔽日月，一日之间乍寒乍暖，百里之内此燠彼凉"④、"壤地最狭，山川形胜则复岭密箐、迅流急湍，非有平原广泽之沃衍也"⑤。山川险陋、地势崎岖、地形复杂、地势险要、雨水频频、河流众多、山水相间、箐林密布、物产丰富。播州自然环境中同样具有上述特征，这表明播州与西南地区的自然环境多有相似。不仅如此，播州不少山山水水如乌江、习水、赤水、大娄山等与贵州四川相连，在自然环境上浑然一体。可谓是"两连僰道，南极牂柯。土地旷远，连接溪洞"⑥。因其外有天险之隔，内据山林平坝之饶，"夜郎自大"乃有于此。⑦

第二节 政区沿革

播州之名肇始于唐而终结于明，此后改称遵义。本节即分时段对播州行政区划的建置沿革进行阐述。

---

① 《旧唐书》卷197《南蛮传·西南蛮》，第5276—5277页。
② 《元史》卷168《陈天祥传》，第3948页。
③ 《大明一统志》卷72《永宁宣抚司》，第1131页。
④ 乾隆《贵州通志》卷1《气候》，第4册，第17页。
⑤ 乾隆《贵州通志》卷2《地理志序》，第4册，第17页。
⑥ 道光《遵义府志》卷3《疆域》。
⑦ 民国《遵义新志》第11章《历史地理》。

一 唐代以前

1972年，考古工作者在今遵义桐梓县九坝乡发现了距今约20万年前的晚期猿人化石，被中国科学院古脊椎动物与古人类研究所命名为"桐梓人"，是我国长江以南，除170万年前的元谋人之外，第一个发现直立人化石的地点。这表明大约在距今约20万年前，今遵义地区即有人类活动。夏商周之际，《禹贡》称今遵义地区属荆州、梁州之域，然此时期并无确切政区可考。

春秋时期，该区域分属鳖、鳛、巴、蜀及牂牁等国。战国时，今遵义地区成为大夜郎国的一部分。秦代，中央王朝在此设置郡县，为夜郎、且兰两县之地①，正式纳入全国统一版图。据道光《遵义府志》引相关资料记载，汉武帝建元六年（前135）置犍为郡，鳖县、符县隶之，郡治鳖，即在今遵义市中心城区附近。当时遵义、正安、绥阳、桐梓为鳖县之地，仁怀为符县之地。元鼎六年（前111），于夜郎地置牂柯郡，今遵义地区归牂柯郡所辖。南北朝时则先后属平夷郡、平蛮郡。据《隋书》卷二十九《地理志》记载，隋代开皇初年置牂柯郡，辖牂柯、宾化两县（宾化县为毋敛县北部地，县治在今遵义道真县一带）今遵义地区即在上述两县之辖区。

二 唐代

记载唐代播州的文献较多，现将代表性史料辑录如下：

《通典》：

> 播州今理播川县。古蛮夷之域，黔中郡地，夜郎国之东南隅也。汉属牂柯，其后无闻。大唐置播州，或为播川郡。领县四：播川、遵义、芙蓉、琊川②。

---

① 《大明一统志》卷72《播州宣慰使司·建制沿革》，第1128—1129页。注：道光《遵义府志》卷2《建置志》云："且兰国在沅水上源，其地不能越延江而西"，"其误始自《元和郡县志》：'播州，夜郎、且兰之地'一语，后来无为之通考者，俱相沿为说，非也"。由此看来，道光《遵义府志》并不赞成此说。

② （唐）杜佑撰，王文锦等点校：《通典》卷183《州郡十三·古荆州》，中华书局1988年版，第五册，第4890页。

《元和郡县图志》：

  播州，播川下。本西南徼外蛮夷夜郎、且蘭之地，战国属楚，秦亦常置吏，至汉武帝平西南夷，置牂柯郡。贞观元年，于牂柯北界置麟州，十一年省，十三年置播州。景龙二年置都督府。先天二年罢。

  州境：八到：东北至上都取江陵路四千三百五十五里，北取万、开州路三千二百七十里，东北至东都四千一百四十五里。东北至黔州八百里。东北至费州四百里。东北至牂柯北界巴江镇七十里。东南至牂州二百二十里。

  贡、赋：元和贡：蜡二十斤。管县三：遵义，带水，芙蓉。

  遵义县，中下。郭下。本恭水县，贞观十四年改为罗蒙，十六年改今名。夷牢水，经县北一里。

  带水县，中下。东至州七十里。贞观九年置柯盈县，属郎州，十三年属播州，十四年改为带水县，因县北有带水为名。

  芙蓉县，中下。西南至州六十里。贞观五年置在芙蓉山上，因为名。后移于山东三里，即今理是。又有舍月、胡刀、胡江、罗为四县，并贞观中置，今废①。

《旧唐书》：

  播州下。隋牂柯郡之牂柯县。贞观九年分置郎州，领恭水、高山、贡山、柯盈、邪施、释燕六县。十一年，省郎州并六县。十三年，又于其地置播州及恭水等六县。十四年，改恭水等六县名。二十年，以夷州之芙蓉、琊川来属。显庆五年，废舍月、胡江、罗为三县。景龙四年，废庄州都督府，以播州为都督府。先天二年，罢都督。开元二十六年，又废胡刀、琊川二县。天宝元年，改为播川郡。乾元元年，复为播州。

  领县三，户四百九十，口二千一百六十八。在京师南四千四百五十里，至东都四千九百六十里。

---

  ① （唐）李吉甫撰，贺次君点校：《元和郡县图志》卷30《江南道六》，中华书局1983年版，第745—746页。

遵义。汉武开西南夷，置牂柯郡，秦夜郎郡之西南境也。贞观九年，置恭水 县，属郎州。十一年省，十三年复置，属播州。十四年，改为罗蒙。十六年，改为遵义。显庆五年，废舍月并入。

芙蓉。旧属牢州。贞观十六年，改为夷州，二十年，又改属播州。开元二十六年，废胡刀、琊川两县并入。

带水。贞观九年，置柯盈县。十四年，改为带水①。

《新唐书》：

播州，播川郡，下。本郎州，贞观九年，以隋牂柯郡之牂柯县置，十一年废，十三年复置，更名。土贡：斑竹。户四百九十，口二千一百六十八。县三：

遵义，中下。本恭水，贞观元年以牂柯地置，并置高山、贡山、柯盈、邪施、释燕五县。及郎州废，县亦省。十三年复置州，亦复置县。十四年，更恭水曰罗蒙，高山曰舍月，贡山曰湖江，柯盈曰带水，邪施曰罗为，释燕曰胡刀。十六年更罗蒙曰遵义。显庆五年省舍月、湖江、罗为。

芙蓉，中下。贞观五年置，隶鄀州，十一年并琊川，隶牢州。开元二十六年省琊川、胡刀入焉。

带水，中下②。

从以上记载可以看出：唐代播州的政区设置至少有 4 个特点：其一是县级政区设置由多到少，天宝以后逐步稳定。最早记载播州政区的是《通典》，该书修成于贞元十七年（801），内容截至唐玄宗天宝末年。这说明从唐初到天宝末年，播州下辖四县，即播川、遵义、芙蓉、琊川。《元和图志》写于宪宗元和年间（806—820），因此，所记播州政区当是天宝以后至元和年间的变化情况，该时期播州所辖政区只有 3 县，即遵义、带水、芙蓉。很明显，较之于前一时期，该时期播州所辖县级政区减少了 1 个。《旧唐书》和《新唐书》记载了唐高祖武德元年

---

① 《旧唐书》卷 40《地理志三·江南道七》，中华书局 1975 年版，第 1625、1626 页。
② 《新唐书》卷 41《地理志五·江南道》，中华书局 1975 年版，第 1075 页。

(618)至唐哀帝天祐四年(907)的历史。所载播州所辖县级政区自天宝以后一直仅有3个，没有变化。

其二是县级政区在贞观至天宝年间变化剧烈。据《新唐书》记载，贞观元年(627)在设置遵义县的同时，又设置了高山、贡山、柯盈、邪施、释燕5县，及郎州被废，上述5县同时被废；贞观十三年(639)又置郎州，高山等5县同时又被设置。显庆五年(660)，又废舍月(即高山县)、湖江(即贡山县)、罗为(即邪施县)3县；《旧唐书》则记载在开元二十六年(738)，又废胡刀(即释燕县)、琊川2县。由此可见，播州所辖县级政区在贞观至天宝年间变化剧烈。

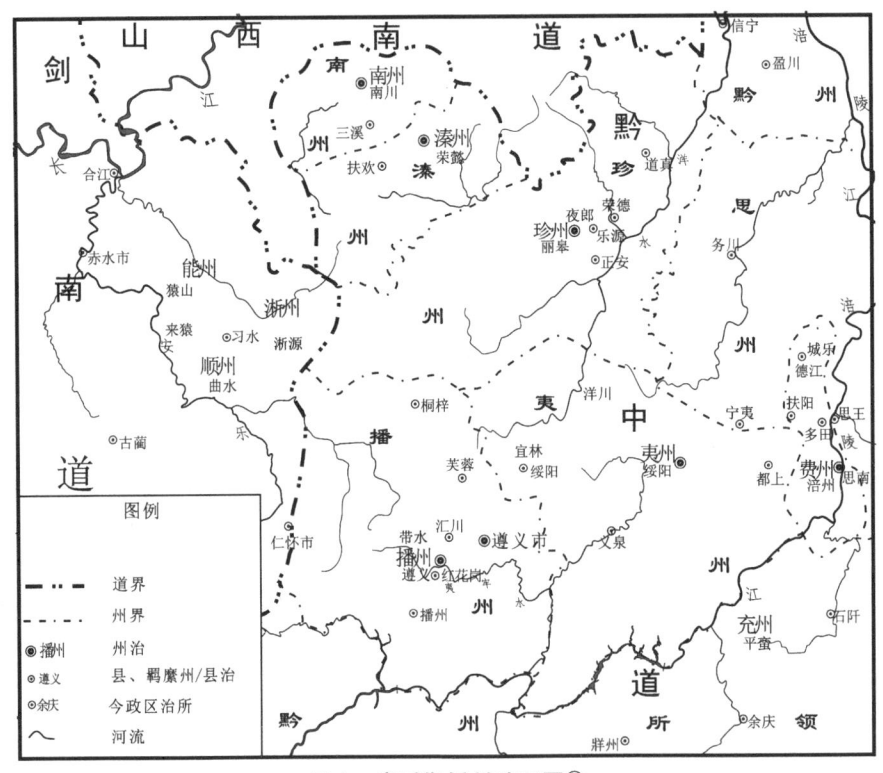

图1 唐时期播州政区图①

---

① 据谭其骧主编：《中国历史地图集》第五册"黔中道"地图编绘。该图反映的是唐开元二十九年(741)的情况。见谭其骧主编《中国历史地图集》第五册，中国地图出版社1982年版，第59—60页。

其三是县级政区名称更换频繁。如恭水县，贞观十四年（640）改为罗蒙县，十六年（642）改为遵义县；柯盈县改名带水县、高山县改名舍月县、贡山县改名湖江县、邪施县改为罗为县、释燕县改名胡刀县等。

其四是县级政区天宝年前归属不够稳定。如芙蓉县，贞观五年（631）设置，当时隶属鄠州，贞观十一年（637）合并了琊川县，改属牢州，开元二十六年（738）将琊川、胡刀两县并入芙蓉县，隶属播州；又如贞观二十年（646），把夷州之芙蓉、琊川两县划归播州管辖；再如遵义县，贞观九年（635）属郎州，贞观十三年（639）属播州。同时，郎州本身时废时立，也是政区不稳定的表现。造成唐代播州县级政区设置变化的原因很多，归根结底是由于唐代播州地区以及全国政治、经济、军事、民族关系等多种因素综合博弈、作用的结果。

"安史之乱"后，唐朝统治力量逐渐向北收缩，无力对西南少数民族地区实行有效管控，唐僖宗乾符三年（876），川南僚人首领杨端乘乱领兵占领了播州，杨氏开始世袭统治播州，历五代、宋、元、明。

三　宋代

专门记载宋代政区设置变迁的文献相对较多，如《元丰九域志》《方舆胜览》《太平寰宇记》《舆地纪胜》等，以及《宋史》等。其中记载播州政区设置变迁最为翔实的文献是《太平寰宇记》。现将该书所记播州政区演变情况的文字辑录如下：

> 播州，播川郡。今理遵义县。按郡地即秦夜郎、且兰二郡西南隅之地。秦惠王十四年欲得楚黔中地，以武关关外之地易之。今疑黔府即总谓黔中地，其地分合属于楚。至汉武元鼎六年平西南夷，置牂牁郡，其地属焉。《汉书》："唐蒙上书说武帝曰：'窃闻夜郎国所有精兵可得十万，浮船牂牁，出其不意，此制越一奇也。'上乃拜蒙为郎中将，从巴筰关入，见夜郎侯，厚赐，谕以威德，约为置吏。夜郎旁小邑，皆贪汉缯帛，以为汉道险，终不能有也，迺且听蒙约。还报，乃以为犍为郡，发巴蜀卒治道，自僰道指牂牁江。司马相如又往谕意，皆不听命，数反叛。及南越反，上使驰义侯因犍为发南夷兵，且兰君乃反，杀使者。会越已破，引兵诛且兰，遂

平南夷，置牂牁郡。"以且兰有柂船牂牁处，因以此立郡以名焉。其后以蛮夷隔越，莫详废置。唐贞观九年于牂牁北界分置郎州，领恭水、高山、贡山、柯盈、邪施、释燕六县；十一年省郎州及六县；十三年又于其地置播州，以其地有播川为名，仍再置恭水等六县；十四年改恭水为罗蒙县，高山为舍月县，贡山为胡江县，柯盈为带水县，邪施为罗为县，释燕为胡刀县；十六年又改罗蒙为遵义县；二十年以夷州之芙蓉、琊川来属。显庆五年废舍月、胡江、罗为三县。景龙三年废庄州都督府，以播州为都督府。先天二年罢都督，以黔州为都督府。开元二十六年又废胡刀、琊川二县。天宝元年改为播川郡。乾元元年复为播州。

领县三：遵义、带水、芙蓉。

州境：旧阙。东西。南北。

四至八到：东北至东京。阙。东北至西京四千一百四十五里。西北至长安取江陵府路四千三百五十五里，北取开州路至长安三千二百七十里。东北至黔州八百里。东南至牂牁北界巴江镇七十里。东南至牂柯琰州三百二十里。东北至费州四百里。西北至珍州二百里……"①

该文对播州所辖三县的政区演变亦做了记载：

遵义县，元三乡。唐贞观九年置恭水县，属郎州，十一年省；十三年复置，属播州；十四年改为罗蒙县；十六年改为遵义。②

带水县，西七十里。四乡。唐贞观九年于县西北八十里置。天宝中移于今理。

带水，源出故县西大山，东流经县城北，又东流至废胡刀县界，注胡江水。

夷牢水，在故县北二十里，东流。芙蓉县，东北六十里。元三乡。唐贞观五年置，属邓州，寻以县属牢州；十六年废牢州，改属

---

① （宋）乐史撰，王文楚等点校：《太平寰宇记》卷121《江南西道十九·播州》，中华书局2007年版，第2411—2412页。
② （宋）乐史撰，王文楚等点校：《太平寰宇记》卷121《江南西道十九》，第2413页。

夷州；二十年又改属播州。初置在芙蓉山上为名，后移于县东南三里。

䢞水，在县东三十里，南流。

仁水，在县西南一里，东南流注䢞水。

废舍月县，在州东南九十里，唐贞观九年于县理置高山县，十四年改为舍月县，以界内舍月山为名。又有涪陵江，在县东九十里。

废胡江县，在州东南四十里，唐贞观九年于县置贡山县，十四年改为湖江县，以界内江名邑。又有巴水，在县南三十四里。

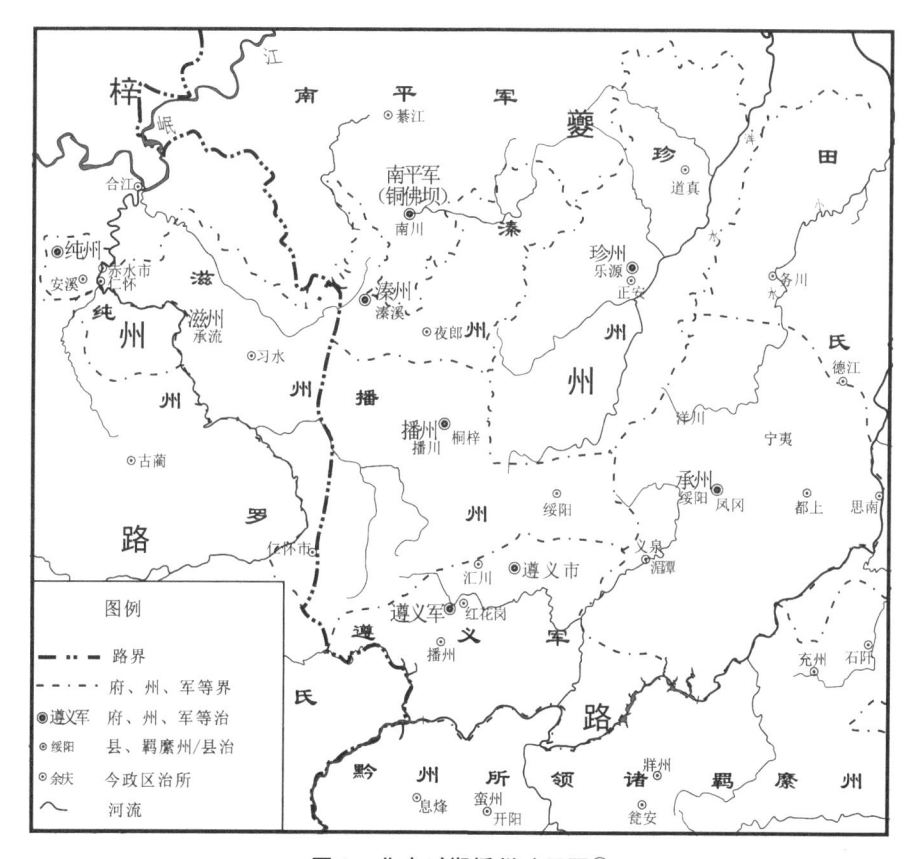

图 2　北宋时期播州政区图①

---

① 据谭其骧主编《中国历史地图集》第六册，"夔州路"地图编绘，见谭其骧主编《中国历史地图集》第六册，中国地图出版社1982年版，第29—30页。

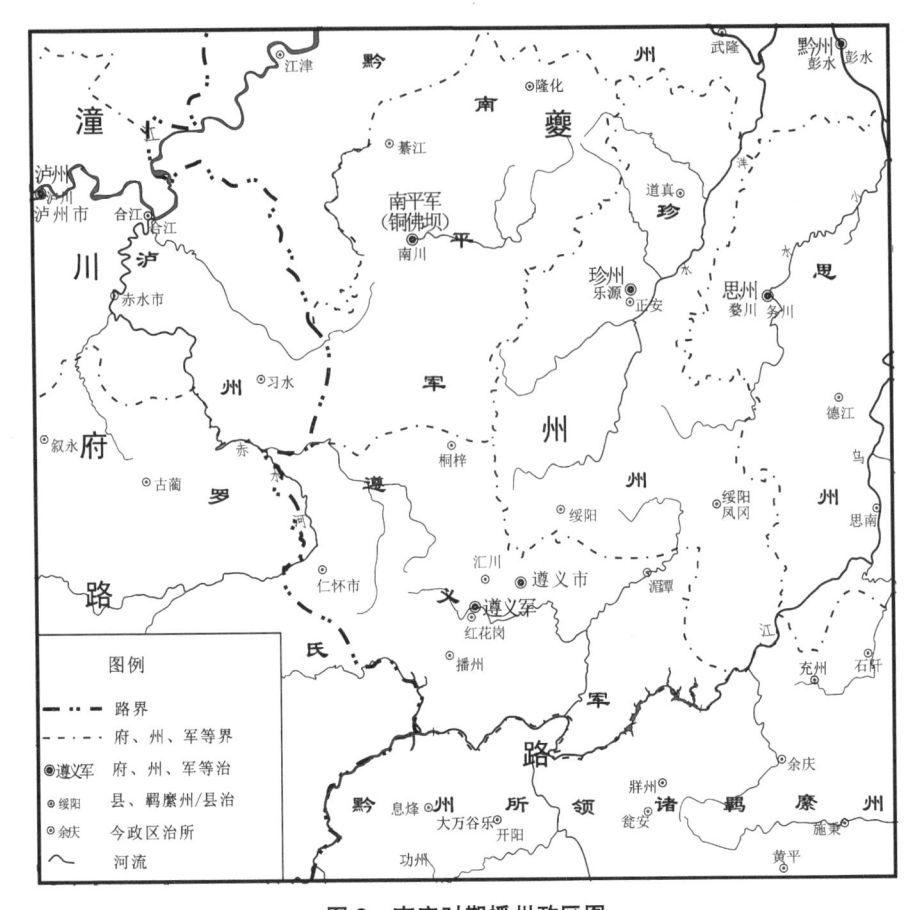

图 3 南宋时期播州政区图

废罗为县，在县西南二百里，唐贞观九年于县理置邪施县，十四年改立罗为县，以界内罗为水为名。按水源自县西一百里罗为山出，流经县南一里，又东流至胡江县界入涪陵水。至显庆五年废。今废城见存。

废胡刀县，在县西南五十百里，唐贞观九年于县理置释燕县，十四年改为胡刀县，因胡刀水在县南一里，东流合胡江水，在县理东北流，以为名。开元二十六年又废。[1]

---

[1] （宋）乐史撰，王文楚等点校：《太平寰宇记》卷121《江南西道十九·播州》，中华书局2007年版，第2411—2414页。

该段史料尽管记载播州政区沿革的历史尤为详细，主要追述了播州自秦汉到唐代政区的沿革情况，遗憾的是，关于宋代该地区政区的演变却着墨不多，仅能够从中看出当时仍有遵义、带水、芙蓉3县的设置。之所以如此，当主要是因为有宋一代，播州主要处在杨氏控制之下，有关政区设置的信息不够畅通。另外，《太平寰宇记》撰于宋太宗太平兴国年间（976—983），距宋朝建立的时间不长，政区资料的积累有限，故而有关宋代播州政区情况语焉不详。尽管如此，该资料仍有相当重要的价值：一是通过该资料再次证明了唐代及其以前播州县级政区设置演变的来龙去脉；二是为后代判断播州县级政区的治所提供了依据，如播州"四至八到"较唐代详细、县治所位于河流、山川的距离明确，这就为判断政区治所提供了有效的信息；三是增加了一些新内容，如山脉、河流的名字与方位，这为分析政区设置沿革的相关问题提供了便利。

《太平寰宇记》记载宋代播州政区设置演变情况尽管颇有缺憾，然庆幸的是，元代脱脱等人撰写的《宋史》却留下了一些关于宋代播州政区设置演变的信息。现辑录如下：

> 播州，乐源郡。大观二年，南平夷人杨文贵等献其地，建为州，领播川、琅川、带水三县。宣和三年，废为城，隶南平军。端平三年，复以白绵堡为播州，三县仍废，嘉熙三年，复设播州，充安抚使。咸淳末，以珍州。来属。县一，乐源。中。有遵义砦，开禧三年升军，嘉定十一年复为砦。①

据资料记载，咸淳末年，珍州划归播州，那么珍州当时的情况又如何？《宋史》记载如下：

> 珍州，唐贞观中开山洞置，唐末没于夷。大观二年，大骆解上下族帅献其地，复建为珍州。宣和三年，承州废，以绥阳县来隶。县二：乐源、绥阳，本羁縻夷州，大观三年，酋长献其地，建为承州，领绥阳、都上、义泉、宁夷、洋川五县；宣和三年，废州及都

---

① 《宋史》卷89《地理志五·夔州路》，第2229—2230页。

上等县，以绥阳隶珍州。遵义砦，大观二年，播州杨文贵献其地，建遵义军及遵义县；宣和三年废军及县，以遵义砦为名，隶珍州。①

由《宋史》记载的内容可知：宋代播州的政区设置最突出的特点是起伏较大。大观二年（1108），杨文贵等人献其地附宋，重建播州，时领县有三，即播川、琅川、带水；时隔十三年即宣和三年（1121），又将播州及其所属三县降格为城，隶属南平军统辖，同时遵义军和遵义县也被废为砦，隶属珍州；开禧三年（1203）又设遵义军和遵义县，嘉定十一年（1218）又降遵义军和遵义县为砦；端平三年（1236），尽管在白锦堡重新设置播州，但播川、琅川、带水三县却没同时恢复建制；嘉熙三年（1239），播州再次被置，且充当安抚司；咸淳末年（1274），又把珍州划归播州。由上述分析可知，宋代播州政区的设置可谓"时起时伏""时有时无"，显示了较大的起伏性。另外，播州所辖县级政区在大观二年（1108）重置时，仅有播川、琅川、带水三县，而三县此后被废，播州仅领一县，即乐源县，在珍州划归播州之后，则播州又辖原珍州所属绥阳。就县级政区设置而言，播州由原来所辖三县到仅辖一县再到所辖两县，同样也是起伏性大的表现。

四 元代

《元一统志》是元代人记载元代政区设置沿革的代表性文献，然由于该文献在明代以后久无全本，留下的多是残卷。②该志卷十有《播州军民安抚司》一目，然目中仅有"风俗形势"和"古迹"两部分，未有政区设置沿革的只言片语。元代刘应李等人所编《大元混一方舆胜览》虽有"播州军民宣抚司"一目，但仅有"县名，乐源，旧有乐源县，今隶珍州，即汉武帝所开夜郎郡"③一句。从这句话判断，宋代播州领有的乐源县在元代改属珍州，至于播州的政区建制则不得而知，因此，我们无法从《元一统志》和《大元混一方舆胜览》中得知元代播州政区设置演变的有效信息。

---

① 《宋史》卷89《地理志五·夔州路》，第2229页。
② （元）孛兰肹等撰，赵万里校辑：《元一统志》，中华书局1966年版，第2页。
③ （元）刘应李原编，詹友谅改编，郭声波整理：《大元混一方舆胜览》，四川大学出版社2003年版，第651页。

明代宋濂所撰《元史》记有"播州军民安抚司",下辖黄平府、平溪上塘罗骆家等处、水车等处、石粉罗家永安等处、六洞柔远等处、锡乐平等处、白泥等处、南平綦江等处、珍州思宁等处、水烟等处、溱洞涪洞等处、洞天观等处、葛浪洞等处、寨坝垭黎焦溪等处、小姑单张、倒柞等处、乌江等处、旧州草堂等处、恭溪杳洞、水囤等处、平伐月石等处、下坝、寨章、横坡、平地寨、寨劳、寨勇、上塘、寨坦、哆奔、平莫、林种密秀、沿河祐溪等处。① 这些区域很多已不是唐宋时期播州所辖地域,如沿河祐溪大致相当于今贵州铜仁沿河土家族自治县,显然不在原播州所辖区域。由此看来,元代播州所辖区域相当广泛,所辖政区颇为庞杂。

还要说明的是,除《元史·地理志》有关播州的记载外,还有《元史·杨赛因不花传》通过记述播州世袭土官杨赛因不花的生平事迹,为我们透露了元代播州政区的演变情况。

杨汉英,杨邦宪子也,生五岁而父卒。二十二年,母田氏携至上京,见世祖于大安殿。帝呼至御榻前,熟视其眸子,抚其顶者久之,乃谕宰臣曰:"杨氏母子孤寡,万里来庭,朕甚悯之。"遂命袭父职,锡金虎符,因赐名赛因不花。及陛辞,诏中书锡宴,赐金币彩缯,赍其从者有差。二十五年,再入觐,时年十二,帝见其应对明敏,称善者三。复因宰臣奏安边事,帝益嘉之。是年,改安抚司为宣抚司,授宣抚使,寻升侍卫亲军都指挥使。② 至元十三年(1276),杨赛因不花父亲杨邦宪归附元朝,被授予龙虎卫上将军、绍庆珍州南平等处沿边宣慰使、播州安抚使。这表明当时播州的行政级别仍为安抚司(其长官称安抚使),相当于路、府、州,属二级行政单位。至元二十五年(1288)升为播州宣抚司③,四川行省隶属之。"二十九年(1292),改播州隶湖广等处行中书省,时播州改为播州沿边安抚司,黄平等十一长官属之。"④ 另外,明代李贤等人所撰《大明一统志》对播州元代政区设置也有记载:元改为播州沿边安抚司,

---

① 《元史》卷63《地理志六·广远南丹溪洞等处军民安抚司》,第1551—1553页。
② 《元史》卷165《杨赛因不花传》,第3884—3885页。
③ 元政府规定:"宣抚司,秩正三品。每司达鲁花赤一员,宣抚一员,同知、副使各二员,佥事一员,计议、经历、知事各一员,提控案牍架阁一员。""安抚司,秩正三品。每司达鲁花赤一员,安抚使一员,同知、副使、佥事各一员,经历、知事各一员。"(见《元史》卷91《百官志七》,第2310页)由此看来,宣抚司和安抚司级别一样,只是在办公人员配置上略有不同,前者要比后者多同知、副使、提控案牍架阁等三人。
④ 道光《遵义府志》卷2《建置》,第32册,第77页。

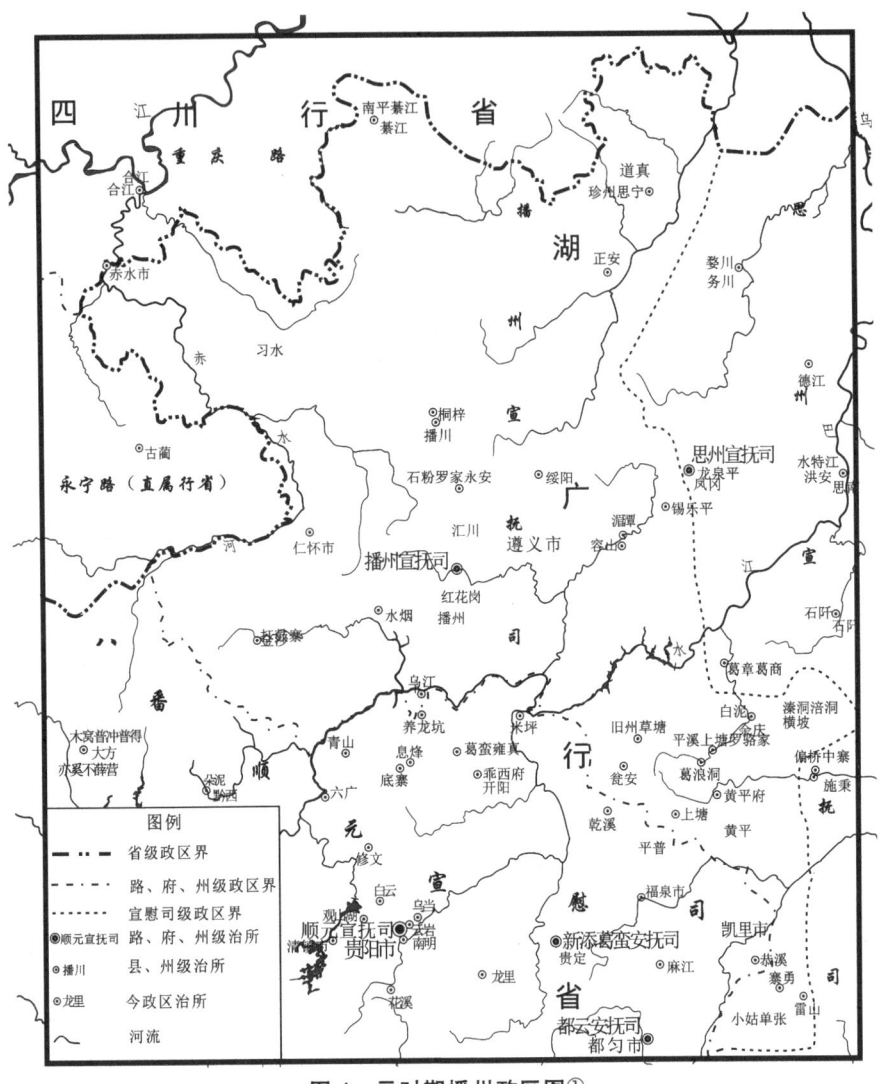

图 4　元时期播州政区图①

下辖余庆州、白泥州、容山长官司、真州思宁等处长官司、旧州草塘等处长官司、黄平府②。这与《明史》所记"播州军民安抚司"所辖三十三个长官司和诸峒寨多有出入，显示了元代播州土司辖区的庞杂性。

---

① 底图采自贵州省自然厅编著《贵州历史地图集》，中国地图出版社、贵州人民出版社2023年版。
② 《大明一统志》卷72《播州宣慰使司》，第1128页。

五 明代

《大明一统志》较为详细地记载了明代播州政区的设置情况。除了对前代播州政区沿革的追述外，该志还记曰："本朝洪武四年（1371）

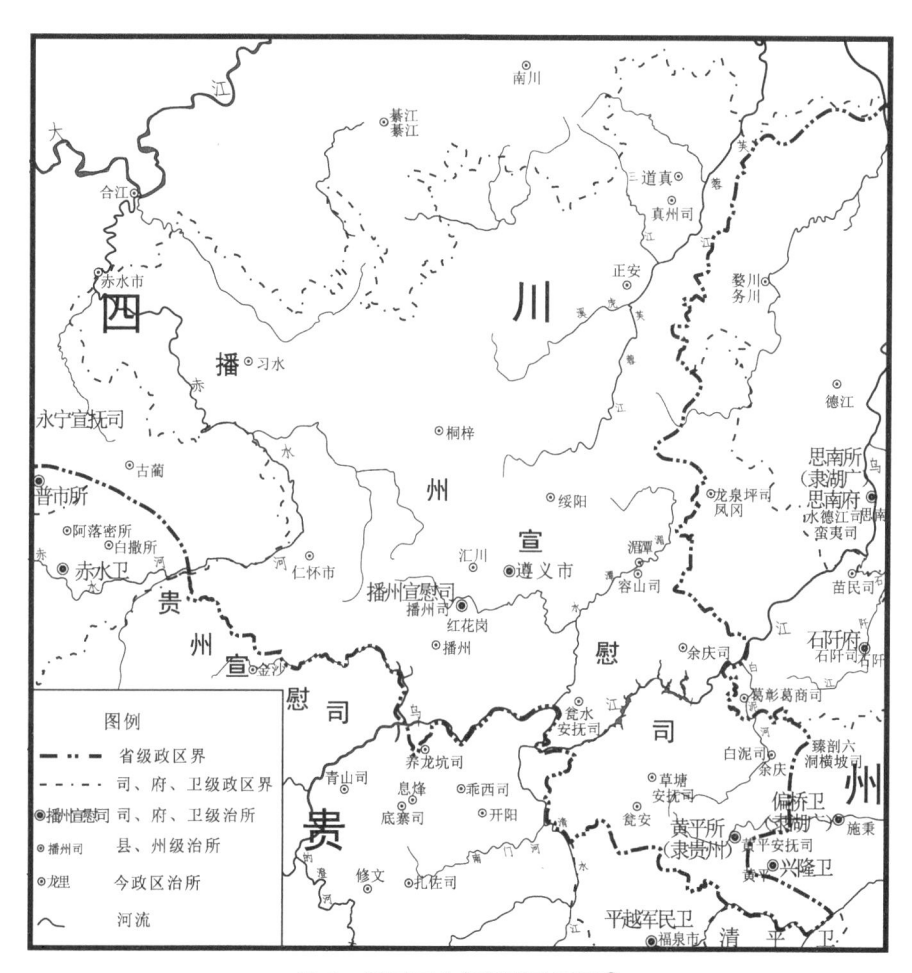

图 5 明万历十年播州政区图①

---

① 据谭其骧主编《中国历史地图集》第七册"四川"地图编绘。该图反映的是万历十年（1582）的情况。见谭其骧主编《中国历史地图集》第七册，中国地图出版社1982年版，第62—63页。

改为播州宣慰司，又升宣慰使司，领长官司六，安抚司二，即播州长官司、余庆长官司（元末为余庆州）、白泥长官司（元初为白泥等处长官司，至正末改为白泥州，明洪武十七年复为长官司）、容山长官司（元代容山长官司）、真州长官司（元代珍州思宁等处长官司）、重安长官司（宋元黄平府地，洪武八年于此置重安长官司）、草塘安抚司（元代旧州草塘等处长官司，洪武十年改为草塘安抚司）、黄平安抚司（宋为黄平府，立上下三曲二长官司，隶属叙州，元代改隶播州宣抚司，洪武八年改府为安抚司，以二长官司并入）。"①

万历二十九年（1601）明政府将播州改为流官管理，并将辖地一分为二，划归四川布政司的部分称遵义军民府，划归贵州布政司的称平越军民府。同时，改真州长官司为真安州，改播州长官司为遵义县，县与府同时迁徙治故宣慰司城西北之白田坝为府治。"以播州司所属旧夜郎县地置桐梓县、湄潭县。以真州司所属旧绥阳县地置绥阳县、龙泉县。以播州司所属仁怀里及别领长官地置仁怀县。"② 至此，"播州"之名终结。由上可知，明万历以后遵义军民府辖有真安州、遵义县、桐梓县和仁怀县，政区设置较为清晰。

唐至明清，播州政区的设置经历了一个较为复杂的演变过程，每一历史阶段均呈现出不同的变化特点。正如《遵义府志》所描述："遵义自先秦以来，而国、而县、而州郡，至明始定位一府、四县、一州。入于国朝，因之不改。此方数百里之地，窃谓傥博取载籍，精心参互，二千年之沿革，亦稍觉端委可寻。"③ 这种演变和当时全国以及地方的政治、经济、军事、民族关系等因素综合作用有关，又与各个中央王朝势力的消长及其民族政策的演变有密切联系。历史时期播州政区设置的变化其实是中原王朝对西南少数民族地区治理和政区设置演变的缩影，是多种因素综合博弈的结果。

---

① 《大明一统志》卷72《播州宣慰使司》，第1128页。
② 道光《遵义府志》卷2《建置》，第32册，第78页。
③ 道光《遵义府志》卷2《建置》，第32册，第41页。

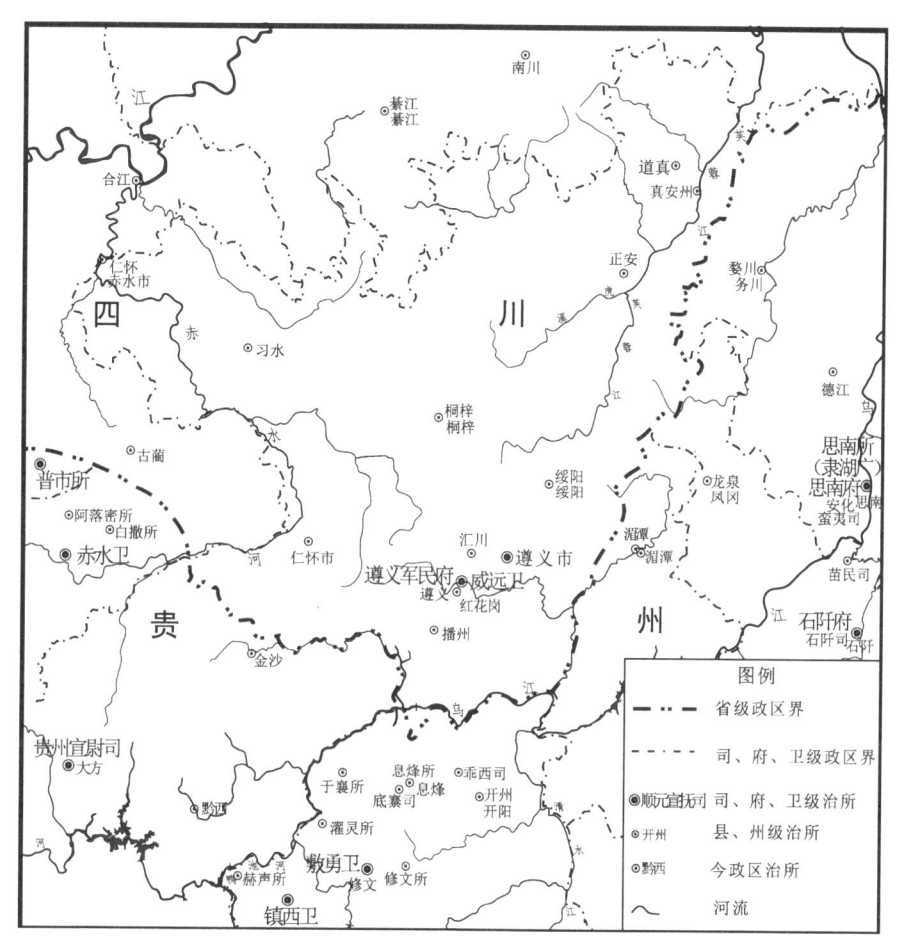

图 6 明崇祯五年遵义军民府政区图①

第三节 民族分布

早期用来描述族类的词汇主要是种族或是氏族，汉语里的民族一词，来源于西语"nation"的译介具有两层含义，一是国民民族，二是族裔民族共同体。费孝通先生认为，"中华民族是包括中国境内 56 个民

---

① 底图采自贵州省自然资源厅编著《贵州历史地图集》，中国地图出版社、贵州人民出版社 2023 年版。

族的民族实体,并不是把56个民族加在一起的总称,因为这些加在一起的56个民族已结合成相互依存的、统一而不能分割的整体"①。族群的出现为人们提供了一个新的视角来分析文化多样性问题。"族群"是一个相对流行的西方术语,通常定义为"ethnic group"。早期的美国社会学家 Max Weber(马克斯·韦伯)定义"族群"是"那些人接受一个主观的信念,即他们共同的血统或者身体类型或风俗相似,或有因开拓或者移民的记忆。这种主观的信念对群体建构的传播十分重要,无论是否在客观上存在血缘关系"②。英国民族学家安东尼·史密斯(Anthony D. Smith)认为族群并不是专指社会中的少数群体、弱势群体。我们可以把族群归纳为群意识到自己拥有与其他群体不同的历史记忆、不同的神话和祖先、不同的共享文化与居住地的人类共同体。③马戎先生指出,"在西方文献中,'民族'通常表示政治实体,'族群'则更强调带有其他非政治性差异(如语言、宗教和文化习俗等)的群体"。本章探寻播州境内的古代民族,采用的是国家层面的民族之下的族裔/文化共同体的概念。

一 播州历史上的民族及其分布

播州境内坝子众多、河流纵横、土地肥沃、资源丰富,利于垦殖。诸多民族在这片土地上世代生息繁衍,创造了多彩的地方文化。

(一)播州境内的民族及其变迁

遵义自古至今就是一个多民族聚集区,目前有仡佬、苗、土家、布依、彝、侗、回等36个少数民族,且有两个民族自治县,即道真仡佬族苗族自治县和务川仡佬族苗族自治县,另有8个民族自治乡,即桐梓县马鬃苗族乡、遵义县平正仡佬族乡和洪关苗族乡、仁怀市后山苗族布依族乡、道真自治县上坝土家族乡、余庆县花山苗族乡、正安县市坪苗族仡佬族乡和谢坝仡佬族苗族乡。其中世居的古代民族主要有仡佬、苗、土家、彝族。

---

① 参见费孝通《中华民族多元一体格局》,中央民族大学出版社2018年版。
② Max Weber, *Economy and Society Volume 1*, Berkeley: University of California Press, 1978, p. 389.
③ Anthony. D. Smith, *National Identity*, Reno, Nevada: University of Nevada Press, 1991, pp. 20–21.

《史记》《汉书》等称西南民族为西南夷、南夷或南蛮。这种称谓直到清代依然沿袭，"黔省自明始置郡县，元以前皆为蛮夷，今之土司即昔之酋长，今之蛮苗即昔之夷民"①。"夷""蛮"均为中原汉族王朝对包括播州在内的西南地区少数民族的蔑称，这种称呼来自"华夷之辨"民族观，固然不雅，但从历史记载中我们了解到秦汉及其以前即有少数民族生活于此。秦汉至明代，尽管此地更多的政区逐渐纳入中原王朝的统治之下，汉民族不断涌入，但仍未改变少数民族为主体民族的格局，正如明万历年间平播主帅李化龙所言"播州，皆夷也"，其风俗，"郡播而还，人犹近古，民多朴鲁，士尚谨醇，曩经奇劫，巴渝族姓避乱兹土，遂家焉，渐染于嚣凌之习。郡邑风俗，自汉迄明皆沦于夷"②。需要指出的是，在民族识别之前，播州并没有具体的民族称谓，虽然有"苗裔"或"土人"的称呼，但亦是对少数民族整体的代指。尽管如此，我们从史书关于风俗与生活方式的记载中仍可以了解到该区域民族的不同，因为文化习俗往往是一个民族的标记，是一个民族区别于另一个民族的符号。以下略举数例：

　　正安　土人以元宵为年，礼天神、享岁饭，尚未尽变故习。
　　桐梓　旧志邑原属播地，北邻綦，近中国之化。家贫好学人务耕织，信巫鬼，好诅盟。丧葬用鼓乐，婚姻轻财帛，燕会以礼，崇慕华风。③
　　绥阳　敦庞醇固，崇尚诗礼，士多有守，民敦俭朴。
　　仁怀　俗淳土瘠，人性犷悍，类分四种，好战斗，以劫杀为事，刀耕火种，不善丝蚕，疾鲜用医，惟事巫祝，婚姻世缔，丧葬用乐。④

上述关于正安、桐梓、绥阳和仁怀的风俗显然有相当的不同：正安土人"以元宵为年"，与汉族明显的不同，依然保留着原来的传统习俗，说明其所受汉族风俗影响较小；桐梓虽然有些汉化，但非常有限，

---

① 乾隆《贵州通志》卷7《苗蛮》，第4册，第120页。
② 道光《遵义府志》卷20《风俗》，第32册，第413页。
③ 民国《桐梓县志》卷31《风俗》，民国十八年（1929）铅印本，第37册，第396页。
④ 道光《遵义府志》卷20《风俗》，第32册，第413页。

"丧葬用鼓乐，婚姻轻财帛"异于汉族风俗；绥阳"夷俗悉除"，表明汉化较深；仁怀"人性犷悍""好战斗，以劫杀为事，刀耕火种，不善蚕丝"显然是民族风俗的本色，汉化程度甚微。风俗的汉化程度不同折射了四地风俗之不同。单就四地风俗而言，既有相同之处又有不相同之处，如桐梓和仁怀"丧葬用鼓乐"即是相同，然桐梓"务耕织"与仁怀"不善蚕丝"又明显不同。如此风俗自然是不同民族的一种体现。

以上是不同地域的风俗。各地的不同族群有不同的习俗：如

　　仲家　仲家妇女好装饰……腹上加一兜青布为之。著草履，簪花为冶容，自趋于市。贵阳甚多，仁怀间有之①。
　　红苗　衣服悉用斑丝，女红以此为务，牲畜不宰皆棓杀，以火去毛，带血食之。人死则将所遗衣物装像，击鼓歌舞名曰调鼓。五月寅日，夫妇各宿，不敢言，不出户，以避鬼，恐致虎伥。同类斗杀，以妇人劝方解。
　　土人　在大定者曰倮猡，本曰卢鹿，深目长身，白齿钩鼻，或曰即"罗鬼"，仁怀有之。
　　马鞯苗　以布拥腹如马鞯，赤水里有之。②……

上述材料显示，仅仁怀一地即有仲家（布依族）、红苗和马鞯苗（苗族）、土人（彝族）等三个典型民族。即便同一民族还有不同的分支，如红苗和马鞯苗，尽管二者都属苗族，然就穿衣服的习惯而言，前者较后者明显不同。除此之外，播州有花苗，"花苗，男女拆败布缉条以织衣，无矜窭而纳诸首，以青蓝布裹头，少年缚楮皮于额，婚乃去之。妇人敛马鬃尾杂发为发，大如斗笠，以梳裳服，先用蜡绘花于布，后染之，既染去蜡则花现，饰袖以锦，故曰花苗"③。显而易见，花苗和前列红苗与马鞯苗在服饰上又有不同，是当时苗族的又一分支。这表明播州历史时期民族众多复杂、民风民俗各异。

由于在崇山峻岭的封闭地理环境以及播州开发较晚的社会发展历

---

① 道光《遵义府志》卷20《风俗》，第32册，第426页。
② 道光《遵义府志》卷20《风俗》，第32册，第427页。
③ 道光《遵义府志》卷20《风俗》，第32册，第426页。

程，播州民族文化呈现明显的边缘性多元文化格局特征。呈现出以濮僚文化为主体的文化特色，同时又具有多元色彩，如苗文化、土家文化、彝文化等在播州民族文化中占有一定的地位。由于历史上播州与中原地区的交往力度随着王朝对这一地区统治的不断强化，使得播州民族文化在呈现山地原生态文化特征的同时，播州族群上层文化的儒家化倾向亦日趋明显。《大明一统志》云：酋长"会聚以汉服为贵"[1]，说明播州少数民族上层接受了汉族的服饰文化。如果说明代播州上层的"慕华风"的话，那么改土归流以后该地民众受汉文化影响则较为全面，"今遵义各属极僻，所在尚有此种数家，皆与人雇田，淳朴不知犯法，而向来土著者至今渐渍礼教，皆与汉人无别""冠婚丧祭，不尚奢华；人知向学，深山穷谷，犹闻弦诵声。虽夜郎旧地，当与中土同称"[2]，这表明播州改流后少数民族不仅在生产方式上，而且在婚丧嫁娶、崇尚学习等方面均受到汉族文化的影响，其风俗已多被汉化。中原化无疑有助于民族之间的交流和融合，对该地区政治经济文化的发展有很大的促进作用。

（二）以仡佬为主体民族

播州的非汉民族主要包括仡佬、彝、苗、土家等少数民族的早期先民，这可从这些民族的族源、分布情况以及历史文献留下的线索和考古发现的遗迹中体现出来。

在播州的多元文化格局中，仡佬族的历史最为悠久，影响最大。这可以从仡佬人在播州地域的古老历史可以反映出来。今天的仡佬族作为贵州省最古老的民族之一，其生存的时空范围超越播州土司的历史。民谣"遵义原名马桑窝，开天辟地仡佬多；至今流传仡佬话，喊叫豆腐叫得窝"[3]。同时仡佬族也是土著民族，民谣"蛮王仡佬，开荒辟草"[4] 就是很好的佐证。

学界一般认为仡佬族的先民为濮人，濮人为早期西南地区少数民族

---

[1] 《大明一统志》卷 72《播州宣慰使司·风俗》，第 1129 页。
[2] 道光《遵义府志》卷 20《风俗志》，第 32 册，第 413 页。
[3] 《遵义县仡佬族墓葬遗存》，http：home.51.com/liuyongshu1111/diary/item/10037003.html。
[4] 贵州省遵义市地方志编纂委员会编《遵义地区志·民族志》，贵州人民出版社 1999 年版，第 33 页。

重要的一支，其后来分化出更多的西南民族族属。川南一带的濮人古文献写作"僰"，"僰"的音义与"濮"相通。早在商周时期，濮人就已活动于播州所在的西南地区。濮在古文献中亦写作"卜"，《逸周书》记载"卜人，西南之蛮"①，《左传》中也称"濮为西南夷也"②。商代初期，西南的濮人即以土特产丹砂贡献于商王。春秋初期，西南的濮人与中原的政治势力不断发生关系，见之于这一时期的汉文文献，当时以濮人为主体的部落联盟牂牁，曾与称霸诸侯的齐桓公相通好。从战国到秦汉，在西南有影响力的夜郎国即为仡佬族的先民濮人所建立，并且在为数众多的部族方国中影响最大，正如《汉书》记载"西南夷君长以十数，夜郎最大。其西，靡莫之属以十数，滇最大。自滇以北，君长以十数，邛都最大。此皆椎结，耕田，有邑聚。其外，西自桐师以东，北至叶榆，名为巂、昆明，编髪，随畜移徙，亡常处，亡君长，地方可数千里。自巂以东北，君长以十数，徙、筰都最大。自筰以东北，君长以十数，冉駹最大。其俗，或土著，或移徙。在蜀之西。自駹以东北，君长以十数，白马最大，皆氐类也。此皆巴蜀西南外蛮夷也"③。《史记》记载夜郎在西汉时代传说有精兵10万，所辖区域以今贵州为主，兼及滇东北及川南一带。先秦时期，部分越人也开始移入西南地域，与濮人交错杂居，逐渐融入濮人当中。濮越融合的这部分形成了新的族群称谓——僚（原写作"獠"，作为族群当读作"佬"）。

魏晋南北朝时期，关于"獠"的记载逐渐增多④，如记载较为详细的为《魏书》，曰"獠者，盖南蛮之别种，自汉中达于邛筰川洞之间，所在皆有。种类甚多，散居山谷，略无氏族之别。又无名字，所生男女，唯以长幼次第呼之。其丈夫称阿暮、阿段，妇人阿夷、阿等之类，皆语之次第称谓也。依树积木，以居其上，名曰'干兰'，干兰大小，

---

① 朱佑曾：《逸周书集训校释》，商务印书馆1940年，第119页。
② （清）阮元校刻：《十三经注疏·春秋左传正义》，中华书局1980年版，第1857页。
③ 《汉书》卷95《西南夷列传·两粤·朝鲜》，中华书局1964年版，第11册，第3837页。
④ 传统汉文史籍多为儒家士大夫所撰写，其秉承的是儒家的民族文化观念，即传统的华夷观。在这种以华夏为中心的观念中，对民族的格局的认识存在一定的偏见：华夏民族（后来的汉民族）居于中原，是先进的，文明的，而居于华夏周边的族群则是野蛮的，落后的。在传统的儒家文化中，这些野蛮族群多半是茹毛饮血，尚未脱离动物性，所以多半给其加上犬字旁，如猃狁、獠等，这是我们应该注意和批判的。本书中，为反映历史文献的原貌，说明族群演变的古今序列，照录古文献中的称谓，以此说明。

随其家口之数。往往推一长者为王，亦不能远相统摄。父死则子继，若中国之贵族也。獠王各有鼓角一双，使其子弟自吹击之。好相杀害，多不敢远行。能卧水底，持刀刺鱼。其口嚼食并鼻饮。死者竖棺而埋之。性同禽兽，至于忿怒，父子不相避，惟手有兵刃者先杀之。若杀其父，走避，求得一狗以谢其母，母得狗谢，不复嫌恨。若报怨相攻击。必杀而食之。平常劫掠，卖取猪狗而已。亲戚比邻，指授相卖，被卖者号哭不服，逃窜避之，乃将买人捕逐，指若亡叛，获便缚之。但经被缚者，即服为贱隶，不敢称良矣。亡失儿女，一哭便止，不复追思。惟执盾持矛，不识弓矢。用竹为簧，群聚鼓之，以为音节。能为细布，色至鲜净。大狗一头，买一生口。其俗畏鬼神，尤尚淫祀。所杀之人，美鬓髯者必剥其面皮，笼之于竹，及燥，号之曰'鬼'，鼓舞祀之，以求福利"①。《魏书》反映了当时西南地区的"獠"人社会的社会生活的诸方面，如社会习俗、生产生活情况，其关于"獠"人生活中的干栏建筑、傩戏、铜鼓等方面的记载与后来的仡佬文化有某些相似性，当然并非唯一性，可以说明这一时期南方民族的分化发育情况。其次如《周书》载："獠者，盖南蛮之别种，自汉中达于邛、筰、川洞之间，在所皆有之。俗多不辨姓氏，又无名字，所生男女，唯以长幼次第呼之。其丈夫称阿暮、阿段，妇人阿夷、阿第之类，皆其语之次第称谓也。喜则群聚，怒则相杀，虽父子兄弟，亦手刃之。递相掠卖，不避亲戚。被卖者号叫不服，逃窜避之，乃将买人指搦捕逐，若追亡叛，获便缚之。但经被缚者，即服为贱隶，不敢更称良矣。俗畏鬼神，尤尚淫祀巫祝，至有卖其昆季妻孥尽者，乃自卖以祭祀焉。往往推一酋帅为王，亦不能远相统摄。"② 说明在唐人的观念中，在唐之前的魏晋南北朝时代，自汉代以来，西南夷民族中已经分化出"獠"的族群称谓，但这一时期，"獠"主要是泛称，内部的社会结构相对原始，内部已经建立的相应的权力机构，具有奴隶制的残余。但从这时期的文献中也可看出，"獠"已经分化出不同的种类，或出现不同的"獠"类称呼，如"恒棱獠"，史称"天和三年，梁州恒稜獠叛，总管长史赵文表讨之"③。如"诸

---

① 《魏书》卷101《蛮獠传》，中华书局1974年版，第2248—2249页。
② 《周书》卷49《异域上·蛮獠》，中华书局1964年版，第890—891页。
③ 《周书》卷49《异域传上·蛮獠》，第891页。

獠"，史载"建德初，李晖为梁州总管，诸獠亦并从附"①。如"木笼獠""铁山獠"等，史称"魏恭帝三年，陵州木笼獠反，诏开府陆腾讨破之，俘斩万五千人。保定二年，铁山獠又反，抄断江路。陆腾复攻拔其三城，虏获三千人，降其种三万落"②。

隋唐时代是我国统一多民族国家发展的重要时期，民族分化与形成的进程加快，突厥、回鹘、契丹、吐蕃、靺鞨、南诏等民族充分发育，不少建立与中原王朝相对峙的民族政权。在此大背景下，西南地域的僚人中的大部分于唐代形成单一的民族"犵獠"，当然，也有不少单称"獠"的，如《隋书》即把"獠"归入种类繁多的南蛮之中，所谓"南蛮杂类，与华人错居，曰蜒、曰獽、曰俚、曰獠、曰㐌，俱无君长，随山洞而居，古先所谓百越是也。其俗断发文身，好相攻讨，浸以微弱，稍属于中国，皆列为郡县，同之齐人，不复详载"③。

宋代文献开始写为"仡佬"。从宋代朱辅《溪蛮丛笑》出现仡佬族名称以来，他们散布于西南广泛的地域，相当于今湖南省西部，贵州省各地都有他们的踪迹。早在唐代，仡佬也有写作"葛僚""仡僚""佶僚"的。如《新唐书》中有"南平獠"的记载，其称"南平獠，东距智州，南属渝州，西接南州，北涪州，户四千余。多瘴疠。山有毒草、沙虱、蝮虺，人楼居，梯而上，名为干栏。妇人横布二幅，穿中贯其首，号曰通裙。美发髻，垂于后。竹筒三寸，斜穿其耳，贵者饰以珠珰。俗女多男少，妇人任役"④。《旧唐书》中亦有关于"南平獠"的记载，如"南平獠者，东与智州、南与渝州、西与南州、北与涪州接。部落四千余户。土气多瘴疠，山有毒草及沙虱、蝮蛇。人并楼居，登梯而上。号为'干栏'。男子左衽露发徒跣；妇人横布两幅，穿中而贯其首，名为'通裙'。其人美发，为髻鬟垂于后。以竹筒如笔，长三四寸，斜贯其耳，贵者亦有珠珰。土多女少男，为婚之法，女氏必先货求男族，贫者无以嫁女，多卖与富人为婢。俗皆妇人执役。其王姓朱氏，号为剑荔王，遣使内附，以其地隶于渝州"⑤。两唐书关于"南平獠"

---

① 《周书》卷49《异域传上·蛮獠》，第892页。
② 《周书》卷49《异域传上·蛮獠》，第891页。
③ 《隋书》卷82，《南蛮传》，中华书局1973年版，第1831页。
④ 《新唐书》卷222，《南蛮传下》，中华书局1975年版，第6325—6326页。
⑤ 《旧唐书》卷197《南蛮西南蛮传》，中华书局1975年版，第5277页。

的记载大同小异，说明五代至北宋时代，时人对于地处西南的南平獠的认识并未有多大的拓展，而是沿习旧说。此外还有"葛獠"，唐史称"戎、泸间有葛獠，居依山谷林箐，踰数百里。俗喜叛，州县抚视不至，必合党数千人，持排而战"①。唐代"獠"人种类较多，除了南平獠之外，见诸史籍的还有"飞头獠""乌武獠""巴州山獠""益州獠""东、西玉洞獠""巫州獠""钧州獠""明州山獠"②。以上资料让我们了解到唐代僚人主要分布在今川南以及川、黔、桂三省交界处一带。宋人朱辅《溪蛮丛笑》记载有五溪之蛮，其中提到了仡佬，曰"沅其故壤、环四封而居者，今有五：曰苗、曰瑶、曰僚、曰僮、曰仡佬"③，其中提到了"仡佬"，说明迟至宋代，西南已出现称为仡佬的族群。还言到："仡佬以鬼禁，所居不着地，虽酋长之富，屋宇之多，亦皆去地数尺，以巨木排比，如省民羊栅，杉叶覆屋，名羊栖。"④ 此文献记载也说明"僚"和"仡佬"不是对等的，"僚"即是单一称谓，也可能是泛称。明嘉靖《贵州图经》称"仡佬，古称僚"⑤，可见其先人是古代僚人的一部分。亦有学者认为仡佬族先人为古代濮人。⑥

以上唐宋及之前古文献记载的梳理说明，仡佬族的先人为濮越民族融合的结果，在唐宋时代民族分化生成的大背景下，僚人中已经分化出"葛獠""仡佬"的称谓，基本上形成了今天意义上的仡佬族。从仡佬族人的历史活动记载来看，其分布范围与播州地域是基本一致的⑦。《旧唐书》把分布在川南包括播州之地的僚人称为"南平僚"，《宋史》称为"渝州蛮"，"渝州蛮者，古板楯七姓蛮，唐南平僚也。其地西南

---

① 屈川：《都掌蛮：一个消亡民族的历史与文化》，四川人民出版社2004年版，第14页。
② 《新唐书》卷222《南蛮传下》，中华书局1975年，第二十册，6326—6327页。
③ （明）陆楫编，刘新生校译：《古今说海》卷9《说选部·溪蛮丛笑序》，巴蜀书社1996年，第62页。
④ （宋）朱辅：《溪蛮丛笑》卷9，文渊阁《四库全书》，台湾商务印书馆1986年版，第594册，第48页。
⑤ 转引贵州省民族研究所编《贵州的少数民族》，贵州人民出版社1980年版，第123页。
⑥ 翁家烈：《仡佬族》，民族出版社2005年第2版，第1页。
⑦ 现代意义上的仡佬族，根据2000年全国第五次人口普查统计，共有人口579357人，在全国的31个省、自治区、直辖市中均有分布，主要集中聚居在贵州省，共有55.9万人。其中主要分布于务川仡佬族苗族自治县、道真仡佬族苗族自治县、石阡县以及正安、六枝、水城、黔西、织金、大方、金沙、纳雍、遵义、仁怀、清镇、普定、平坝、安顺、镇宁、关岭、贞丰、安龙、晴隆、兴仁、思南、松桃、江口、瓮安、镇远等70多个县。

接乌蛮、昆明、哥蛮、大小播州，部族数十居之"①。这可以把仡佬族作为播州主体民族的一个重要论据。

此外，从播州土司时期的历史文献本身，也可以发现较多的关于"僚"的记载，这些记载也可从某种程度上说明，播州土司治理下的僚人之多。《杨氏家传》记载唐末和五代播州杨氏早期几代统治播州时期，其境内诸多部族并不服顺，如播州第二代杨牧南继承父亲杨端的位置后，其"痛父业未成，九溪十洞犹未服，日夜忧愤"②。其子部射继承牧南遗志，继续征服"罗闽"，即水西的一带少数部族，并死于这场征服战争中。部射的继承人杨三公继续其征服事业，史称"三公遣卫兵檄召谢巡检，谢帅彝僚逆之。会济江，僚忽怀异志，引舟岸北，呼谢曰：'为我语若主，当免我科赋，否则吾不以舟济。'三公怒，瞋目视舟，嘘者三，舟奔而前，三公遂涉。彝僚争持牛醹酒为谢。三公剪帛系僚颈，吸水噀之，帛成蛇形。僚伏地哀祈，誓输赋，不敢反"③。这段记载杨氏早期治理播州期间开疆拓土的史料中，尽管有一定的神话不实色彩，但说明播州杨氏早期在征服周边、建立对播州地域的统治秩序过程中，所依靠的主要力量是当地的"彝僚"或"僚"，即当地广泛存在的土著族群。进入宋、元、明时期，反映播州土司的文献中，"僚"的记载也多处出现。如宋代播州第九代土官杨文广时期，播州辖区的老鹰寨僚穆族反叛，杨文广命其部下平定了此次叛乱，史称"会老鹰寨僚穆族亦叛，文广命谢都统讨彝之，斩理郭，戮穆僚，释其党七人"④。明代，反映播州土司的文献中，也有不少关于"僚"的记载，如播州宣慰司在白泥等处"招引九姓土僚在彼往种"⑤，可见数量相当可观的九姓土僚是播州杨氏土司的庄园中的主要劳动力。有学者据此认为播州统治者杨氏土司家族的族属为仡佬族的先人僚人⑥，此观点得到学界广泛认同。

---

① 《宋史》卷496《蛮夷传四》，中华书局1977年版，第14240页。
② （明）宋濂：《文宪集》卷10《杨氏家传》，文渊阁《四库全书》，第1223册，第535页。
③ （明）宋濂：《文宪集》卷10《杨氏家传》，文渊阁《四库全书》，第1223册，第536页。
④ 道光《遵义府志》卷31《土官》，第33册，第64页。
⑤ （明）何乔新：《戡处播州事情疏》，《丛书集成新编》，新文丰出版有限公司1985年版，第211页。
⑥ 参见王兴骥《播州土司与水西土司关系之研究》，《贵州社会科学》2001年第6期；贵州省遵义县县志编纂委员会编《遵义县志·史实考录》，贵州人民出版社1992年版。

此外，播州土司以仡佬文化为特征的非汉主体文化可以从考古资料得到印证。遵义杨氏墓葬中的铜鼓等器物从某种程度上揭示播州作为西南地域民族文化的独特意义，如宋代朱辅《溪蛮丛笑》中记载了西南非汉人铜鼓的情况。仡佬族先人僚人也具有铸造使用类似于铜鼓等铜物的悠久历史，根据《魏书》记载，当时作为仡佬族的先人獠人，"铸铜为器，大口宽腹，名为铜爨，即薄且轻，易于熟食"[1]。铜鼓作为我国南方古代民族的乐器，产生于青铜时代，延续到明清两代，我国西南和两广地区的少数民族仍在使用它[2]。铜鼓在其漫长的发展过程中，功能也不断演化。作为早期出现的铜鼓，主要是作为乐器使用，且兼作炊具。后来，又作为祭祀活动中的礼器使用，象征社会财富和社会权威，甚至用作葬具。规模大、制作精的铜鼓对于研究我国南方古代民族的政治、经济、文化作用重大。目前已知的规模最大的杨氏土司墓葬杨粲夫妇墓出土了两面铜鼓，说明播州地区的铜鼓文化颇具代表性。

近年来，我国考古工作者根据中国南方古代铜鼓的不同形制和纹饰，将其分为八个标准类型，每个类型均以其代表性器物的出土地点命名，分别为万家坝型、石寨山型、冷水冲型、遵义型、麻江型、北流型、灵山型、西盟型。杨粲夫妇墓出土的两面铜鼓，被定为遵义型铜鼓的标准器物。遵义型铜鼓是我国古代铜鼓发展到东汉至两宋时期的一种形制，形制和花纹较为简单。[3] 目前，在全国收藏的1360多面铜鼓中，属于遵义型的共35面，其流行地域相当于古代的南中、五溪等少数民族地区。播州作为古越民族分化后的少数民族的重要聚居地，墓葬中发现的铜鼓，至少说明了墓主在丧葬活动中对地方民族文化的吸收，或者可以说明墓主本人的少数民族身份。这点学界有一定的共识，如学者章光恺认为播州土司杨粲死后，其家属赶制铜鼓入葬，即反映出杨粲族属方面具有古代西南少数族僰人的特点。[4] 发掘的陪葬陶俑的服饰风格的

---

[1] 《魏书》卷101《蛮獠传》，第2249页。

[2] 如1949年后仅在高州（今广东省西南部）一带就发现铸造精美、花纹繁缛的粤式铜鼓40多面。参见蒋廷瑜《粤式铜鼓》，载《古代铜鼓学术讨论会论文集》，文物出版社1982年版，第175—185页。

[3] 参见遵义地区文物管理委员会、遵义市文化局编《遵义地区文物志》，1984年，第176页。

[4] 章光恺：《播州杨氏族属初探》，《贵州文史丛刊》1982年第4期。

考证亦可探寻当时播州的民族文化及地域文化风情。章光恺的考证与播州仡佬的主体族群地位并不矛盾。僰人为早期西南夷的种类之一，也称"滇僰"，秦汉之后，社会动荡，民族剧烈分化，僰人中的奴隶主势力逐渐衰落，被后期的"夷帅""大姓"封建领主取代，僰人分化迁徙于邻近的播州地域，与仡佬的先人交流融合，应是民族交融的一种发展趋势。

（三）播州境内的其他民族

作为边缘地带的播州在民族文化上呈现出非汉文化的多元性特征，其机理正如王明珂所论："无论如何，就包括云南、贵州及广西、四川一部分的整个西南地区来说，各地社会之人类生态、族群及社会阶序区分都极为多元、复杂，因此其社会历史记忆也应是极为多元、复杂。"[1]播州建制以来900余年间，经历唐、五代、宋、元、明等朝代的更迭，伴随着王朝的更迭及王朝内部的战争，播州地域的人口迁移流动频繁，特别是唐宋时期又是民族不断分化生成的时期，所有这些因素，都使得播州非汉文化呈现出多族属性的特点。播州的非汉文化以主体仡佬文化为主外，还包括不少今天南方民族的先前形式，主要体现在以下几个族群。

彝。"播州地方千里，山川险恶，夷汉杂居。"[2] 其中与播州地域交接的水西土司及其属民的主体民族为彝族[3]。彝族作为西南地区古老的民族之一，是古代羌人南下与西南土著部落不断融合而形成的民族。远在距今六七千年，古羌人部落就从河湟地区向四方发展，一部分沿着岷江、雅砻江、安宁河向南迁徙，到达邛之卤。后来又渡过金沙江，进入洱海、滇池及滇东北广大地区。经过长期发展，逐渐发展成为彝族的先民。[4] 西汉末年到东汉初年，由于中央王朝势力衰微，无力管辖西南地区。滇东北彝族先民黑部后裔第二十世勿阿纳乘势开疆拓土。在与

---

[1] 王明珂：《英雄祖先与弟兄民族：根基历史的文本与情境》，中华书局2009年版，第129页。

[2] （明）李任龙：《平播全书》卷6《奏议·播州善后事宜疏》，《续修四库全书》史部·杂史类，第434册，第487页。

[3] 王兴骥：《播州土司与水西土司关系之研究》，《贵州社会科学》2001年第6期。

[4] 《遵义地区志·民族志》，贵州人民出版社1999年版，第158页。

"濮""獠"征战中，以水西（主要指贵州西北部乌江上游鸭池河以西地区）为中心，建立起强大的奴隶制地方政权。唐末，播州人称其为"罗闽"，南宋时称其"罗氏鬼国"。元代时彝族亦称"倮倮"或"罗罗"，明清相继沿称。早在蜀汉时，当地彝人远祖济火建立的王国"慕俄格"[1]，因为帮助诸葛亮南征有功，被封为罗甸国王。元朝开始在贵州彝族的主要分布区水西地区设立宣抚司。明洪武初，置宣慰司，分为水东宋氏、水西安氏各有领地，安氏任宣慰使，宋氏任同知，从此开始彝人土司在这一地区的统治。安氏在水西统治时间之长，超越了临近的播州杨氏，安氏"自汉后主建兴三年（225）至康熙三十七年（1698），凡千四百七十四年，世长水西，其受命于中朝，为蛮长、为罗甸王、为姚州刺史、为顺元宣抚使、为贵州宣慰使、为水西宣慰使，号凡六更"[2]。洪武六年（1373），明廷诏以水西土司"立提诏霭翠位各宣慰之上"[3]。霭翠亦向明朝每年贡方物及马匹等，加强与中原的联系。霭翠死后，其妻奢香代袭。其时贵州宣慰司都督马晔实行民族歧视政策，欲以中央的流官代替彝人土司，激起彝人的强烈不满。后水东土司宋钦之妻刘淑贞将马晔的激乱行为上报朝廷，使朱元璋及时处理了马晔，还召见奢香，赐以官服等，加以慰问，事态始趋平息，维护了彝族地区的稳定。播州由于与水西共处的时间长，可以说贯穿播州的历史，双方之间政治、地域、文化等方面联系不断，关系密切，相互影响。双方曾建立长期的联姻关系，相互依靠。播州与水西之间也有见利忘情、反目成仇的争斗。如水西土司地理位置比播州更为边缘，在明代，水西安氏曾羡慕播州杨氏与明政府密切的关系，仰慕杨氏文化的发达以及杨氏的经济和军事实力，希望和播州杨氏搞好关系，结束两大土司之间的征战，并派人到播州求亲，愿把自己的女儿嫁与杨氏的儿子为妻，结果遭到了杨氏土司的拒绝，其理由是水西安氏是少数民族，其身份、地位都与播州杨氏土司差距太大，所谓"安、杨二氏，先世原为敌国，安曾求亲，杨氏不从，求以女嫁之，亦不从。盖自负为太原诗礼旧家，而安为罗鬼，

---

[1] 参见王明贵、王继超主编《水西简史》，贵州人民出版社2011年版。
[2] 道光《大定府志》卷49《安氏本末》，第48册，第711页。
[3] 《明史》卷316《贵州土司传》，第8169页。

耻与同盟也"①。此故事说明了水西与播州之间的婚姻关系，也隐含了水西地区社会发展程度不及播州一带，播州的仡佬人在选择婚姻对象的时候并不看好水西地区。

在播州境内，彝族先人的分布广泛，史籍中记载有"播州，古夜郎地也，自生民以来，长山深箐，彝种丛居，倏叛倏臣，时征时讨"②。当然此处所说的彝种应主要是泛指的意思，与"夷种"接近，包含彝族的先人，但不能等同。在播州地域非汉人的群体中，其数量似应少于仡佬或诸苗族群。如宋代播州土司杨轼幕官曾对其说"骨肉相残，彝狄之俗也"③，说明在逐渐接受汉文化的播州杨氏，并不认同于周边的野蛮无知的习俗，自然彝族及其文化在播州的影响力度及范围不会太大。

苗。在关于播州的文献中，有多处"苗""蛮""苗蛮"或"播州苗"的记载，如明洪武时期，播州杨氏归附明朝，辖境内时有苗蛮作乱，史称"播州江渡蛮黄安作乱，贵州卫指挥张岱讨平之"④。此江渡蛮具体所处位置不详，应是乌江一带播州与贵州交界之地的苗蛮。永乐时期，播州境内苗蛮被向化招抚的情况较多地见于史籍，如"永乐四年（1406），免播州荒田租。设重安长官司隶播州宣慰司，以张佛保为长官，以佛保尝招辑重安蛮民向化故也。七年（1409），宣慰使杨昇（升）招谕草塘、黄平、重安所辖当科、葛雍等十二寨蛮人来归"⑤，可见当时播州境内苗蛮数量之多，并且许多深处山间，尚未接收播州宣慰司的管辖。宣德（1426—1435）、正统（1436—1449）、景泰（1450—1456）时期，播州境内的苗蛮曾多次对抗朝廷，并明廷相继平定。如宣德七年（1432），"草塘所属谷撒等四十一寨蛮作乱，总兵陈怀剿抚之，旋定"⑥。正统末曾出现播州周边苗蛮与播州苗相互勾连，围攻明朝在

---

① （明）李化龙：《平播全书》卷14《书札·杨监军》，第435册，第122页。其实，杨氏的太原汉人大姓亦是其汉化后攀附的结果，这种现象正对应了王明珂在《华夏边缘：历史记忆与族群认同》中所说的"一截骂一截"，即在华夏边缘地区，随着汉文化的移植，华夷边界在不断推移，早先接触汉文化的土著因失忆而成为华夏，其逐渐瞧不起更边缘的土著，视其为蛮夷。

② 贵州省文史研究馆点校：《贵州通志·土司土民志》，贵州人民出版社2008年版，第43页。

③ 道光《遵义府志》卷31《土官》，第33册，第65页。

④ 道光《遵义府志》卷31《土官》，第33册，第70页。

⑤ 道光《遵义府志》卷31《土官》，第33册，第71页。

⑥ 道光《遵义府志》卷31《土官》，第33册，第71页。

贵州各地设立的卫所机构的情况,据《明史》载:"正统末,镇远蛮苗金台伪称顺天王,与播州苗相煽乱,遂围平越、新添等卫。"① 景泰三年(1452),播州境内发生了更大的诸苗起事,播州土司的力量无法消弭,只得由朝廷派遣播州周边政府军队前来镇压,史称"湖、贵所辖臻、剖、五坌等苗贼,纠合草塘、江渡诸苗黄龙、韦保等杀掠人民,屡抚复叛,乞调兵征剿,以靖民患。帝命总督王来、总兵梁瑶等,会同四川巡抚剿之"②。景泰七年(1456),又"五开叛苗"③。此外,"苗人""诸苗"在关于播州末代土司杨应龙的文献中亦多次出现,特别是杨应龙子可栋死于重庆之后,播州与朝廷的关系恶化,杨应龙"拥兵驱千余僧招魂去。分遣土目,置关据险。厚抚诸苗,名其健者为硬手,州人稍殷厚者,没入其资以养苗,苗人咸愿为出死力"④。还"益结九股生苗及黑脚苗等为助,屯官坝,声窥蜀"⑤。可见,苗人在播州非汉人中应占有较大的比重。

土家。土家族历史悠久,追根溯源,可以清晰地看出土家族与古代的部分巴人有着直接的渊源关系。⑥ 在殷墟甲骨文上就有"巴"的记载,说明巴人是一个古老的族类。殷周之际,巴人就活动于江汉一代,奉务相为君,是为廪君,时称巴氏族为廪君蛮。"周武王伐纣,实得巴、蜀之师,著乎《尚书》。巴师勇锐,歌舞以凌殷人,前徒倒戈,故世称之曰'武王伐纣,前歌后舞'也。武王既克殷,(封)其宗姬于巴,爵之以子。古者远国虽大,爵不过子,故吴、楚及巴皆曰子。其地东至鱼复,西至僰道,北接汉中,南极黔、涪……其民质直好义,土风敦厚,有先民之流。"⑦ 周武王伐殷,巴人有功,将其居住地封为巴子国,巴人以川东、鄂西为主要活动区域。战国后期,秦楚势力强大,巴人活动范围逐渐缩小,东抵夔峡,北抵汉中,南达黔中。秦统一全国,以其地

---

① 《明史》卷316《贵州土司》,第8193页。
② 《明史》卷312《四川土司》,第8040页。
③ 《明史》卷312《四川土司》,第8040页。
④ 《明史》卷312《土司传·四川土司二·播州宣慰司》。
⑤ 《明史》卷312《土司传·四川土司二·播州宣慰司》。
⑥ 《中国民族问题资料·档案集成》编辑委员会编:《中国民族问题资料·档案集成》第2辑《中国少数民族简史丛书》第14卷,中央民族大学出版社2005年版,第367页。
⑦ (晋)常璩撰,刘琳校注:《华阳国志》卷1《巴志》,成都时代出版社2007年版,第4—6页。

设巴郡（今遵义北部地属之）、南郡、黔中郡。汉改黔中郡为武陵郡。东汉时，"巴子时虽都江州（今重庆），或治垫江（今合川），或治平都（今丰都），后治阆中……亦有三峡"①。史书常把这些地区的少数民族泛称"巴郡南郡蛮""武陵蛮"，其中含有巴人，历经迁徙，扩散，分出不同支系。三国时期，"武陵蛮"又称为"五溪蛮"，其中辰溪、酉溪流域是土家族先民的居住地。时有向、田、覃、冉等土家族首领的活动载入史册。唐、宋时期，居住在湘、鄂、川、黔毗邻地区的土家族已经形成稳定的共同体。随着行政建置的变化，土家族人同其他少数民族一样被泛称为"夔州蛮""信州蛮""彭水蛮""高州蛮"等。迟至宋代，居住在这些地区的土民、土蛮、土人、土丁等，作为秦汉时代廪君蛮、板楯蛮的后人，因有大量外地人迁入，为了和外来人（客家）相区别，出现了"土民""客民"之分，"土家"称谓开始出现。即称原居本地的土人、土民为土家，亦即现代的土家族②。板楯蛮的历史记载较早，其在汉代的历史文献中大量记载，如"板楯蛮夷者，秦昭襄王时，有一白虎，常从群虎数游秦、蜀、巴、汉之境，伤害千余人。昭王乃重募国中有能杀虎者，赏邑万家，金百镒。时有巴郡阆中夷人，能作白竹之弩，乃登楼射杀白虎。昭王嘉之，而以其夷人，不欲加封，乃刻石盟要，复夷人顷田不租，十妻不算，伤人者论，杀人者得以倓钱赎死"③。可见，板楯蛮活动的区域与播州地域毗邻交错，族群间的迁徙、杂居、融合不可避免。

"遵义地区境内土家族有田、冉、安、任、杨、张等姓氏，田氏最先徙入务川"④。此外，需要探讨的是，播州民族文化中"土人"的记载多处可见，如《遵义府志》记载："（遵义）自唐末归杨氏，统诸姓八百余年。宋中叶间设州、军，未闻有流官及播、珍、溱者，其皆土人为之可知。"⑤ 我们认为，此"土人"并非为土家族之专有称谓，而是

---

① （晋）常璩撰，刘琳校注：《华阳国志》卷1《巴志》，成都时代出版社2007年版，第24页。

② 《遵义地区民族志》编纂委员会编著：《遵义地区志·民族志》，贵州人民出版社1999年版，第136页。

③ 《后汉书》卷86《南蛮西南夷传》，第2842页。

④ 《遵义地区民族志》编纂委员会编著：《遵义地区志·民族志》，贵州人民出版社1999年版，第136页。

⑤ 道光《遵义府志》卷31《土官》，第33册，第60页。

土生土长于斯的非汉人的通称，但其中应包括一部今天土家族的先人。史载"沿河一带，向为酋地"①，沿河即位于今黔东北乌江河畔，与渝东、湘西比邻，是传统的土家族的居住区。这种土家人地域与播州地域的交错相接，说明播州地域特别是在播州东北部，即土家人传统的聚居地带，土人的分布在当时播州非汉族群中应占有一定的比重。播州境内土家族，田姓最先入播，《思南府志》载："黔中夜郎、且兰等地，自汉以来，自为君长者以十数，皆土著也。隋开皇二年（582），田宗显为黔中太守，其四世孙克昌卜筑思州，唐授为义军兵马使，思州遂为田氏世土，以故思南土司田氏为最先。"②宋宣和年间，思州蕃部田祐恭内附，世有其地。思州，辖有婺川、凤冈地。其他姓氏的土家族人多在宋代以后从邻省、邻县迁入务川。土家族徙入道真者有冉姓。据《冉氏家谱》记载，冉姓自酉阳入境有4支：冉守忠之次子冉桂森，从父征南僚平诸洞后，授宣慰将军、光禄大夫，于宋淳熙四年（1177年）入播，安营珍州蟠溪笼子头，后迁上坝场，子孙袭抚兹土。冉茂登、冉月华、冉天恩先后于明、清入境。另有安、任、杨、张等，先后于宋、明、清时期由四川、湖南等省和邻县迁入道真。宋至明代，先后有冉、安、戴、任等姓徙入凤冈县。如明朝蛮夷长官司长官安氏，据道光《续思南府志》载："宋安仲用……率兵征三十六洞诸蛮，授义阳（今凤冈）元帅府元帅，留守兹土。安世兴，元时，克服三十六洞九十九寨苗彝，授沿边溪洞军民万户总管。"③土家族人民与各兄弟民族和睦相处，共同开辟和发展着播州地区的经济文化。④

仡佬、彝、苗、土家等族群是播州的主要世居民族，他们在长期的社会生活中，一方面独自发展，保持本民族所固有的特性；另一方面，又与其他民族交往，彼此互相学习，取长补短，共同进步，构成了播州民族交往交流交融的历史画卷。

---

① （明）朱燮元：《督黔善后事宜疏》，道光《遵义府志》卷42《艺文一》，第33册，第355页。
② 思南县志编纂委员会办公室编：《（嘉靖·道光·民国）思南府县志（内部发行）》，2002年，第218页。
③ 参见龚荫《中国土司制度史·下编》，四川人民出版社2012年版，第779页。
④ 参见《遵义地区志·民族志》编纂委员会编《遵义地区志·民族志》，贵州人民出版社1999年版，第137页。

第二章　宋元明播州地方势力的形成与演变

在探讨播州土司文化与国家认同这一问题之前，我们有必要对播州地区的社会发展史，以及这一地区与中央王朝的关系先做一些必要的介绍，以便了解播州地区国家认同的萌芽与发展。这一发展史，简言之，即从羁縻制度到土司制度。何谓羁縻制度？学界一般认为"羁縻制度是汉唐封建王朝借重边陲蛮夷首领的势力进行控制边疆的制度，即根据势力的强弱，分别赐其首领以王、侯、邑长或将军、都督与刺史等封号，世袭其职，世率其民"[①]。与明清时期土司制度相比，在羁縻制度下朝廷对地方势力的管理相当松弛，基本不过问其内部事务。杨氏家族正是在这样一个背景下，开始了在播州的统治。杨氏土司先世是在唐代末期进入播州，并开始了在播州的统治。从这时起，杨氏家族便开始了与历代中央王朝的接触及相互间的认识与了解。元朝建立后对西南地区采取"因俗而治"的统治方针，建立了土官制度，给当地少数民族首领授予土官职衔。这些首领大多已有自己的管辖之地和管理方式，朝廷通过土官实现对当地的统治。播州土官以杨氏为首，境内其他土官实归杨氏统辖。明朝继承了历代封建王朝"以夷治夷"的羁縻政策和元代的土官制度，并进一步发展，形成了明朝的土司制度[②]。在播州大小土官中，杨氏家族势力最大，政治地位最高，经济实力最强，与朝廷的关系最为密切，是雄踞播土的实际统治者，号称西南四大土司之一，最具代表性。"元明有'思播田杨，两广岑黄'之谚，言土司之巨者，实则田、

[①] 方铁：《论羁縻治策向土官土司制度的演变》，《中国边疆史地研究》2011年第2期。
[②] 翁独健主编：《中国民族关系史纲要》，中国社会科学出版社2000年版，第632页。

岑、黄三姓，亦非杨氏之比也。"① 因此，我们研究播州土司应以杨氏家族为主兼论及旗下五司七姓，这样可以对播州地区土司的情况有较为全面的认识。

第一节　杨氏家族入播及王朝对播州的羁縻统治

一　唐末杨氏入播

播州是在唐朝贞观十三年由郎州易名而来，属于黔中道的经制州（正州）。由朝廷委派刺史治理，直接控制地方政治、军事、赋税等权力。据《新唐书》记载，播州总计户490，人口不过2168。②说明当时朝廷控制的人口稀少，属于下州。安史之乱后，中央集权日趋削弱，社会矛盾日益尖锐，社会动荡不安。唐朝统治势力不断向北收缩，各地农民起义此起彼伏，南方地方割据势力膨胀，纷纷拥地自立。代宗大历五年（770）播州土著首领反叛。泸州僚族首领罗荣，率军队在混乱中占据播州，开始对播州实行世袭统治。《遵义府志·土官》记载：唐大历中（766—779），夜郎叛，命（罗）荣帅师南征，剿抚并行，蛮方永靖，朝廷遂即其地分封，命世侯播土。③

与此同时，居于黔西北毕节以及黔中贵阳一带罗闽人（亦即彝族）的势力逐渐强大起来，而与居于经济条件比较好的黔北地区僚人时有争战，但双方都坚守自己的阵线。公元8世纪中叶，今滇西北洱海地区以乌蛮为主体的南诏部落崛起。在唐王朝日趋衰败的情况下，南诏将势力大肆向东扩张，几度把战火烧到贵州高原，咸通（860—874）年间，唐与南诏战事不绝，南诏军队"再入安南、邕管，一破黔州，四盗西川"。"将还，乃掠子女、工技数万引而南，人惧自杀者不胜计。"④ 南诏攻陷黔中后，掳掠一空就回去了，只是攻下了与自己同族属的水西地区（今黔西北毕节、安顺西北及兴仁一带）后派驻有军队，水西罗闽亦正好借南诏之势攻占了僚人世居的中心——播州，因此史书上有南诏

---

① 谭其骧：《播州杨保考》，《贵州民族学院学报》1982年第1期，第1页。
② 《新唐书》卷41《地理志五·播州播川郡》，第1075页。
③ 道光《遵义府志》卷31《土官》，第33册，第81页。
④ 《新唐书》卷222中《南蛮传中·南诏下》，第6282页。

陷播的记载。大中十三年（859年）南诏进犯播州，但在第二年（即咸通元年，860），安南都护李鄠收复播州，但不久撤出，南诏于公元873年回寇黔中时，播州被南诏属下的水西罗闽族所侵占。① 唐大历年间入播的泸州僚人首领罗荣四传至罗太汪嗣位，太汪年少加上势力单薄，南诏又犯黔时，罗闽人（彝人）攻占了播州，罗太汪被播州僚人和罗闽人逐走，逃至四川老家泸州去依附叔祖避难，以图东山再起。杨端入播就是在这种背景下出现的。杨端之名见于南宋以来的杨氏家乘，当为后世追溯祖源时所追加之名。从这一叙事中我们可以窥见川南僚人首领率其部族入播的踪影。

随着南诏势力的衰落，水西的实力亦逐渐减弱，此时居于四川泸州、宜宾地区的僚人随着农业生产的发展，中原和四川盆地先进的农业工具和农业技术的传入，其实力逐渐得到增强，其中以僚人杨保族势力较为强盛。乾符三年（876），居住在叙永以东，合江、泸县南境边徼习水及赤水河流域下游一带的僚族土酋杨端，偕八姓族人兴兵，罗太汪带路，自泸州、合江迳入白锦（今遵义县南），结土豪庾、蒋、黄三氏，打败罗闽和僚人，据有播土。② 从此杨氏取代罗氏，自署为播州刺史，自始据有播地长达725年。

据《遵义府志》考证："杨氏复播，唐、宋史皆未见，而见于元明两史。端授安抚使，及世州刺史，未详所据。考《宋史·诸蛮传》云：'唐季之乱，蛮酋分据其地，自署为刺史'。《明统志》云，'播州，唐末没于蛮'。疑州刺史者得之……意自唐末以来，珍、播、溱、夷悉为蛮酋所据，朝廷以其边远，不复问及，前、后蜀以大国称帝，受其统制，理所必然，特未能复疆理而州县之，故史不及耳。"③ 由此，我们认为，杨端占领播州的胜利，是杨氏、罗氏以及七姓族人配合作战的结果，是当地土酋实力较量的结果，实力决定地盘的大小优劣。而朝廷已无力控制边缘少数民族地区，只好实行羁縻制度，让土酋间接统治。

争战后以杨氏为首的大小头领被皇帝授予世袭之职，从此世代为播

---

① 王兴骥：《播州杨氏族属探研》，《贵州文史丛刊》1990年第4期。
② 遵义县志编纂委员会编：《遵义县志》，贵州人民出版社1992年版，第1196页。
③ 道光《遵义府志》卷39《年纪一》，第33册，第254页。

州之主，其余首领也"与杨氏分土而治，留守于兹"①。杨端为播州最高军事行政长官，罗氏退居副位。何氏世袭播州城总管府总管。罗氏罗太汪、宋氏宋宣、谢氏谢将军等征播功臣，也各得少量封地，赐以总管、长官司等职。他们各享封地，均受杨氏节制，唯杨氏马首是瞻，征调战事、岁纳朝贡、守土内附，无不听从杨氏调遣。

杨端占据播州之时，唐王朝已是藩镇林立，中央势力衰微。播州境内溪洞蛮夷分立，南境又有闽蛮侵扰，所能统辖之区域仅为播州北境之一部分。后梁开平元年（907），杨端病故。其子杨晔袭职，杨氏对播州的世袭统治由此开始。关于杨端及其杨氏家世，长期以来学界颇有争论，详见附录《关于播州杨氏家世资料的考察》。

二 杨氏的族属

这里有必要对杨氏的族属问题做一下说明，因为这是一个绕不开的问题，也是土司制度研究中的一个重要问题。许多土司的家谱、家传中都称自己是汉人，这显然与土司制度所要体现的"因俗而治"的宗旨不符。倘若众多土司都是来自中原地区的汉人，那么，推行土司制度何谈"因俗而治"？也就更谈不上土司地区的少数民族"自治"了。

关于杨氏先祖杨端的族属来源，学术界争论较大，最早流行的是汉人说，其后又有彝族说、苗族说、僰人、僚人说。元末明初宋濂为杨氏所作家传中称杨氏"其先太原人"，认为杨氏为中原汉人望族，甚至与北宋名将杨业联系起来。1940年，谭其骧先生到遵义，根据手上的掌握的史料，以及走访当地人的调查，写成了三万多字的论文《播州杨保考》，对杨氏族源、迁移、占据播州状态、与其族人的关系、分布变迁等问题进行了研究，至今读来仍感其史料丰富、考订精细，其学术意义影响深远。该文主要论证了两个点：（1）宋濂的《杨氏家传》以播州杨氏族谱为本，认为杨保首领杨氏的始祖杨端原籍是太原人是篡改家史，实为唐末入播占据其地。又五代至北宋时期的杨昭，无子，在宋初著名将领杨业曾孙杨充广持节广西，以杨充广的儿子贵升为嗣承袭，自后守播者皆杨业的子孙。谭先生认为这是杨保汉化后的依附虚构之辞，

---

① 杨盛文主编：《新蒲镇志》第十六章《文化·石刻·何中立墓碑》，2009年12月，内部出版，第263页。

不可据为信史。(2) 播州土司杨保是在唐末从泸、叙两州边界羁縻州迁来播州的少数民族中罗族一支的首领，后代逐渐汉化，耻其为蛮夷出身，故假借中原名门之后写进家谱，重构家史。

汉初开"西南夷"，设犍为郡，僰道（约今宜宾）、江阳（约今泸州）、符县（约今合江）、资中、鳖县（今遵义市西）等七县都是汉朝时期犍为郡的领地。《说文》"僰，犍为蛮夷"①。意为古代僰人聚居的犍为郡。王兴骥考证杨氏籍贯为川南泸叙；章光恺撰文认为杨氏可能为叙府、泸州、合江一代的僰人。

以上学者对杨氏居地的考释基本统一，认为播州杨氏家族是唐末从泸州和叙州边境的羁縻州地区迁来播州的少数民族。在总结前人的研究成果，结合史料记载，辅之对杨粲墓葬及其出土物的特点研究的基础上，我们认为，播州杨氏应是泸叙羁縻州的少数民族。杨端所带入播州的队伍正是僚人部族，而杨端本人是僚人中的首领。

首先，从杨粲墓的考察看，其墓是双室墓的石墓结构，虽与内地汉族风格的坟墓没有多大差别，但仍然有本民族的特色。在杨粲墓夫妇两墓室中都出土了两面铜鼓。铜鼓是中国西南少数民族独特的文化遗产，由此，我们可以断定，杨粲是汉人的说法是站不住脚的。西南地区少数民族的重器之一是铜鼓，它是权力和财富的象征。据地方志载，川南藻渡河分布过三支南平僚：红僚、花僚、青衣僚，以所穿麻衣色彩区别。丰收时两岸僚人击铜鼓讴歌，摇摆而舞，铜鼓是僚人部落的象征物。在杨粲墓出土的铜鼓中，铜鼓的侧面仍然留有"元祐通宝"的痕迹，这是值得注意的。"元祐通宝"铸于宋哲宗时，在两宋十分流行，这说明用当时通行的货币"元祐通宝"铸造成的铜鼓。在一般的铸造中通常是用青铜鼓，想必是要把铜鼓最短的时间里赶制成功，不慎将铸币遗漏到里面的现象。因此，它是作为重器入葬而赶制出来，否则也不会如此粗糙。② 埋葬在如此之紧急状况下也要赶制出铜鼓作为随葬品，从另一个侧面也反映了杨氏僚人的特征。

此外，《杨氏家传》记载："端与舅氏谢将军诣长安，上疏请行。上慰而遣之。行次蜀，蛮谍知之，敛退者半。乃诣泸州合江，迳入白锦

---

① （汉）许慎：《说文解字》卷8上《人部》，中华书局1963年版，第167页。
② 章光恺：《播州杨氏族属初探》，《贵州文史丛刊》1982年第4期。

军高遥山。"① 杨端籍贯、族属的来源也可以从这段话发现一点线索。其中"次"的意思是指临时驻扎。地点当然也就是指泸州、合江一带了。然而，杨端族属的关键不在于"次"，而是在于"诣"。泸州、合江是蜀地进入播州必经之地。而"诣"意思又是指到、至。从"诣泸州、合江"我们可以明显看到杨端及其谢氏等到了泸州、合江以后是想把原有的部族及其军队召集并整顿起来，"诣"的含义应在于此。杨端与其舅谢将军到长安应募请行，不可能领兵前行到长安。原因在于：首先路途遥远而且耗时又很长，再者出于安全考虑，朝廷也不允许他们带兵进入都城长安。而杨端舅谢将军，也是探索杨端籍贯、族属的重要线索。三蜀之大姓有龙、傅、尹、董氏和功曹谢氏。既然舅谢氏是蜀中大姓，又积极支持杨端，故杨端的籍贯是川南可能性大。

从杨粲墓的外形、墓葬内独特实物考证，不难看出很多都具有鲜明的僚人的生活习俗的特点，再结合史书记载，可以证明播州杨氏家族是川蜀地区的僚人发展而来的。而杨氏居地泸叙羁縻的南广溪洞自晋以来居住着众多的僚族，四川历史上开发较早，汉文化传播较广，可以确定杨氏及其族属应该是吸收了一定汉文化的僚人，而罗杨二氏是播州势力最大的两个姓氏，他们在迁入播州之前已经开始汉化，并改用了汉姓。在万历平播之后，杨保族受到很大重创，但有后裔主要在黔北续存至今，他们或者汉化，或在20世纪50年代民族识别中确认为仡佬族。②《杨氏家传》可谓是土司家族历史的重构，而这一现象在土司地区是带有普遍性的。这恰恰反映了土司在王朝教化下的身份认同，也是国家认同的重要表现之一。对这一问题我们将在其他章节做详细阐述。

第二节　宋代播州杨氏势力的巩固与发展

唐末以来，播州、珍州、溱洲、夷州皆为蛮酋所据，朝廷因其边远，无力顾及。前、后蜀先后称帝建国，播州等受其统制。五代后晋天

---

① （明）宋濂著，黄灵庚校：《宋濂全集》卷18《杨氏家传》，人民文学出版社2014年版，第352页。
② 王兴骥：《播州杨氏族属探研》，《贵州文史丛刊》1990年第4期。

福年间, 牂柯张万濬率其夷、播等七州, 皆附于楚王马希范。① 时间不长, 其后仍附于蜀。后周恭帝即位, 授马全义铁骑左第二军都校、领播州刺史。由于鞭长莫及, 无力统辖该地, 实为遥领虚职而已。②

一 北宋杨氏内乱

《杨氏家传》记载:

> 三公生二子: 宝、实。宝当立, 自以才不逮, 让与实。实字真卿, 闻宋太祖受命, 即欲遣使者入贡。会小火杨及新添族二部作乱, (杨)实同谢巡检讨之, 夜薄贼营, 尽歼灭其众。实伤流矢, 病创而卒。实生昭, 字子明, 既嗣世, 二兄先、蚁各拥强兵。先据白锦东遵义军, 号下州; 蚁据白锦南近邑, 号扬州。昭不能制。曾为几何, 蚁称南卫将军, 举兵攻先, 且外结闽兵为助。谢巡检子都统, 谓昭之子贵迁曰: "蚁召仇雠而贼同气, 罪不容于死, 尽讨之?"遂大发兵, 设三覆于高遥山, 要其归而击之。闽大溃, 赴水死者数千。蚁亡入闽。③

从上面的记述, 我们可以判断北宋初年杨氏内部纷争火并。两兄弟拥兵自重, 各霸一方, 但当杨蚁起兵攻打杨先, 外结闽兵为助时, 却引起族人公愤。杨先大举族兵讨伐, 杨蚁战败入闽而亡。

杨昭死时无子世袭, 由"族子"杨贵迁世袭, 继承其统治地位。杨贵迁有三子: 光震、光荣、光明。

宋朝沿袭汉唐羁縻治边政策, 对西南少数民族地区设置若干羁縻州, 授予内附的土著首领以官爵, 实行"以土官治土民"的办法。泸南夷罗乞弟叛, 泸遣使乞请援师。光震带兵击之杀宋氏兄弟, 二彝惧而退。宋神宗时封杨光震为"从义郎", 沿边都巡检使,④ 杨光震卒后, 其子杨文广世袭。杨文广被授武节大夫, 但年仅三十六岁就死了, 留有

---

① 《新五代史》卷66《楚世家第六》。
② 参见《宋史》卷278《马全义传》。
③ (明)宋濂著, 黄灵庚校:《宋濂全集》卷18《传·杨氏家传》, 人民文学出版社2014年版, 第353页。
④ 道光《遵义府志》卷31《土官》, 第33册, 第63页。

惟聪、惟吉、惟信三子，当时杨惟聪年仅七岁，寄育于母舅谢石近家。杨文广后，杨氏内讧再起，其叔杨光荣潜谋篡位。① 宋徽宗大观二年（1108），杨文贵与叔杨光荣争献地于宋，宋朝将杨氏叔侄所献之地设置州县。光荣籍播州二县地千七百里往献于朝廷，诏即其地建播州，加光荣礼宾使。② 播州是两宋年间颇有名声的羁縻州。同年二月，惟聪季父文贵亦献其地，朝廷将杨文贵所献之地建遵义军及遵义县。看着惟聪一天天长大，光荣深忌之，寻机暗杀，几次未果。随后杨光荣从京还，惟聪率部佐出迎，光荣预置毒于茶水中，不料仆人误递光荣茶水，光荣误进当场毙命，惟聪得以亲政。接着，光荣弟光明谋乱失败后也逃到闽而死。过了不久，惟吉又叛乱，杀了惟聪的两个儿子，引起众怒，被众人共诛之。杨惟聪深惩家难，祈祷于上下神祇，发誓说："世世子孙，不可以权假人，违此言者，天实殛之！"③ 杨惟聪后又生了两个儿子：杨选、杨俊。

杨贵迁到杨惟聪统治时期，杨氏取得地方统治权并巩固其统治，当站稳脚跟势力逐渐强大后，杨氏逐渐扫平周边溪洞蛮夷，统治基础日渐巩固；当外部矛盾初步得到解决后，家族内部矛盾又开始凸显，从杨昭至杨惟聪，为争夺领导权，兄弟、叔侄之间争斗不休，这种局面持续达六世之久，直到杨惟聪时才认清家族动乱对家族实力的威胁很大，才开始规范家族权位继承体制，为后来的发展提供了一定的保证。

二 南宋杨氏中兴

宋王室南渡之后无力过问边远地区，此时由十一世杨选承袭播州主。正遇北宋末年北方战乱，徽、钦二帝被俘，高宗南渡，杨选"慷慨负翼戴志，务农练兵，以待征调"④，表现出为南宋收复北方失地，忠诚于朝廷之心。史载："选，字简夫，生十有三子，唯轸、轼最良"⑤，杨选之后，其子杨轸、杨轼兄弟先后执掌播州。在杨轼统治时期，上下杨讲信修睦，达成盟约，化干戈为玉帛。到十三世播州土官杨粲时，解

---

① 道光《遵义府志》卷31《土官》，第33册，第63页。
② 道光《遵义府志》卷31《土官》，第33册，第64页。
③ 道光《遵义府志》卷31《土官》，第33册，第64页。
④ 道光《遵义府志》卷31《土官》，第33册，第64页。
⑤ 道光《遵义府志》卷31《土官》，第33册，第64页。

决了内部纷争，实现了完全的统一。从此，杨氏家族在很长时间内避免了家族矛盾而带来的伤亡和内耗，走向融合发展、励精图治的道路。随着杨氏内乱逐渐平息，从杨选、杨轼开始提倡文化，对播州的文化风气产生了较大的影响，为杨轼之子杨粲治理播州奠定了基础。孝宗淳熙年间，杨粲世袭播州之位。他对播州的治理颇有建树，外与罗闽抗衡，内并分裂的下杨，势力日益强大，并得到朝廷的重视。嘉泰初年（1201），被宋廷封为沿边安抚使。十一世杨选、十二世杨轸、杨轼、十三世杨粲三世是杨氏在播州统治最强盛的时期之一。

在治政方面，务农练兵，富国强兵。杨轸刚果勇敢，治播有方，播人服其能。淳熙三年（1176），"尝病旧堡隘陋，乐堡北二十里穆家川山水之佳，徙治之，是为湘江"①。由此，奠定了播州疆域的政治中心地位。杨粲治政宽简，百姓安居乐业。开禧二年（1206），蜀帅吴曦反叛，杨粲率领军队参与平叛，贡献战马三百和巨额黄金白银。嘉定十二年（1219）再输送三百匹战马于蜀，皇上予以嘉奖。同年，"南平夷穆永忠盗据公家田，（杨）粲率众讨平之，斩永忠，归其田。南平闽酋伟贵弑父自立，（杨）粲声罪致讨，败其众于滇池，斩首数千级，辟地七百里，获羊牛铠杖各千计"②。使播州境界大大扩展。杨焕违背盟约，抄掠边境，杨粲派军队诛之，使焕所掠地赋归于珍州，下杨平，内患就此熄灭。对内则注意吸收中原和蜀中先进的农业生产技术，使播州的经济力量得到加强，对播州的强盛奠定了基础。杨粲还十分重视治军之术，创立了一套"寓兵于农""兵农合一"的治军方略。在战争状态下农即是兵，在无战事之时，兵即是农，这样既有利于战事，又有利于农事。这套富有实效的地方武装治军经验，被子孙后代继承下来，使播州军成为西南一支重要的军事力量。

此外，杨选、杨轼、杨粲等十分重视教育，建学校培养人才，择名师教授儒家经典。蜀中儒学之士来依附者多，杨氏土官皆提供钱粮和房屋，让有天赋的土著少年都来接受中原文化思想教育，不仅是豪族子弟能有读书机会，客观上促进了播州文人素养的提高，最终使境内习俗大

---

① （明）宋濂著，黄灵庚校：《宋濂全集》卷18《传·杨氏家传》，人民文学出版社2014年版，第355页。
② 道光《遵义府志》卷31《土官》，第33册，第65页。

为改观,史曰:"由是蛮荒子弟,多读书攻文,土俗为之大变。"① 杨粲喜好儒家之道,大兴文教,建造儒学、琳宫、梵刹多处,使播州习文之风俨然与中土无异,史称"播州盛世"。杨粲重视家庭教育,作《家训十条》,以示子孙:"尽臣节,隆孝道,守箕裘,保疆土,从俭约,辨贤妄,务平恕,公好恶,去奢华,谨刑罚。"② 深刻体现了儒家修身齐家治国平天下的思想。

杨氏家族在播州的羁縻统治时期,可分为三个阶段:唐朝末期为第一阶段,这一阶段是杨氏家族开始确立在播州的统治;五代时期为第二阶段,这一阶段是杨氏家族与周边少数民族从对抗到和平,并基本解决外部隐患时期;北宋时期为第三阶段,这一阶段主要表现为杨氏家族内部矛盾凸显和逐步解决矛盾最终走向族群认同。播州杨氏和中原基本处于隔绝状态。主要原因是唐末五代中原王朝政权更迭频繁,社会动乱,且与周边民族战争频仍,没有安定的政治环境,无力顾及西南边疆;再有杨氏家族内乱,纷争不已,无暇修文,没有主动北上中原,以争取得到中原朝廷的支持的远见和胆识。

从十一世杨选至十五世杨文是杨氏家族大力推行汉化政策并取得成效的时期。这个时期属于播州羁縻制度发展时期,杨氏家族完成家族认同并不断发展壮大,最后达到了杨氏家族发展史上的盛世。

进入南宋后,西川屡遭蒙元入侵,狼烟四起,生民涂炭,因此大量蜀人迁徙播州。杨选招集巴蜀流民耕种土地,移民的进入,不仅带来先进的生产工具,对汉文化在播州的传播也起到了积极作用。南宋偏居江南,播州战略地位得到朝廷重视,杨氏也因此与南宋朝廷的联系更加紧密,杨氏实力与威望大为加强。

三 助南宋抵御蒙元杨氏

(一)杨价、杨文父子直接参与宋蒙战争

杨价、杨文父子严遵杨粲的家训十条,"尽臣节",一生忠于南宋朝廷,积极直接参与到抗击蒙元的战争中。端平中,蒙元军队进犯四

---

① 道光《遵义府志》卷31《土官》,第33册,第65页。
② (明)宋濂:《文宪集》卷10《杨氏家传》,文渊阁《四库全书》,台湾商务印书馆1986年版,第1223册,第539页。

川，杨价激愤说道："此主忧臣辱时也，岂可后乎？"① 乃发兵五千人参与作战，守成蜀口。四川解围，"价功居多，诏授雄威军都统制"②。淳祐十一年（1251），四川制使余玠北伐汉中，杨文受命，选精锐五千，派将领赵寅领兵渝上，三战又捷。十二年（1252），蒙元骑兵围攻嘉定，杨文委派总管田万率精兵五千抄小道奔赴前线作战，夜渡嘉陵江，屯兵于险要万山、必胜二堡，用强弩射敌首，元兵被迫退却，"重围遂解"，杨文被特授右武大夫。③ 宝祐三年（1255），元兵由乌蒙（今云南宣威）渡过马湖（今金沙江）入，宣化（今四川宜宾西北）宣抚使李曾伯前来征集军队。杨文派弟杨大声统兵随行，大小九战九捷，转左武大夫。宝祐五年（1257），元军"循云南将入播，（杨）文持奏。宋朝诏节度使吕文德偕（杨）文入闽，谕群酋内属，大酋勃先领众降。六年，拜（杨文）亲卫大夫，以解渔城围、剪乌江寇功，加中州团练使"④。播州土兵因军功被授予雄威军称号，与南宋中央军并肩作战，逐渐成为南宋西部蜀战区抗击蒙元的主力部队之一。

（二）杨文献计"保蜀三策"意义深远

淳祐二年（1242），余玠为四川安抚制置使兼知重庆府，主全川防务，张榜招贤策。播州安抚使杨文以蒙古军之攻守而献"保蜀三策"："北师如蹈无人之境者，由不能御敌于门户，故也。曷移镇利、阆间，经理三关，为久驻谋，此为上计。今纵未能大举，择诸路要险，建城濠以为根柢，此为中计也。下则保江自守，从敌去来尔，况西番部落，为北所诱，势必绕雪外以图云南。由云南以并吞蛮部，阚邕广，窥沅靖，则后门斡腹深可忧也。"⑤ 蒙古骑兵作战历来都尽量避免打堡垒战，多是发挥优势采取迅速用闪电式的进攻和疾风式的撤退，以此来破坏对方的防御部署，从而达到占领对方土地和征服对方的目的。在进攻时又常常采用大迂回的战略战术，在敌方意想不到的地方出现，使之防不胜防。在打乱敌方部署后再突然向其腹心地带冲击。因此要提防蒙古军的

---

① 道光《遵义府志》卷31《土官》，第33册，第65页。
② 道光《遵义府志》卷31《土官》，第33册，第66页。
③ 贵州省遵义地区文物管理委员会、遵义地区文化局编：《遵义地区文物志（宋中亮大夫抚使杨文神道碑）》，1984年版，第78页。
④ 道光《遵义府志》卷31《土官》，第33册，第67页。
⑤ （明）宋濂著，黄灵庚校：《文宪集》卷10《杨氏家传》，文渊阁《四库全书》，第1223册，第540页

"斡腹"之谋。后来的事态发展证明，杨文的这种分析是完全正确的。①"斡腹"之谋指的是蒙古军取道云南、吐蕃经南宋后方广西进而北上灭宋的灭宋计划，有学者认为"斡腹"说很大程度上是南宋边鄙帅臣出于对蒙军军事行动间本能警觉的反应。②

后来，播州人冉琎、冉璞兄弟在杨文的基础上将此计策具体化，并参与了四川合川钓鱼城等城堡的设计和建造。至开庆元年（1259），蒙古军向钓鱼城发起总攻，宋城军民一致奋战，使蒙古军先锋汪得臣被炮石击伤致死，接着大汗蒙哥也在攻城中负伤，在接回营帐几日后身亡。蒙古军只得解除围攻，撤出四川，其他各路蒙古军纷纷北撤，暂时解除了南宋在西蜀战场的危机。钓鱼城之战意义重大，杨文的"保蜀三策"作用非凡。播州人策划的钓鱼城及其战役对于延续南宋国祚，意义重大。这说明当时的播州军民在西蜀战场的地位至关重要，也说明播州军民在南宋朝廷心目中已经受到重视。③

杨文的连战连捷，使播军以及播州杨氏在南宋王朝的地位增强。朝廷加封杨文为"中亮大夫和州防御使、播州沿边安抚使、爵播州伯，食邑七百户，诏雄威军加'御前'二字，以宠异之。岁赐盐帛给边用，著为令。（杨）文留心文治，建孔子庙，以励国民，民从其化。卒于咸淳元年（1265），赠金州观察使"④。

总之，播州杨氏进入南宋以后，经过几代人的不断努力，大力发展经济和军事实力，使得军事力量在南宋时期进入强盛时期，参加过许多重要的战事，为播州及西南地区的稳定、发展起到了积极作用，同时在帮助南宋朝廷抗击蒙古军方面多有劳效。

第三节　元代杨氏领播州宣抚司

杨氏在播州的统治进入元代以后，开始纳入土官制度的管理之中。

---

① 参见侯绍庄《两宋播州军民在抗击金蒙（元）斗争中的贡献》，《贵州师范大学学报（社会科学版）》1996年第4期。
② 温海清：《再论蒙古进征大理国之缘起及蒙哥与忽必烈间的争门问题——以所谓"斡腹"之谋为主线》，《中华文史论丛》2016年第1期。
③ 侯绍庄：《两宋播州军民在抗击金蒙（元）斗争中的贡献》，《贵州师范大学学报（社会科学版）》1996年第4期。
④ 道光《遵义府志》卷31卷《土官》，第33册，第67页。

同时，杨氏家族与中央王朝的联系也更加紧密，国家认同的意识也更加强烈了。

我们看到元政府对西南少数民族首领，凡降附者即授以世袭官职，令其仍旧管理原地方的领地，这就是元代土官制度的最初建立。元朝统治者采取的令降服者自治的政策，正是土官制度的核心内容。另外，还应该看到，元朝推行土官制度是在创建行省制度的基础上，即在行省之内实行土官制度。从历史发展的趋势来考察，把土官制度看作是对宋代羁縻制度的一个发展与推进，也是符合历史事实的。

土司制度与羁縻政策有着实质性的区别，羁縻政策的原则是"附则受而不逆，叛则弃而不追"①，对边远少数民族地区实行的是一种消极的自治。元代土官制度则不同，它完全纳入地方行政管理体系之中（属行省），实行严格的管理与考核，无论土司恭顺与叛逆，其管辖之地始终属于行省的性质是不变的。元政府在承认土司对辖地自治权的同时，极力维护中央对该地区的控制，保持这一地区的社会稳定。我们从元朝制定的对土司管理的各项规定中可以清楚地看到这一点。元朝对土司的任命，由中央政府负责；对土司的管辖，由行省负责。这样，土司已纳入中央管制的管理体系之中。同时，对土司的承袭、贡赋、义务、征调、奖励方面也做出了具体规定。这正是土官制度与羁縻政策的根本区别，确与"前代虚名羁縻而异"。②

杨氏家族正是在这样一个背景下，接受了元朝中央政府的任命，从而以土官的身份出现在历史舞台上。

一　杨氏成为元朝土官

元朝的建立，使杨氏家族面临着新的抉择，是效忠于南宋为之殉葬，还是另投新主而获得重生。宋末元初的杨氏首领杨邦宪经过痛苦的抉择，终于选择了归附元朝，从而肩负着元政府的任命继续管理播州，成为杨氏家族在元代的第一任土官。

杨邦宪是杨氏家族的第十六任首领，南宋末年继任，曾被南宋授为

---

① 《后汉书》卷86《南蛮西南夷列传》，第2833页。
② （元）许有壬：《至正集》卷31《〈大元本草〉序》，文渊阁《四库全书》，第1211册，第225页。

沿边安抚使。元至元十二年（1275），即宋端宗景炎二年（1276），宋朝灭亡，元世祖派遣使者诏杨邦宪归降。杨邦宪（1239—1382）字仲武。倜傥有大节，好书史，善骑。南宋度宗咸淳二年（1266），闽大举反叛。邦宪率领军队抵抗，在中流打败了闽众，斩首级，擒获了闽众的酋长，因此，南宋朝廷封他为武节大夫、沿边安抚使。恭帝德祐元年（1275）四月，又封播州杨邦宪并复州团练使。九月，加封杨邦宪为利州观察使，迁金吾卫上将军、安远军承宣使、牙牌节度使。杨氏一族识时务，顺应时势变化，至元十四年（1277）三月，向元朝廷遣使纳款。十月，"播州安抚使杨邦宪说：'本族自唐至宋，世守此土，将五百年，昨奉旨许令仍旧，乞降玺书。'从之"①。元朝授予了杨邦宪为"龙虎卫上将军、绍庆、珍州、南平等地沿边宣慰使"②，播州宣慰司下设总管、总领、把总、提调、书吏，宣慰司地划为"江内七牌""江外七牌"，辖地分为54个里，里下设牌，牌下设甲，由里长、把事、寨长等土目管事。罗氏、赵氏、谢氏及望族冉氏、毛氏、犹氏、袁氏等大姓，也成为世袭的大小土司家族。③ 朝廷颁给各级土司金牌、虎符、银印、铜印，掌管辖区政权、军队。拥有土地、人口，设官署、衙门、公堂、监狱，有独立司法权，征收赋银、税粮，管理民政。至元十五年（1278），杨邦宪觐见元世祖，被封为龙虎卫上将军、侍卫亲军都指挥使、南平、珍州、绍庆等地沿边安抚使、播州管内安抚使。至元十八年（1281），升杨邦宪宣慰使。第二年，也就是至元十九年（1282），杨邦宪死。元朝中央政府累赠推忠效顺忠臣、平章政事，追封他为播国公，谥惠敏。④

杨汉英（1281—1320）字熙载，号中斋。其父邦宪死时他才五岁。在他九岁时，他的母亲田氏贞顺夫人"携至上京"。在大安殿，元世祖在御榻前召见了他。元世祖熟视杨汉英，还抚摸了他的头良久，对身旁的臣子说："是儿真国器也！宜以父爵赐于他。"⑤ 又言："杨氏母子孤

---

① 《元史》卷9《世祖本纪六》。
② 《元史》卷165《杨赛因不花传》。
③ 贵州省遵义县县志编纂委员会编：《遵义县志》，贵州人民出版社1992年版，第1202页。
④ 《元史》卷165《杨赛因不花传》。
⑤ 《元史》卷165《杨赛因不花传》。

寡，万里来庭，朕甚悯之，遂命袭父职。"①"赐名赛因不花，授金虎符，龙虎卫上将军，绍庆、珍州、南平等处沿边宣慰使、播州军民宣抚使，赐金缯、弓矢，鞍勒遣归。"② 可见元世祖对于杨汉英的重视。至元二十四年（1287），杨氏族党叛乱，汉英之母贞顺夫人被杀，杨氏族党妄图夺取播州的最高统治权。杨汉英与他的追随者披麻戴孝进入京师，上诉于朝廷，朝廷下令"捕贼至益州戮以徇"。至元二十五年（1288）杨汉英再次入朝。他与元世祖应对聪慧敏捷，元世祖对他赞扬肯定。杨汉英在元朝的帮助下迅速地平定了杨氏族党发动的内乱。从此之后，播州大权在杨汉英掌控之下。至元二十七年（1290），加杨汉英播州等处管军万户，又拜侍卫亲军都指挥使。二月，朝廷发出诏令到各个郡县，要求各郡县上报人口、租税的情况，然而各地郡县出现了抵抗这一诏令，但杨汉英却遵从诏令，在接到这一诏令之后就开始括"户口租税籍进"③，这一举措深受世祖的赞赏。这一行为同时也表现出了他对元朝统治的认同，以及他在政治上的成熟。至元二十八年（1291）杨汉英四度入朝。因为他上报了大批逃窜隐匿之人的户籍，稳定了边境动荡的形势，官职由原来的播州安抚使升任军民宣抚使，又拜杨汉英为侍卫亲军都指挥使。杨汉英从九岁入朝以来，一生中被元世祖、成宗、仁宗三世接见了共计近十次，还赐名赛因不花。被皇帝赐名是一种极高的荣誉，并且屡得赏赐，可见元朝对于他的认可。他的一生受到元朝礼遇，死后更是获得追封，他也是杨氏家族二十七世三十任中唯一的一名立传于正史的人。从这里也可以看出，元代土官制度的建立，较之以往的羁縻制度，使边疆民族地区与中央王朝的关系更加紧密。同时，土官制度的推行也为土官管辖地区的国家认同创造了条件。

二 元代播州辖境的扩张

至元二十一年（1284），元朝建立遵义总管府，隶顺元路宣抚司。至元二十六年（1291），改播州为播南路。"（至元）二十八年，杨汉英

---

① 道光《遵义府志》卷31《土官》。
② 道光《遵义府志》卷31《土官》。
③ （明）宋濂：《文宪集》卷10《杨氏家传》，文渊阁《四库全书》，第1223册，第541页。

乞求改为军民宣抚司，直隶四川行省"①。大德元年（1297），朝洞蛮内附，立长官司二，由杨汉英率领。皇庆二年（1313），以乖西府隶属播州宣抚司。大德三年，下诏赏赐汉英世代袭守播州。汉英上奏改南诏驿道，划分定云以东的地域隶属于播州，以西的地域隶属于新部，裁减郡县闲散人员，废除屯丁粮三分之一的政策，为百姓提供了很大的便利。大德四年（1300），蛮部发生叛乱，湖广行省长官建议用兵镇压，但汉英却建议招降。湖广行省长官不听，坚持用兵镇压，费时颇久却收效甚微，最终还是采用了杨汉英的建议，蛮部相继投降。大德五年（1301）中央政府讨伐南诏，经过播州，杨汉英派遣军民运送了许多的粮食。大德六年（1302），闽蛮发生叛乱，朝廷下诏让杨汉英组织土兵征讨。九月，杨汉英率领的播州军士与叛军相遇，展开了激烈大战，打败了叛贼。大德七年（1303）正月，又率领播州军士大破叛军于墨特川，绑缚蛇节，斩杀宋隆济、阿女，平定了叛乱。"以功进资德大夫，赐玉带、金鞍、弧矢。"②大德八年（1304）十二月，以中转运输军饷的功劳，朝廷免除了播州一年的税粮。延祐四年（1317），黄平南部的蛮族发生叛乱，朝廷下令杨汉英宣抚之，叛贼投降，置戍而还。延祐五年（1318），播州南部蛮族内侵，朝廷下令杨汉英与思州宣慰使田茂忠率兵前往征讨。因为疾病死在了军中，终年四十岁。因他生前无子，所以过继了他弟弟播州招讨安抚使杨如祖之子杨嘉真来继承他的爵号。

经过杨邦宪、杨汉英父子对少数民族的军事征讨，播州辖地不断扩大，包括今黄平、今都匀与贵定交界处、施秉、余庆、开阳、綦江、道真、正安、瓮安、沿河、凯里等地的部分区域共计三十余处，即包括今贵州的遵义、黔东南、黔南及四川的綦江、南川等地，播州辖境发展到顶峰。③其地域广阔，乌江以北的播州宣抚司本土即"江内之地"，乌江以南南宋以来的新开拓之地即"江外之地"，加上川黔交界的綦江南平等处、珍州思宁等处，绍庆府一代，称为"沿边溪洞"④，成为称雄西南的大土司。至元二十八年（1291），播州宣抚司由湖广行省改隶属

---

① 道光《遵义府志》卷2《建置》。
② 道光《遵义府志》卷31《土官》。
③ 王兴骥：《播州土司势力的扩展及地域考释》，《贵州文史丛刊》1993年第2期。
④ 王兴骥：《播州土司势力的扩展及地域考释》，《贵州文史丛刊》1993年第2期。

于四川行省，宣抚司统辖黄平府和南平綦江、珍州思宁、旧州草塘等三十二个长官司和诸峒寨。①

杨汉英在统治播州的三十余年中，兢兢业业，在他管理期间，播州在政治上、军事上、文化上都有着明显的发展，同时在维护国家统一和民族地区发展方面做出了巨大贡献。杨氏家族在杨汉英统治时期，势力达到了顶峰。

第四节　明代杨氏领播州宣慰司

明代是土司制度迅速发展并达到鼎盛的时期，在这个时期，土司制度日臻完备，并成为明朝地方行政制度中的一个重要组成部分。明代初期对元代所封的土官，采取"西南夷来归者，即用原官授之"②的原则。这里需要说明一点，元代虽然创立了土官制度，但并没有单独为土官设立官职，土官担任的官职，流官也可以担任，而明政府完善土司制度的首要一点，即分别流土，专门设置了区别于流官的土司制度，这在明代的官书中有明确的记载，如宣慰使、宣抚使、安抚使、招讨使、长官司长官等，已成为武职土司之职衔，即使主持府州县的土司，亦冠以"土"字，称土知府、土知州、土知县，以区别于流官。土司职衔的确定，是土司制度成熟的标志。从此，作为一项严格的制度，土司制度被后朝史官正式载入明史的《职官志》与《地理志》中，而且从《明史》起，始设有《土司传》，这也是《明史》区别于前史的重要特点之一。明政府为了更好地控制土司，牢固掌握对边远少数民族地区的控制权，建立了一整套有关土司承袭、贡赋、土兵、征调、奖惩、教育、科举等完整而严密的制度。

一　明代播州土司势力的发展

（一）明初杨氏四代土司世袭与受封

播州杨氏经过在元代的杨邦宪、杨汉英、杨嘉贞对周边少数民族的

---

① 贵州地方志编纂委员会编：《贵州省志·地理志（上）》，贵州人民出版社 1985 年，第 23—24 页。

② 《明史》卷 310《土司传·湖广土司》，第 7982 页。

军事征讨，辖地不断扩大。明朝政府对于拥有如此雄厚实力的杨氏土酋，当然是望其归附，假以爵禄，加以安抚。明初，播州杨铿献土归附，明政府仍令领其地、仍袭宣慰使职。当时宣慰使的职务级别在安抚使、长官司之上。杨铿主领安抚司二：黄平、草塘；领长官司六：真州、播州、余庆、白泥、容山、重安。从洪武五年（1372）二十一世杨铿归附明朝，至万历二十八年（1600）杨氏三十世杨应龙反明被灭，杨氏土司据有播州228年。

杨铿字广成，号庸，系接堂侄元鼎继嗣播州宣慰使。明洪武四年（1371），明太祖平蜀，遣使谕之。《明太祖实录》卷七十一载："洪武五年，播州宣慰使杨铿、同知罗琛、总管何婴、蛮夷总管郑瑚等来朝，贡方物、纳元，所授金牌、银印、铜印、宣敕，诏赐铿等绮、帛、衣服，仍置播州宣慰使司。铿、琛皆仍旧职。"①洪武二十年（1387）十月，杨铿被征入朝，贡马十匹。帝谕以守土保身之道，赐钞五百锭。洪武二十三年（1390），播州宣慰司并所属安抚长官各遣其子来朝，请入太学，帝敕国子监官善训导之。同年，杨铿建播州长官司学。死后，朝廷赠其怀远将军封号。

杨铿死，子杨昇袭职。杨昇在位执政清明，边境绥宁。永乐四年（1406），"免播州荒田租，设重安长官司，隶播州宣慰司，以张佛保为长官，以佛保尝招辑重安蛮民向化故也。七年（1409），宣慰使升招谕草塘、黄平、重安所辖当科、葛雍等十二寨蛮人来归。九年（1411），昇入朝贺万寿，贡马。十年（1412），昇遣兄贡马，上俱赏赉之。宣德三年（1428），昇贺万寿节后期，礼部议予半赏。帝以道远，勿夺其赐"②。

杨昇长子未袭职而亡，以孙杨炯袭职。正统三年（1438）"正月丁未，命四川播州宣慰使司宣慰使杨昇孙炯代职"③。正统三年十一月、四年四月、五年十一月，杨炯每年遣人赴京朝贡。正统六年（1441），杨炯卒，无子，杨炯之叔杨纲，播州杨氏第二十世杨昇之子，以季父身份于英宗正统六年六月戊辰袭怀远将军、播州宣慰使之职。正统十四年

---

① 《明太祖实录》卷71，洪武五年正月乙丑，第1319页。
② 《明史》卷312《土司传·四川土司二·播州宣慰司》，第8040页。
③ 《明英宗实录》卷38，正统三年正月丁未，第742页。

(1449),"四川播州宣慰使杨纲老疾,以其子辉代之"①。

(二) 明中央政府对播州土司管理的加强

入播后,杨氏家族历代接受了不同王朝的赐封,积极向中央纳土、进京朝贡,获朝廷的封赏,逐渐确立了对播州的世袭统治。唐宋时期在播州实行的是羁縻制度。元代地方行政制度的主要特点是确立了行省制度和土官制度。明朝沿袭、完善这一制度,并加强了对土官的控制。主要表现在以下几个方面。一是在土司承袭问题上大做文章,以示驾驭之权。一是分别流土,专门设置区别于流官的土司职衔。一是在土司衙门内安插流官,以便对土司进行监视、约束。这些流官均属佐贰官,"大率宣慰等司经历皆流官,府州县佐贰多流官","使之附辑诸蛮,谨守疆土,修职贡,供征调,无相携贰"②。播州土司同样在这种制度下听命于明中央政府,明政府按照原土司领管地的大小与人口的多少建立各级土司政权机构,给予大小不同的职衔,并置封地,赏赐土司及其随从征调有功人员各种财物,或者赐予象征身份地位的各种服饰,如飞鱼服、蟒衣、麒麟服、袭衣、品服,以及印章冠带、诰敕等,建立和培养在播州的统治势力。同时,明政府在西南数省实行了双轨制,即在布政司内实行流土分治,既有府州县的建制,又有各级土司衙门。同时又规定所有土司必须受地方文武长官的约束,"隶验封者,布政司领之;隶武选者,都指挥领之"③。这一带有鲜明特色的地方行政制度适应了当时边疆地区的历史条件,有利于明政府对边区的管理和控制。④

明代播州土司与中央王朝的关系密切,双方之间进行了频繁的"朝贡"与"赏赐"。如《明世宗实录》卷十七载:为贺皇帝生日,嘉靖元年八月,四川播州宣慰使杨相遣长官韩胜等来朝贡马,贺万寿圣节。赐彩段、钞锭有差⑤。《明实录》记载,有明一代,杨氏向明廷贡献方物137⑥次,治理播州期间,与王朝关系紧密,充分反映了杨氏家族对朝

---

① 《明英宗实录》卷177,正统十四年四月壬子,第3409页。
② 《明史》卷76《职官志五》,第1876页。
③ 《明史》卷310《土司传》,第7982页。
④ 李世愉:《明朝土司制度述略》,《中国边疆史地研究》1994年第1期。
⑤ 《明世宗实录》卷17,嘉靖元年八月癸未,第522页。
⑥ 安红:《〈明实录〉所载播州土司"进贡"事例初析》,《遵义师范学院学报》2017年第4期。

廷的认同。明代对土司地区的纳赋也制定了一套办法，包括编户、自输、赋额、蠲免、折纳等。在赋税方面，洪武七年（1374），中书省奏：播州土地既入版图，当收其贡赋，岁纳粮二千五百石为军储。但朱元璋认为：对播州"当以静治之，苟或扰之，非其性矣！"① "田税随所入，不必以额。"② 这样就改变了过去赋税只献"方物"进贡的办法。而土司纳不纳税，或是纳多纳少，这不仅仅是关系到明廷的财政收入，且都象征着对朝廷的忠心程度，明廷对此十分重视。在军事方面，明廷于洪武十五年筑播州城，以官兵一千人，士兵二千人戍之，中央政府直接驻兵播州，可以随时调动兵力。与此同时，杨氏派大量的子弟入京学习，以便近距离地接受汉文化。这些措施有利于播州地区的发展和进步。毫无疑问，播州地区的国家认同观念在进入土司制度后得到了加强。

播州杨氏自明朝建国至英宗正统十四年（1449），历太祖、建文帝、成祖、仁宗、宣宗、英宗六朝，八十余年。这是明王朝国力较强盛的时期，君主勤政，臣子守职，国家各项政策制度不断完善，中央集权加强。所以此时的杨氏在播州的统治区相对元朝来说地盘缩小，且中央势力不断深入播州地区，导致杨氏自主权降低。

二　明代中期杨氏内乱

（一）起因：嫡庶相争

正统十四年（1449）宣慰使杨纲老疾，以其子杨辉代职。朝廷因土官安抚犹官等请，特令辉袭职。杨辉，字廷彰，生于宣德八年（1433），卒于成化十九年（1483），年五十一岁。袭职三年后，便陷入内外交困之中。"景泰三年，杨辉奏报湖、贵苗贼，屡抚复叛，请调兵征剿，以靖民患。帝命湖、贵会同四川巡抚剿之。"③ 景泰七年（1456），辉调兵征铜鼓、五开叛苗，赐敕颁赏。成化十一年（1475）土官同知罗宏奏：辉有疾，乞以其子爱代。帝令爱袭职。……。"仍敕爱即率兵从总兵官剿贼。部议以爱年幼，请仍起辉暂理军事。"④ "杨辉

---

① 《明太祖实录》卷88，洪武七年三月甲戌，第1558页。
② 《明史》卷312《土司传·四川土司二·播州宣慰司》。
③ 《明史》卷312《土司传·四川土司》，第8040页。
④ 《明史》卷312《土司传·四川土司》，第8040页。

素溺爱其庶子杨友，立嗣不得，思为其树功，乃奏天坝苗叛，与都御使张瓒讨之，驻军黄平。"①

成化十二年（1476）十一月，督诸军及辉攻败诸苗，凡破山寨十六，打败了湾溪、夭坝干等诸苗。杨辉上奏朝廷，让播州训练有素的当地土兵带上家属一同迁往湾溪等地，以便加强怀远、靖南、夭漂、龙场、宣化、安宁等地区的秩序管理和城堡的驻防，朝廷采纳了杨辉的主张。于是在该地区设立安宁宣抚司，并怀远、宣化二长官司，使杨友领宣抚使。② 安宁宣抚司成立后，当地的土著苗民不服，遂引兵围攻。杨爱刚接任宣慰使，没有能力平定苗乱，于是求援于川、贵二镇。兵部奏请由杨辉再统兵征剿，又派川、贵兵相助，最终平定了苗民的围攻。③

此后，杨爱袭播州宣慰使职，杨友领宣抚使职。然而，杨友夺嫡之心不死，杨爱、杨友兄弟为播州宣慰司的统治权开始内斗、互相残杀，形成了两强相争局面，为内乱留下了隐患。

（二）梯祸数世

1. 杨爱与杨友夺嫡之争成为杨氏动荡根源

成化十九年（1483），杨辉死，其子宣慰使杨爱和安宁宣抚使杨友兄弟不和，相互构陷攻讦。杨友在其管辖区专断独行，作奸犯科之事更是屡见不鲜；杨爱则不同，相对安分守己。杨辉辖下重要长官司长官张渊曾多次与杨爱结仇，用各种手段想要谋杀杨爱，但都未达到目的。成化二十一年（1485），张渊唆使杨友诬蔑陷害杨爱私下结交唐王、通苗谋反，上奏爱居住器用僭拟朝廷，引得"廷议大骇"。成化二十二年（1486），中央命令当时的刑部侍郎何乔新去播州调查结交事件。成化二十三年，经调查后何乔新上奏朝廷：杨辉在世时，溺爱其庶子杨友，想让其承宣慰使职，长官司长官张渊附也。宋韬以"杨氏家法立嫡不宜庶"为由反对，杨辉不得不让杨爱承袭其职。此后，友爱两兄弟结为仇怨，后经过朝廷调查，重新裁定，杨爱是误听了别人的谗言，常对待其兄长刻薄；杨友无视国法，擅自杀人，不仅一心想要以庶代嫡，而且还盗窃官钱，兄弟二人皆有罪。朝廷允许杨爱其用金钱赎罪，仍任宣慰使

---

① 《明宪宗实录》卷 142，成化十一年六月壬午，第 2636 页。
② 《明宪宗实录》卷 180，成化十四年七月壬申，第 3235 页。
③ 《明宪宗实录》卷 194，成化十五年九月辛酉，第 3420 页。

一职。而杨友迁保宁（今四川阆中）羁管。①

杨氏内讧即从杨爱和杨友之间开始。表面上杨氏兄弟夺嫡事件得到平息，事实上却影响了未来播州地区百余年的历史。播州经过此次的叛乱虽然获得了短暂的平静，但问题并未得到根本的解决。杨友的叛乱成为此后播州内部动荡的根源。其后，播州杨氏内部发生了一系列大大小小的兵变。

2. 杨友父子与杨爱父子之争

弘治元年（1487年），朝廷增设重安守御千户所，命播州宣慰司岁调土兵一千人以助戍守。弘治七年（1494），因平定苗民叛乱的功劳，赐令慰劳杨爱。弘治十四年（1501），贵州镇巡等官调播州军前往贵州征剿"贼妇"米鲁等。正德二年（1507），朝廷"升播州宣慰使杨斌为四川按察使，仍理宣慰事。旧制，土官有功，赐衣带，或旌赏部众，无列衔方面者。斌狡横，不受两司节制，讽安抚罗忠等上其平普安等战功，重赂刘瑾，得之"②。

按照当时明朝的土司管理制度，只是对有功劳的土司或部下给予赏赐或者进行一定的表彰，却从没有因立功而得到加流官进爵的例子。然而，杨斌很狡猾，自知受两司的控制，于是便让安抚罗忠等人上奏朝廷，因平普安蛮贼有功，加上这时宦官刘瑾弄权朝野，杨斌便向刘瑾行贿，最终获得逾越惯例的任命。正德六年（1511），受到巡按御史俞缁等官员的反对，认为像杨斌这样的任命是不合适的，于是杨斌仍任原职。

当初，杨爱见杨友被远放到保宁，得意忘形，于是在其统治区内做事更加的肆无忌惮，为了贿赂朝中高官，杨爱竟然通过加重赋税来搜刮钱财，特别是对凯里征税更重，原因是那是杨友曾经待过的地方。杨爱长期的苛政导致了诸苗愤恨，于是凯里百姓为杨友上奏朝廷请恢复其官职，但没有得到允准。不久杨友潜入安宁，在凯里纠集拥戴他的民众发动叛乱，攻打播州，焚烧杨爱的房屋，杀死同知杨才，多所杀戮。杨爱遭攻打后向朝廷求援，朝廷命令镇巡官调兵征剿杨友。恰好杨友已死，朝廷便没有派兵进入播州征讨。

---

① 《明宪宗实录》卷288，成化二十三年七月癸丑，第4868—4869页。
② 《明史》卷312《土司传·四川土司二·播州宣慰司》。

经过杨爱与杨友相争，杨友的儿子杨弘和杨爱的儿子杨斌的相斗更甚，而杨友次子杨张、杨爱之孙杨相尤其恶劣。正德三年，明廷为了缓和杨氏不断的内斗仇杀的状态，四川巡抚提出杨友作乱时，其子杨弘还年幼，应不加以惩罚，授予杨弘官职，让他管理保宁。即便如此，杨弘和杨爱之间为了争权而明争暗斗不断，播州杨氏几代内部叛乱层出不穷。①

3. 纷争不断

首先，杨斌之子杨相与杨弘其弟杨张互相攻打。嘉靖元年（1522），杨弘死后，其弟杨张请求袭职，未得朝廷允可，于是盗得白泥司印信，与播州宣慰使杨相构杀。守臣乞改凯里属贵州，让杨张为土知州，然此事久久没有得到解决。之后经过兵部与廷臣的讨论，说如果杨张诚心悔过，可考虑授予他一官职，以后让他听从朝廷征调赎过，倘若他怙恶不悛，那必定将他诛杀。于是朝廷准杨张承袭安宁宣抚之职，并把安宁改凯里，隶属贵州，希望以此来缓和杨相与杨张之间紧张的关系。②

其次，杨斌之子杨相与嫡子杨烈内部矛盾及其与水西长官王黻的党羽李保起兵互相攻打。播州杨氏嫡庶相争一直延续了数代。到第二十八代杨相在位时，杨相并没有接受前代人嫡庶之争的教训，又宠爱庶子杨煦，欲让杨煦袭播州宣慰使职，遭到嫡子杨烈及其母亲张氏的强烈反对。后杨烈得到张氏及后家支持，举兵驱逐杨相，代袭播州宣慰使职。嘉靖二十三年（1544）杨相逃到播州水西土司处，后客死。杨烈乞水西宣慰使安万铨归还其父尸体，没想到水西安万铨以此要挟杨烈献出水烟、天旺原属水西的地方，否则不予还尸。杨烈假装答应，得父尸后立即悔约，又杀死了水西的长官王黻。因此，播州与水西之间长期攻讦。在杨烈代袭播州宣慰使后，就同王的党羽李保起兵相互攻打长达十年之久，引发了播州地区一系列的大小叛乱。嘉靖三十四年（1555），贵州总兵石邦宪奉命征讨苗族卢阿项作乱，得知卢曾求援于播州，石邦宪遂以杨烈曾助逆为借口，以官兵七千并调水西兵讨伐杨烈，水播之乱才得

---

① 参见黄阿明《成化年间播州杨氏动乱探析》，《贵州社会科学》2006年第4期。
② 参见《明史》卷312《土司传·四川土司二·播州宣慰司》。

以平息。①

杨氏降明后都与朝廷保持者良好的关系，积极向明政府进贡，配合明的征调。至二十五世杨辉以后，常因嫡庶相争发生内讧。尽管如此，并没有发生重大的战事，社会相对稳定，暂时维护了地方的稳定和巩固了国家的统一。②

第五节　播州境内的其他土司

从元代开始，中央王朝为加强在西、南部少数民族地区的统治，创立"蒙、夷参治"之法，实行"参用土人"为官的原则，开始推行"土官制度"。《元史》卷六十三《地理六》载，"定其地之可以设官者，与其人之可以入官者，大处为州，小处为县"。明代也是按照此原则进行设置，按照该少数民族土酋领管地的大小与人口的多少，分别建立各级土司政权机构，给官大或小。《明史》卷三一〇《土司传》载，"以劳绩之多寡，分尊卑之差"。以少数民族首领对明王朝的"忠勤"的情况，而分别给予大或小的官职。在播州除宣慰司杨氏外，元明两代还设置了宣慰同知、指挥使、指挥佥事、长官、副长官、镇抚、总旗等职。

一　播州境内的土司

（一）元代播州境内的土司

元朝在平定西南少数民族地区后，即在这些地区设置中、下级地方土官政权。播州境内除杨氏任沿边溪洞宣慰使统领播州外，元代还在播州设置了各级土官衙署。

据《元史》记载，元朝在播州境内设置土官三十余家，除了有沿边溪洞宣慰司、播州军民安抚司（后改为宣抚司）、播州宣慰司宣慰同知、播州宣慰司总管外，其他土官机构有：

黄平府。黄平在宣慰使司东南四百里。宋为黄平府，立上下三曲二

---

① 《明史》卷312《土司传·四川土司二·播州宣慰司》。
② 陈季君：《播州土司制度的形成和历史作用》，《贵州民族研究》2006年第1期，第152—154页。

长官司，隶叙州。元因之，改隶播州宣抚司。① 元世祖时，黄平蛮叛，宣慰杨汉英讨平。其将罗季明功多，遂以土授罗氏，改隶播州。②

平溪上塘罗骆等处。水车等处。石粉罗家永安等处。③ 六洞柔远等处。锡乐平等处。④ 白泥等处。⑤ 南平綦江等处。⑥ 珍州思宁等处。⑦ 水烟等处。⑧ 溱洞涪洞等处。洞天观等处。葛浪洞等处。寨坝垭黎焦溪等处。小姑单张。倒柞等处。⑨ 乌江等处。旧州草堂等处。恭溪杳洞。水囤等处。平伐月石等处。下坝。寨章。横坡。平地寨。寨劳。寨勇。上塘。寨坦。哕奔。平莫。林种密秀。沿河祐溪等处。⑩

元朝对土官的权职、承袭多从本俗，而且对于土官有罪，"罚而不废"，控制力不强。由于统治时间短暂，元朝的土官制度还未尽完善。各土官职权和管理在明代更为严格和清晰。

（二）明代播州境内的土司

据《明会典》载："播州宣慰使司领长官司六，安抚司二。播州长官司、余庆长官司、白泥长官司、容山长官司、真州长官司、重安长官司，草塘安抚司，黄平安抚司。"⑪ 另有瓮水长官司亦归播州所辖。但与其他各司不同的是瓮水长官司没有朝廷颁发的印信。其中位于乌江以南的白泥长官司、重安长官司，草塘安抚司，黄平安抚司和乌江北岸的

---

① （明）陈循：《寰宇通志》卷69，《播州宣慰使司·黄平安抚司》，《玄览堂丛书续集》第15册，台北：中正书局1985年版，第204页。
② （明）李贤等：《蜀中广记》卷37《边防记第七》，文渊阁《四库全书》，第591册，第488页。
③ 原遵义北六十里旧为永安驿，县西北三十里又有罗家河，石粉在左近。
④ 湄潭东四十里有锡洛关（山），关（山）下有锡洛村。
⑤ 余庆长官司的设置在《元史·地理志》失载，但《新元史·地理志》补，"余庆州。唐蛮酋毛巴，以功授余庆刺史，子孙世有其地"。《贵州通志·古迹》中亦载余庆长官司治，在今余庆县城；白泥等处长官司，"至正末改为白泥州"。《贵州通志》中载"余庆县东，元末设，明洪武初废。正长官何氏不详"。郑珍《遵义府志》中也不言正长官，只有副长官，"元初蛮酋杨正宝以功授白泥司副长官"；赛坝亚黎焦溪等处长官司，郑珍引《明统志》载"小乌江自余庆司南六十里，源出椒溪，疑其地"是元司。
⑥ 至正二三年，明玉珍割南平綦江长官司为綦江县，元司介南川、綦江、桐梓三县。
⑦ 珍州蛮夷总管府，至元时郑氏为总管，元末郑瑚为总管；珍州思宁等处长官司。
⑧ 约在遵义县西六十里之鸭溪西五里外。
⑨ 原遵义县北二十里有倒柞岩。
⑩ 参见（明）宋濂《元史》卷63《地理志六·播州军民安抚司》。
⑪ （明）申时行：《明会典》卷16，《续修四库全书》，史部，第789册，第272页。

余庆长官司有"江外五司"之称。《石匮书》说："（播州宣慰）领二安抚、六长官司，统七姓为田、张、袁、卢、谭、罗、吴，世为目把，大事谘决焉。"① 据《遵义府志·土官》的记载，世为杨氏部属者尚有何、宋、郑、骆、冉、毛、韩、宋、犹等族。

播州长官司，附廓。元为播州军民都镇抚司，隶播州宣抚司。洪武九年（1376），改为长官司②。其地东抵永安驿，右抵海龙囤，间杂杨氏腹里。播事讧，长官王积禄甘为应龙死党，亦其势不得不尔。今多属遵义县，夷汉民各半。③ 长官王姓，可查者仅有王慈、王炳、王积禄；副长官李氏，可查者仅李昂一人。④

草塘安抚司，在司东二百二十里，介瓮水黄平之间。其地环江，土饶裕，颇有华风。宋咸淳间，有云南贵者，商贾入滇，因边警，投杨宣慰邦宪为头目。元世祖时，云贵孙邦佐有战功，授都匀军民府知府，始有草塘地。国初，宋显威从杨鉴归附，改授安抚。其地东至黄平司椒溪暖水界，西至高平瓮水二司界，南至平越卫界，北至播州杨梅浪千界。⑤ 据《心斋随笔》引《宋氏谱》，正使宋氏，可考者有：宋邦佐、宋思义、宋显成、宋忠成、宋景春、宋韬、宋淮、宋廷文、宋鸑、宋世荣，副使有宋鸾、宋坚、宋洗、宋廷瀚、宋鹜等。⑥

黄平安抚司，在司东南三百里。元代黄平县诸长官司亦隶属播州宣抚司。洪武初，罗镛跟随播州土司杨铿归附，被授黄平安抚使。嘉庆《黄平州志·沿革》明黄平州兴隆卫云："洪武初改黄平府、重安司俱为安抚司，置黄平所，仍隶播州。傅颖公征狼洞苗，设兴隆卫，隶贵州都司。万历二十八年平播州，设平越军民府，改安抚司为黄平州，与黄平所兴隆卫俱隶府，领长官司二、土吏目一、土州同一、土州判二。

---

① （清）张岱：《石匮书》卷218《杨应龙传》，《续修四库全书》，史部，第320册，第328页。
② （明）李贤等：《大明一统志》卷72《播州宣慰使司·建置沿革·播州长官司》，文渊阁《四库全书》，第473册，第541页。
③ （明）李贤等：《蜀中广记》卷37《边防记第七》，文渊阁《四库全书》，第591册，第487页。
④ 田玉隆等：《贵州土司史》上册，贵州人民出版社2006年版，第33页。
⑤ （明）李贤等：《蜀中广记》卷37《边防记第七》，文渊阁《四库全书》，第591册，第488页。
⑥ 道光《遵义府志》卷31《土官·草塘安抚司宋氏》。

按：土司同罗袍即安抚司，平播后改土州同。土州判一名杨位，一名杨开运，俱因附叛贼蓝二伏诛。袍以失守停袭。"① 其地广饶险固，有城垣足据，扼云贵之门户，为诸司之襟带，盖西南一要境。旧设通判一员总辖诸司，又设千户所驻扎司城听通判调用。城中夷汉杂处，昔杨酋不道，首与为难者也。其地东至湖广偏桥卫五十里，西至贵州平越卫，南至清平卫各三十里，北至白泥司界百五十里。② 黄平安抚使司罗氏，今可考者计有季明、震之、罗勋，③ 以及罗镛、罗忠、宗昭、罗赟、承恩、罗袍等。④

真州长官司，在宣慰使司东北二百里。宋为绥阳、德阳二县地，属珍州。元为州、思宁等处长官司，隶播州宣抚司。至正末，改珍州曰真州。洪武十七年（1384），改为真州长官司。⑤ 正长官郑氏，明代可查郑氏长官有：郑瑚、郑从仁、郑钊、郑永忠、郑玺、郑旭、郑鋆、郑廷珪、郑文、郑绍爵、郑葵、郑仁泰、郑汉、郑溥。⑥ 副长官骆氏，可考者有：骆添恕、骆瑜、骆经仁、骆纪、骆贵琦、骆谱、骆尧卿、骆庆伦、骆铨、骆朝宾、骆麟、骆光祚、骆日升。⑦

容山长官司，在司东三百二十里，长官张姓，其地界湖贵间，于八司中独为外服。溪山荒旷，土田卤瘠……其人以猎射为生，以劫杀为业。自嘉靖间为臻洞苗所残破，数十年来民夷桀骜，土田荒芜，长官不能治也。⑧ 正长官张氏，可查者仅有张与望⑨、张问。副长官韩氏，可

---

① （清）李台修，王孚镛纂：嘉庆《黄平州志》卷1《沿革》，嘉庆六年刻本，《中国地方志集成·贵州府县志辑》，第20册，第46页。
② （明）李贤等：《蜀中广记》卷37《边防记第七》，文渊阁《四库全书》，史部591册，第488页。
③ 据《罗氏家谱》"宗支世系表"：二十三世罗季明，二十四世罗震之，二十五世罗勋。《播州罗氏锦水支谱》，播州罗氏锦水支谱编纂委员会2014年版，第11页。
④ 除上文所见罗镛、罗袍外，罗忠、宗昭、罗赟、承恩等人散见于方志、实录等。
⑤ （明）李贤等：《大明一统志》卷72《播州宣慰司·建置沿革·真州长官司》，文渊阁《四库全书》，第473册，第541页。
⑥ 正长官郑氏世系见龚荫《中国土司制度》，云南民族出版社1992年版，第873—874页。
⑦ 道真仡佬族苗族自治县民族志编纂委员会编：《道真仡佬族苗族自治县民族志》，贵州人民出版社1992年版，第41页。
⑧ （明）李贤等：《蜀中广记》卷37《边防记第七》，文渊阁《四库全书》，第591册，第487页。
⑨ （明）刘大谟等：嘉靖《四川总志》卷14，第276页。

查者有韩志聪、韩瑄、韩晞、韩甸、韩应时、韩仁寿。①

余庆长官司，在宣慰使司南百六十里，元末为余庆州，隶播州宣抚司，洪武十七年（1384），改为长官司。②元至正间，毛邑从宣慰杨加祯征蛮有功，授校尉本部长官，后改为余庆州，俾毛氏世为土知州……其地接连播州七牌苗巢，左抵湄潭，右抵瓮水，上达乌江，下至岑黄，于播最近。③正长官毛氏，可查者有：毛加麟④、毛德源、毛暹、毛钊、毛勋、毛显政、毛顼、毛祖、毛宗宪、毛乘云、毛守爵、毛凤彩、毛鹏程、毛都（鹏程子于清康熙二十年袭）。副长官杨氏，可查者有杨正宝、杨通奎、杨恺、杨松、杨通宪、杨以诚、杨鲸、杨璟、杨嗣溥、杨元勋（清康熙年间袭）。⑤

白泥长官司，在宣慰使司东南三百里。元为白泥等处长官司，隶播州宣抚司。至正末，改为白泥州。洪武十七年，改为长官司。⑥宋景定中，杨万从征入播蛮有功，授白泥长官……其地上抵草塘，下抵偏桥，镇远带其左，黄平列其右。土田阔饶，士马强健，实甲诸司，与杨氏不睦七姓之一也。⑦副长官杨氏，可查者有杨玉、杨赟、杨以诚、杨鲸等。⑧

重安长官司，在宣慰使司东南四百里。宋元为黄平府地。洪武八年，于此置长官司⑨，"头目张佛保招抚苗蛮有功，授正长官，冯铎从宣抚杨鉴征麻哈有功，授副长官。多生苗，去播最远。原属黄平，故知

---

① 王正义主编，谢爱临副主编：《明实录·播州资料辑录》，《遵义历史文萃》（五），2006年，第65、72、73、28页。
② （明）陈循等：《寰宇通志》卷69，《播州宣慰使司》卷69，第15册，第203页。
③ （明）李贤等：《蜀中广记》卷37《边防记》，文渊阁《四库全书》，第591册，第487页。
④ 康熙《余庆县志》记为毛如麟。（明）虞怀忠等修：（万历）《四川总志》卷17《公署》载："余庆长官司，土官毛加麟建"，毛加麟估为毛如麟之误。《四库全书存目丛书》，第199册，齐鲁书社1996年版，第590页。
⑤ 正长官毛氏、副长官杨氏见康熙《余庆县志》卷5《职官·土司》。
⑥ （明）陈循：《寰宇通志》卷69《播州宣慰使司》，第15册，第203页。
⑦ （明）李贤等：《蜀中广记》卷37《边防记》，文渊阁《四库全书》，第591册，第487页。
⑧ 杨玉、杨赟、杨以诚、杨鲸等人名分见于：（明）虞怀忠等修万历《四川总志》卷17《公署》；《明宪宗实录》卷273，第4601页；《明史》卷211《石邦宪传》；（明）李化龙《平播全书》卷4《献俘疏》；（明）诸葛元声《两朝平攘录》卷5。
⑨ （明）陈循：《寰宇通志》卷69《播州宣慰使司》，第15册，第203页。

有黄平，不知有播，图经：'其地东至宣化司界，北至杨义司界，各二十里，南至凯里司界十里，西至清平县界五里。'"① 正长官张氏，见诸史料者仅有张佛保、张熙、张通。② 副长官冯氏有冯铎、冯俊、冯琇。

二 播州土司关系的衍变

杨氏家族统治播州七百余年，与辖下的其他土司的关系错综复杂。总体来说，明代中期以前，杨氏土司与众小土司尚能长期合作共处，明末杨应龙时期，除个别小土司同其叛乱追随至死，与部属五司七姓等多数土司都彻底交恶，反目成仇。杨氏与播州境内其他土著大姓的关系经历了以下发展变化。

（一）唐末宋元阶段

这一阶段，何氏、谢氏等旧人，以及当地世居大族与杨氏家族相互支持，接受杨氏的统辖，保持了良好的合作关系。《遵义府志》载，唐末杨端舅舅"谢将军"之谢姓家族、青山何氏家族等对杨端乘唐朝衰弱之时夺得播州，出了很大的力。明代《何氏族谱》也载："凡平播功臣，皆留守世袭。率七姓子孙为目，领黄平等处安抚司、白泥等处长官司事……与杨氏分土而治，留守于兹。"③ 播州以杨氏为首的各大小土酋依据实力分土而治，杨氏获得播州主导地位，罗氏居副位。罗氏罗太汪、宋氏宋宣、谢氏谢将军、蜀将刘时中等征播功臣，也各得少量封地，赐以总管、长官司等低层官位。然各司其职，各领其地，受杨氏节制。杨氏之下有众多管事头目，名号众多，其中何氏世袭播州城总管府总管。

由于当时仅据有播州北部，境内蛮夷、周边南诏等威胁较大，当时的情况下，小土司在夹缝中求生存，为寻求相互庇护，通过联姻、归附等各种方式与杨氏家族结成利益共同体。为了共同的利益，众土司接受杨氏统治，唯杨氏马首是瞻，征调战事、岁纳朝贡、守土内附，无不听从杨氏调遣。《杨代家传》载，杨氏第四世为杨三公，当他"幽于闽（水西）半载"而逃归时，曾"遣卫兵檄召谢巡检，谢帅彝獠逆之"，

---

① （明）李贤等：《蜀中广记》卷37《边防记第七》，文渊阁《四库全书》，第591册，第488页。
② 道光《遵义府志》卷31《土官》；《蜀中广记》《明实录》《两朝平攘录》等。
③ 李正烈：《杨柳田青山何氏与播州杨氏沉浮》，《遵义历史文化》2010年第1期。

则有谢巡检为杨氏可考之部属。第五世为杨实，"如牂柯蛮谢氏，唐末隶属于杨保之下，会小火杨及新添族二部作乱，实同谢巡检讨之"①。第六世为杨昭，其弟杨蚁曾发动内乱，时谢巡检子都统与昭之子杨贵迁"遂大发兵"讨之。可见，谢姓家族有在播州内任巡检、都统之职者。第八世为杨光震，官至从义郎、沿边都巡检使。当"泸南夷罗乞弟叛，泸遣使乞师"时，"光震与战，连七日不决，遣帐卒王龙间道走播，趣谢都统济师"在谢氏大力帮助下，解决了泸患。②看来谢姓家族历代均为杨氏之得力部属。

可见，杨氏家族在播州统治的获得和巩固与何氏、谢氏等家族的协力合作是密不可分的。

宋元两代，杨氏家族统治势力整体呈现上升时期。在经过了北宋杨氏六世之乱后，杨氏家族迎来了团结发展的时期。从十一世杨选开始，注重引进中原文化，社会经济得到发展，杨氏家族的势力也逐步壮大，十三世杨粲时期，治政宽简，功绩卓著，开创了宋代播州盛世。杨价、杨文父子直接参与宋蒙战争，在军事上做出重大贡献。杨氏家族内部团结，励精图治，从十一世到十五世杨文、杨轼、杨粲、杨价、杨文均颇为贤能，留心文治武功，忠于朝廷。杨氏既得到南宋朝廷的倚重，又得到了播州其他土著大姓的拥护，加之面临外来蒙古军威胁，所以播州一致对外，杨氏家族的统治稳固，境内相对安宁。

元代，杨邦宪、杨汉英父子得到了元中央王朝的支持与信任，在对少数民族的军事征讨中疆域获得极大扩展，杨氏家族在播州的势力达到了统治历史上的顶峰。元初，经杨邦宪、杨汉英两代，亲近中央，大受朝廷重用。元末虽然国家时局动荡，杨氏家族领导才能平庸，但是播州各土司内部未出现内乱，境内保持平稳。

（二）明代播州众土司分化时期

明代中期杨氏家族因为夺嫡、争袭等家族矛盾长期争斗不休。在争袭过程中小土司不断分化，而朝廷和周边土司的介入使得播州众土司的矛盾复杂化。

成化十九年（1483），杨氏第二十四世土司杨辉宠爱庶子杨友，企

---

① 道光《遵义府志》卷 31《土官》《杨氏家传》，第 535—536 页。
② 道光《遵义府志》卷 31《土官》《杨氏家传》，第 535—536 页。

图废嫡长子杨爱，立杨友为宣慰使。是年（1483），杨辉死，其子宣慰使杨爱和安宁宣抚使杨友兄弟之间争斗开始，杨氏几代都为争夺宣慰使一职而不断内斗。在杨氏家族的内讧中，播州许多小土司为了各自的政治经济利益也卷入其中，于是播州地区各土司之间的矛盾不断积累，导致冲突不绝。

如明代曾任重安长官司长官的张氏家族。重安长官司在宣慰使司东南四百里，宋元为黄平府地，明洪武八年（1375）于此置长官司。永乐四年（1406），曾以张佛保为重安江长官，"以佛保尝招辑重安蛮民向化故也"。后宣慰使杨辉溺爱庶子杨友，欲令承袭，长官张渊阿顺之。① 杨辉死，杨友叛，与长官张渊阴谋刺杀杨爱不成，遂领兵于火烧舟（今新舟）官城与杨爱分庭抗礼。而播州长官司何氏则支持杨爱，捍卫杨爱嫡长子正统的承袭地位，大战火烧舟官城，斩首万余，宣慰司使杨爱为之请旌。容山长官韩王宣反对杨辉为杨友争夺夭坝干地，被张渊与杨辉设计抓捕并杖杀之。夺嫡之争，友与爱兄弟相仇，让播州和贵州为之不宁。土人有谚语云："骨肉齑醢，参商播凯。"

明廷在播州宣慰司袭职的处置不够谨慎和在管理上不够完善也加剧了土司间的矛盾。播州宣慰司的归属，从明初就比较混乱：洪武五年播州宣慰司归顺后，划隶四川布政司。军事上受贵州思石兵备兼制。关于播州的归属问题，导致川黔两省之间的争执不断，不利于播州地区的稳定。

明代后期杨氏与其他土司在经济利益上矛盾加剧，导致关系逐渐恶化。

播州地处川、黔、楚之间，是中原进入贵州的交通要道，亦是物产丰富的富庶之地。明廷逐渐对该地区实行高压政策，一方面从中央到地方多数官员都视播州杨氏为蛮夷，对播州土司极尽歧视；另一方面在经济上不断的压榨。明王朝后期政治黑暗，吏治败坏，官吏索贿现象十分普遍。杨应龙为了与中央朝廷保持关系，不得不向官员重金行贿，同时还要助明廷"征蛮""平叛"和"抗倭"，服从中央的数次征调，进行皇木采办，进京朝贡，进献马匹大木等，经济负担较重。为了自身的经济利益，也为了转嫁经济负担，位高权重的杨应龙剥削刁难五个长官司

---

① 道光《遵义府志》卷31《土官》。

和田、张、袁、卢、谭、罗、吴七姓家族，侵吞田产、索贿无厌，继而形成了经济利益矛盾。

杨应龙私自多征田赋，每田一亩征银数钱，借以敛财。又封锁千户长官何恩等房屋，并为己有，肆意侵吞。① 还侵吞属下一些土司之田土占种。《遵义府志》载：隆庆三年（1569），杨应龙夺播州千户长官宋氏田庄，并害宋恩等十七命。宋宗富赴京奏告，讨伐杨应龙。万历间，五司七姓讦奏杨应龙，宋氏也积极参与其中。② 余庆长官为毛守爵，其土地肥沃，与播州土司所辖湄潭之地犬牙相错，肥腴之地被杨氏侵夺。五司之间有的有姻亲的关系。故五司约结抗阻，与杨应龙为仇，抵制其侵吞。③ 此外，播州宣慰司所属之黄平、草塘、白泥、余庆、重安五司土官，凡承袭表笺须宣慰司印文方达明廷，应龙往往索贿无厌，此又是杨应龙与播州五司七姓产生矛盾的另一个重要原因。播州内五司七姓之人皆怨恨杨应龙，日益走向联合，"叩阍鸣冤，且反噬龙矣！"④ 时播州长官司长官何恩曾愤杨应龙肆虐弃职，率七姓旧人宋世臣等赴阙上书请讨杨应龙，神宗命川黔两省会勘。⑤ 时草塘安抚司安抚使宋鸾之子宋世臣与何承恩、张时照诣川湖告杨应龙罪恶⑥。

由于杨应龙骄横擅杀，导致众叛亲离。杨氏土司政权是奴隶领主世袭制，杨氏不但拥有土地、权力，而且下属对土司杨氏有紧密的人身依附关系。由于杨氏土司在播州具有极高权威，杨氏不仅随意侵占五司七姓旧人田产等经济利益，而且由于杨应龙生性猜忌、嗜杀、多疑等性格，在播州统治极其残暴，肆意屠杀百姓平民，滥杀诸长官司下级官吏，使得矛盾更加激化。

韩氏家族在明代曾任容山长官司长官。容山长官司，在宣慰使司东二百二十里。元为容山长官司，明因之。播人韩志聪洪武间征普定有功，授长官世袭，后曾有容山长官韩瑄之名。杨辉杖杀容山长官司长官

---

① （明）诸葛元声：《两朝平攘录》卷5《播上》，《续修四库全书》，史部，第434册，第189页。
② 道光《遵义府志》卷31《土官》，第33册，第84页。
③ （明）诸葛元声：《两朝平攘录》卷5《播上》，第189页。
④ （清）曹学佺：《蜀中广记》卷37《边防记第七》，文渊阁《四库全书》，第591册，第486页。
⑤ 道光《遵义府志》卷31《土官》，第33册，第84页。
⑥ 道光《遵义府志》卷31《土官》，第33册，第87页。

韩瑄，自此结下仇怨。

万历二十三年（1595），次子杨可栋死于重庆后，杨应龙更为加恨异己之五司七姓。他到处密访"奏民"住处，搜捉杀戮。闻风者抛家弃产，寄住外方，不敢复还本境。杨应龙又引兵临城逼讨，被围者无一得脱。如目把袁鲁，投避泸州。播兵逼取，被缚送还。赤水里目袁年之父袁子升，逃往合江。万历二十五年（1597），杨应龙兵逼其城，城上人缒而与之。杨应龙执归，缚而割其肉炙之，令自食，然后磔其肉以食"诸苗"。①

末代土司杨应龙在万历年间统治播州28年，个人的权力欲望膨胀。他倚仗播州地区的军事实力强大，土兵勇猛善战，同时掌握百姓的生杀大权，以致做事不计后果，不把国家的土司制度放在眼里，一心想占西南播州之地作为自己的"半壁江山"，做山高皇帝远的"土霸王"。随着杨应龙的势力日涨，使明朝中央权力受到了严重的威胁，明廷与杨应龙土司之间的矛盾日益显露。在杨氏内外矛盾不断激化情况下，朝廷与杨应龙关系破裂，决心平播。② 这也给了播州众小土司一个千载难逢的机会，各土司也联合起来攻击杨应龙。万历二十八年（1600）二月大征播州之时，五司七姓也如往次一般派人从征，人数虽然有限，但颇得其为向导引路之力。③

何姓家族因与杨应龙在万历年间产生激烈矛盾，对抗颇力。总督李化龙征播时，曾以播州长官司长官何恩为中军提调。李化龙又命其弟何殷为总兵刘綎所部向导，斩箐直入，师逼海龙囤。播平，何恩兄弟有功，颇为出力。④

虽然播州土司中大多与杨应龙反目，但是由于婚姻及利益关系，"五司七姓"土司中还是有少数与杨应龙交好。⑤ 如平播战争中何氏土司家族也出现分化，既有在官军阵营中的何恩，他为中军提调，何思、

---

① （明）诸葛元声：《两朝平攘录》卷5《播上》，第193页。
② 李良品、邹淋巧：《论播州"末代土司"杨应龙时期的民族关系》，《贵州民族研究》2010年第5期。
③ （明）诸葛元声：《两朝平攘录》卷5《播上》，第194—195页。
④ 道光《遵义府志》卷31《土官》，第33册，第84页。
⑤ 李良品、邹淋巧：《论播州"末代土司"杨应龙时期的民族关系》，《贵州民族研究》2010年第5期。

何慗均授以将军职，何慗为刘綎向导。在杨应龙阵营中有青山何氏第十八世何汉良。万历二十七年（1599）六月二十一日，汉良奉杨应龙令，领兵攻綦江，全歼守军三千人，并屠城，引起全国震惊。平播后何汉良及妻田氏、儿子何仲亦赴京全家遭诛。另有白泥长官司杨通汉，《平播全书·献俘疏》记载："通汉年二十七岁，系白泥司下里长官应袭。二十六年，酋攻白泥司，通汉统部苗附酋，反戈攻正长官杨以诚，致以诚逃窜，白泥苗尽为酋用已，围黄平、劫飞练，白泥苗助贼尤力。五司官无不仇酋，独通汉附之。"① 还有"王积仁，播州人，年五十一岁，即已故附郭长官王积禄弟……为酋心腹用事，充长官矣"②。此外还有因杨应龙最宠幸小妾田氏，故杨应龙与田氏一族关系比较密切。"贼妻兄弟二名：田一鹏，酋妻兄，年四十七岁……，充酋内司总管，总管高安路军事……田飞鹏，即一鹏弟，年四十四岁，充酋内司总管，总管长溪路军事。飞练之劫，飞鹏实与谋"。张世爵乃杨应龙的三妹夫，是杨应龙原配夫人张氏的弟弟，杨杀妻后"张氏之族尽仇杨氏，世爵独为之用，且尽力焉"③。

总之，播州杨氏在唐宋、元及其明代初期一直服从中央王朝征调，积极纳贡，保持了良好的互动关系，在中央支持下，杨氏与播州内部土官长期交好，共同维持了对该地区的统治。但由于播州社会内部经济社会发展程度不一，地位高低不等，以及土司承袭等内部矛盾，杨氏与辖下土司必然产生矛盾纷争。加上周边土司和朝廷的影响，使得矛盾复杂化。到了末代土司杨应龙时期，各种内外矛盾激化。平播战争爆发，导致杨氏与播州境内其他土司大多决裂，在中央和周边土司以及播州内部土司的联合进攻下，杨氏终于结束了在播州长达725年，历30世的统治。

---

① （明）李化龙：《平播全书》卷4《献俘疏》，第434册，第410页。
② （明）李化龙：《平播全书》卷4《献俘疏》，第434册，第410页。
③ （明）李化龙：《平播全书》卷4《献俘疏》，第434册，第408页。

第三章　土官—土司制度在播州推行与地方治理

元代，我国统一的多民族国家得到空前发展，较前代有更广阔的领土，包含了更多的民族。对于西南少数民族地区，元朝采取了"因其俗而柔其人"的管理手段，在宋代羁縻制基础上形成一种在民族地区的统治形式——土官制度，为以后明清王朝时边疆民族地区行政管理制度的建立奠定了基础。明朝在元代的基础上，进一步完善了土司制度。土官土司制度在播州的推行，加强了播州与中央政府的联系，对播州地区产生了深远的影响。可以说，土官—土司制度的推行为播州地区的国家认同创造了条件。

第一节　土司机构和官员设置

土官土司制度最显著的特点，是在少数民族地区设置由土人管理的专门机构，并纳入行省的管辖，成为中央政府行政管理体系中的正式机构。这在元、明、清时期都是如此，它因此也成为土官土司制度推行和存在的标志。

一　元代的土官机构和官员设置

元代土官机构特征是以宣慰司、宣抚司、安抚司、招讨司、长官司、寨、洞、甸、土府、土州、土县等为地方政权组织，由当地少数民族首领充任长官和府史州官。

元代土官皆有品秩职位，佩金、银符印，是朝廷正式委任的命官，他们有的直隶于行省，有的则隶属于州府。行省官员对土官之间产生的纠纷有处治之权。①

宣慰司、宣抚司及其长官宣慰使、宣抚使的设置和职能可以追溯到唐宋时期。唐代宗时，郭子仪北伐，曾特立观军容宣慰使，命内官鱼朝恩为之，然有统军，亦监领而已。此后，唐王朝每派重臣出巡，都会冠以宣慰使或安抚使之职。在近年唐大明宫的考古发掘中，发现了云南安抚使印"封泥"，可见，唐确实有安抚使等职官的设置。招讨使是在贞元末设置，自后"随用兵权置，兵罢则停"②。以上说明此类职官在唐代，仅是临时派遣，而非常设。宋代则无宣慰使，只有宣谕使。

至于宣抚使，在唐代尚未设立，至宋始有，"宣抚使不常置，掌宣布威灵、扶绥边境及统护将帅、督视军旅之事，以二府大臣充。……绍兴元年，诏以淮南守臣多阙，百姓未能复业，分命吕颐浩、朱胜非、刘光世皆以安抚大使兼宣抚使。武臣非执政而为宣抚使，实自光世始"③。宋代的"经略安抚使一人，以直秘阁以上充任，掌管一路兵民之事……。岭南路，职在绥御戎夷，则为经略安抚使兼都总管，以统制军旅……；河北及近地，则使事帅臣任河东、陕西，止于安抚而已"④。"沿边，又有管内安抚，谓只辖本州也"⑤，南宋以后，职名稍高者出守，都可兼使，如系二品以上即称安抚大使。安抚司属员有参议、参议官、主管机宜文字、主管书写机宜各一员，干办公事各二员，文臣可备差遣，武臣可备差使，准备将领各以五员为额，各路随地方轻重又有增减。招讨使，掌招讨杀盗贼之事，亦不常置，直至建炎四年（1130）后，才改为常设机构，为宣抚使下属。"建炎四年，以检校少保、定江昭庆军节度使张俊充江南路招讨使，定位在宣抚使之下。"其职能也由招讨杀盗贼扩大为军中如有急速事宜，皇上也允许见机行事。这时的招讨使权势颇重，所以大都以要员充任，如绍兴五年（1135），岳飞为湖北、襄阳招讨使。总体看来，唐宋设置的宣慰使、宣抚使、招讨使、安抚使等，名位较高，职权颇大，都为要员重臣充任。

---

① 参见翁独健主编《中国民族关系史纲》（下）第三编·七《元朝对各族的统治与各族人民的反抗》，中国社会科学出版社2000年版。
② 《旧唐书》卷44《职官志三》，第6册，第1923页。
③ 《宋史》卷167《职官志》，第3957页。
④ 《宋史》卷167《职官志》，第3957页。
⑤ 道光《遵义府志》卷27《职官一》，第32册，第579页。

入元后，唐宋的宣慰使、宣抚使、招讨使、安抚使等职继续沿用。任此职者，相当一部分为土官，并设有常设机构。宣慰司，"掌军民之务，分道以总郡县，行省有政令则布于下，郡县有请则为达于省"①。这里宣慰司以"道"划分，实际上是行省与郡县之间的一种上传下达的机构，原因在于元代行省所辖疆域甚广，故有此承上启下设置。元代的宣慰司分为两种，一种为边疆、重地、少数民族地区，建宣慰司都元帅府，管理军民，专为镇抚"蛮夷"而设；一种是一般地区的宣慰司，不管军旅，仅作为一级行政组织。宣慰之下，"其在远服，又有招讨、安抚、宣抚等使"②，多为各级土司职名。招讨司或安抚司相当于府，长官司相当于下州。元代宣慰使、宣抚使等土官虽然也掌管军务和民务，但在名位和职权方面都没有流官系统内的相应官员大，如思州田氏、播州杨氏等大土官就是以少数民族"渠帅"之名而各为原地"安抚使"的。

史载，至元"十二年宋亡，元世祖遣使者诏（杨）邦宪内附，邦宪捧诏三日哭，表以播州、珍州、南平军三州之地降。十五年入朝，诏袭守如故，拜龙虎卫上将军、侍卫亲军都指挥使，绍庆、珍州、南平等处沿边宣抚使、播州管内安抚使"③；至元二十三年（1286）元世祖封杨邦宪妻田氏为永安郡夫人，领播州安抚司事④。杨邦宪故，子年幼，由母亲田氏护印，至元二十八年（1291），改安抚司为宣抚司，"二十八年，汉英入朝，奏罢顺元宣慰司，升播州安抚司为宣抚司，授汉英军民宣抚使"⑤；至元二十九年（1292）正月，播州洞蛮因籍户怀疑窜匿，降诏招集之，以杨汉英为绍庆、珍州、南平等处沿边宣慰使、行播州军民宣抚使、播州等地管军万户，黄平等十一长官司属焉，仍佩虎符，宣慰遂成播州杨氏官衔，至明不易。但中间可能又有宣抚降为安抚，《遵义府志》载"其行本州宣抚，汉英后唯嘉贞见史传，至忠彦，见《杨

---

① 《元史》卷91《百官志七》，第2308页。
② 《元史》卷91《百官志七》，第2308页。
③ 道光《遵义府志》卷31《土官》、《元史·杨赛因不花传》：至元十三年，宋亡，世祖诏谕之，邦宪奉版籍内附，授龙虎卫上将军、绍庆珍州南平等处沿边宣慰使、播州安抚使。
④ 《元史》卷14《世祖本纪十一》。
⑤ 道光《遵义府志》卷31《土官》，第33册，第68页。

氏家传》者，则称播州军民安抚使，是中间复改宣抚为安抚。《元史·地理志》：'沿边溪洞宣慰司'后未列属官，后并列'播州军民安抚司'，始列蛮夷官、诸等处，明白可证也"①。但都以杨氏为使，罗氏为同知，沿宋司治穆家川，所辖区域包括今遵义县、绥阳县、湄潭县、余庆县、务川县、正安县、道真县、桐梓县、赤水市、习水县、仁怀市等，黔东南部分地区如凯里、黄平，此外，还辖有四川和湖南部分地区。上述各地分设有长官司和安抚司管辖。

此外，播州还设有沿边招讨使、播州等处管军万户。史载，杨汉英曾兼此职。《明史·土司传》中曾记载，杨铿等相率来归，有总管何婴，蛮夷总管郑瑚，是为元代播州有总管之职。

据《元史·百官志》记载：

宣慰使司，秩从二品，每司设宣慰使三员，从二品；同知一员，从三品；副使一员，正四品；经历一员，从六品；都事一员，从七品；照磨兼架阁管勾一员，正九品。

宣抚司，秩正三品，每司设达鲁花赤、宣抚一员，同知、副使各二员、佥事一员，计议、经历、知事、提控案牍架阁员各一员，经历、知事各一员。

招讨司，秩正三品，每司设达鲁花赤、招讨使、经历各一员。据《元史》载，至元十二年，杨城为沿边溪洞招讨使兼征行万户②，余无考。

安抚司，秩从三品，每司设达鲁花赤、安抚使、同知、副使、佥事各一员，经历知事各一员。

管军万户府。元时管军万户府分上中下。上万户府管军七千之上，达鲁花赤一员，万户一员，俱正三品，虎符；副万户一员，从三品，虎符。中万户府管军五千之上，达鲁花赤一员，万户一员，俱从三品，虎符；副万户一员，正四品，金牌。下万户府管军三千之上，达鲁花赤一员，万户一员，俱从三品，虎符；副万户一员，从四品，金牌。其官皆世袭，有功则升之，每府设经历一员，从七品；知事一员，从八品；提

---

① 道光《遵义府志》卷27《职官一》，第32册，第580页。
② 《元史》卷42《顺帝本纪五》，第900页。

控案牍一员。以上各职，并非均由土官任之，只有土人为之者，方为土官。播州万户其为上中下未详，据考证，杨汉英兼此职后，"唯《明宗纪》天历二年正月壬午播州杨万户引四川贼兵至乌江峰。其名虽不详，要其为杨氏子有功所升无疑。至达鲁花赤与诸属官，皆无考"①。

《元史·百官志》虽记载诸司及府州县都设有达鲁花赤，但主要指的是非土司地区，而由土司掌管的诸司及府州县则无达鲁花赤一职。

除以上诸司外，元代民族地区如同内地一样，也有路、府、州、县的设置。由于元代民族地区的郡县政权往往用当地酋长担任，故史家将其冠之以"土"字之名，明清时期的土府、土州、土县即由此发展而来。

不仅郡县政权惯用当地酋长担任，即使是民族地区设置的各级土司机构中，官员的任命也是实行"参用土人"的原则，这一点龚荫先生和吴元章先生在各自著作中都已做了考证。即从宣慰、宣抚、长官诸司与路、府、州、县诸官，都毫无例外地大批引用土人为官。"明人李思聪的《百夷传》中说，元世祖平云南，招降其酋长后，皆设土官管辖，这一说法虽然是针对云南地区而言，但也完全符合当时南方诸省的历史实际"②，播州当然也不例外。如《元史》载，至元十三年（1276），世祖诏谕之，杨邦宪奉版籍内附，授"绍庆珍州南平等处沿边宣慰使"③，后其子杨英（赐名赛因不花）袭职；大德元年（1297）十二月，"朝洞蛮内附，立长官司二，命杨汉英领之"④；罗氏季和，被任命为"同知播州沿边安抚司事兼黄平知府"⑤。

元代，播州的土官机构大都按照规制设置，不同时期有所损益，土官制度已正式在播州推行。

二 明代土司机构和官员设置

明代承袭元制，"土官之名，多仍元旧"，如宣慰司、宣抚司、招

---

① 道光《遵义府志》卷27《职官一》，第32册，第581页。
② 吴永章：《中国土司制度渊源与发展史》，四川民族出版社1988年版，第135页。
③ 《元史》卷165《杨赛因不花传》，第3884页。
④ 《元史》卷19《成宗本纪二》，第415页。
⑤ 道光《遵义府志》卷31《土官》，第33册，第82页。

讨司等不仅沿用旧称，而且成为土司的专设机构，这是区别于元代的一个重要特点。但是，它们的权利与元相比进一步缩小。"洪武间，止设贵州、思南、思州三宣慰司，管土民"，军政要务"设都司衙门镇守其他"①。同时，明又在元代原有的基础上，增设了一些土司名目，如蛮夷官、苗民官、千夫长、副千夫长等。

明代各级土司职衔如其他土司地区一样，分为文职与武职，同时明廷在土司衙门内安插流官，以监视、约束流官，"大率宣慰等司经历皆流官，府州县佐贰多流官"，"使之附辑诸蛮，谨守疆土，修职贡，供征调，无相携贰"②。

明代设置的土司武职职衔有：

宣慰使司，设宣慰使一人，从三品，同知一人，正四品，副使一人，从四品，佥事一人，正五品，俱土官。

宣抚司，宣抚使一人，从四品，同知一人，正五品，副使一人，从五品，佥事一人，正六品。

安抚司，安抚使一人，从五品，同知一人，正六品，副使一人，从六品，佥事一人，正七品。

招讨司，招讨使一人，从五品，副招讨使一人，正六品。

长官司，长官一人，正六品，副长官一人，从七品。

蛮夷长官司，长官、副长官各一人，品秩同上。又有蛮夷官、苗民官及千夫长、副千夫长等官。

长官司与蛮夷长官司的品级虽相同，但其建置是有区别的，四百户以上设长官司，四百户以下设蛮夷长官司。

播州上述各司主官皆有。

明代设置的土司文职职衔有：

土府：土知府，正四品；土同知，正五品；土通判，正六品；土推官，正七品；土经历，正八品；土知事，正九品。

土州：土知州，从五品；土同知，从六品；土通判，从七品；土吏目，从九品。

---

① 田玉隆、田泽、胡东梅：《贵州土司史（上册）》，贵州人民出版社2006年版，第304页。

② 《明史》卷76《职官志五》，第1876页。

土县。土知县，正七品；土县丞，正八品；土主簿，正九品；土典吏，无品级。

上述土司虽有品级，但并不按秩取俸，而是"食其土"，这一点，与流官不同。

播州仍设宣慰司，洪武四年（1371），太祖遣使招降播州，"五年，播州宣慰使杨铿、同知罗琛、总管何婴、蛮夷总管郑瑚等，相率来归，贡方物，纳元所授金牌、银印、铜章。诏赐铿衣币，仍置播州宣慰使司，铿、琛皆仍旧职。领安抚司二，曰草塘，曰黄平；长官司六，曰真州，曰播州，曰余庆，曰白泥，曰容山，曰重安。以婴等为长官"[①]。杨氏仍世袭宣慰使职，明代历经杨铿、杨昇、杨炯、杨纲、杨辉、杨爱、杨斌、杨相、杨烈、杨应龙等十世。

罗氏在元代为宣慰司同知，洪武四年，太祖平蜀，遣使诏谕，五年，与宣慰使杨铿等相率来归，贡方物，纳元所授牌印。诏仍置播州宣慰使司，罗琛仍同知。

此外，还有蛮夷长官司，为随司办事长官，思州、播州皆有。"播州长官司附郭，元为播州军民都镇抚司，隶播州宣抚司。明洪武九年，改为长官司。"[②]

播州长官有谢氏。播州谢氏，与杨世为姻亲，在《杨氏家传》中与入播始祖杨端起见之于史[③]。《明太祖实录》载：洪武十七年，"以播州土酋谢德轩等二十三人为蛮夷长官"[④]。

关于播州长官杨允中，在李化龙的《六报捷音疏》云："又据副使路云龙报，据推官吴天祐呈，准指挥胡效忠关称，十三日督兵前去攻打罗安水至新上蓝平，杨酋差人带兵搬运家财皮箱上囤，身背黄包袱，撞遇来追。本职开弓一箭，射中倒地。有弟胡效尹义子胡加官斩取首级，夺获包袱……当将包袱对众开验，内红袋一个，彩龙红筒装有玉玺敕命一通等……因到职。随将解到首级逐一验明外，开阅敕命，系洪武十七年七月初二日，颁给播州宣慰使司蛮夷长官杨允中。及查杨允中根因，据播民何邦道供称，播州初时，设有随司办事长官四十八员，止有龙

---

① 《明史》卷312《土司传·四川土司二》，第8039页。
② 道光《遵义府志》卷31《土官》，第33册，第83页。
③ 《杨氏家传》载："（杨）端与舅氏谢将军诣长安。"
④ 《明太祖实录》卷162，洪武十七年六月癸末，第2519页。

诰，无地方，无印信。杨酋尽废旧制，或系收藏。"①

播州长官司王氏。"洪武九年，置播州长官司附郭，授土酋王慈子孙世守，党子杨氏。"② 在《明史·土司传》中有关于王黻的记载，"（杨）烈遂与水西构难，又杀其长官王黻。时嘉靖二十三年（1544）也"③。《李化龙疏》中提到，播州长官司王积仁，以附播被擒献俘，与杨氏俱灭。余无考。④

播州长官司何氏。明袭宣慰司总管。正德三年（1508）十月丁卯，四川播州宣慰使司差长官何烜等贡马。赐彩段、钞锭有差。⑤ 万历二十八年（1600），何恩愤杨应龙肆虐，弃职，率七姓旧人宋世臣等赴阙上书，请讨应龙。命川、黔两省会勘，黔议剿，川议抚，应龙因以黄白千金行贿，至綦江，恩遮获，以充军饷。督帅李化龙以为中军提调，又命其弟懋为刘綎向导，斩箐直入，师逼海龙屯。播平，恩兄弟与有功焉。⑥

播州千户长官宋氏。洪武四年（1371），同宣慰使杨铿纳土，后授千户长官，管辖沙溪等里。隆庆三年（1569），杨应龙夺宋氏田庄，害宋恩等十七命，宋宗富赴京奏讨贼。万历间，五司七姓讦奏应龙，宋亦与焉。⑦

真州长官郑氏。真州长官司，在宣慰使司东北二百里。元为珍州思宁等处长官司，隶播州宣抚司。至正末，改"珍"为"真"，洪武十七年（1384），改为真州长官司。明洪武五年，蛮夷总管郑瑚与宣慰杨铿等相率来归，朝贡方物，纳元所授牌印章敕。诏改总管为长官司，瑚即为长官司长官。⑧ 万历二十八年（1600）征播，率先归附，以千人从军为向导。播平改流，仍以土官为州同知，魁授其职。⑨

---

① （明）李化龙：《平播全书》卷4《奏议·六报捷音疏》，《续修四库全书》，第434册，第390—391页。
② （明）顾祖禹：《读史方舆纪要》卷七十四《川五》。
③ 《明史》卷312《土司传·四川土司二》，第8044页。
④ （明）李化龙：《平播全书》卷4《献俘疏》，第401页。
⑤ 《明武宗实录》卷43，正德三年十月丁卯，第988页。
⑥ 道光《遵义府志》卷31《土官》，第33册，第84页。
⑦ 道光《遵义府志》卷31《土官》，第33册，第84页。
⑧ （明）《大明一统志》卷72，三秦出版社1990年版，第1128页。嘉靖《四川总志》，真州长官司，元建，洪武中，土官郑瑚重建。
⑨ 道光《遵义府志》卷31《土官》，第33册，第85页。

真州副长官骆氏。骆世华，珍州人；大观间，与骆文贵等以地内附，授为奉训大夫，内殿崇班使。忠君爱民，久而弗替。① 平播战争中，马孔英入真州，用土官郑葵、骆麟为向导。郑为长官，故知骆麟为副长官。②

黄平安抚司罗氏。黄平安抚司，在宣慰司东南三百里。洪武中，土官罗镛建。③ 宋为黄平府，立上下三曲二长官司，隶叙州。元改隶播州宣抚司，本朝洪武八年，改府为安抚司，以二长官司并入④。

重安长官司张氏。重安长官司，在宣慰司东南四百里。明洪武八年（1375），于此置长官司。永乐四年（1406），以张佛保为重安江长官，以佛保尝招辑重安蛮民向化故也⑤。

重安副长官冯氏。冯铎从宣抚杨鉴征麻哈有功，授副长官。多生苗去播最远。原属黄平，故知有黄平，不知有播。⑥

余庆长官司毛氏。余庆长官司，在宣慰司南百六十里。"唐蛮酋毛巴，以功授余庆州刺史，子孙世有其地。"⑦ 历宋、元，至明洪武二年（1369），改为长官司，毛如麟为长官。

白泥长官司杨氏。白泥长官司在宣慰司东南三百里，元为白泥等处长官司，隶播州宣抚司。至正末改为白泥州。明洪武十七年（1374），复改为长官司。元时，杨正宝以功授白泥司副长官，明洪武十二年（1379），准袭前职。成化二十一年，白泥正长官杨玉等各来朝，贡马及方物。（朝廷）赐彩缎、宝钞有差。⑧ 万历二十八年（1600）平播后，设余庆县，白泥司授本县主簿。⑨

容山长官司张氏。容山长官司，在（宣慰）司东二百二十里，元建，洪武中土官张与望重建。⑩ 其地界湖贵间，于八司中独为外服。溪

---

① 道光《遵义府志》卷31《土官》，第33册，第85页。
② 道光《遵义府志》卷31《土官》，第33册，第86页。
③ 嘉靖《四川总志》卷14《播州宣慰司》；《大明一统志》卷72，第1128页。
④ 道光《遵义府志》卷31《土官》，第33册，第86页。
⑤ 道光《遵义府志》卷31《土官》，第33册，第86页。
⑥ （明）曹学佺：《蜀中广记》卷37，上海古籍出版社2020年版，第390页。
⑦ （民国）柯劭忞：《新元史》卷51《地理志六》，上海古籍出版社1989年版，第264页。
⑧ 《明宪宗实录》卷273，成化二十一年十二月己丑。
⑨ 道光《遵义府志》卷31《土官》，第33册，第86页。
⑩ 嘉靖《四川总志》卷14《播州宣慰司》；（明）《大明一统志》卷72，第275页。

山荒旷，土田卤瘠，中国商贩不到。其人以猎射为生，以劫杀为业。自嘉靖间为臻洞苗所残破，数十年来民夷桀骜，土田荒芜，长官不能治也。①

容山副长官司韩氏。《明史》载，播州容山副长官土舍朝甸与正长官土舍张问相攻，甸屡胜，遂纠生苗剽湖、贵境，垂二十年。②

草塘安抚司宋氏。草塘安抚司，在宣慰使司东一百一十里，元为旧州草塘等处安抚司，隶播州宣抚司。明洪武十七年（1374），改为草塘安抚司。③ 安抚宋忠义重修。④

瓮水长官司犹氏。洪武十七年，授尤仕源为承直郎、播州宣慰司瓮水蛮夷长官。

威远卫指挥佥事袁氏。《平播全书》载，此外尚有投降夷目，原非长官，本无冠带，但赏格曾坐名，开谕辄尔先手归诚，亦宜少示眷酬，以明恩信。如上赤水里头目袁年父遭酷祸，投降最早，宜授以镇抚职御。

办事长官程氏。《明实录》记载：成化二年（1466）五月壬午，四川播州宣慰使司宣慰使杨辉遣长官程善等、贵州上马桥长官司长官方勇等遣头目谷朝等，各来朝，贡马。赐彩缎等物有差。⑤

办事长官赵氏。《明实录》记载：景泰四年（1453）七月甲申，四川播州宣慰司土官宣慰使杨辉遣办事长官赵遑、乌思藏剌麻番僧绰札等……来朝，贡马。赐彩币、钞锭有差。⑥

办事长官夏氏。《明实录》记载：天顺二年（1458）正月辛巳，四川播州宣慰司宣慰使杨辉遣长官夏琛等……来朝，贡马。赐宴并彩币表里、袭衣等物有差。⑦

办事长官蒋氏。《明实录》记载成化十二年（1476）正月壬申，四川播州致仕宣慰使杨辉遣长官蒋信等……各来朝，贡马并银器。赐彩

---

① （明）曹学佺：《蜀中广记》卷37，上海古籍出版社2020年版，第389页。
② 《明史》卷211《石邦宪传》。
③ 道光《遵义府志》卷31《土官》，第33册，第87页。
④ 嘉靖《四川通志》卷14《播州宣慰司》，《北京图书馆古籍珍本丛刊》，书目文献出版社1987年版，第42册，第276页。
⑤ 《明宪宗实录》卷30，成化二年五月壬午，第597页。
⑥ 《明英宗实录》卷231，景泰四年七月甲申，第5066页。
⑦ 《明英宗实录》卷286，天顺二年正月辛巳，第6129页。

缎、宝钞有差。①

办事长官都氏。《明实录》记载：正德三年（1508）正月甲子，四川播州宣慰使司遣长官都勋等贡马；②九年正月壬午，四川播州宣慰使司宣慰杨斌差长官都勋等来朝，贡马。赐彩段等物有差。③

办事长官令狐氏。《明实录》记载：嘉靖三年（1524）八月戊午，四川播州宣慰使司宣慰使杨相差长官令狐爵贡马进贺。赐彩缎、钞锭如例。④

长官胡氏。《明实录》记载：正德十四年（1519）十月甲子，赏四川播州宣慰使差来长官胡渊等彩缎并钞有差。⑤

办事长官孙氏。《明实录》记载：嘉靖十九年（1530）九月乙巳，四川播州宣慰使杨相差长官孙焕等，贵州宣慰使安仁差舍人安边等，各补贡贺万寿圣节，宴赉如例。⑥

副长官陈氏。《明实录》记载：宣德六年（1431）二月己亥，朝鲜国王李裪遣陪臣朴信生、贵州宣慰使安中遣把事袁英、四川播州宣慰使杨昇遣副长官陈恕、陕西巩昌府剌麻高僧工葛坚坠赞等进马及方物贺万寿圣节。⑦

办事长官刘氏。《明实录》记载：正德元年十月丙午，四川播州宣慰使杨斌遣长官刘彬等贡马，贺万寿圣节。赐宴，赏彩段、钞锭各有差。⑧

明代土司与元代土官相比有以下变化：一是，品级普遍低于元代，如元代宣慰使为从二品，而在明代则为从三品，其余各司亦是如此。二是，明代宣慰司，已由元代设于全国各地的省与郡县之间的一级行政组织变为专在民族地区设立的土司机构。其三，是各司的隶属关系。洪武末年，以宣慰、宣抚、安抚、长官皆领土兵，改隶兵部，其余守土者，仍隶属吏部验封司。这就是"文武相维"之制。此种制度，把土司与

---

① 《明宪宗实录》卷149，成化十二年正月壬申，第2730页。
② 《明武宗实录》卷34，正德三年正月甲子，第835页。
③ 《明武宗实录》卷108，正德九年正月壬午，第2205—2206页。
④ 《明世宗实录》卷42，嘉靖三年八月戊午，第1106页。
⑤ 《明武宗实录》卷179，正德十四年十月甲子，第3487页。
⑥ 《明世宗实录》卷241，嘉靖十九年九月乙巳，第4879页。
⑦ 《明宣宗实录》卷67，嘉靖十九年九月乙巳，第1755—1756页。
⑧ 《武宗实录》卷18，正德元年十月丙午，第531页。

中央政府紧紧地联系在一起，有利于明王朝对土司的控制，有利于中央集权的统一，同时也为土司的国家认同创造了条件。

第二节 土司的任命、承袭和升迁、惩处

土司制度的核心内容即对土司的任命、承袭，以及升迁、奖惩等规定。而这些规定则体现了中央政府对土司的信任、笼络与管理。

一 元代土官的任命、承袭和升迁、惩处

（一）任命

唐宋时期，在民族地区实行羁縻政策，对少数民族的酋领，大都是授予一个职官称号，如此，酋领便成为王朝委任的地方首领，但不同于内地官员的是没有正式赐予的信物。元代在此基础上对土官的委任制度加以完善，任命土官后，均赐予诰敕、印章、虎符、驿玺书、金银符作为信物，其作用在于"俾得以王官旄节，统摄其部落"[1]。

诰敕：诰敕是朝廷给予土官的任命书。《明史》中曾记载，明初，思南宣慰使田仁智遣都事杨琛来归附，并"纳元所授宣慰诰"[2]。《元史》中也有类似"授宣命""授宣敕"的记载，如至元十五年（1278）十二月，都掌蛮夷内附，以其长阿永为西南番安抚使，得兰纽为都掌蛮夷安抚使，授宣敕。由此可见，诰敕是元朝廷给土官土司的任职证书，无论是宣慰使、宣抚使，还是安抚使，只要是朝廷任命的土官，均会给予相应"命官"的证件。关于播州各级土司的诰敕，虽然在史料中尚未发现（仅见有金牌、银印、铜章等），但作为播州这样一个重要的土司，显然也是不可缺少的。

印章：印章亦是威权的象征，土司可以据此号令其民，故而元政府也是非常重视的。《元史》载，元统二年（1334），正月，云南一土酋姚安路总管高明来献方物，顺帝就赐其符印。《明史》载，播州宣慰使杨铿、罗琛以及总管何婴、以及蛮夷总管郑瑚等相率来归降时，"纳元

---

[1] （清）邵远平：《元史类编》卷42，《续修四库全书》，上海古籍出版社2002年版，史部第313册，第654页。

[2] 《明史》卷316《土司传·贵州土司》，第8176页。

所授金牌、银印、铜章"，由此可见，元代对播州各级土官土司也同样授予印章。

虎符：虎符乃"节制军马"的凭据。至元十五年（1278）因边陲土司有报境靖边的责任，故元政府授其虎符，节制军马。《元史》载，中统二年（1261），"赐大理国主段实虎符"①，至元十五年九月，罗氏鬼国主阿榨、西南番主韦昌盛内附为安抚使，"佩虎符"。播州的杨汉英在被任命为绍庆、珍州、南平等处沿边宣慰使时，也"佩虎符"，"汉英，字熙载，五龄而孤。二十三年，其母贞顺夫人田氏擎之朝京师，世祖摩其顶，熟视良久，谕宰臣曰：'是儿真国器也，宜以父爵赐之。'赐名赛因不花，授金虎符、龙虎卫上将军，绍庆、珍州、南平等处沿边宣慰使、播州军民安抚使，赐金缯、弓矢、鞍勒遣归"②。元代对于虎符的授予，有着比较严格的限制，诸官非节制军马者，不得佩金虎符，而土司则可以"佩虎符"，由此可见，元政府对南方少数民族首领的使用，是颇为放手的。

驿传玺书与金或银字圆符：关于驿传玺书与金或银字圆符，《元史》中有清楚的说明："其给驿传玺书，谓之铺马圣旨。遇军务之急，则又以金字圆符为信，银字者次之。"③《元史》卷二十四载，至大四年敕："诸使臣非军务急速者，毋给金字圆牌。"④ 这就说明，驿传玺书是"通行证明"，金或银字圆符是紧急军务证明，它们是土司赴阙朝贡或上达边情的通行证，持有此证，就可解决沿途食宿交通问题。此证件起到了朝廷对民族地区交往联系畅通无阻与紧急事务及时处置的作用，从而密切了中央王朝和土司地区的联系。播州杨氏也曾有此玺书，《元史·世祖本纪》载，至元十四年，播州安抚使"乞降玺书"；《明史》亦载，播州宣慰使杨铿、罗琛等来降使，曾纳元所授金牌。

可以想见，绝大多数土司在得到元政府所颁诰敕、印章、虎符之后，都会认同这一政权。播州土司亦然。

（二）承袭

元代土官，一经授职，即为世袭。它是中央王朝在少数民族地区特命

---

① 《元史》卷4《世祖本纪一》，第71页。
② 道光《遵义府志》卷31《土官》，第33册，第68页。
③ 《元史》卷101《兵志四》，第2583页。
④ 《元史》卷24《仁宗本纪一》，第541页。

的地方官，其不同于内地地方官员的重要一点，在于可以世代占有土地和人民，不实行任满升迁，而是父子或妻妾承袭，世代相传，属一家一姓，从来不改。如播州，无论是安抚司也好，还是宣抚司也好，其安抚使或宣抚使都由杨氏承袭，同知则世由罗氏承袭，其他各级土官皆如此。这是因为民族地区酋长世代相袭的传统已经流行了千百年，元政府无力改变，只能加以利用，使"从本俗"。但为了加强控制，元政府规定，承袭必须经朝廷允准。如《元史》卷八载，至元十三年（1276），"金书四川行枢密院事昝顺言：'绍庆府、施州、南平及诸蛮吕告、马蒙、阿永等，有向化之心。又播州安抚杨邦宪，思州安抚田景贤，未知顺逆，乞降诏使之自新，并许世绍封爵。'从之"①。《元史》又载，"至元十四年（1277），播州安抚使杨邦宪言：'本族自唐至宋，世守此土，将五百年。昨奉旨许令仍旧，乞降玺书'，从之"②；大德三年（1299），诏赐汉英世守其土。土司倘若不经朝廷准许后承袭，朝廷则要兴师问罪。如至元十七年，"亦奚不薛病，遣其从子入觐。帝曰：'亦奚不薛不禀命，辄以职授其从子，无人臣礼。宜令亦奚不薛出，乃还军。'"③当然，从总的来看，元代的土司承袭，远不如明清时期严格。

元代，土司的承袭也有一定的次序，"土官有病故，子侄兄弟袭之，无则妻承夫职"④。一般来讲是子袭父，如无子也可由兄弟或子侄袭职，甚至在上述都没有的情况下也可由妻妾承袭。如杨汉英后，无子，以弟播州招讨安抚使如祖之子嘉真嗣；杨忠彦后，由其子杨元鼎承袭，但杨元鼎后，则由杨元鼎的叔伯、杨忠彦的兄弟杨铿承袭。至于妻妾承袭，播州地区尚无此例。

（三）升迁、嘉奖

元代，对于"有勋劳"的土官，是要进行升迁或嘉奖的，如有官吏故意为难阻止，还要给予处分。《元史》载："诸土官有能爱抚军民，境内宁谧者，三年一次，保勘升官。其有勋劳，及应升赏承袭，文字至

---

① 《元史》卷8《世祖本纪五》，第171页。
② 《元史》卷9《世祖本纪六》，第192—193页。
③ 《元史》卷11《世祖本纪八》，第227页。
④ 《元史》卷26《仁宗本纪》，第399页。

帅府，辄非理疏驳，故为难阻者，罢之。"① 可见，元代对土官升迁嘉奖之法（包括原因、时间、手续逐项）是做了专门的规定。元代土官的升迁、嘉奖，还有如下做法：其一，按照土官品级升转；其二，加以流官官衔；其三，加封虚衔，包括勋阶、文散官、武散官。播州土司初为宣抚司，后升为宣慰司。之后又因功多次获得嘉奖，以加虚衔为多。如大德八年（1304），杨赛因不花，因平西南夷功，进正二品的"资德大夫"（为文散官）。对于有特殊功绩的土官，元朝廷更有追赠之隆遇。据载，杨赛因不花，因率兵讨播南卢崩蛮而疾卒于军，元政府特"赠推诚秉义功臣、银青荣禄大夫、平章政事、柱国，追封播国公"②。按元例，银青荣禄大夫为文散官，正一品，平章政事为从一品官，柱国为从一品勋阶，国公为正二品爵，故元王朝对播州的这位土司可谓是给予了位极人臣的荣誉。杨嘉贞也能被诏授播州等处管军万户、侍卫亲军都指挥使、上护军，累官资德大夫、湖广行省右丞、沿边宣慰、宣抚使。元朝的这些做法，表明元朝的土官享有较高的政治地位，当然，其目的是笼络民族地区的土官，以赢得对元朝统治者的拥护和支持。

（四）惩处

按元制，土司有罪，虽"不废"仍要议处。《元史·刑法志》载："诸内郡官仕云南者，有罪依常律；土官有罪，罚而不废。诸左右两江所部土官，辄兴兵相仇杀者，坐以叛逆之罪。其有相妄告言者，以其罪罪之。"③ 从中可见，元政府对于土司犯罪制定有专门的法律规定，这些规定与惩处流官的"常律"是有区别的；土司有罪，会惩罚，但相比较于流官来讲，惩罚会轻一些，采取"罚而不废"的办法，即不轻易废除土司的世袭地位；但对兴兵相互仇杀的土官的惩罚则是严厉的，以"叛逆之罪"重治之。这一点与明代相比不同，明代，土司兴兵相互仇杀，只要不杀官兵，不侵省地，一般不予理会。但总的来讲，元代对土司是相对宽容的。

由于元朝统治时间不长，对土官的任命、承袭和升迁、惩处，所以

---

① 《元史》卷113《刑法志二》，第2635页。
② 《元史》卷165《杨赛因不花传》，第3885页。
③ 《元史》卷113《刑法志二》，第2635页。

还不够完备严密，但确已形成了一套土官制度，这在播州地区得以体现。

二 明代土司的任命、承袭和升迁、惩处

明朝继承了历代封建王朝"以夷制夷"的羁縻政策和元朝的土官制度并进一步完善，形成了明朝的土司制度。

（一）任命

明代土司任命后，即由朝廷赐予诰敕、印章和冠带等信物，作为朝廷命官的证明和信物。

诰敕：朝廷给予土司的任命书。《明会典》载："凡诰敕等级，洪武二十六年定，一品至五品皆授以诰命，六品至九品皆授以敕命。"[1]即土司武职招讨使以上，文职土知州以上皆授予诰命，其余入流者授予敕命。史载，正德二年（1507），授予播州杨爱为昭毅将军，给诰命，赐麒麟服；"给播州宣慰使司新袭宣慰使杨应龙敕书，统抚夷民"[2]。

印章：朝廷授予土司权利的象征。据《明史》载，正三品以上官员为银印，从三品以下为铜印。因土司最高一级的宣慰使才为从三品，如杨铿，故所有土司均赐予的是铜印，这与元有所区别。虽赐予的都是铜印，但为了区别等级，铜印有大小、厚薄之分。

冠带：这是以服饰表示土司的身份。据《明史》载，明朝文武官员，都按品级高低而授予规格不一的冠带，土司也是如此。播州杨氏借其列祖余威经略播州，自洪武至万历，历经九代，多次受赐服，所赐之服不仅有品官的官服，还有麒麟服、蟒衣、飞鱼服等。根据《明史》记载明代播州赐服情况如下：洪武元年（1368），杨铿同罗琛等人归降，诏赐衣币；洪武八年，杨铿遣其弟琦来贡，赐衣币；正德二年（1507），授予播州杨爱为昭毅将军，给诰命，赐麒麟服。时斌又为其父请进阶及服色，礼科驳之，以服色等威所系，不可假之。而兵部以爱旧有剿贼功，皆许之。斌复为其子相请入学，并得赐冠带；万历十四年（1586），杨应龙献大木七十，材美，因而得赐飞鱼服。

---

[1] （明）申时行等修：《明会典》卷6《吏部五·造敕》，《续修四库全书》，史部，第789册，第119页。

[2] 《明神宗实录》卷10，万历元年二月甲子，第348页。

符牌：符牌是朝廷颁给边疆土司的联系证件与凭证，仅适用边疆民族地区。明王朝采用此种办法，一是加强了与边疆土司的联系，二是加强了对边疆少数民族地区的控制。

至于明王朝授予土司官职的原则，有以下几个方面：其一，是用原官授之。明代各地大土司，基本上都是由元朝归附的故官而授职的。播州宣慰使杨铿、同知罗琛、总管何婴、蛮夷总管郑瑚等相率来归，贡方物，纳元所授金牌、银印、铜章，于是，仍置播州宣慰使司，铿、琛皆仍旧制。其二，是以"劳绩之多寡，分尊卑之等差"①。《明史》载："初，太祖起兵平伪汉，略地湖南。思南宣慰使田仁智遣都事杨琛来归附，并纳元所授宣慰诰。帝以率先来归，俾仍为思南道宣慰使，以三品银印给之，并授琛为宣抚使。"② 其三，是"因其疆域，分析其种落"③。这是对新归附的少数民族首领而言，按照其辖地大小，人口多少而授予官职。明代授予土司的三原则，说明明王朝对少数民族首领的控制，较之元代更强化了。

（二）承袭

明代土司仍然实行承袭制，但在承袭方式上采用了两种不同的做法。一是不曾开世袭字样。明代大部分土司，并无世袭之文，但经呈报后，仍可袭替。这样，有一个便利，那就是明政府可以在必要时以"不忠诚""犯了法度"或"不系世袭官员"为借口，实行改土归流。另一种则是明文规定世袭。这一说法只用于"祖来不能开有世袭字样"的土司而言。吴玉章先生则认为，此说法有以偏概全之嫌，他提出，其实明代对于率先归附的强大土司，均曾明确宣布予其世袭，以示绥抚。播州杨氏土司应属第二种情况，因为在其归附后，皆予原官世袭。

对于如何承袭，明王朝作了"皆赴阙受职""承袭人范围"和"承袭的办法"等一系列规定。

"皆赴阙受职"，即土司承袭时，必须赴京师受命，以此彰显朝廷威柄，同时也给了土司进一步接近、认识朝廷的机会。"旧制，土官袭职，必先三司按实奏请而后许"④。但此规定并未贯彻到底，仅是在明

---

① 《明史》卷310《土司传》，第7982页。
② 《明史》卷316《土司传·贵州土司》，第8176页。
③ 参见龚荫《中国土司制度史上编》，四川人民出版社2012年版，第142页。
④ 《明宪宗实录》卷142，成化十一年六月壬午。

朝初年执行过，以后发现弊病较多，逐渐取消此规定。如播州杨氏作为当时较为强大的土司，由于路途遥远就未曾有赴阙受命之举。

关于承袭人的范围，《明史》载："其子弟、族属、妻女、若婿及甥之袭替，胥从其俗。"① 这就明确地规定了土司承袭人的范围。首先，是父死子继，嫡子继承。如杨氏二十四世杨辉领播时，因宠爱其一小妾田氏，在田氏的巧说下，欲令其庶子杨友袭职，但遭到其辖下土司的反对，安抚宋蹈、长官毛钊等人"俱称杨氏家法，立嗣以嫡，不肯保结"，杨辉因"众心不从"，只好"具奏致仕将杨爱替职"，"帝命爱袭职"②。最终，杨辉之职由其弟子杨爱承袭，这充分表明了嫡子继承的作用。其他土司的承袭也大都如此，如"四川草堂安抚司安抚宋忠诚以疾乞至，使命其子景春代之"③。其次，是兄终弟及，《明会典》："洪武二十七，令土官无子，许弟袭。"④ 其三，是族属袭替。播州宣慰使杨元鼎去世，无子，杨嘉城次子杨铿（杨元鼎的堂叔）就继任杨元鼎职，主理播州军政。杨升长子未袭职而亡，以孙杨炯袭职。杨炯后则由其叔杨纲袭职："命四川播州宣慰使司故宣慰使杨炯叔纲袭职。"⑤ 至于其他妻妾、女媳袭职的情况，在云南土司、贵州土司中都曾出现，而在播州则无此例。我们看到，上述承袭人按照国家规定和汉族礼仪，皆可承袭，次序是先嫡子嫡孙，如无嫡子嫡孙，然后可以庶子庶孙；如无子孙，以兄弟和族人承袭。

至于承袭的手续，明政府也有相应的规定。如为防止作弊假冒，明王朝规定承袭必须具图本结状，即要有当地官员的查核和作保，同时还要有土司的"宗支图本"，如无，则不准承袭，《明会典》对此有明确记载："洪武二十六年定，湖广、四川、云南、广西土司承袭务要验封司委官体勘，别无争袭之人，明白取具宗支图本，官吏人等结状，呈部具奏，照例承袭。"⑥ 播州是时属四川土司，自然也要遵循此制。

---

① 《明史》卷72《职官志一》，第2636页。
② 《明史》卷312《四川土司传》，第8041页。
③ 《明英宗实录》卷158，正统十二年九月甲午，第3072页。
④ （明）申时行等修：《明会典》卷121《兵部四》，《续修四库全书》，史部，第791册，第218页。
⑤ 《明英宗实录》卷80，正统六年六月戊辰，第1582页。
⑥ （明）申时行等修：《明会典》卷6《吏部五》，第789册，第113—114页。

此外，还有预订承袭人之法，这是明政府为了防止有的土司甚多妻妾和子孙，而引起争袭，所采取的措施。明代土司常因嫡庶争夺承袭权而引起纷争仇杀，成化二十二年（1486），播州地区的动乱就是因为杨友、杨爱兄弟争夺宣慰使一职而致，所以这一规定是非常有必要的。《明会典》载："正统元年奏准：土官在任，先具应袭子侄姓名，开报合干上司。候亡故，照名起送承袭。六年奏准：预取应袭儿男姓名，造册四本，都布按三司各存一本，一本年终类送吏部备查，以后每三年一次造缴。嘉靖九年题准：土官衙门造册，将见在子孙尽数开报，某人年若干岁，系某氏生，应该承袭；某人年若干岁，某氏生，系以次土舍。未生子者、候有子造报。愿报弟侄若女者听。布政司依期缴送吏兵二部查照。"① 以上规定曾广泛推行，只是各地形式不尽相同。

为了进一步强化对土司的控制，明政府还规定了一些承袭的禁例。如嘉靖十四年（1535）议准："云南、四川两省土官，各照旧分管地方，如有不尊断案，互相仇杀及借兵助恶，残害军民，并经断未久，辄复奏扰变乱者，土官子孙、不许承袭。"② 又嘉靖三十三年（1554）题准："土官土舍嫁娶，止许本境本类，不许越省，并与外夷交结往来，遗害地方，每季兵备道取具重干结状。如再故违，听抚、按官从实具奏，兵部查究，量情轻重，或削夺官阶，或革职闲住，子孙永不许承袭。"从这些规定可见明政府对土司承袭限定之严格。在弘治十年（1497），甚至还规定，土司应袭子弟，需入学，如不入学者，则不准承袭。这一规定是明王朝欲以儒家忠君思想来奴化土官子弟，但对当地文化的发展也毫无疑问地起了推动作用。播州地区深染汉风，尤其是杨氏土司深受儒学熏染，与明政府的这一政策不无关系。

综上所述，明王朝对土司承袭的规定较之元代更为完备。它对于加强对土司的控制，限制其势力的发展，以及防止或减少承袭的纠纷，都起到了一定作用。此种作用，在播州地区则应分别评价。从明王朝对播州土司的控制来讲，效果还是相当明显的，但从对防止土司争袭这方面讲，效果则不甚明显。播州地区在成化年间有了杨爱兄弟之间的争袭，

---

① （明）申时行等修：《明会典》卷6《吏部五》，《续修四库全书》，史部，第789册，第114—115页。

② （明）申时行等修：《明会典》卷121《铨选四》，第791册，第219页。

之后家族之间因承袭问题矛盾不断激化。"正统十四年，宣慰使杨纲老疾，以其子辉代"①，杨辉欲以其妾田氏所生长子杨友代俞氏所生杨爱为播州宣慰使承袭人，安抚宋韬、长官毛钊等不从，认为"杨氏家法立嗣以嫡不以长，主公奈何紊之以启乱阶"②，杨辉不得已于成化十年（1474）致仕，让杨爱袭职。然杨辉"嬖（杨）友之心终不解"③。辉死之后，杨友、杨爱兄弟势同水火，屡起争夺，攻杀不休。两人死后，其子孙复为仇敌，梯祸数世，以至于产生"骨肉胥醢，参商播凯"的民谚。播凯之祸未熄，第二十七世杨相又宠其庶子煦，嫡子烈与其母张氏盗相之兵权，将其逐出播州，最后客死水西。经过这几世的内乱，杨氏不论在实力还是名望上都大不如从前。

（三）升迁、嘉奖

明代关于土司的升迁、嘉奖也有相应较为完备的规定。

首先，是关于嘉奖的途径。

明代，对土司嘉奖的途径有以下几种：一是以"军功"嘉奖。明代土司的嘉奖，以此类为多。如正德三年（1507），以抚辑诸蛮有功为由，"升播州宣慰使杨斌为四川按察使，仍莅宣慰事"④；二是以"进献"嘉奖。如万历十四年（1586）播州宣慰"（杨）应龙献大木七十，材美，赐飞鱼服……帝命以都指挥使衔授应龙"⑤。此外还有因"忠勤""纳米"而得到嘉奖。

其次，是关于升迁、嘉奖的办法。

明代，土司的升迁主要是升品级，即按照土司官序，依次升品级，这是升迁的主要途径。如余庆长官司毛氏，元时校尉本部长官，洪武十七年（1384），因随杨氏归顺而升为余庆长官司正长官。嘉奖则有授流官职衔者，即将土司加授流官官名。此种做法在有明一代广为运用。但土司加授的流官衔，子孙不能承袭。此外，对土司嘉奖的办法还有加虚衔，即对土司加授散阶、勋级虚衔。如杨铿卒后，明廷赠怀远将军衔。

总之，明代土司的升迁与嘉奖，与流官并无太大区别，但是"进

---

① 《明史》卷312《土司传·四川土司二·播州宣慰司》，第8040页。
② （明）田汝成：《炎徼纪闻》卷三《杨辉》，文渊阁《四库全书》，第352册，第637页。
③ （明）田汝成：《炎徼纪闻》卷三《杨辉》，文渊阁《四库全书》，第352册，第637页。
④ 《明武宗实录》卷29，正德二年八月丁酉，第749页。
⑤ 《明史》卷312《土司传·四川土司二·播州宣慰司》，第8045页。

献""纳米"等得到晋升，应属于陋规。

（四）惩处

土司有罪，与流官一样，也要受到惩治，而且其措施往往是严厉的，这一点，与元代也有区别。

明王朝对土司的惩治主要有以下几种：首先，是"反叛必诛"，甚至改流废土司。平播战争的爆发就是一典型。一旦杨应龙事件被定性为反叛，必然会招致明政府大规模的剿杀，播州也因此实现了改土归流。其次，是受到刑罚。如剑川州弥沙井巡检司土巡检沙塝，在成化八年，就"为事典刑"[①]；万历二十年（1592）月，杨应龙到重庆接受审讯，核对事实，"坐法当斩"，只是杨应龙"请以两万金赎"[②]，才得以免；此外，还有革降、迁徙，但这在播州地区尚未出现。

另一方面，由于少数民族的社会经济状况与汉族存在着种种差别，因此，明王朝对土司的惩治也没有完全沿用汉法，这就是"不可尽绳以法"。明王朝在法律上对土司的殊遇，主要表现在宽宥和赎罪两个方面。如杨斌嗣位后，朝廷以杨友之子杨宏能悔过自新，且善抚驭，蛮众愿听其约束，其前为友所焚杀者，俱已随土俗折偿，且还所侵夺于官，命为土官，协同播州经历司，抚辑诸蛮，隶播州管辖。再如对杨应龙的处理上，也体现了这一点。如上提到的，杨应龙到重庆接受审讯，核对事实，触犯法令判处斩刑，杨应龙用二万两黄金赎罪。御史张鹤鸣驳问，正逢倭寇进犯朝鲜，朝廷征调全国兵力，杨应龙上奏辩白，并表示愿意率五千兵随军讨伐倭寇，立功赎罪，神宗皇帝诏令释放，答应他的要求。万历二十三年五月，杨应龙因冲杀官兵再次到重庆受审，核实案情后，判斩其部属十二人为杨应龙抵罪，又对杨应龙处以四万两黄金作采木材之用，革去官职。这是因为当时倭寇的威胁未除，兵部想缓究应龙，集中力量防备东方，此外也是神宗皇帝尚念杨应龙过去建立了不少功劳，就同意了兵部的奏请，杨应龙因而再次获得宽恕。

之上论述说明，明王朝的土司制度可谓是恩威并济权责分明，从而加强了对土司的控制。

[①] 《土司底薄》，中国书店2018年版，第124页。
[②] 《明史》卷312《土司传·四川土司二·播州宣慰司》。

第三节　朝贡纳赋

贡赋是土官土司制度中的重要内容之一。贡，指朝贡；赋，指田赋，即土官/土司向政府所纳之赋税。朝贡纳赋是朝廷对土司的基本要求，也是土司对国家认同的基本表现。

一　元代土官的朝贡纳赋

元政府授予土官名号、职位后，使其成为朝廷"命官"，同时也要求他们必须向朝廷进行朝贡、纳赋。当然，这种朝贡、纳赋更多的是一种象征意义。"朝贡，象征着土官对中央王朝的臣服；纳赋，意味着土官辖地归属中央王朝的版籍。因此，贡赋制是构成土官制度的一项重要内容"①，尽管数量上不多，但意义却十分重大，国家认同也是从这里开始的。

（一）朝贡

元代土官的朝贡，在时间上规定一年、二年或三年一次，各地土官贡物时间因物因地而异。播州土官为每年进贡一次，《元史》载，至元十八年（1281），"命播州每岁亲贡方物"②。除此之外，遇有重大喜庆节日，大土官们还要另外增加进贡；凡新皇帝即位或生日，大土官也要进贡朝贺。当然，进京朝贡之前必须事先得到朝廷允许，"禁诸人非奉旨毋得以宝货进献"③。至于朝贡的人数，在元初尚无明确规定，只是后来因为人数过多，才加以限制。如泰定二年（1325），苗蛮土官三百六十人请朝，后仅准四十六人觐见。朝贡的物品则大都为方物。这些进贡的方物，有的数量很少，仅表示一种进献而已，有的进献数量则相当可观。播州土司的朝贡大都数量较多，至元二十七年（1290），"播州安抚使杨汉英进雨毡千"④。

土官向朝廷朝贡，朝廷本着"宜厚其赐，以怀远人"⑤的理念，对

---

① 吴玉章：《中国土司制度渊源与发展史》，四川人民出版社1988年版，第142页。
② 《元史》卷11《世祖本纪八》，第233页。
③ （清）毕沅：《续资治通鉴》卷194《元纪》，中华书局1957年版，第5288页。
④ 《元史》卷16《世祖本纪十三》，第334页。
⑤ 《元史》卷24《仁宗本纪》，第546页。

朝贡的土官都给予优厚赏赐,以此来笼络民族首领。赏赐有时为金银等物,有时衣服、帽、靴、帛以及鞍勒、兵器等物。除此之外,朝贡土司还有因此而获嘉奖。杨汉英等蛮夷之长五十六人就被曾被赐金纹绫绢各七十九匹及弓矢鞍辔。土司朝贡大大拉近了土司与朝廷的关系。

(二) 纳赋

元代在"定蛮地"之后,就开始立赋法,籍民户,征租赋。"至元二十七年二月,诏郡县上计,播之邻境拒命,汉英即括户口、租税籍进入朝,进雨毡千。世祖大悦,加衔播州等处管军万户。至元二十八年,杨赛因不花言:'洞民近因籍户,怀疑窜匿,乞降诏招集。'诏曰:'爰自前宋归附,十五余年,阅实户数,乃有司当知之事,诸郡皆然,非独尔播。自今以往,咸奠厥居,流移失所者,招谕复业,有司常加存恤,毋致烦扰,重困吾民。'"① 大德八年(1304)十二月,以转输军饷劳,免播州税粮一年,这表明播州地区如同其他地区一样,政府也在此立赋法、籍民户,征租赋。对播州等民族地区正式订立租赋征收办法,这是从元代开始的,标志着元代对民族地区的治理,较之以前的羁縻政策是大大推进了一步的。需要提及的是,元代征收租赋主要是在靠近中原的较为发达的地区征收,播州就是属于此类地区,对高寒山地或人口稀少的民族地区,则征收很少甚至不征收。

除此之外,土司还有"供军需"的义务。遇有战事,需要出金银、粮草、牛马、民丁以供军队需要,甚至有时还要以土兵助之。如大德五年(1301),闽蛮叛,诏汉英以民兵助朝廷征讨;延祐五年(1318),播南蛮内侵,诏汉英与思州宣慰使田茂忠帅兵讨之。这些无疑给少数民族人民增加了不少额外负担。

二 明代土司的朝贡纳赋

明代土司的朝贡、纳赋,其作用有与元代相同的地方,那就是象征着土司对中央王朝的臣服,但也有不同的地方,即在某些地区,亦作为对土司地区进行经济掠夺的一种手段。明王朝对土司的朝贡纳赋是十分重视的。

---

① 《元史》卷16《世祖本纪十三》,第334页。

（一）朝贡

明代朝贡，已经形成了一套制度，主要内容包括：贡物有典。所贡为方物。播州土司的贡物主要是马、金银、大木等。人数上，派遣朝贡的数目也较元代多。同元代一样，对于土司的朝贡，明政府也要给予回赐。至于贡期，按明制，一般为三年，但也有极少数表现很恭顺的土司是一年一朝。播州土司即属于这类极少数恭顺的土司，是为一年一朝贡，甚至出现过一年两次朝贡的现象。从《明实录》记载中统计，播州历任宣慰使杨氏土司向明王朝朝贡的次数共计137次，其中，杨铿19次，杨升35次，杨钦1次，杨炯5次，杨纲6次，杨辉12次，杨爱15次，杨斌13次，杨相10次，杨烈11次，杨应龙10次。是为西南土司中次数最多者。之下按实录择要列举：

"播州安抚使杨铿，同知罗琛，播州总管何婴，蛮夷总管郑瑚等归附，贡方物"①；

"播州宣慰使杨铿来朝。赐绮、帛各五匹"②；

"播州宣慰使杨铿遣其弟骑来朝，贡马。赐铿及骑衣物有差"③；

"湖广、四川、云南、广西所隶宣慰使杨昇等并西北诸夷，各遣人朝贺，贡马及方物"④；

"播州宣慰司宣慰使杨升遣人贡马各十四匹。俱赐白金、锦绮"⑤；

"四川播州宣慰使杨升来朝，贡马三百匹。赐白金、袭衣、钞币"⑥；

"播州宣慰使杨昇遣安抚罗宗昭等贡方物"⑦；

"贵州宣慰使安中签舍人安碧、四川播州宣慰使杨钦遣长官李钦、广西镇安府土官知府岑永受遣头目岑昔等来朝，贡马及金银器

---

① 《明太祖实录》卷71，洪武五年正月乙丑，第1318页。
② 《明太祖实录》卷93，洪武七年九月乙酉，第1624页。
③ 《明太祖实录》卷100，洪武八年五月丙寅，第1693页。
④ 《明太宗实录》卷19，永乐元年四月壬戌，第343页。
⑤ 《明太宗实录》卷50，永乐四年正月乙未，第757页。
⑥ 《明太宗实录》卷194，永乐十五年十一月庚午，第2040页。
⑦ 《明太宗实录》卷258，永乐二十一年四月戊辰，第2377页。

皿、方物"①；

"朝鲜国王李裪遣陪臣朴信生、贵州宣慰使安中前把事袁英、四川播州宣慰使杨升遣副长官陈恕、陕西巩昌复刺麻高僧葛坚赞等进马及方物，贺万寿圣节"②；

"四川播州宣慰使杨升遣副使杨昌见、东川军民府土官枏管遣权阿圭、广西思明府土官支付黄冈遣族人黄赵亮、泰州等卫鞑官都督佥事脱火赤遣指挥佥事可赤哈等来朝，贡马"③；

"四川播州宣慰使司土官宣慰使杨炯遣安抚宋忠诚来朝，贡马。赐宴，并赐彩币等物有差"④；

"四川播州宣慰使司遣长官夏大成并盐井卫指挥毕直卢、把事克的，陕西临洮府番僧剌麻著吉藏卜等俱来朝，贡马及铜佛像、舍利子。赐彩币等物有差"⑤；

"四川播州宣慰使杨炯遣长官韩仁寿等俱来朝，贡马及方物。赐宴，并赐彩币等物有差"⑥；

"四川播州宣慰使土官舍人杨纲等来朝，贡马，赐彩帛、钞锭有差"⑦；

"四川播州宣慰使杨纲遣副长官陈昂等来朝，贡马、驼。赐宴并财帛表里等物"⑧；

"四川播州宣慰使司土司宣慰使杨辉遣办事长官赵暹、乌思藏剌麻番僧绰札等来朝，贡马。赐彩币、钞锭有差"⑨；

"四川龙州宣慰司土官知事亢进忠、播州宣慰使司土官同知罗昱遣长官都忠并广东肇庆府杨绛县猺首陈树信等来朝，贡马及方物。赐彩缎表里、绢、钞有差"⑩；

---

① 《明宣宗实录》卷64，宣德五年三月乙丑，第1517页。
② 《明宣宗实录》卷76，宣德六年二月己亥，第1755页。
③ 《明宣宗实录》卷99，宣德八年二月壬辰，第2222页。
④ 《明英宗实录》卷48，正统三年十一月己丑，第928页。
⑤ 《明英宗实录》卷62，正统四年十二月己亥，第1190页。
⑥ 《明英宗实录》卷73，正统五年十一月戊申，第1412页。
⑦ 《明英宗实录》卷80，正统六年六月丁卯，第1582页。
⑧ 《明英宗实录》卷135，正统十年十一月丙戌，第2685页。
⑨ 《明英宗实录》卷231，景泰四年七月甲申，第5066页。
⑩ 《明英宗实录》卷271，景泰七年十月癸丑，第5743页。

"四川播州宣慰司宣慰使杨辉遣长官夏琛等来朝，贡马。赐宴并彩币表里、袭衣等物有差"①；

"四川播州宣慰使司宣慰使杨辉遣长官程善等，贵州上马桥长官司长官方勇等遣头目谷朝等各来朝，贡马。赐彩缎等物有差"②；

"四川播州宣慰使司宣慰使杨辉遣头目赵景等各来朝，贡象、马并金银器皿。赐宴，并衣服、彩缎等物有差"③；

"四川播州宣慰使杨爱遣长官郑旭等，芒不军民府土官舍人陇慰遣把事阿体灯、贵州宣慰使安贵荣遣把事陈昂等各来朝，贡马。赐彩缎、绢、钞有差"④；

"四川播州宣慰使司宣慰使杨爱遣白泥正长官杨玉等，贵州宣慰使司宣慰使安贵荣遣舍人安沐等各来朝，贡马及方物。赐彩缎、宝钞有差"⑤；

"四川播州宣慰使司土官宣慰杨爱遣长官蒋辅等贺万寿圣节。赐彩段有差"⑥；

"四川播州宣慰使司宣慰使杨斌遣长官赵本等进马，庆贺万寿圣节。赐彩段、钞锭等物如例"⑦；

"四川播州宣慰使杨斌遣长官刘彬等贡马，贺万寿圣节。赐宴，赏彩段、钞锭各有差"⑧；

"四川播州宣慰使司遣长官都勋等人进贡马……各赐宴并彩段、钞锭有差"⑨；

"四川播州宣慰使杨相遣长官韩曦等来朝贡马，贺万寿圣节。赐彩段、钞锭有差"⑩；

"四川播州宣慰使杨相贡马，赐相文锦、彩段及差官钞币有

---

① 《明英宗实录》卷286，天顺二年正月辛巳，第6129页。
② 《明宪宗实录》卷30，成化二年五月壬午，第597页。
③ 《明宪宗实录》卷62，成化五年正月癸未，第1275—1276页。
④ 《明宪宗实录》卷160，成化十二年十二月丙申，第2941页。
⑤ 《明宪宗实录》卷273，成化二十一年十二月己丑，第4601页。
⑥ 《明孝宗实录》卷65，弘治五年七月戊子，第1247页。
⑦ 《明孝宗实录》卷201，弘治十六年七月丙子，第3730页。
⑧ 《明武宗实录》卷18，正德元年十月丙午，第531页。
⑨ 《明武宗实录》卷34，正德三年正月甲子，第835页。
⑩ 《明世宗实录》卷17，嘉靖元年八月癸未，第522页。

差"①；

"四川播州宣慰使司宣慰使杨相差长官令狐爵贡马进贺，赐彩段钞锭如例"②；

"四川播州宣慰司宣慰使杨相遣长官冯俊等来贺圣节，贡马。赐钞锭彩币有差"③；

"四川播州宣慰使杨相遣长官杨守等贡马，贺万寿圣节。赐赍如例"④；

"四川播州宣慰使杨相差长官张焕等，贵州宣慰使安仁差舍人安边等各补贡，贺万寿圣节。宴赍如例"⑤；

"四川播州宣慰使杨烈差长官都春等来朝贡马，给赏如例"⑥；

"贵州宣慰司土舍安国亨遣土目安和等，播州宣慰使杨烈遣土目赵士贤等各来朝贡马。宴赍如例"⑦；

"四川播州宣慰使司舍人杨烈、施州卫大旺安抚等司，东流、小平等长官司各遣人贡马。给赏如例"⑧；

"四川播州宣慰使杨烈差官贡马，补贺万寿圣节，给赏如例"⑨；

"四川播州宣慰使杨烈差长官都春等来朝贡马，给赏如例"⑩；

"四川播州宣慰司应袭土舍杨应龙差献马匹，贺上登极"⑪；

"播州宣慰使司应袭杨应龙差杨美等进马二匹，贺登极。赏表里、钞锭如例"⑫；

"四川播州宣慰使杨应龙备马匹，差官赵凤鸣等赴京进贡及庆贺万寿圣节。龙里、底塞二长官司，凯里、酉阳、石柱三宣抚司各

---

① 《明世宗实录》卷22，嘉靖二年正月庚午，第648页。
② 《明世宗实录》卷42，嘉靖三年八月戊戌，第1106页。
③ 《明世宗实录》卷54，嘉靖四年八月乙未，第1331页。
④ 《明世宗实录》卷116，嘉靖九年八月乙亥，第2752—2753页。
⑤ 《明世宗实录》卷241，嘉靖十九年九月乙巳，第4879页。
⑥ 《明世宗实录》卷417，嘉靖三十三年十二月庚午，第7234页。
⑦ 《明穆宗实录》卷16，隆庆二年正月丙辰，第429页。
⑧ 《明世宗实录》卷284，嘉靖二十三年四月甲辰，第5501页。
⑨ 《明世宗实录》卷307，嘉靖二十五年正月己卯，第5790—5971页。
⑩ 《明世宗实录》卷417，嘉靖三十三年十二月庚午，第7234页。
⑪ 《明神宗实录》卷9，万历元年正月辛丑，第329页。
⑫ 《明神宗实录》卷10，万历元年二月乙卯，第343页。

差官赴京贡马。赏彩段、钞锭如例"①；

"播州宣慰司杨应龙差长官杨正芳进马匹，庆贺万寿圣节。赏给钞段"②；

"播州宣慰使杨应龙遣长官赵仕贤等三员贡马，贺万寿圣节。赏赉如例"③；

"四川播州宣慰使司宣慰使杨应龙贡马，庆贺万寿圣节，给赏如例"④；

"四川宣慰使杨应龙遣长官何邦卿等来朝贡马三十匹。赐锦二段、彩币六表里及其长官钞币如例。时应龙又以开采，献巨材六十"⑤；

"工部覆宣慰杨应龙地方进献大木七十根，内多美材。先经赏赐飞鱼、彩段，加升职级"⑥；

"四川宣慰使杨应龙进献大木。土夷安国亨闻之，亦具本献木"⑦。

播州土司的朝贡，前期象征意味更强，后期随着统治阶级的腐朽贪婪，土司被索取盘剥占了主要成分，朝贡中被动的成分居多。万历年间这种情况更为严重。万历皇帝"怠于朝政，勇于敛财"，曾大兴土木，并下令从贵州、四川、湖广地区采办"皇木"。采木，国家巨役也。费之重，力至劳，是天下之所无奈何而不可以已者，实属"无益之酷政"。播州是当时木材采办的一个重要地区。是时，播州土司杨应龙正因为川、贵两省的利益冲突处境艰难，为讨好明政府，多次朝贡，进献大木，如此繁重的负担，自然不会是由官员承担，无论是土司还是流官，而是通过层层官吏转嫁给了播州土民，所以播州土民是深受采木其苦："时播州人士，谈及采木，莫不哽咽。"⑧

---

① 《明神宗实录》卷57，万历四年十二月壬午，第1320页。
② 《明神宗实录》卷95，万历八年正月癸卯，第1909页。
③ 《明神宗实录》卷118，万历九年十一月甲子，第2211页。
④ 《明神宗实录》卷143，万历十一年十一月乙未，第2671页。
⑤ 《明神宗实录》卷169，万历十三年十二月庚午，第3052页。
⑥ 《明神宗实录》卷185，万历十五年四月庚午，第3459页。
⑦ 《明神宗实录》卷200，万历十六年闰六月壬寅，第3759页。
⑧ 道光《遵义府志》卷18《木政》，第32册，第396页。

（二）纳赋

明代对土司地区的纳赋也制定了一套办法，包括编户、自输、赋额、蠲免、折纳等。明政府规定，纳赋仅限于临近汉族地区的编户之民。播州地区虽属于偏远之地，但相对来讲也在邻近汉族地区之列，故而也是需要纳赋的。明初，对新归附的土司，赋税听其输纳，称为自输。如洪武初，思南宣慰使田仁智等来归，岁修职贡，赋税听其输纳。播州亦是如此，洪武"七年，中书省奏：'播州土地既入版图，当收其贡赋，岁纳粮二千五百石为军储。'帝以其率先来归，田税随所入，不必以额"①。随着明王朝统治的稳定，对少数民族地区赋额的征收也以为常数。《明史》曾载，洪武二十一年（1388），太祖曰：贵州租赋，"自今定其数以为常，从宽减焉"②。此外，因灾荒欠收，或军功受奖，租赋都可蠲免。如"永乐四年免播州荒田租"③。蠲免的目的是：灾荒欠收蠲免，以示朝廷仁政；军功受奖蠲免，以示朝廷恩宠。至于折纳，是指准许交纳物品以钞银等折纳。如《明史》载：明洪武二十六年（1393）十月，"西平侯沐春奏，丽江土民每岁输白金七百六十两，皆麽些洞所产，民以马易金，不谙真伪，请令以马代输，从之"④。从现有史料看，播州土司地区较少折纳。

明代纳赋制度的变化与朝贡相似，在明朝建国初较轻，象征意义强；到了中后期，由于朝廷腐败、国力衰弱，对民族地区的经济要求明显加强，有的地区甚至官逼民反。杨应龙治理播州时期与州内民众矛盾的加剧，也与他转嫁负担而加紧勒索人民不无关系。

综上所述，明朝进一步完善了朝贡纳赋制度，使土司地区"莫不称臣入贡"，皆纳入了中央政府的管理体系，与内地的一体化大大加强。

第四节　守土与征调

土司制度下，众多的土司都拥有自己武装——土兵。土兵之"法起

---

① 《明史》卷312《土司传·四川土司二》，第26册，第8039—8040页。
② 《明史》卷316《土司传·贵州土司》，第27册，第8168页。
③ 《明史》卷312《土司传·四川土司二》，第26册，第8040页。
④ 《明史》卷314《土司传·云南土司二》，第27册，第8098—8099页。

于宋"，① 有广义与狭义之分。广义之土兵，指地方兵或土著兵，狭义之土兵，一般指的就是西南的土司兵。西南的土兵皆有自己独特的训练方式、调兵方法，因而大都具有强大的战斗力，其组织形式为寓兵于农，兵农合一。土司所领之兵，有守土之责，无事则荷耒而耕，有事则修矛以战，② 如此，"军无远戍之劳，官无养兵之费"③。同时，土司也必须服从中央政府的征调，这是土司对中原王朝所必须履行的义务之一，《明史·职官志五》就有明确记载，"附辑诸蛮，谨守疆土，修职贡，供征调，无相携贰"④ 为土司的职责，因而军事征调制度成为土司制度的一个重要组成部分，他们在征调过程中的表现，是朝廷奖励、惩罚、升降和存废他们的重要依据。

播州杨氏作为西南土司之巨者，自宋以来，一直保有一支强大的武装——土兵，成为西南地区一支重要的武装力量，守土、征调自然也是义不容辞。史载，播州宣慰使杨升"莅政勤敏，边境绥宁"，明朝播州几代土司都能为朝廷"平叛""安边"。

一 元之前播州土兵的守土与征调

虽然元朝为土司制度的形成时期，但在此之前羁縻制度下，西南民族地区的土著也拥有自己的武装，亦称之为"土兵"。南宋以来即世袭播州并受朝廷敕封的杨氏土官，自此就开始了参与中央政府的各种征调活动。

（一）抗元

抗元是宋代播州杨氏的主要军事活动，播州土兵亦成为南宋朝廷对抗外族入侵的一种重要的倚仗力量。

随着蒙古军事实力的不断膨胀，蒙古贵族日渐垂涎南宋广阔的疆土，不断侵扰南宋边境地区，严重威胁着南宋西南和京畿地区的安全。从宋理宗端平时期（1234—1236 年）至宋端宗景炎时期（1276—1278 年），播州土兵在杨价、杨文等带领下曾多次奔赴前线，参加抵抗蒙古

---

① （明）朱国祯：《涌幢小品》卷12《土兵》，上海古籍出版社2012年版，第215页。
② 《明史》卷76《职官志五》，第1876页。
③ （明）朱国祯：《涌幢小品》卷12《土兵》，上海古籍出版社2012年版，第215页。
④ 《明史》卷76《职官志五》，第1876页。

兵南下的战斗。史载："端平中（1234—1236），北兵犯蜀，围青野原。价曰：'此主忧臣辱时也，其可后乎？'乃移檄蜀阃，请自效。制置使赵彦讷以闻，诏许之。驰马渡剑，帅家世自赡之兵五千戍蜀口。围解，价功居多。"又载："嘉熙初（1237—1240），制置使彭大雅镇渝，檄价赴援。价督万兵征江南，通蜀声势，北兵不敢犯。"又载："淳祐十二年（1252），北兵围汉嘉，文使总管田万率兵五千，间道赴之。"① 从这些史料中不难看出，在南宋灭亡前的近50年抗元战争中，正是由于播州杨氏的军事参与，以及播州土兵的骁勇善战，使得播州成为南宋王朝最巩固的后方地区。四川合川钓鱼城遗址，以及遵义现存著名的土司遗址——海龙屯，都见证了播州杨氏带领土兵的这一军事征调活动。合川钓鱼城，始建于南宋宝祐三年（1243），它的修建很大程度上得力于播州二冉兄弟。建成后的钓鱼城成为抵抗蒙军的重要屏障，宋蒙双方在此先后经历了两百多场战役和战斗，蒙军不但始终未能将钓鱼城攻克，并且亲自督战的蒙哥大汗还丧命折师，败北而还；海龙屯，杨文主持下始建于南宋宝祐五年（1257），其主要目的就是抵御蒙军的入侵、作为当时四川山城防御体系抵御蒙古军攻入四川南侵的一道重要防线。

（二）平叛

奉中央政府命令平定其他地区的叛乱，是这一时期播州杨氏率领其治下土兵参与的另一军事征调活动，对西南地区保境安民起到了重要的作用。史载，播州杨氏第八世杨光震曾奉命平泸南夷罗乞弟的叛乱，"泸南夷罗乞弟叛，泸遣使乞师，光震督兵行……二彝惧而退囚，不能为泸患"；又载"南平闽酋伟桂弑父自立"，粲出兵镇压，"败其众于滇池，斩首数千级，辟地七百里，获牛羊铠仗各以千计"②。

二　元明时期播州土司的守土与征调

元明时期是土司制度的形成完善时期，亦是播州杨氏土司的重要发展时期，随着杨氏土司的发展，其参加的军事征调活动较之以前更为频繁。

（一）抵御敌国

播州土司忠心报国，抵御敌国侵扰以维护统一。如至元十四年

---

① 道光《遵义府志》卷31《土官》，第33册，第66页。
② 道光《遵义府志》卷31《土官》，第33册，第65页。

(1277)后的十年间，元军与缅国多次发生战事，播州土司多次奉调出征。至元十九年（1282）二月，元朝"诏签亦奚不薛及播、思、叙三州军征缅国"①。至元二十一年四月再次"敕发思、播田、杨二家军二千从征缅"②。《元史纪事本末·西南夷用兵》亦记载：至元二十一年"夏四月，忽都铁木儿征缅之师为贼冲溃，诏发思播田杨二家军助之"③。

明代土司抵御敌国的征调活动主要是抗倭，然而关于播州土司这一方面的记载较少，《遵义府志》中曾谈及杨应龙曾请求援朝抗倭以赎罪，"万历二十年（1592），播州土司杨应龙因事当斩，会倭入朝鲜，征天下兵。应龙因奏辨，且愿将五千兵征倭自赎"。因国家正是用人之际，播州土司杨氏被释放，但麾下抗倭军队因"兵已启行"而"寻报罢"④。

（二）轮戍

轮戍，指的是土司听从中央王朝的调遣为明廷官军做护送或者协助朝廷镇守重地。此类征调活动在明代播州较为频繁。《明实录》载，洪武十五年（1382）正月，"城播州沙溪，以官兵一千人、土兵二千人戍之"⑤；"遣使敕谕杨铿："朕以至仕武官分守云南，每官一人志，备甲兵五十五人卫送之"⑥；"增设贵州重安守御千户所，命四川播州宣慰司岁调土兵一千以助戍守"⑦。

（三）征蛮

播州土司的征蛮活动既有镇压少数民族的反抗，也包括镇压少数民族土酋的叛乱。

元军对八百媳妇国的征伐，摊派勒索，引发滇黔彝族土官军队的反抗，《元史·地理志六》"贵州"条注曰："大德六年（1302），云南行省右丞刘深征八百媳妇，至贵州科夫，致宋隆济等纠合诸蛮为乱，水东、水西、罗鬼诸蛮皆叛。"⑧大德七年（1303）四月，播州土官会同

---

① 《元史》卷12《世祖本纪九》，第240页。
② 《元史》卷13《世纪本纪十》，第265页。
③ （明）陈邦瞻：《元史纪事本末》卷6，中华书局1979年版，第36页。
④ 道光《遵义府志》卷31《土官》，第33册，第76页。
⑤ 《明太祖实录》卷141，洪武十五年正月乙酉，第2223页。
⑥ 《明太祖实录》卷142，洪武十五年二月癸丑，第2232页。
⑦ 《明孝宗实录》卷11，弘治元年二月甲寅，第253页。
⑧ 《元史》卷63《地理志六》，第1536页。

刘国杰在墨特川将宋隆济和蛇节等打败，恢复了中央政府在顺元路的统治。其中播州土兵功不可没，尤其是在墨特川战役中，"数日，命杨赛因不花分兵先进，大军继之。贼兵溃，乘胜逐北千里，杀获无算，遂破之于墨特川"[①]。延祐四年（1317年），黄平南蛮卢犎叛乱，新部黎鲁也啸劫聚乱，杨汉英奉诏镇压，大获全胜。

至明代，此类征蛮的征调活动更多，根据对《明实录》辑录，共有20次之多。

从播州土司率下的土兵守土、征调活动来看，它是一支非常重要的地方武装力量，对维护国家的稳定和统一，尤其是对西南夷地区的治理，起到了积极的作用。播州土司积极响应中央王朝的号召，率领土兵参加中央王朝组织的军事活动，并且播州土兵不需要中央王朝拨付武器和粮饷等，不仅为中央朝廷节约了开支，还能有效地维护边疆地区的社会安定。更为重要的是，广大土兵在听从朝廷的征调中，不断增强了对国家的归属感，从而也激发了他们报效国家的情怀。

第五节　土司地区的阶级关系

土司时期，播州地区的社会阶级与其他地区类同，存在着土司和农奴两大阶级，他们之间的矛盾和斗争，是该地区的主要矛盾和斗争。二者之间的等级关系森严，土司的官爵职位是世袭，永远属于一家一姓，杨氏、罗氏、郑氏等等都是如此，而农奴或家奴等，永远是被统治的，其子女也永远是农奴和家奴。也有少数例外，如因军功擢升的土兵等。

此外，尚有自由民阶层，处于土官和农奴之间，他们也受到土官等统治者的压迫和剥削，同时其中也有少数人剥削农奴。自由民阶级，有的是农奴因功被提升而摆脱了农奴的社会地位，上升为自由民；有的是没落土司后裔或土司旁支；有的是流官或商贾后代，多为汉族，他们在政治上和经济上与土司有一定关系。

一　土司及其大小土目

播州土司地区的统治阶级，主要包括以下几类：

[①] （明）陈邦瞻：《元史纪事本末》卷6，第39页。

第一，土司。元明时期的宣慰使、宣抚使、安抚使以及佐贰官，长官司长官，蛮夷司长官及其属员等土司，另外还有土知府、土同知、土通判、土推官、土知州、土知县、土经历、土州同、土判官、土州判、土县丞、土主薄、土巡检、土典史、土驿丞等土职。土司虽为朝廷命官，但在土司地区，中央几乎不过问政务，并且这些土司皆为世袭，都拥有土地、家奴、农奴等，所有土司地区就是大大小小的土司的天下，他们至高无上，拥有生杀大权，掌管军政、民政、财政、司法、教育、宗教、家族等大权，其区别仅为权利的大小以及所管地面大小而已。如杨氏，作为播州职位最高的土司，其权利最大，可谓是该地区的土皇帝，这从其占有的广大的田产就可见一斑。据载，杨辉拥有的庄田达一百四十五处，菜园二十六处，蜡崖二十八处，猎场一十一处，鱼潭十三处。末代土司杨应龙，更可谓是一位土皇帝，他的意志就是法律，纵欲欺罔，鱼肉百姓，充分暴露了其残暴的本质。

第二，长官。他们是大土司的下属，率领大土司的武装，保卫大土司，镇压农奴或家奴的反抗，从土司那里领得一份地作为职俸，这份地的农奴或家奴归他们所有。

第三，基层行政组织及长官。播州的基层组织和长官，称为"头目"。"头目"受朝名可分别成为知府、知州、知县和长官司长官。务川知县田雄厚，祖为"头目"，后务川缺土官知县，经保举，成为务川土知县。上赤水里头目袁年，下赤水里头目袁鏊，仁怀里头目王继先，安罗二村头目罗国明等，后来都成为长官司长官。

第四，洞长或寨长。他们是"头目"属下封建主，有大小之分。大者，相当于后世之乡长，小者，相当于后世之保甲长，由他们直接管理农奴，是土司社会最基层统治者。

第五，流官或商贾后裔。他们多为汉族，由外地迁入，多读书仕进，有功名地位，置有家室田产，占有农奴或家奴，因而也属于统治者。

二 土民

第一种是自由民。他们不掌握政权，但拥有小块的土地和农具，并且有人身自由，一般不向领主提供劳役，只向土司缴纳赋税。这部分人有的是农奴因功被提升而摆脱了农奴的社会地位，上升为自由民。如杨应龙"招引红脚、黑脚生苗居之,设为四牌七牌统制诸所、名为硬手、用以战胜攻取、所向无前、西北则侵凌綦合、百里之外、皆以自封、立碑定界、以为永业"①,这些人因此就解除了原来农奴的身份。杨应龙对这些解除了农奴身份的"生苗"农民,每亩仅征银数钱,就不再服劳役,剥削很轻,所以这些"生苗"农民对杨应龙极为拥护,打仗勇敢不怕死,成为杨应龙的"死士"。自由民中还有的是没落土司后裔或土司旁支;有的是流官或商贾后代。他们所受的剥削较农奴来讲要轻,可自由迁徙,可读书入仕作官。也有可能破产而沦为农奴。

第二种是农奴。他们在土司地区所占比例较大,在生产中占有主要地位,是土司地区赖以存在的基础。真州、务川、南川之交,有"土豪范姓数家,各拥佃民数千",这个佃民即为农奴。"播州向设操守土兵一千五百人,仅拨守怀远、靖南、夭漂、龙场各二百人,宣化百人,安宁六百人,其家属宜徙之同居,为固守计。"成化十年(1474)御史张瓒"议设安宁宣抚司,并怀远、宣化二长官司,建靖南、龙场二堡",命杨辉"调兵民五千余,立治所"②;杨应龙反明的苗兵,总计不下十四五万人。这些土军、土兵、苗兵,都是农奴。

农奴住在土司衙门附近或庄子内外,耕种土司等封建主的一块份地。他们的社会地位极为低下,身份相当卑贱,并且这种身份是世代相传,世代被束缚在土官或封建主的份地上,不能迁徙。农奴除了傲租服劳役外,还要受到许多超经济剥削。如平时或逢年过节,土司有婚丧嫁娶,农奴都要送礼。正安、道真有郑氏、骆氏二土司,平时强迫农奴等人交猎获物,弄得民不聊生,最终酿成农奴的暴动。此外,在土司地区,农奴的生命财产毫无保障,土司不仅可以随意侵占农奴财产,而且还可以肆无忌惮地杀害农奴,霸占农奴妻女。王法规定:"主殴伤奴致死者,免罪。"③"诸主奸奴妻者,不坐"④,从而使土司对农奴的迫害有恃无恐。

---

① (明)李化龙:《平播全书》卷4《奏议》,《续修四库全书》,史部,第434册,第378页。
② 《明史》卷312《四川土司传二》,第8041页。
③ 《元史》卷105《刑法志四·杀伤》,第2677页。
④ 《元史》卷104《刑法志三·奸非》,第2655页。

第三，是手工业者和商贩。播州地区，在土司时代，手工业和小商贩，从事的多为农业的副业，尚未独立发展成为一个阶层，但也有相当的人数。他们的社会地位与农奴相比稍微好些，因为他们有技术，所以会受到人们的尊敬；他们有人身自由，可以自由地外出从事手工业；可以迁移和自由地选择佃主。

第四，是矿工。播州地区向以产朱砂闻名，所以矿工也较多。但由于"砂汞"生产技术落后，设备简陋，事故层出不穷。开采朱砂的矿工非常辛苦，生命毫无保障。土司和豪商富贾还经常巧取豪夺矿工们的劳动果实，所以矿工的社会地位与农奴相似。

第五，是奴隶。土司地区有奴隶，但也仅是残余，人数并不多，主要从事家内劳动。奴隶与农奴的区别，在于奴隶本身及子女，都归土司等封建主所有，如牛马一样，是土司等封建主的财产，可以买卖或送人。据载，播州杨氏"益选州人子女为绣女、阉人，民间有女十三岁以上，皆献之，谓之呈身，须不用乃嫁之，不呈身而嫁者，罪至死，尝一日而阉割三十二人，其凶残不道类如此"①。这些绣女、阉人皆属于奴隶。

土司是封建王朝有职无俸的地方官，实行世袭制，他们固定在一定区域内，建有家室，置有田产，占有土地和人民。土司的家就是土司衙门。万历年间平播后，把宣慰使司衙门改建为遵义府治，其治所在今遵义老城一带，杨轸时期迁至此。只可惜在战争中被明军烧毁，其府邸规模，我们可以从《遵义府志》有关记载中想象。

各地区的土司，在中央王朝法律之下，还有自己的土法。从相关一些史料看，中央王朝的法律在土司地区很难得以贯彻执行，相反却是土法盛行。对于土司的骄奢，只要不谋反，中央王朝一般不予追究，并专门有"土官有罪，罚而不废"②的庇护之令，从而进一步助长了此风的蔓延。

播州土司的土法，正史中不见记载，只是在地方志或一些文人笔记中偶见散记，其记载也极为简略，见不到具体条文。并且土司的土法，

---

① （明）李化龙：《平播全书》，《续修四库全书》，史部，第434册，第405页。
② 《元史》卷103《刑法志·职制》，第2635页。

有一个典型特征，即土司的意志就是法。杨应龙之所以能随意杀人，就在与其本人的意志就是法律，无人能违。这就造成了土司土法的另一个特点，即随意性强，显得野蛮而残酷。明末，随着播州土司与其他大小土官矛盾的尖锐化，以及与中央集权的矛盾愈益突出。播州土司制度已经不能维护国家大一统了，改土归流就势在必然了。

第四章 从王朝认同到华夏认同

土司地区的国家认同与其他民族地区的情况不尽相同，有其自身的特点。土司制度的推行，成为土司地区国家认同的条件，它使长期游离于华夏多民族共同体之外，身处"化外"之区的民族纳入中央政府的行政管理体系内，使它们开始了与内地更加密切的接触与交流。文化认同是绝大多数土司地区对国家认同的核心和心理基础。播州地区有悠久的历史文化，这里对中国的文化认同，首先基于本地区社会上层对王朝的认同。播州地区与中原文化的交流促进了播州上层社会率先汉化，以及他们对国家政治文化和统治理念的认同；同时，亦使儒家文化，包括诗书礼仪、科举文化、祠庙文化等逐渐被播州土民所认同。列入世界文化遗产的海龙屯遗址，以及杨氏土司墓葬，可谓是典型的播州土司文化遗产，而这里表现出的国家认同是播州地区文化认同的突出代表。

第一节　民族的交融与汉文化的传播

在黔北，有仡佬族、苗族、土家族、布依族、彝族、瑶族、侗族等16个世居少数民族。其中仡佬族、苗族、土家族、彝族为主要少数民族。研究表明，仡佬族是播州少数民族中的主体，也是土著民族；苗族是从黔北东南方向邻近的武溪地区，即今天的黔东南一带迁移而来；土家族是从黔北东北方向，即今天的鄂西、湘西北武陵山区迁徙而来。所有这些民族在长期的社会生活中，一方面独自发展，保持着本民族所固有的特性。比如，杨粲墓中出土的四尊负重力士像和两幅进贡人像，雕刻细致，与传统的汉族习俗大异其趣，极具鲜明的个性特征。播州少数民族的民俗活动如"三幺台"等，还有僚人服饰"桶裙"，用两幅横布

"穿中而贯其首"①，清代仍沿袭此俗。这些原生态民族文化在很大程度上是得益于土司制度的实施，周琼在《土司制度与民族生态环境之研究》一文中指出："土司制度的设立，保持了边疆、民族地区的文化传统及生存方式的稳定延续，从而使这些地区少受外来文化的冲击。"②另一方面又与其他民族交往，彼此互相学习，取长补短，共同进步，从而丰富彼此社会生活的内容。比如，考古发现的播州瓷器装饰图案中有牡丹、鸳鸯、仙鹤、八仙等，这些形象蕴含着汉文化意向和价值观念，它的发现表明播州地域深受汉文化的影响。佛教在唐代入播，道教在宋代入播，自二教入播之后，对播州的民族文化产生了深远的影响。有学者认为杨粲墓则体现了浓厚的道教信仰习俗。③总之，播州民族文化与其他任何民族文化一样，遵循民族文化发展的普遍规律，总是在传承中发展，在发展中传承，稳中有变，变中有新。在发展中不失特色，在传承中又不失进步。

一 播州地区民族融合与文化交流

自乾符三年（876）到万历二十八年（1600）平播之役结束，在长达725年期间，外界朝代更替变换，经历了唐、五代、宋、元，直到明末，而播州地区在杨氏的统治下相对稳定，尤其是在朝代更替的乱世中，这里更成为中原以及附近战乱之地人们的避乱之处，这就为外来移民与本地土著民族之间文化交流提供了良好契机。南宋末年，奸臣当道，朝政腐败，国势日益式微，而北方蒙元势力迅速崛起，筹划实施"斡腹之谋"，即避开南宋坚固长江防线而假道大理迂回包抄南宋薄弱后方，避实击虚、舍坚攻瑕以灭宋，显示了蒙古军不仅在沙场上骁勇善战，战略上亦足智多谋。为此，蒙古军从蒙古高原不远万里地穿越难以通行的青藏高原、云贵高原，长途奔袭南宋后方，此为典型蒙古用兵习俗，即"不计师之众寡、地之险易、敌之强弱，必合围把稍，猎取之若禽兽然，聚集如丘山，散如风雨，迅如雷电，捷如鹰鹘，鞭弭所属，指

---

① 《旧唐书》卷197《西南夷传》，第5277页。
② 周琼：《土司制度与民族生态环境之研究》，《原生态民族文化学刊》2012年第4期，第7页。
③ 周必素：《播州杨氏土司墓葬研究》，《贵州民族研究》2008年第5期，第207页。

期约日万里"①。这样，四川成为蒙古军南下云南的必经地之一。当蒙古大军南下之际，蜀中人士纷纷举家迁播避难，他们带来了巴蜀文化和中原文化。移居播州的蜀人，与当地的土著民族杂居，在长期的日常生活中，他们相互学习、彼此取长补短，促进了各民族文化的交流，从而增进了民族之间的交融。

（一）播州土兵奉朝廷之命征蛮平叛

唐宋元明历朝历代在对边疆地区的军事经略中，多次征调播州土兵临时出征。这些播州土兵在漫长的军旅生涯中，与汉族士兵一道，并肩作战，生死与共，自然而然地加强了双方间的沟通和交流，从而促进了自身的日益汉化。军事行动结束后，这些土兵又回到本民族居住区，这样，在不知不觉中就充当了汉文化传播的使者。在中国历史上，播州土兵奉朝廷之命，征蛮平叛之事可谓不乏史乘。

1. 南宋时期支持朝廷"平叛"

南宋开禧二年（1206）四月，金兵南侵攻占潼关，入据陕西后，四川宣抚使吴曦即与其从弟吴蚬共为谋反，叛宋投金。翌年（1207）正月，自立"蜀王"，做了金人的儿皇帝。对此大逆不道之行，播州第十三世土官杨粲以强烈的爱国热忱强烈谴责吴曦投降分裂行径，他说："穆不道，犯王略，吾为藩臣，可缓其死耶？"同年二月，杨粲拟出师四川，援助宋将杨巨然、李好义讨吴，不过，师未成行而"僭位四十一日"的吴曦已被处死于兴元伪宫，杨粲认为应趁此机会"大举北伐，以雪先耻"。"南平夷"穆永忠趁国事动荡之秋，大量侵占"公家田"，杨粲提兵讨伐，"斩永忠，归其田"。杨家自杨昭、杨先、杨蚁兄弟开始的争权夺地斗争，在杨轼时代曾一度得到缓和。杨粲袭职后，其族弟杨焕居于"下杨"之地，撕毁"摒弃干戈"的协议，"违盟抄掠界上"，使百姓蒙受灾难。事不得已，杨粲遣兵诛杀杨焕，并将其掠夺的土地和赋税尽数归还珍州（今桐梓以东地），从此，"下杨平，边患遂息"，结束了播州长期分裂的混乱局面。杨粲受儒家伦理思想影响至深，执掌播事素以"忠孝"相号召，遇有破坏这最高道德准则者，总是痛心疾首，

---

① （元）郝经：《陵川集》卷32《奏议·东师议》，《北京图书馆古籍珍本丛刊本》集部，书目文献出版社1992年版，第91册，第758页。

必除之而后已。当"南平闽酋伟桂弑父自立"的消息传来,他怕引起反应,猝然出兵镇压,"败其众于滇池(今四川会理一带),斩首数千级,辟地七百里,获牛羊铠仗各以千计",使播州领地扩展到赤水河畔。杨粲在多次对外战争中,总是打着"卫道"的旗号,反对分裂,维护祖国的统一,以鲜明的态度,大力支持南宋王朝的抗金战争,既表达了播州各族人民的爱国意志和热忱,又使得儒家大一统思想在征战的过程中逐渐为土兵所接受、认可。杨邦宪治播期间,积极征讨边境的叛乱,保证了播州的安宁,也为当时的宋王朝消除了边患。

2. 元朝推行土官制度后,杨氏愈加听从朝廷征调

至元十九年(1282),福建发生叛乱,皇帝下诏征发各道兵士前往讨伐,征发的军队借道播州,杨邦宪补给馈饷,命令播州士兵和朝廷征发军队一同前往讨伐叛军,"十九年,闽叛,诏发诸道兵进讨,师道播而入,邦宪给馈饷,命将卒与之俱,乃夷之"①。同年(1282)二月壬子,"诏令亦奚不薛及播、思、叙三州军征缅国"②。至元三十年(1293)十二月乙未,"遣使督思、播二州及镇远、黄平,发宋旧军八千人从征云南"③。大德元年(1297)闰十二月乙卯,"平伐等蛮未附,播州宣抚使杨汉英请以己力讨之"④。大德四年(1300),部蛮桑柘反叛,湖广等地要求用兵镇压,汉英深入分析敌方情况,认为"贼势方盛,宜招谕之"⑤。不听,兵出久无功,最终还是采纳了杨汉英的计策,使得部蛮桑柘投降,避免了战事的进一步扩大,此可谓不战而屈人之兵。大德七年(1303)正月,杨汉英又率领播州土兵大破叛军于墨特川,擒斩宋隆济、折节、阿女等,使西南部分地区的动荡局面很快趋于平静,维护了西南边疆地区的稳定。至大三年(1310)正月,湖广省乖西带蛮阿马等连结万人入寇,朝廷调思、播土兵并力征讨。次年(1311)十一月辛丑,设立乖西府,以土官阿马知府事。皇庆二年

---

① 道光《遵义府志》卷31《土官》,第33册,第67—68页。
② 《元史》卷12《世祖本纪九》,第240页。
③ 道光《遵义府志》卷31《土官》,第33册,第68页。
④ 道光《遵义府志》卷40《年纪二》,第33册,第265页。
⑤ (明)宋濂著,黄灵庚校:《宋濂全集》卷18《传三·杨氏家传》,人民文学出版社2014年版,第358页。

(1313）二月丁亥，以乖西府隶播州宣抚司。泰定二年（1325）七月丙辰，"播州蛮黎平爱等集群夷为寇，湖广行省请兵讨之，不许，诏播州宣抚使杨延里不花（杨嘉贞）招谕之"①。同年冬十月癸巳，"填星退犯井。播州凯黎苗率诸寨苗、獠为寇"②。次年（1326）正月丙午，"播州宣慰使杨燕里不花（杨嘉贞之名在各类史籍中有也里不花、燕礼不花，及延里不花等）招谕蛮酋黎平爱等来降"③。同年六月癸未，"播州蛮黎平爱复叛，合谢乌穷为寇。宣抚使杨延礼不花招平爱出降，乌穷不附，命湖广省讨之"④。十一月辛酉，"播州蛮宋王保来降"⑤。天历二年（1329）正月丁丑，"四川囊加台攻破播州苗儿垭隘，宣慰使杨延里不花开关纳之。陕西蒙古军都元帅不花台者，囊加台之弟；囊加台遣使招之，不花台不从，斩其使"⑥。壬午，"播州杨万户引四川贼兵至乌江峰，官兵败之。八番元帅脱出亦破乌江北岸贼兵，复夺关口。诸王月鲁帖木儿统蒙古、汉人、答剌罕诸军及民丁五万五千，俱至乌江"⑦。二月丙午，囊加台分兵逼襄阳，湖广行省调兵镇播州及归州。"癸丑，诸王月鲁帖木儿等至播州招谕土官之从囊加台者，杨延里不花及其弟等皆来降。"⑧ 有元一代，杨氏统治下的播州，一心效忠朝廷，始终以维护国家统一为依归，安稳边防，剿灭叛乱，成为元代对西南地区治理而依托的一支重要力量。

3. 明朝时期积极配合朝廷军事行动

明朝时，播州土兵平时必须保境安民，防止境内发生骚乱、暴动及盗贼之事，维持地方治安；战时，必须听从征调，由朝廷任命的将军统一调度指挥，配合有关军事行动。明朝廷在剿灭西南少数民族地区叛乱时，也经常命令播州土司协同作战。明朝杨氏几代都有征剿诸"叛寇"的记载。在朱元璋建立明朝后，播州土司杨氏成为朝廷时常征调平叛的

---

① 《元史》卷29《泰定帝本纪一》，第658页。
② 《元史》卷29《泰定帝本纪一》，第660页。
③ 《元史》卷30《泰定帝本纪二》，第667页。
④ 《元史》卷30《泰定帝本纪二》，第670页。
⑤ 《元史》卷30《泰定帝本纪二》，第675页。
⑥ 《元史》卷33《文宗本纪》，第728页。
⑦ 《元史》卷33《文宗本纪》，第729页。
⑧ 《元史》卷33《文宗本纪》，第730页。

一支土酋强兵。明洪武十四年（1381），傅友德、沐英南征云南，朱元璋遣使持敕谕播州宣慰使杨铿曰："曩者元纲不振，乱兵四起，四海之民不遑安处。朕既混一寰宇，四征弗庭，蛮夷酋长罔不称臣入贡。其或志在侦伺，未笃事大之诚，徒取祸败。尔铿世守播州，作朕藩屏，然轻听浮言，易生疑二，故积愆日深。今大军南征，多用战骑，尔当以马三千，率酋兵二万为先锋，以表尔诚。符至。奉行，毋违朕命！"①杨铿即受命，以本部兵二万，骑三千为傅友德先锋，渡乌江而南，所向克捷，直抵元江（今红河），澜沧江而还，为明朝统一云南立下战功，也表现了对明王朝的忠诚。永乐初，杨升奏草塘、黄平、重安（今黄平西三十里）所辖当科、葛雍等十二寨苗蛮人梗化不服，明王朝即命讨伐之。宣德七年（1432），草塘所辖四十一寨起事，杨升率众督战两年。景泰七年（1456），调杨辉的播州土兵"征铜鼓、五开叛苗，赐敕颁赏"②。正统末，苗蛮聚众寇边，土官同知罗宏奏，杨辉有疾，乞以其子杨爱代。"帝命爱袭职，仍敕爱即率兵从总兵官剿贼"③。成化十二年（1476），湾溪、禾坝干等处民众占据田寨，明廷启用播州前宣慰使杨辉调兵征剿，结果，攻败湾溪、禾坝干地诸苗。并在此设安宁宣抚司，怀远、宣化二长官司，建靖南、龙场二堡，由播州派兵1500名分别镇守。弘治十四年（1501），调播州土兵五千征讨贵州"贼妇"米鲁等。杨应龙执掌播州以后，数次征调有功。隆庆六年（1572），杨应龙袭任播州宣慰使，从征喇嘛诸番九丝、腻乃、杨柳沟（今西康地区）等地造反之土司，"多却敌先登，斩获无算"④。万历十四年（1586），四川巡抚徐元泰命游击周于德将播州兵七千人征松潘。"分兵三路，宣慰使杨应龙以所部精兵从中击之。"翌年（1587），"邛部夷撒假合雷波夷杨九乍、黄郎夷首安新叛"⑤，明王朝便调播州土兵去镇压。冬十月出师，次年正月平叛。万历十八年（1590），"复调杨应龙领兵征叠茂"⑥。

---

① 《明太祖实录》卷139，洪武十四年九月壬午条，第2186页。
② 《明史》卷312《土司传·四川土司》，第8040页。
③ 《明史》卷312《土司传·四川土司》，第8040—8041页。
④ （明）谷应泰：《明史纪事本末》卷64《平杨应龙》，中华书局1977年版，第993页。
⑤ 李绍明：《凉山发现明"播州营"石刻碑记》，《文物》1975年第3期。
⑥ 转引遵义市志编纂委员会编《遵义市志》，中华书局1998年版，第1574页。

诚然，历朝历代播州土兵征蛮平叛不失为民族文化交流的形式之一，此外，官兵土兵共守一城也不失为民族文化交流的形式之一。明朝对土司领地采取"土流并治，军政分管"的方针，设卫囤兵直接对土司进行交错控制，逐渐强化对少数民族地区的统治。官兵与土兵彼此协力同心，共守一城，此种情况在播州土司历史上并不鲜见。洪武十五年（1382），在播州沙溪筑城，"以官兵一千人、土兵两千人戍之"①。弘治元年（1488），"增设重安守御千户所，命播州岁调土兵一千助戍守"②。在平时的防守生活中，不乏接触之机，从而为彼此文化交流大开方便之门。可以说，播州土兵奉朝廷征调，与官兵共同作战，是民族文化交流的重要途径。

（二）民族通婚与茶马贸易

互通婚姻是各民族之间互相影响、自然同化的一个重要的行为方式。这种方式不仅导致各民族在血统上的互相渗入，而且导致生产、生活方式诸多方面互相交流、互相吸收、互相融合。一方面为通婚者本人提供了文化交流的极好机会，也给周围人群创造了文化交流的机缘，另一方面还可将文化交流的成果直接传给下一代，甚至下下代。比如，处在播州统治地位的杨保被派驻到各地。他们在与当地僚人的长期接触交往中，有相当一部分与当地的土著僚人相融合，从而出现了"转窝子"这一称谓。播州地区"转窝子"在《遵义府志》中有如下记载："向来土著者，至今渐渍礼教，皆与汉人无别，俗以其老籍，谓之'转窝子'。"③ 在这里，"土著者"和"老籍"是指播州土著的僚人，转窝子就是土著僚人的后裔。李宗昉《黔记》释转窝子云："凡他省人客黔娶妻生子名转窝子。"从这个解释中我们可以看出，所谓转窝子即外地人与当地土著人互通婚姻所生的后代，播州地区的转窝子也是这类情况，是外来的杨保与土著僚人的后裔。据遵义市文化馆的陈腾同志介绍，他在1949年以前曾在遵义县枫香区见到过转窝子，他们多为玩杂耍之人，并且说转窝子即古老户，亦即仡佬族，他们是外来人与当地人通婚所生的后代。尽管其在服装、语言等方面都与汉人没有区别，但人们却都知

---

① 《明史》卷312《土司传·四川土司》，第8040页。
② 《明史》卷312《土司传·四川土司》，第8042页。
③ 道光《遵义府志》卷20《风俗》，第32册，第426页。

道他们是转窝子，是仡佬族①。而这一地区的转窝子逐步被汉人所同化，失去了自己的民族特点，故史书称他们"渐渍礼教，与汉人无别矣"。另外在遵义地区的许多县仍然存在着许多转窝子。其中尤以凤冈县的转窝子为多，有两万多人，他们被叫作古老户，有的称其是播州杨应龙之后，在民族识别过程中，转窝子有的被识别为苗族。从播州地区的转窝子既有仡佬族，又有苗族这一点来看，播州地区的民族间互通婚姻现象还是比较普遍的。

由于自然条件优越、经济富裕以及朝廷的重视，播州杨氏土司受到四方土司的仰慕，族群内以及周边土司之间的联姻关系比较常见的。从已发掘的杨氏土司的合葬墓墓志铭来看，土司夫人多为思州宣慰司田氏。2013年播州杨氏二十一世杨铿墓左室墓门外中轴线上出土了"明故播郡太淑人田氏墓志铭"，铭文楷书，900余字，记述了田氏家族史以及与播州宣慰使司的姻亲关系，其中有"杨与田世为通家，于是为嘉议大夫、播州沿边招讨使、遥授湖广左丞参知政事男铿□"②的记载。我们知道，自唐至明，田氏一直是黔东望族大姓，在黔川湘边区举足轻重，田敏先生在《论思州田氏与元明思州宣慰司》一文中考证，"认为其族属应为土家族，元明思州宣慰司当为土家族土司"③。再如四川土家族石砫土司，"虽远在今重庆石柱，但为寻求彼此庇护，也通过政治联姻来讨好播州土司"④。石砫土司马氏承袭26代，历500余年。洪武八年（1375），置石砫宣抚司，授马克用为石砫宣抚使，隶重庆卫。天启元年（1621），由宣抚司升为宣慰司，隶夔州府（今奉节）。万历二十六年（1598）七月，"石砫女土司覃氏，与应龙为姻，有智计。性淫，故与应龙通。长子千乘失爱，昵次子千驷。谓应龙可恃，因聘其女为千驷妻"⑤。此时的杨应龙也正需要争取外围支持，所以石砫的求婚也正合他意。这样，石砫马氏土司与播州杨氏土司通过联姻而结成同

---

① 遵义市文化馆陈腾同志提供。
② 何烨、陈季君、刘世野：《播州土司文化遗存图释》，中央民族大学出版社2015年版，第190页。
③ 田敏：《论思州田氏与元明思州宣慰司》，《民族研究》2001年第5期，第84页。
④ 李良品、邹淋巧：《论播州"末代土司"杨应龙时期的民族关系》，《贵州民族研究》2010年第5期，第115页。
⑤ 《明史》卷312《土司传·四川土司二》，第26册，第8060页。

盟，互为羽翼。

此外，播州杨氏土司顺应时代发展之需，积极发展交通，沟通与内地的联系和交往，从而使西南交通阻塞的状况大为改观，也使播州地区民族间的交往更加便利。播州曾隶属于湖广行省，湖广等处行中书省的驿站较为发达，"有陆站一百处，水站七十三处"①。这已成为湖广行省的一个历史特色。为了确保驿道的畅通，至元十七年（1280），发兵千人及洞蛮开"思、播道"。天历二年（1329）六月壬子，"顺元、思、播州诸驿，因兵兴，马多羸毙，驿户贫乏，令有司市马补之"②。同年（1329），开辟遵义至贵阳的南大道，川黔大道连通。这条交通线路连接了湖广与四川，成为两省沟通的重要通道。它北起重庆，南达播州后，分为东、南、西三条大道，向东经重安江、麻江入湖广，向南过乌江到今贵阳，向西经今金沙县、会宁关进入毕节。又"奏改南诏驿道，分定云以东地隶播，西隶新部，减郡县冗员，去屯丁粮三之一，民大便之"③。可见，播州地区驿道的广泛开通，不仅可使朝廷政令得以上传下达，更促进了播州地区内外各民族之间经济文化的交流。

茶马贸易。播州隶属四川时间长，所以与川渝联系紧密。由于播州相对富庶安定，南宋以后，就有很多川民涌入播州避难。播州第十一代土司杨选主播时，"蜀士来依者"络绎不绝，一律给予"结庐割田"的优厚待遇。他们带来了先进的生产技术和文化。其中不少四川人还在播州贩马，播州当时不仅向四川输出马匹，而且在南宋开禧三年（1207）还经由四川向南宋朝廷进贡战马三百匹。嘉定十二年（1219），杨粲复输马三百于蜀。

洪武二十年（1387），杨铿入朝贡马，帝谕以守土保身之道，赐钞五百锭。根据《神宗万历实录》记载："万历元年正月辛丑，四川播州宣慰使应袭土舍杨应龙等人献马匹，贺上登极"；"万历八年正月癸卯，播州宣慰使杨应龙差长官杨正芳进马匹，庆贺万寿圣节。赏给钞缎"；"万历九年十一月甲子，播州宣慰使杨应龙遣长官赵仕贤等三元贡马，贺万寿圣节。赏赉如例"；"万历十三年十二月庚午，四川宣慰使杨应

---

① 《元史》卷63《地理志》，第1523页。
② 《元史》卷33《文宗本纪》，第736页。
③ 道光《遵义府志》卷31《土官》，第33册，第68页。

龙遣长官何邦卿等来朝，贡马十三匹。赐锦二段、彩币六表里及其长官钞币如例"。

随着饮茶之风的传入，有较高经济价值的作物茶树在播州地区普遍种植起来，洪武末，"置成都、重庆、保宁、播州茶仓四所，令商人纳米中茶"①。播州茶以质量高而畅销各地，绥阳茶"茶味甚好，佳者不减吴越"②。仁怀所产的茶，多贩运到四川各县。

由于历代杨氏家族对播州民族地区的苦心经营，加之播州民族地区社会相对稳定，各民族之间物质文化交流广泛开展，播州地区社会经济获得了很大的发展。元朝时播州出现了大量"成聚落"的人口较为集中的农业经济区，在其方圆二千里的广袤土地上，播州成为元代西南诸夷族中最为强盛之地，其民风尚武崇文，财富充盈。

（三）宗教与艺术

地处西南边陲的播州民族地区，自古以来就与中原王朝之间保持着良好关系，由于受中原王朝主流文化的影响，因此，在播州民族地区文化交流中，精神层面的交流也成为其不可或缺的内容。主要涉及宗教与文学艺术诸方面。

杨氏领播期间，一方面积极推行儒家教化，另一方面对佛教和道教也采取了兼容并蓄的态度，崇佛奉道，安边化民，极大地促进了佛教和道教在播州地区的传播与发展。土司杨斌认为："太上《五千言》，其旨不过清静无为而已，在儒家则定静之学焉。释氏金刚要领，其功在降伏其心。夫所谓心，即儒学之人心也。夫所谓降伏，即儒学之谨独而精一也。同宗异派，大抵如此。"③ 正是基于这种体察和解悟，播州杨氏对佛教和道教才能乐于接受，并积极加以扶持。这样有利于打破民族文化和宗教文化的狭隘界限，加速了儒释道巫混杂合流的步伐，对播州地区的佛教和道教文化影响甚巨，对播州地域多元文化的形成和发展奠定了基础。

1. 杨氏崇佛与佛教在播州的流布

佛教何时传入播州，史无明载。民国《桐梓县志》记桐梓寺观有

---

① 《明史》卷80《食货志》，第1950页。
② 道光《遵义府志》卷16《农桑》，第32册，第346页。
③ 道光《遵义府志》卷11《金石》，第32册，第255页。

云：" 金锭山寺，在城南三十里洞子河，内有唐贞观中铁磬，同治初贼乱磬失。"① 民国《续遵义府志》"古迹"记桐梓金石亦云："磬在桐梓城南金锭山寺内，铸有贞观十六年等字，同治年寇乱或失去。"② 王路平据此考证，桐梓金锭山寺当建于唐贞观十六年（642）之前，是贵州有文献可查的最早的一座佛寺③。唐代播州地区所建佛寺，有文献可考者，尚有桐梓的玄凤寺、兴旺寺、三座寺，仁怀的景福寺、永安寺，正安的大成寺、蟠溪寺，以及遵义郡城外的大悲阁。其中，桐梓三座寺是迄今所传播州杨氏修建最早的佛寺。

三座寺位于桐梓元田区文笔山上，由长寿寺、青都观、瓦庙子三座庙宇组成，势成鼎立，三座寺即因此得名。青都观由两间大殿和一个天井大院组成对称格局，瓦庙子规模次之，惟长寿寺居高，占地宽广，建筑雄伟壮观。长寿寺，又名古尊殿，由东皇殿、三尊殿、观音殿组成。东皇殿供地藏王；三尊殿中立释迦牟尼像，殿上层有地母、王母、瑶池金母金像；观音殿供观音像。清代贡生李正乾《古尊殿碑记》云："关西夫子杨震十七代孙太师公杨端奉命平为播郡，后袭宣慰使司履其地，平原坦途突起峦峰，始成玉宇，出东皇大殿于今，后国中以肃瞻视以觉人心焉。传至十五世贵州同知仪兵元帅杨佑领军至此，又复壮观。十六世奋勇将军孟奇公镇石壶关时，用壮大观。"据此可知，长寿寺乃杨端创修于唐，嗣后又经十五世杨佑、十六世孟奇公多次重修。据记载该寺清人所引资料不知来自何处何时，故此寺具体何人初建尚存疑。规模宏伟，名重一方。惜民国三十七年（1948）寺内斋妇不慎失火，遂致毁废④。

入宋以后，佛教在播州地区的传播势头更为强劲，梵宇古刹遍布黔北，僧俗信士人数众多，佛法之盛，冠于全省。据史志记载，宋代播州地区，有崇恩寺、鼎山寺、虎峰寺（在今桐梓县），今遵义建有万寿寺、福源寺、金山寺、桃源山寺、观音院、普济庵（分布在今遵义两城区、播州区等地），善缘寺（在今正安县），辰山寺（在今绥阳县内），铜山寺（在今务川县内），习水建有罗汉寺（在今务川县）。

---

① 民国《桐梓县志》卷3《舆地志》，第37册，民国十九年（1930）铅印本，第68页。
② 民国《续遵义府志》卷4《坛庙》，第34册，民国二十五年（1936）刻本，第117页。
③ 王路平：《贵州佛教史》，贵州人民出版社2001年版，第9页。
④ 杨隆昌、胡大宇编：《桐梓风光》，贵州人民出版社1992年版，第97—100页。

南宋初期，杨选大张佛教，兴修寺宇，移铜佛于观音院，聚僧招徒，礼佛传法。道光《遵义府志》卷十一"金石"记铜佛像云："像在宣慰司佛光寺内，据杨氏先德庙碑，其先有名选者，猎于荒莽中，见一岩人物，从猎者疑为怪，白其事，选遣人往视，则风雷暴至，不可迩。选自往，风雷如初。有僧进曰：'古像灵异，必斋戒诚敬乃可。'如其言而往，获睹其像，乃徙于观音院，今徙于本寺。"①杨选纳僧之言，纡尊斋戒，礼请铜佛，说明他对佛教的崇信程度已非同一般。

南宋嘉泰至宝庆年间，杨粲统领播州，儒释道兼崇，于境内肇修儒学及琳宫梵刹多处。道光《遵义府志》卷十一"金石"载明人李敬德《增修普济桥记》云："去城（遵义府城）北三里许，有桥曰普济，先侯六世祖忠烈公肇修郡之儒学及琳宫梵刹桥道，普济桥其一也。既建普济桥，于崖涘建庵宇为壮观，久而浸废。"②忠烈公即杨粲，忠烈为南宋朝廷所赐谥号。

宝庆三年（1227），杨价亲自选址于播州城西碧云峰下兴建了儒释道合流的"大报天正一宫"。道光《遵义府志》卷十一"金石"载元人张亚于至正六年（1346）所撰《大报天正一宫记》云："播自唐乾符间，太师杨端肇基此土，十有三传，至宋忠显庙威灵英烈侯价，天挺英豪，聪明勇智。公余之暇，常登高眺望，谓城西碧云峰下公府西北隅，夷衍清胜，隐然有神仙窟宅气象。由是慨念先公保此民社，贻遗子孙，实荷上穹显锡鹭佑所致。凤莫荐薰，葵倾芹献，宜严厥所，舍是无称建置者。乃独断于衷，鸠工度材，即地创宇，署曰'大报天正一宫'，西据东向。北安大殿，榜曰'玉京金阙'。中严帝像，壁涌释迦玄元主徒。挺饬环奇。左右廊庑，复阁斋堂，凡若干区，朱碧翚飞，实一时之伟观。"③这座"大报天正一宫"经杨氏数代重修，其规模影响可以想见。

杨价不仅大兴土木修建了儒释道合流的"大报天正一宫"，还曾铸铜佛像三尊，供奉于桐梓县虎峰寺内。道光《遵义府志》卷十一"金石"记"虎峰三铜佛像"云："像在桐梓县之崇德庙中，杨价所铸。"④

---

① 道光《遵义府志》卷11《金石》，第32册，第247页。
② 道光《遵义府志》卷11《金石》，第32册，第253页。
③ 道光《遵义府志》卷11《金石》，第32册，第251页。
④ 道光《遵义府志》卷11《金石》，第32册，第250页。

虎峰寺位于桐梓县城西北二公里虎峰山（俗称猫山）上，始建于南宋。后因杨价镇边有功，被朝廷敕封英烈侯，谥号崇德公，塑像寺中，故又名杨价庙或崇德庙，明清时香火极盛①。另据道光《遵义府志》卷三十一"土官"记载，杨价弥留之际，曾"大饭群僧"，"跌坐诵佛书数语而终"②，其笃信佛教之诚，不可谓不深。

随着播州杨氏崇佛热情的高涨，佛教在播州地区的影响也日渐加深。当时有不少土酋土官卒后或葬其尸骨于佛寺，或饰其坟墓以佛刻。南宋镇守播州的大统领袁世盟，南宋嘉熙元年（1237）卒后，就落葬于今习水县东皇镇附近的罗汉寺，子孙世代厮守。杨氏第十三世杨粲夫妇合葬石室墓，位于今遵义市东南十公里之龙坪镇皇坟嘴，为杨氏第十五世杨文所建。杨文于南宋淳祐三年（1243）袭职后，认为其祖父杨粲墓过于简陋，便着手扩建，历时八年始告建成。根据1957年杨粲墓出土发掘报告可知，其墓是一座仿木建结构双室石墓，其墓葬风格不仅与内地汉墓相同，还深受佛教影响。整座坟墓为佛龛式布置，符合营造佛寺的款式，主龛层阶中央刻有佛教"卍"字，两旁所置力士文官武士像，完全为佛教摩崖式样。这说明墓主杨粲生前笃信佛教，而为其造墓的嫡孙杨文也热衷奉佛，佛教在播州土官土酋当中有着相当大的影响力。

进入元代，佛教在播州地区的活动范围继续拓展，在唐宋佛寺的基础上，又兴建了不少新的佛寺。据史志记载，遵义红花岗区的大德护国寺（湘山寺），正安的普明寺，绥阳的蒲象庵（回龙寺）、长碛寺（长嵌寺），道真的普照寺（蟠溪寺），仁怀的观音阁，凤冈的崇佛寺、仙山寺等，皆为元代兴建。其中，大德护国寺、普照寺还是享誉一时的黔北名刹。

经过唐宋时期的持续发展，元代播州地区还出现了以金鼎山为代表的佛教名山，凸显了黔北佛教在贵州佛教史上的重要地位。金鼎山，坐落于今遵义市红花岗区金鼎山镇境内，距遵义市北二十千米，是斜贯境内西北的大娄山脉主峰，海拔1608米，陡峻峭拔，耸入天际，历代被尊为"郡龙少祖山"。以山分九支，如九龙环拱，故又名九龙山。道光

---

① 杨隆昌、胡大宇：《桐梓风光》，贵州人民出版社1992年版，第110—111页。
② 道光《遵义府志》卷31《土官》，第33册，第66页。

《遵义府志》卷四"山川"载金鼎山名之缘起云:"九龙山,在城北四十里,又名金鼎山,削立万仞,可望大定城。云雾窈窕,常集其巅,必甚晴始彻。山分九支,中入郡,郡龙少祖山也。顶有佛寺,香火甚盛。寺下出泉,足供僧用。俗传,昔有僧苦行此上,汲水必下山,往返动二十里。一日,泉忽涌出,若神相之,泉可疗疾。此僧自制金桶,日坐其中。及寂,以桶自覆,命其徒守之九年乃开。其徒倦于守,三年即启,致不成佛,人因呼'金桶和尚'。寺为金桶寺,山为金桶山,语讹,又为'金鼎山'也。"① 金鼎山佛寺香火甚盛的一个重要原因,就是因为得到了杨氏土司的大力支持。根据清人唐廉的记述,金鼎山"有杨氏别墅在焉"②,杨氏土司在山上建有避暑行宫,一方面是为了满足其朝山游览之需,另一方面也表明了其对金鼎山佛寺的重视。

正是由于播州杨氏的重视和支持,金鼎山名声大噪。历元明清以迄民国,佛寺庙宇代有增建。据新中国《遵义县志》第四十九章"文物名胜"记载,从山麓至山顶,先后依山就势沿途修建了踏脚寺、三教寺、三皇寺、报恩寺、财神庙、明心寺、万福寺、普陀寺、玉皇殿等庙宇,各有僧道管理,晨钟暮鼓,香烟缭绕。山中寺庙神像以佛教神系为主,兼奉玉皇、山神、财神、文昌等道教、儒教、巫教之神。每年农历六月十九日香会,山上人如潮涌,络绎不绝,黔川滇均有远道香客到此朝拜。至今金鼎山仍为黔北佛教名山,每至观音会前后,均有数万人前往朝山进香,车流人群昼夜不断③。

明太祖朱元璋定都南京以后,即确立了"治国以教化为先"④ 的方针,以儒学为主,辅以释道,以图驯化人心,使"皇图巩固,帝道暇昌"。由于西南地区"华离险阻,箐密洞深,其人蚁付鹑居,犷悍剽疾,自唐宋以来,屡叛屡服"⑤,朱元璋对西南边陲的佛教尤为重视,大力倡教,目的在于"化愚俗,弭边患"⑥,"变其土俗同于中国"⑦。

---

① 道光《遵义府志》卷4,第32册,第98页。
② 道光《遵义府志》卷4,第32册,第98页。
③ 遵义县志编纂委员会编:《遵义县志》,贵州人民出版社1992年版,第955—956页。
④ 《明史》卷69,1686页。
⑤ (清)徐铉修,萧瑁纂:《松桃厅志》《序》,第46册,道光十六年(1836)松高书院刻本,第443页。
⑥ 《明史》卷331,第8577页。
⑦ 《明太祖实录》卷150,台北"中央研究院"历史语言研究所1962年版,第2366页。

洪武二十一年（1388）三月圣旨规定，"但有度牒的僧，二十以上的发去乌蛮、曲靖等处，每三十里造一庵寺，自耕自食，就化他一境的人"①。受中央王朝倡教政策的影响，西南土司流官皆大建寺院，崇奉佛教，为中央王朝安边化民服务。

播州地区原来就有很好的佛教基础，在明王朝倡教政策的鼓励下，发展更为迅猛。遵义的大士阁（万寿寺）、湘山寺、瓦厂寺迅速崛起，大士阁（万寿寺）还成为播州僧纲司的驻地，负责处理诸如建寺、度僧、诵经、勤堕、僧籍、戒律、僧事纠纷以及组织举办各种祝祈法会等佛门事务。

明代播州杨氏崇佛之炽，最突出的表现是特别热衷于铸钟奉佛。播州杨氏曾先后为遵义金瑞山寺、绥阳辰山寺、遵义普济庵、正安伍里乡梓潼寺等处佛寺铸钟供奉。金瑞山铜钟在遵义城东六十里金瑞山寺中，成化二年（1466）丙戌，播州城清湘坊人蔺希珍因兄希淳从役，在播州土司杨辉的捐助下铸造，重达百斤。辰山寺铜钟在绥阳县西十五里辰山寺（原名普福寺）中，重300斤，为弘治七年（1494）播州土司杨爱与寺僧兴寿铸造。普济庵铜钟在遵义府城北三里普济桥侧普济庵中，清代移置于府城内玉皇观中，为明弘治十四年（1501）播州土司杨爱等铸造。兹录普济庵铜钟铭文，以见杨氏崇佛之诚。其文曰："大功德主赠昭勇将军播州宣慰使司致任宣慰使杨爱，诰封播郡夫人田氏睿荣，昭勇将军播州宣慰司宣慰使杨斌，恩荣冠带官杨訾、杨誉，信女德慧、善慧、懿慧，善士石永安，义男杨忠捐己资产，绘塑佛像，葺庵完美，造钟一口，铜重百五十斤，并香炉花瓶一付，共三事，永充普济庵供养。上祝侯祚绵延，身躬安泰，吉祥骈集，寿算遐长。铭曰：阁皂之气，钟山之精。匪雕匪刻，以陶以钧。资乎橐籥，化工妙成。名冠八音，是曰金声。鲸鱼一击，蒲牢大鸣。扬动玉律，秋肃霜清。魅怪远遁，蛟螭潜惊。佛徒警觉，商旅戒行。采文追蠡，优劣谁评。用寿于钝，亿万千龄。祚我侯国，永称斯铭。大明弘治十四年岁次辛酉秋六月六日良吉，冠带官李敬德谨赞。住持善圆，匠氏杨小章、张晟，总管韩

---

① （明）幻轮：《释鉴稽古略续集》卷2，《大正新修大藏经》，第49册，佛陀教育基金会1990年版，第935页。

善、童辅。"① 土司杨爱不仅连续为辰山、普济诸佛寺铸钟，还带领家人及属官捐资绘塑佛像，永充寺庙供养，表现得非常虔诚。当然，铭文也明确交代了杨爱虔诚崇佛的根本原因，就是要向佛祈福，冀望佛光普照，永佑杨氏在播州的统治。

播州杨氏对佛教的崇奉，一直延续到末代土司杨应龙。杨应龙曾为其宠妾田雌凤建普陀寺，塑"金身丈六"的佛像四尊。万历二十三年（1595），因其子杨可栋作人质囚死于重庆，索尸安葬不得，杨应龙遂从播州"拥兵驱千余僧招魂去"②。

上有所好，下必甚焉。受杨氏土司崇佛的影响，播州境内僧徒士民亦纷纷辟建佛寺佛洞。据地方史志记载，明万历以前僧人所建寺庙较著者有瓦厂寺，旧名复兴禅寺，在今遵义县龙坪南十里，正德间僧如兴建。辰山寺，原名普福禅寺，在绥阳城西十五里，成化间僧天峰建。明万历以前士民私人所建寺庙较著者有黄钟寺，在遵义城北四十里，弘治间居人因钟悬树间而建寺。普济庵，在遵义府城北三里，南宋嘉泰至宝庆间建，弘治元年（1488）播州土人石永安、杨忠重建，又舍田数亩延僧住持。金山寺，在遵义清潭里，宋咸淳间建，明里人罗其宾、罗承恩重建。双江寺，在龙泉坪（今凤冈一带），弘治间张凤羽与寿尊寺并建。永兴寺，在湄潭城毛坪屯，嘉靖十一年（1532）屯人肖文德、肖文俊、肖必宥建。佛顶山，在湄潭城南十里，顶有平田清泉，明邑人李少岩建。清塘寺，在湄潭城黄家坝，嘉靖间乡人建。明万历以前僧徒士民辟建佛教洞穴石崖较著者有桐梓的瑞峰洞和湄潭的观音洞，影响以至于今③。

2. 杨氏奉道与道教在播州的流布

道教何时传入播州，由于史料匮乏，难以论定。据道光《遵义府志》卷十一"金石"载明人李敬德《增修普济桥记》可知，南宋嘉泰至宝庆年间，杨氏第十三世杨粲统领播州，儒释道兼崇，曾于境内肇修儒学及琳宫梵刹多处。琳宫即道观。杨粲肇修道观，说明道教至迟于杨粲领播时就已经正式传入，并开始在播州地区建观布道。另据《杨文神

---

① 道光《遵义府志》卷11《金石》，第32册，第254页。
② 道光《遵义府志》卷31《土官》，第33册，第77页。
③ 王路平：《贵州佛教史》，贵州人民出版社2001年版，第67—70页。

道碑》记载，杨粲领播期间，"士类羽流，皆称其乐善而种德，喜儒而好礼"①。羽流即道士。杨粲得道士盛赞，一方面可见其奉道之诚，另一方面也表明道教在播州地区比较活跃，道士们已经拥有了一定的话语权。

受杨粲奉道的影响，南宋时期道教在播州地区得到较大发展。据道光《遵义府志》卷八"寺观"记载，宋代肇建道观就有宣慰司治东的玄妙观和玉皇观。随着玄妙观和玉皇观等一批道教宫观的兴建，道教在播州地区的活动范围进一步扩大，反过来又进一步激发了杨氏土官奉道的热情。

杨粲之子杨价，于宝庆三年（1227）亲自选址兴建了儒释道合流的"大报天正一宫"。据道光《遵义府志》卷十一"金石"载元人张亚于至正六年（1346）所撰《大报天正一宫记》记载，大报天正一宫由杨价亲自选址，建于播州城西碧云峰下"公府西北隅"，其大殿为"玉京金阙"，"中严帝像，壁涌释迦玄元主徒"，大殿外有"左右廊庑，复阁斋堂"。大报天正一宫修成后，杨氏后代杨文、杨邦宪、杨汉英等都曾于此"奉祠惟谨"。天历二年（1329），大报天正一宫被毁。元统元年（1333）宣慰使杨嘉贞袭职后，"锦还自京，未构居室，首即旧址，扫除瓦砾，庚建是宫。凡十载而中殿、二庑、门、庖、斋舍始成。宝像装严，端居在上，三官五帝，列曜群辰，岳渎祀典，百灵环侍，壁绘咸备，规模宏广，视前有加，而奢俭得所"②。杨嘉贞对修复大报天正一宫极为重视，前后历十载而成，其宏伟壮观可想而知。随着规模不断扩大，大报天正一宫大殿也易名为"昊天宝殿"，道教色彩更为浓厚。

杨粲之孙杨文，淳祐三年（1243）着手扩建其祖父杨粲墓，历时八年乃成。根据1957年杨粲墓出土发掘报告可知，其墓葬风格不仅打上了佛教的烙印，还深受道教的影响。在杨粲墓主人夫妇雕像背后填土中，各出土一块道教篆刻石，两石大小相当，皆为长47厘米、宽17厘米、厚6厘米左右，刻石上有符有篆，显系道教法师置于墓中禳祓驱邪的法物。男室出土的道符上部刻连成一条直线的三颗星，星下紧接着刻

---

① 贵州省遵义地区文物管理委员会、遵义地区文化局编：《遵义地区文物志》，贵州省遵义地区文物管理委员会1984年版，第77—79页。
② 道光《遵义府志》卷11《金石》，第32册，第251页。

像绳子缠绕的符图,图下竖刻篆文"太上治皇天后土镇坟大吉";女室刻符略有差异,右侧壁刻"太上神符",左侧壁刻"永镇寿堂",正面上部刻连成一线的三颗星,星下刻一"敕"字,下面刻篆文"太上治皇天后土永葆寿堂",在"治"与"皇天"之间刻用直线相连成倒 U 形的七颗星。道教法箓是道教法师施法的重要工具,它最早出现于天师道,为了显示其神性,道教认为其箓是"太上老君"的灵文、九天众圣的法言。书写字体像云霞烟雾,似篆非篆,怪异难辨。唐宋时期,道教流派众多,其中正一派继承了早期天师道的衣钵,传授法箓统称"太上三五正一盟威宝箓",其"太玄四部禁气箓"的篆文"太上治"从字体排列、书写形式、星象颗数来看,都与杨粲墓出土道符的"太上治"几乎一模一样,且该道箓文也主要用于禁盗,让一切妖邪从其禁规,这与杨粲墓置箓墓中以防妖邪的作用一致。据此可知,杨粲墓出土道符寓意丰富。"太上"即太上老君,"敕"系道教始祖太上老君敕命。道符上部三颗星为"参宿"星,系西方白虎七宿之一,对应地上州郡即位于西南地区的益州,显示了杨粲墓的地理方位。而"皇天后土"是一切天官地祇的总称,女室刻符上的七颗星则指北斗七星。合而观之,其寓意是指太上老君敕命一切天官地神都来保护杨粲夫妇墓室的稳固,禁止妖邪盗拢[1]。

根据考古发现,宋代播州道教的一个显著特点,就是道教造像、符箓文大量进入墓葬。不独杨粲墓,黔北宋墓大抵类此。例如,仁怀两岔,务川金银洞,湄潭金桥,桐梓夜郎坝、周市,赤水官渡,凤冈立竹溪等地出土宋墓均有道教青龙、白虎造像。其中,仁怀县两岔宋墓群中的沙湾坡墓,室内有一块一米见方的方石,方石正中有一低矮的圆柱体,正中竖书"景定辛酉",周围刻甲乙丙丁戊己庚辛壬癸十天干、子丑寅卯辰巳午未申酉戌亥十二地支和乾坎艮震巽离坤兑八卦,两壁刻青龙、白虎。而同属两岔宋墓群中的来奉寺墓,中室壁龛顶横条石上左刻青龙,右刻白虎,墓顶斗形藻井内有一圆圈,四周阴刻八卦符号,门额正中捧匾图居中横书"蓬莱洞天",后室额匾则横书"广寒仙窟"。这些具有典型道教特征的宋墓在黔北地区的大量发掘,充分说明道教的世俗化程度较深,对播州地区的影响已相当深入。

---

[1] 张合荣:《略论黔北宋墓的道教雕刻》,《贵州民族研究》1999 年第 1 期,第 84—85 页。

入元以后，播州杨氏继承了宋代的崇道传统，藉神灵以安定民心，图谋久远，"仰则归美圣君，祈绵景祚；俯辄悔庚臣职，保奠邑家。惕励孜孜，图悠久计"①，其突出表现是多次修复儒释道兼容的大报天正一宫。至正六年（1346），时任资德大夫、播州军民宣慰宣抚都指挥使的杨忠彦再次重修大报天正一宫，并礼请张亚撰文刻石纪事。而这个撰文刻石的张亚，据其署名"金阙上相、检校太师、混元内府三清上宰、大都督府行便宜事、虎符龙券、总诸天星曜、判桂禄嗣籍、九天开化主宰、文昌司知贡举真君"可知，还是个颇有道行修为和社会影响的高道。

尤其值得一提的是，元代全真道大盛，其势力亦进入播州境内，先后有全真道士李珏、陈致虚等人在黔北一带活动。据道光《遵义府志》卷三十八"方伎"载陈致虚传云："陈致虚，号观吾，一号紫霄上阳子。尝从缘督真人赵友卿授金丹妙道。遍游夜郎，至思唐，与宣慰弟至阳子田畸炼丹于万圣山岩室中，后皆仙去。"② 陈致虚为元代著名的全真道内丹理论家，其遍游夜郎应在天历二年（1329）与至顺二年（1331）间。惜文献阙略，其传道播州的具体情况，无由详考。

明代，道教在播州地区的传播更为迅速，土官、流官、乡绅多奉道教，广创神祠宫观。播州宣慰使杨斌，还于明正德十三年（1518）随道士白飞霞学道，次年在高坪建先天观，修炼石室之中，为诸弟子讲论《周易》。杨斌出入三教，博览百家，著有《玄教大成》《道法双明玉书》《神霄清啸》《玉府琼章》等多种道书，道德修为独步黔北，放眼贵州亦属罕见。

杨斌出家修道是播州道教史上的一件大事。道光《遵义府志》卷十一"金石"所载《紫霞石室碑记》述杨斌出家修道始末及其道教思想甚详，是我们了解播州杨氏奉道史迹的重要史料③。该碑由丙子乡闱进士云贵两省解元金陵邹志学撰文，由赐进士第光禄大夫柱国少师兼太子太师吏部尚书华盖殿大学士经筵讲官重修国史会典新都杨廷和篆额，由嗣汉四十八代天师诰授致虚崇静承先宏道大真人掌天下道教事湛然张彦

---

① 道光《遵义府志》卷11《金石》，第32册，第251页。
② 道光《遵义府志》卷38《方伎》，第33册，第217页。
③ 道光《遵义府志》卷11《金石》，第32册，第256、257页。

頫书丹，规格之高，非比寻常。据碑记所载，杨斌出家修道不仅深受杨氏奉道传统的影响，还与播州地区浓厚的道教氛围有关，彼时在杨斌周围已经形成了一个规模可观的道教团体，道教活动也比较活跃。同时，我们也不难看出，杨斌的核心思想仍然是融会儒释道三教，垂世立训，教化边民，为巩固杨氏在播州的统治服务。我们还可以看出，自杨斌始，道教正一派的地位和影响迅速上升，此前相对显赫的全真道则退而居其次。也许正是由于这个原因，嗣汉四十八代天师掌天下道教事张彦頫才欣然命笔，为杨斌所立《紫霞石室碑记》书丹。

明代播州杨氏的奉道之诚，以杨斌出家修道为标志而臻于巅峰。至杨应龙时，其奉道热情似乎已有所衰减。道光《遵义府志》卷三十八"方伎"鲁一冲传云："鲁一冲，住仙源洞修真，杨应龙播逆修醮于海龙囤，以利剑锷令道士手紧握而不断者，为有道行，乃不杀。冲闻而往，握之，锋悉卷。遂延为法师。寻遁去。后渝州江中有棕缆成妖，时掀波翻浪为患，一冲以法收贮长安寺中。"① 杨应龙修醮海龙囤，为拣选有道行者，竟以利剑锷逼令道士以手紧握，藉此验其有道与否。设若承袭了其祖父杨斌虔诚奉道的真精神，杨应龙断不至于用如此残忍血腥的手段来对待道士。幸好有高道鲁一冲挺身而出，否则因此而惹祸杀身的道士还不知凡几。这也从另一个侧面说明，至杨应龙统治末期，播州道教已从追求内丹炼养转而为追求外在的奇法异术，道教世俗化的步伐进一步加快，世俗化的程度也进一步加深。

总之，杨氏领播期间，一方面竭力推崇儒家教化，另一方面对佛教和道教也采取了兼容并蓄的态度，积极加以改造利用，使其呈现出儒释道巫混杂合流的地域特征。

杨氏大兴佛寺道观，师友名僧高道，崇佛奉道，融会三教，极大地促进了佛教和道教在播州地区的传播与发展，打破了民族文化和宗教文化的狭隘界限，加速了儒释道巫混杂合流的步伐，对播州地区的佛教和道教文化影响甚大，播州之所以能在贵州宗教文化版图上占据比较重要的位置，与杨氏崇佛奉道的史迹密不可分。不惟如此，杨氏崇佛奉道，对播州土司文化的形成和发展也做出了较大贡献。如果缺少了佛教和道教文化的支撑，播州土司文化不仅黯然失色，其兼容并蓄的文化性格和

---

① 道光《遵义府志》卷38《方伎》，第33册，第219页。

海纳百川的胸襟气度也将大打折扣。

南宋后，杨氏精英阶层嗜读诗书，择名师授经史，以重金延聘各地文人贤士入播讲学，教授子弟。杨轸袭位迁治所于穆家川，邀请蜀中文人学士定居城内，教导汉学。杨轼留意艺文，建学校培养读书人，蜀中儒学来依附者众，至则建屋割田，使安食，由此蛮荒子弟多读书攻文。杨轼不仅请名士来教导土官子弟学习，而且让平民子弟也接受中原文化教育，扩大学习汉文化的范围，客观上促进了播州人素养的提高，以致境内旧风俗蔚为改观。杨汉英喜读书著诗，重视教化，史载他著有《明哲要览》九十卷，《桃溪内外集》六十四卷。

播州土司杨辉歌咏唐人之音律，大书行草书皆遒劲可爱。他自撰自书的鹤鸣洞摩崖诗，书法飘逸飞舞。杨斌常改名换姓，游逛于播州的好山好水之间，到处自撰自书镌刻摩崖诗或道符，以颠仙、张三丰、神宵散吏、柴存等名落款，在高坪、桃源洞、狮子山、普济桥、碧云峰、大水田（今共青湖）等一些风景名胜之地，都留有他的笔痕，书法飘逸飞舞变化多端且颇具功力，纵然名字和书法多变幻，终逃不过郑子尹先生的慧眼，认定皆为杨斌所为，但在大水田鹤鸣洞的六行草书，确似鬼画桃符，子尹先生谓"不可识"。杨应龙撰文书丹的《骠骑将军示谕龙岩屯严禁碑》，以及他书刻于屯上各关的榜文、题字，为端正的颜体楷书，较有功力。这些上层人物在艺术上的非凡造诣必然会产生上行下效之奇效。

二 播州民族交流的影响

唐宋以来，随着中原汉民内迁和西南几次民族大融合，播州各民族守望相助，栉风沐雨，共同开发着这片土地，融入了"一体化"共同发展的历史进程。主要表现在以下几个方面。

（一）促进了以杨氏家族为核心的播州上层社会率先汉化

播州杨氏及其土著豪酋大姓，不断吸取汉文化，逐步完成了汉化过程。到南宋后期，汉文化在播州的上层社会中开始普及。当杨选的孙子杨轼掌权的时候，他接受了儒家"讲信修睦"的思想，决心改变杨氏家族内部骨肉相残的"夷狄之俗"，主动说服了对立的另一方订立了杨氏家族两个集团和好的盟约，并且修建房屋，拨出田产，招来更多的四川文人，由是"蛮荒子弟，多读书攻文"①。到杨价统治播州的时候，因为南宋朝廷的科举考试没有播州的录取名额，他乘"抗元有功"之机，特别报请朝廷，允许播州人参加全国性的科举考试，获得了南宋朝廷的认可，准其"每岁于播贡士三人"，这就为播州读书人学习汉文化，走仕进之路注入了不竭动力。嘉熙二年（1238），播州土著大姓冉家的子弟冉从周考中了进士，成为播州第一个科举拔尖人物，更使外界改变了对播州的看法。翌年（1239），穆家川建立了孔子庙。这些都可以说是汉化不断加深的重要体现。另外，在杨粲墓众多石刻作品中，青龙白虎石柱及棺木圆雕龙柱堪称石雕精品。墓中石龙集中反映了传统龙文化的基本特点：牛头、马耳、鹿角、鲤鳞、鱼翅、蜃腹、鳗尾、虎掌、鹰爪。作为传统文化中最大的吉祥物，龙是一种兼容各种民族文化特征的复合型动物，生动体现了中华民族文化的多元一体性。上面提到，播州土司杨汉英不仅广泛涉猎各种儒家经典，自身也有很高的才华。元代史学家、诗人张起岩写的《题杨宣慰云南颂后》可作证明，此诗留传至今，言："挥戈如笔笔如刀，帅阃文场有此豪。绝域建功追定远，明时南颂效王褒。风云庆会扳鳞贵，竹帛光荣汗马劳。更草新铭刻铜柱，不须辛苦学离骚。"②诗中把杨汉英比拟为建功西域的东汉定远侯班超和向汉宣帝献赋的辞赋家王褒，堪称"帅阃文场"中的豪杰。袁桷对杨汉英有着很高的评价，在《书姚牧庵题杨安抚乐府》一篇中称杨汉英"笃尚文学，礼接贤士，朝夕居处，濡染甚深，故两集能如此宏富，观此诸篇，知当时诸名人皆推许汉英甚至，而汉英之文武兼资，与名流酬酢赠答，一洗边徼固陋颛蒙之习，溯播中文化之进行，不得不推汉英为藁矢也"③。杨汉英之子杨嘉贞对于汉文化学习同样非常重视，继承其父遗志，儒家修养极高。

（二）推动了播州生产技术的进步

外地移民多来自发达地区，他们的徙居不仅为播州各地的开发提供了充足的劳动力，而且带来了先进的生产技术、生产工具和新的农作物品种。唐末巴蜀先进的农耕技术已传到播州，使播州地区农耕在黔中率

---

① 道光《遵义府志》卷31《土官》，第33册，第65页。
② 贵州省文史馆点校：《贵州通志·人物志》，贵州人民出版社2001年版，第19页。
③ 贵州省文史馆点校：《贵州通志·人物志》，贵州人民出版社2001年版，第19页。

先发展起来，并先后修筑水利设施进行农业灌溉。水利工程建设促进了种植业特别是水稻种植面积的扩大和复种指数的提高，乌江以北地区出现了稻田两熟制。南宋末年，蒙古兵大举南进，蜀中人士纷纷举家迁播避难。他们不仅带来了巴蜀文化和中原文化，还带来了先进的农耕技术，促进了播州地区经济、文化的发展。元朝建立后，由于政治上和中央政权联系得到加强，播州与邻近地区经济关系有所深化，特别是山西、江西、湖南、四川等地汉人不断移入播州，给播州带来了先进的生产技术，促进了播州社会经济的发展。还出现了"成聚落"的人口较为集中的农业经济特区。马和羊毡既是贡物，又是用于交换的商品，到元朝时数量大增，至元二十七年（1290），播州杨汉英进贡两毡，一次就达1000被；马被用于与外地交换盐、银币和丝织品。明代播州社会经济得到了超过前朝的发展。这首先表现在生产技术和农具使用方面，这时，铁铧、铁锄、铁钉耙、铁镰刀、铁翻锹等已广泛为播州地区各民族人民所使用，牛耕的方法在平坝地区普遍推广，取代了原来流行的"刀耕火种"的耕作方法。当时已能按照土地的性能，列为若干等级，有针对性地施放不同的肥料，种植不同的庄稼。各种经济作物也普遍种植，棉花、茶叶为其大宗，当时播州的茶很著名，朝廷曾在遵义设置茶仓，外地商人可以前来购销。建有"大水田""高坪堰"等水利工程。遵义、绥阳有记载筑堰塘，用戽水笕提水灌溉。许多地区栽种玉米、甘蔗、马铃薯、花生等等，这是与内地移民丰富的生产经验交流分不开的。平播总督李化龙在《播州善后事宜疏》中大为感叹道："环播州幅员千里，田地无虚数千万亩"，"白田坝沃壤数百里，其地方殷富，人物颇华"。

（三）促进了文化教育事业的发展

对于播州这个文化教育事业相对落后的地区来说，交流本身就是在促进当地文化教育事业发展的一个过程。因为不同文化的交流正是其激发创造力、增强生命力的一个阶段。南宋嘉熙二年（1238），播州贡士——遵义人冉从周，荣登黄榜，成为播州历史上第一个进士，时称"破荒冉家"。此后四十年间，播州连续高中进士者，就有杨震、李子敏、犹道明、白震、赵炎卯、杨邦彦、杨邦杰等人。整个南宋时期，播州共中进士八人。元朝时，立社学。"每社设立学校一所，择通晓经书者为学师。于农隙时分各令子弟入学。先读《孝经》《小学》，次及《大学》《论》

《孟》经、史。"① 这就使学校文化教育向普及化方向发展。对于宋元之世文教事业的发展,《平播全书》给予了极高的评赞:"播故有学,宋元世,俊茂朋兴,如冉从周、尤道明、白镇之流,具登进士,蜚声上国。"② 到了明代,政府提出"蛮夷教化"的方针,就在中央政府政策的刺激下,播州土司大力兴教办学。洪武十三年(1380),杨铿建播州长官司学(后升为宣慰使司学),这是黔北古代教育史上最早出现的普通学校,自此,播州官办教育发端,当地子弟学习汉文化知识更加便利。洪武二十一年(1388),杨铿又竭力向朝廷争取,得准其子弟及所属安抚司、长官司派遣子弟上京入太学,由国子监官进行训导,播州文化教育活动向更高层次发展。兴学奠定了以后文化教育发展水平的丰厚土壤,正如明代播州人冯士奇《建绥阳县学碑记》云:"我太祖迅扫元凶,肇造寰宇,偃武之初,首崇文教,薄海内外,靡不建学宫,任师儒。播虽西鄙,未尝无学,故时著科目。"③

(四) 加强了中央王朝对播州民族地区的管控

从元朝开始实施的土官制度,大大加强了中央王朝对播州民族地区的管辖,对少数民族地区生产力的提高、社会经济的发展,对加强民族间的交流与融合、捍卫多民族国家的统一均起到了积极的作用。另外,明朝政府通过太学教育所培养出来的土司,懂得更多的封建伦理规范和忠君爱国思想,他们大多忠于朝廷又比较开明,对中央政府满怀敬畏之心,这对维护中央王朝的统治是大有好处的。比如,播州宣慰使杨升执政"明断宽裕",遇疑难则"博询于众","莅政勤敏,边境绥宁"④,先后九次赴京朝觐,得到永乐皇帝的"褒奖"。杨纲守职勤、用人善、尊贤重士、崇儒好礼。播州土司世代恪守"尽臣节、隆孝道、守箕裘、保疆土"的家训,与中央政府的关系较为密切,他们服从朝廷调遣,参加各种征蛮平叛、抵御外辱的军事活动,为安定边疆、维护国家统一做

---

① 陈高华等点校:《元典章》卷23《户部九·劝农立社事理》,中华书局2011年版,第2册,第920页。

② (明)李化龙:《平播全书》卷6《奏议》,《续修四库全书》,史部,第434册,第491页。

③ 道光《遵义府志》卷24《学校》,第32册,第509页。

④ 《杨升墓志铭》,遵义地区文物管理委员会、遵义市文化局编,《遵义地区文物志》,1984年版,第80页。

出了杰出贡献。明朝播州几代土司都能为朝廷"附辑诸蛮,谨守疆土"①。杨应龙领播29年,多半时间里能为朝廷效力,但后来走上了与朝廷决裂之路,有着复杂而深刻的原因。

在中原汉文化的强势冲击下,播州非汉文化为求生存和发展不得不吸收汉文化中"大一统"的合理内核,以维护中华民族大一统为宗旨,从播州民族地区发展实际情况出发,不断地调整和变革统治方式,以实现播州民族地区的和平、稳定和发展。正是在此理念下,以仡佬族为主体的播州民族地区经历了从"羁縻州制"到"土司制",再到"改土归流"的漫长变革过程。这一过程实际上是中原文化与播州非汉文化长期博弈的过程,而"改土归流"的实施标志着中原文化最终战胜了播州非汉文化,同时还意味着封建中央王朝对播州民族地区的统治由间接变为直接、由松散变得越来越牢固,它可以说是播州民族地区发展史上的里程碑,而这一切都可归因于长时期播州民族文化交流的结果。元朝以前,历代王朝对少数民族首领,都是赐封一个官职称号。元朝以后,朝廷授予民族首领,则需要正式赐予告敕、印章、虎符、驿传玺书与金(银)字圆符等信物。土官的承袭仍是以世袭为主,继任者多为子侄、兄弟、妻子。但元朝的土官,须先报经朝廷准许后才能袭职。受封的土官已是朝廷的命官,必须定期向封建中央朝贡,按年纳定额赋税,遇有战事并供征调。这种管理制度以封建领主制为基础,"既受制约于西南少数民族地区的具体情况,又服务于封建中央王朝的统治利益"②,它是中央王朝与地方割据势力长期博弈的产物。中央王朝对少数民族头目授以官职,各族土官便成为王朝统治体系中的王臣,土官辖地成为王朝国家的王土。元至元二十八年(1291),将播州土官的名称由安抚使升格为宣抚使,还外加其他封号,并一再赏赐金帛财物。明代沿袭了这种制度,并使之在元朝的基础上有了很大的改进和完善。正如《明史·土司传》里所说:"迨有明踵元故事,大为恢拓,分别司郡州县,额以赋役,听我驱调,而法始备矣。然其道在于羁縻。彼大姓相擅,世积威约,而必假我爵禄,宠之名号,乃易为统摄,故奔走惟命。然调遣日繁,急而生变,恃功怙过,侵扰益深,故历朝征发,利害各半。其要在

---

① 《明史》卷76《职官志五》,第1876页。
② 尤中:《中国西南民族史》,云南人民出版社1985年版,第360页。

于抚绥得人，恩威兼济，则得其死力而不足为患。"① 可见，明朝加强了播州与中原的政治一体化进程，实现了更有效的管控。明朝中后期，随着播州民族地区生产力的发展，地主制经济取代领主制经济已经成为一种不可逆转的潮流，人民也已纳入国家户籍管理系统。

（五）儒家伦理型政治文化逐渐被播州土民所认同

土官/土司制度在播州推行以来，历代中央王朝都曾大力在播州民族地区推行儒化教育，促进民族文化交流，从而形成了以小农经济、宗法社会、专制政体为其核心的伦理型政治文化，再加上领播杨氏土司对汉民族文化的倾慕及采取的诸多措施，儒家文化在播州地区得以广泛而深入地传播，这就在很大程度上影响到播州各民族对儒家伦理型政治文化的高度认同，这可从播州杨氏与历代中央王朝的良好关系窥其端倪。播州杨氏长时期保持着对中央政府的"忠""顺"，对中央政府"惟命是从"。杨粲临终曾告诫子孙道："吾家自唐守播，累世恪守忠节。吾老矣！勉继吾志，勿堕家声，世世子孙，不离忠孝二字。"② 杨价治播期间，大力支持政府的抗元斗争，旗帜鲜明地拥护国家统一。理宗端平二年（1235）十二月，"北兵（蒙元）犯蜀，围青野原，价曰：'此主忧臣辱时也，岂可后乎？'乃移檄蜀帅，请自效。制置使赵彦呐以闻，诏许之。驰马渡剑，帅家世自赡之兵五千戍蜀口。围解，价功居多，诏授雄威军都统制"③。有元一代，在土司制度下，儒家学说在播州的传播更加深入。最值得一提的是播州宣慰使杨汉英，一方面他本人笃好程朱理学，儒学造诣很高；另一方面，他积极践行和传播中原传统文化，"急教化"，修建学宫，吸引人才，"南北士来者众"，杨汉英"皆量才用之"④，并最终使儒学成为当地非常有影响力的思想学说，同时亦加强了播州地区社会精英阶层对国家的文化认同。杨汉英曾请翰林学士程钜夫撰写《忠烈庙碑》，刻石于杨粲忠烈庙前，碑文摘录如下：

> 环播川数千里簪居卉服之民，咸知职贡，奢行喘息，以大帅府

---

① 《明史》卷310《土司传》，第7981页。
② 彭福荣、李良品、傅小彪：《乌江流域民族地区历代碑刻选辑》，重庆出版社2007年版。
③ 道光《遵义府志》卷31《土官》，第33册，第65—66页。
④ 道光《遵义府志》卷31《土官》，第33册，第69页。

为命，于是王化浃也。上嘉其劳，推恩锡类，追谥侯大父为崇德公，考为惠敏公，所以慰答忠勤者甚厚。侯既膺宠典，彤弓大卤，以祀以戎，治法征谋，所以忧边恤众者甚备。间岁必一述职请命，示弗敢安。大德七年冬，道过武昌，因言于廉问使者广平程某曰：汉英不肖，猥承边寄，莫非祖考之休庆；而庙碑未刻，惧无以示子孙，敢叙次其事以见，倘今而贶之辞，其自昭穆十六世而下，咸嘉赖之。某既辞弗获，则为之叹曰：

　　为人臣子不当如是耶？……嗟维杨侯，承家事君。靡或间言，式是臣邻。何以似之，曰忠曰勤。何以永之，咨尔后人。①

　　正是杨汉英具有强烈的家国情怀和儒家忠君爱国的思想，才能将杨氏对元朝的认同推向了极致，从而推动了播州各民族共同文化心理的形成，使元朝有效实现了对播州地区的管控。明朝时期，播州的几代土司也都能为朝廷"附辑诸蛮，谨守疆土"。杨纲的墓志铭，称其"其事亲也孝，其守职也勤，其用人也信"；每逢良辰佳节，必赴亲朋挚友处饮酒赋诗；处理政务从不马虎懈怠；尊重学彦文士，"爱恤黎庶"，"其莅政八年，而边境肃然，民安如一日"②。其中，虽然不乏对墓主人的溢美、夸张之词，但却能够反映当时播州土司杨氏及墓志的撰写者对儒家主流文化的认同倾向。众所周知，儒家伦理型政治文化的核心就在于"忠""孝"二字，播州土司能对历代王朝保持着如此忠心，可见对儒家政治文化的认同度之高。

　　播州经过长期的教化，土民对国家的认同逐渐加深，播州亦随之变得强大。正如杨汉英言："播州之杨，凡五百载用夏变夷，益远益大。传至于侯，节义不替，勋庸益著，盖侯自幼已能好学秉义，以文自修，尊礼老成，得其忠益，其承天宠召民和也固宜。"③ 土民逐渐把自己作为朝廷的臣民，咸知奉正朔，纳职贡，积极为朝廷征战。播州土司辖区

---

① 贵州省遵义县县志编纂委员会编著：《遵义县志·碑文》，贵州人民出版社1992年版，第1163—1164页。
② 《杨纲墓志铭》，遵义地区文物管理委员会、遵义地区文化局编：《遵义地区文物志》，1984年，第81页。
③ 贵州省遵义县县志编纂委员会编著：《遵义县志·碑文》，贵州人民出版社1992年版，第1164页。

内,现保留有明代皇木采办遗址和摩崖石刻,如在习水县同心村摩崖上,有铭文,其中写道"历视各厂,遍访民情,虽三尺儿童且知有中国之尊,则其性亦非天子类也?用夏变夷,复觏王化之盛正有望于今日"①。这是新津县知县黄德昌到贵州督办皇木时所记,说明了当时播州土司地区对国家(王朝)的认同,"三尺儿童且知有中国之尊"。此摩崖铭文的时间为嘉靖己未,为嘉靖三十八年(1559),从铭文上看,当时播州土民已对明朝高度认同。

播州杨氏知臣礼,风俗敦厚,深受明太祖赏识,特命儒臣赋诗以激励之。方孝孺作序云:

> 上帝以大明能慎德抚民,付畀万方。禹益之所纪,汉唐之所治,弥天际海,罔不来臣。播州宣慰使臣杨铿,当中夏甫定,即来附属,春秋奉方物、贡献京师。训教兵民,供徭输税,俗谆盗息,比于内郡。使介行旅,交称其能。洪武二十七年春,入觐蜀都。王嘉其忠于天朝也,燕劳宠锡,礼秩加等。厥既辞,有教曰:"铿甚忠,知臣职。长吏宜令儒臣赋诗以送之"。且命臣序之。②
> ……

方氏序中描写的播州民风淳朴、人心安定,与中央王朝保持着密切的君臣关系。

(六)华风渐染

宋以前的播州"敦庞淳固,以耕植为业,鲜相侵犯,天资忠顺,爱慕华风"。到宋时,"世转为华俗渐于礼,男女多朴质,人士悦诗书,宦、儒户与汉俗同。惟边夷则椎髻、披毡,以射猎、伐山为业。信巫鬼,好诅盟。婚姻以毡矢为聘粧,燕乐以歌舞为佳会……出入皆佩刀弩自卫,至与华人交易,略无侵犯……自明万历庚子后,土辟民聚,俗易风移。蚕桑殊少,专事耕农。士愿而好学,女贞而克勤"③。由此可见,播州地区除少数偏远地区外,历来崇尚中原汉文化。《方舆胜览》言:

---

① 转引自李飞《又见皇木·下》,载《贵州都市报》2012年12月14日第15版。
② (明)方孝孺:《奉教送宣慰杨铿还播州诗序》,民国《续遵义府志》,巴蜀书社2014年版,第1055页。
③ 道光《遵义府志》卷20《风俗》,第32册,第413页。

宋代遵义军境内的少数民族，"凡宾客聚会，酋长乃以汉服为贵"①。播州人的这一心理状况实为"乐慕圣化"或"慕华风"。为了接受宋王朝的统治和攀附宋王朝，许多少数民族部族头人不惜改名换姓和篡改家史，称其先人是中原人，有的甚至请宋帝赐姓。《宋史·渝州蛮传》记载当时播州地区少数民族头人改名换姓时说：北宋"治平中，熟夷李光吉、梁（承）秀等三族据其（大娄山以北）地，各有众数千家。间以威势胁诱汉户，有不从者屠之，没入土田。往往投充客户，谓之'纳身'"②。《方舆胜览·南平军》说："鹿个堡，去溱溪（今桐梓河）三十里，其先夷人，姓木樌。大观中纳土，赐姓赵，名亨。子孙亦世袭。"③ 据《宋史》大观二年另有木攀部内附，赐其首领名"赵泰"。今桐梓县夜郎坝赵氏祖墓碑记云："纳土自归是其先，创业原来不等闲。随龙赐姓传印绶，奕代子孙对江山。"赤水河中游的两个氏族部落首领，归附宋王朝后，一个改名"李世恭"，一个改名"罗永顺"，以表白他们对宋王朝要"世恭"和"永顺"。杨粲当政四十余年，物质财富日益增多，经济文化有显著发展，从而播州出现了一个"土俗大变"。明代播州地区"冠婚丧祭，不尚奢华。人知向学，深山穷谷，犹闻弦诵声。虽夜郎旧地，当与中土同称"④ 的风俗。"正安朴实淳厚，以耕耘为生，大略与汉俗同，士人以元宵为年，礼天神，享岁饭，尚未尽变故习。"⑤ 桐梓："燕会以礼，崇慕华风"，"绥阳敦庞纯固，崇尚诗礼，士多有守，民敦俭朴，夷俗悉除"。这就表明在长期的民族文化交流中风俗习惯的改变，不然，就不会出现元明以来播州"夷俗悉除"的文化事象。

综观播州民族地区的文化交流，它是中华民族大家庭中文化交流的一个重要组成部分，与历史上其他地区的民族文化交流一样，以吸收汉文化作为文化交流的主流，以保留本民族文化的特色作为创新之本，其运用之妙，形式之多，影响之深，以及对当代民族文化交流的启迪，实

---

① （宋）祝穆撰，祝洙增订，施和金点校：《方舆胜览》卷61《珍州》，中华书局2003年版，第1078页。
② 《宋史》卷496《蛮夷传》，第14240页。
③ （宋）祝穆撰，祝洙增订，施和金点校：《方舆胜览》卷60《南平军》，中华书局2003年版，第1061页。
④ 道光《遵义府志》卷20《风俗》，第32册，第413页。
⑤ 道光《遵义府志》卷20《风俗》，第32册，第413页。

不可小觑。同时，这种文化交流也逐渐成为播州地区国家认同的心理基础。

第二节 播州土司文化与华夏认同

中原文化对播州社会的影响，主要是儒家文化，这在播州传世文献和墓志资料内容有较多反映，表达播州土司精英分子接受中原文化、不断提升自身儒学修养、自觉融入中华主流文化圈的诉求。在此影响之下，播州文化特别是宗教信仰、丧葬婚姻风俗等诸方面表现出对主流文化认同的趋势。这种文化是国家认同的最深厚基础。

播州土司国家认同是其对中原文化认同的升华，也是他们对国家强烈的归属意识。杨氏土司对国家的认同，首先是对朝廷的认同。就其认同本质而言，文化认同是动力和根基，王朝认同是有条件的，文化认同是心理上的、永恒的。明代播州杨氏土司的国家认同主要是指播州杨氏对明正统王朝合法性的认同以及其合法性背后所代表的以中华文化为历史记忆的文化认同，包括儒家文化、典章制度和宗法伦理等。

杨氏土司的国家认同和最后走向国家背叛结局的历程在西南土司国家认同中最具代表性，725年的家族统治史见证了中央王朝对边远少数民族地区的治理，它为研究我国历史时期边远少数民族地区管理制度由羁縻之治到土司制度再到"改土归流"的变迁提供了一个完整的样本。从个案中认真梳理中国历代边疆治理与国家认同的历史经验，具有一定的现实意义和学术价值。

播州土司文化遗存分布广、内容丰富，保存较为完整。如位于距遵义市中心城区北30千米的龙岩山上的海龙屯，是我国迄今保存较为完好的集军事防御与行宫为一体的大型中国南方土司遗址，屯内面积达1.59平方千米，屯之周边，尚有养马城、养鸡城、养鹅池、望军屯互为羽翼，构成播州杨氏土司庞大的军事防御体系。2012年4月至2013年1月，贵州省文物考古研究所对海龙屯展开了首次大规模考古发掘。此次发掘进一步廓清了全屯的格局，发现了王宫遗址，出土了万余件文物，其中珍贵文物200余件。2013年4月海龙屯被列为"2012全国十大考古新发现"，"它的发掘为探讨宋明时代中央与地方的互动关系提供了新的材料，可能引发考古学界将视线更多地投向边地的、民族的、晚期的遗存中来"①。2012 年 11 月，"海龙屯"遗址被国家文物局列入更新的《中国世界文化遗产预备名单》，2015 年 7 月海龙屯与湖南永顺老司城、湖北唐崖土司城一起被列入世界文化遗产名录。随着海龙屯考古的新进展和世界文化遗产保护开发工作全面展开，为我们提供了新的材料。总的来看，迄今为止发现的播州土司文化遗存主要有四大类：一是土司墓葬 15 处，二是古建筑、古关隘 49 处，三是摩崖、碑刻 100 余块，四是文物藏品 20000 余件。这些文化遗存，特别是海龙屯考古新发现提供了大量历史文献没有记载的史料，涉及宋元明时期民族关系以及土司内部管理、战争等方面的重要历史资料，为研究黔北少数民族的文化变迁和国家认同提供了丰富的史料。本节以海龙屯和土司新发现墓葬为例，结合海龙屯的选址、格局、建筑形式、建筑技术、装饰细节和土司墓葬的形制和风格、陪葬品特点、壁画石刻艺术的象征意义、出土墓志铭文的考证及碑刻疏证解读等方面研究播州土司文化特征及其变迁。从大遗址的视角，结合文献材料，从礼仪、饮食、衣饰、居止、交通等方面梳理播州文化变化的轨迹，揭示播州国家认同的变迁。

海龙屯全景图

---

① 《北京日报》2013 年 4 月 10 日第 2 版。

一　海龙屯遗址与播州土司的文化认同

海龙屯始建于南宋理宗宝祐五年（1257），明万历二十一年（1593），杨应龙调集役夫加修，历经 300 余年的经营，海龙屯军事城堡成为播州土司杨氏的军事大本营。直到万历二十八年（1600）平播战争结束，海龙屯为明军攻破。海龙屯，古称龙岩囤，又称海龙囤，在遵义县高坪镇海龙屯村龙岩山上。龙岩山矗立在太娄山脉东支中段重山中，地形地势极其险要。从远处眺望，群峰簇拥中孤峰一蒂。山下溪水环流，四面陡峭，只有后山窄径一线，可以连接另一座山。杨氏土司利用这种形胜之地，在宽广约 5 千米的龙岩山顶围筑土城、月城三重，建楼房、仓库、水牢。屯前设铜柱、铁柱、飞龙、飞凤、飞虎、朝天、万安等九关。各关之间有护墙相连，随山势绵延十余里。由于地势险要，交通不便，平播战争后，海龙屯的周围环境，并未发生太大的改变，现在大体上保持着四百年前的原貌。遗址规模尚存，城墙、敌楼、关口及部分石刻未毁。可以说，海龙屯承载了丰厚的历史信息，见证了播州土司的兴衰。

从南宋始建初衷可以看见修建是国家战略的需要，出于保卫国家。十四世杨价和十五世杨文职执掌播州期间，正值蒙古兵大举南进入蜀，他们竭力出兵北上帮助四川军民抵抗元兵。史书上记载杨价"抗元有功"，杨文曾七次出兵助宋抗元。淳祐六年（1246），四川形势危急，杨文认为"连年房寇如蹈无人之境，由不能御敌于门户之外故也"，向四川安抚制置使余玠条陈"保蜀三策"的战略思想，提出："节次经理三关，为久住计，此为上策……在诸路险要去处，众口城筑以为根柢，此为中策……保一江以自守，敌去敌来，纵其所之，此为下策。"[①] 这与淳祐年间受知余玠而首画城钓鱼之策的播州冉氏兄弟思想如出一辙。《宋史》载："播州冉氏兄弟琎、璞，有文武才，隐居蛮中，前后阃帅辟招，坚不肯起，闻玠贤，相谓曰：'是可与语矣'……（玠）密以其谋闻于朝，请不次官之。诏以琎为承事郎，权发遣合州，璞为承务郎，

---

① 贵州省遵义县县志编纂委员会编：《遵义县志》，《附录三·墓志》，贵州人民出版社 1992 年版，第 1170—1171 页。

权通判州事。"① 冉氏兄弟由于有才能而被荐辟为官，他们竭力协助余玠经略四川，领导四川军民建立山城防御体系，对稳定长江上游战局，粉碎蒙古军队去蜀灭宋的战略计划、延长南宋王朝"国祚"功不可没。② 后随蒙古军的进一步南进，播州有唇亡齿寒之忧，播州沿边安抚使决定在地处统治中心以北 30 千米的海龙囤修成"新城"，以求自保。《杨文神道碑》载：宝祐丁乙（1257），"吕公与杨君相会，面言当为申朝庭行下□□制阃，置一城以为播州根本。我且住黄坪以蔽沅、靖，于是筑岩新城"。杨文与吕公（即湖南沅、靖二州节度使吕文德）共商抵御蒙军进攻之策，决定利用播州险要地形，修筑龙岩新城。"龙岩新城"，即今海龙囤。新城相对于唐末养马旧城而言。《宋史》记载："（理宗）宝祐六年正月，诏枢密院编修官吕逢年诣蜀阃，趣办关隘、屯栅粮饷，相度黄平、思、播诸处险要缓急事宜，具工役以闻……夏四月……丁酉，诏田应已思州驻劄御前忠胜军副都统制，往播州共筑关隘防御……秋七月……乙亥，吕文德入播州，诏京湖给银万两"③。从这两处资料显示，朝廷介入了海龙囤的修建，不仅拨款还派人督办，充分说明朝廷把海龙囤作为整个南宋西南山城防御体系的最后防线。不过，从杨文始建到杨应龙反叛之前"重茸"，仅仅是战备需要，并未启用于战争④。

从海龙屯遗址包括其选址、格局、重点遗存、建筑形式、建筑技术、装饰细节、建筑命名等方面，与同时期中原地区明代建筑形制和规制的对比考察，可发现很多的相似。另外，从近期由贵州省文物考古研究所主持的海龙屯遗址考古挖掘中，出土的瓷器和古钱币可以反映出播州土司文化与中原文化的紧密关系及其文化认同。其中，瓷器碎片达数万件之多，可计件者 5000 余件，可复原者 500 余件。⑤ 可粗分为青花、酱釉土瓷、青瓷等几类，以前两类居多。酱釉土瓷可辨器形者有罐、

---

① 《宋史》卷 416《余玠传》，第 12469 页。
② 陈季君：《地缘政治学视角下明王朝与播州土司的政治博弈》，《遵义师范学院学报》2011 年第 5 期。
③ 《宋史》卷 44《理宗本纪四》，第 862 页。
④ 陈季君、徐国红：《"海龙屯"地名的历史地理研究》，《遵义师范学院学报》2012 年第 6 期。
⑤ 贵州省文物考古研究所等编著：《海龙囤·壹》，科学出版社 2022 年版，第 52 页。

盆、壶、钵、擂钵等。部分饰有弦纹、印花等纹饰。这类器物较大，均应为本地产品。青花按钴料的色泽又可分为蓝色和灰色两类。前者多制作精良，应为景德镇产品；后者制作较粗，可能是本地产品。可辨器形有杯、盘、碗、匙、罐、瓶、香炉等，以前几类日用器为主，瓶、罐、炉等陈设器较少。装饰手法有画花、印花、青花釉里红和青花红绿彩等。纹饰有花、鸟、鱼、兽、人物和山水等。其中，花有菊、莲、牡丹、梅、团花、缠枝、折枝等；鸟有鸳鸯、飞鸟、仙鹤和凤；兽有狮、豹和龙；人物有八仙、高士等。部分青花外底有铭款，分年号款和吉祥语两类。年号款有"宣德""成化""嘉靖""隆庆"和"万历"，以"宣德"和"万历"最多。吉祥语款以"福""寿"最多。

海龙屯出土的青花盏碗

少量青花可确定为官窑器，或系官搭民烧器，多数则属民窑器，主要为景德镇产品。

出土钱币有开元通宝、元符通宝、万历通宝各一枚，多数为崇祯通宝、弘光通宝、隆武通宝、永历通宝等，均出在遗址的晚期堆积中。崇祯通宝1089枚，南明钱171枚[①]。其中的永历通宝有大小两种，大者直径4.5厘米，背有"壹分"字样。遗址出土的瓷器和钱币中的中原文化因素，说明播州与中原交流互动的频繁性，这种交流是多方面的，有经

---

① 贵州省文物考古研究所等编著：《海龙囤·贰》，科学出版社2022年版，第473页。

济方面的交流，如明朝官窑青花瓷器流入播州；有政治方面的交流，如在播州亦采用中央王朝的通行钱币，中央王朝钱币在播州地域的流通，说明播州政治上对中原的认同与归顺；更有文化及思想的交流和吸收，如播州本地的瓷器装饰图案中的牡丹、鸳鸯、仙鹤、八仙等，这些代表中原人群文化意向和价值观念的形象在播州的出现，亦说明在深层次的文化及精神层面，播州地域对中原社会的认同。[1]

此外，从海龙屯遗址的命名方式上也可以看出播州土司的汉化倾向，如屯前设铜柱、铁柱、飞龙、飞凤、飞虎、朝天、万安等九关，这其中的"铜柱、铁柱、飞龙、飞凤、飞虎、朝天、万安"等字样都是传统中原文化中的重要内容，具有特别的象征意义，如铜柱在传统汉文献中指神话传说中的天柱，"昆仑之山，有铜柱焉，其高入天，所谓天柱也"[2]，后多指铜制的界桩，如《后汉书·马援传》"峤南悉平"，李贤注引《广州记》：载"援到交趾，立铜柱，为汉之极界也"[3]。而龙、凤、虎、天等这些都是汉地文化中的重要元素。这些都说明了杨氏土司对汉文化的高度模仿，或者说播州土司的上层此时已经完成了汉化。

中原文化对播州土司文化的关联性，特别是中原建筑艺术对播州建筑的影响性，可为当下海龙屯建筑遗址的清理及复原工作，提供有价值的参考。探讨播州地域文化在与中原文化的互动中的冲突与融合，即播州土司时期的建筑在保留自身地域、民族特色的同时多大程度上吸收了中原地区的建筑设计思想。

通过对海龙屯建筑遗迹的初步实地考察，可以发现海龙屯不仅具有军事堡垒突出的防御功能，体现在地势险峻，地形复杂，关口布局科学，一夫当关，万夫莫开，所谓"飞鸟腾猿不能逾者"。同时，亦符合中原传统建筑的风水观念。风水观念源自阴阳五行观念，是中国传统文化的重要内容，风水在古代中国的发展中，经历了不少代名词，如地理、阴阳、卜宅、相宅、形法、堪舆等。通常认为举凡人类为其居住环境所做的一切行为皆可谓之。也就是包括了人类对于居住环境的评估、

---

[1] 陈季君、裴恒涛：《跨文化视阈下的播州民族文化的变迁——基于海龙屯考古及播州土司墓的考察》，《贵州民族研究》2014年第3期。

[2] （汉）东方朔：《神异经·中荒经》，《丛书集成新编》，第26册，台北：新文丰出版公司1986年版，第113页。

[3] 《后汉书》卷24《马援列传》，第840页。

研判、分析、计算、规划、选择以及处理的一门学问。[①] 内地学者亦认为风水是中国人对生态学的本土诠释，其实质不外在选址时对地址、水文、日照、风向、气候、气象、景观等一系列自然地理环境因素，做出或优或劣的评价和选择，以及所需要采取的相应的规划设计的措施，从而达到趋吉避凶的目的，创造适于长期居住的良好环境。亦有学者认为，风水是中国传统宇宙观、自然观、环境观、审美观的一种反映。[②] 中国传统的风水观念中强调负阴抱阳，背山面水的基本原则和基本格局。所谓负阴抱阳，即基址后面有大娄山脉主峰，左右有次峰或岗阜的左辅右弼山，或称为青龙、白虎山，山上要保持植被丰茂；前面有月牙形的池塘或弯曲的水流；水的对面还有一个对景山案山；轴线方面好是坐北朝南。位于遵义城北30千米的龙岩山东的海龙囤，从远处眺望，此囤四面陡峭，山上地势开阔，植被茂盛，山下湘水环流，群峰簇拥，符合传统风水学的选址原理。可见，播州杨氏家族在借鉴传统汉文化风水思想、选址修建海龙屯城堡时是费了一番心思的。这一点亦如考古学家李飞所言，海龙囤的选址充分体现了两个交融：一是中原文化和本土文化的交融，一是文化与生态环境的完美交融，是山地生态文明的杰作。从播州末代土司杨应龙《骠骑将军示谕龙岩囤严禁碑》所云："夫龙岩囤者，乃播南形胜之地也……今重辑之，以为子孙万代之基，保固之根本耳。"[③] 可以看出其建筑思想中包含的风水思想及其趋吉意图。

二 播州土司墓葬与中原文化的认同

播州杨氏墓葬群，由于其相对真实、完整的历史相貌，为我们克服传统汉文史籍的不足，深刻全面研究分析播州的民族文化、土司文化提供了宝贵的材料。随着新中国成立以来考古工作的推进，特别是近几年来播州土司考古工作的新进展，播州杨氏各代土司的墓葬位置大部分基本确定，播州土司家族墓比较集中地位于遵义县北约35千米的川黔公路上的高坪镇。1954年贵州省博物馆在考古调查中发现了这批墓葬。

[①] 参见六愚《风水论：风水探源与本质探讨》，台北：武陵出版有限公司2010年版，第25页。
[②] 参见徐杰舜主编《人类学教程》，上海文艺出版社2005年版，第47页。
[③] 遵义地区文物管理委员会、遵义地区文化局编：《遵义地区文物志》，1984年，第106页。

1972年春，相关文物部门对墓葬群进行了发掘清理，从出土的神道碑、圹志铭、墓志铭和修墓题记等文物，基本可以断定这些墓葬分别归属于播州土官中的杨文、杨昇、杨纲和杨爱。这些经过考古清理的杨氏墓葬，规模宏大，结构复杂，皆系夫妇合葬墓。每个墓塚当中，多者四个墓室，少者也有两个墓室。建墓材料多系巨大的青石，轻者数百斤，重者有七、八吨。这些清理的墓葬由于多数已被盗掘，清理中发现的文物资料不太丰富，主要包括残陶俑十件，铜筷一双，铜锁一件，铜匙一件，金花片饰一件，另出土《杨文神道碑》残碑一块，杨文妻《田氏圹志铭》一方，杨昇及其妻田氏《墓志铭》各一盒，杨纲《墓志铭》一盒。特别其中的杨文神道碑，洋洋洒洒一千多字，记载了杨氏"自唐守播……累世恪守忠节……世世子孙，不离忠孝二字"，接受儒家文化，效忠南宋王朝的真实状况。这些播州墓葬夫妇合葬的形式，墓志铭的广泛使用，以及墓志铭文中体现的"忠孝"观念等，透露中这一时期播州土司上层浓厚的汉化倾向。

在播州杨氏土司的墓葬中，规模最大的要数杨粲夫妇合葬墓。杨粲夫妇合葬墓位于遵义县龙坪区永安乡皇坟嘴，1957年贵州省文物部门对杨粲墓进行了系统的考古发掘，出土了相关的文物资料，学者们也进行了相关的研究，这些考古成果为我们研究播州土司的民族文化提供了第一手宝贵的资料。

根据发掘的情况可以得知，杨粲墓由496块白砂岩条石筑成，结构为平顶双室，男室居左，女室居右。墓室之上，覆盖圆阜状封土堆，封土残存厚度1.25米，直径约14.2米。墓室通长8.42米。前室通宽8.04米，后室通宽7.53米，后室最高处为5.02米。男女两室平面结构基本相同，大致可分为墓门、前室、后室、两室间过道等四个部分。除前室外，其余部分，均有雕刻，全墓共有雕刻190余幅，其中包括人物雕像28尊，仿木构建筑、动物、花草和几何图案雕刻162幅。[①] 播州土司墓葬中的雕刻壁画艺术反映出播州杨氏对中原文化的模仿与吸收。

此外，从杨氏墓葬的形制、埋葬风格、陪葬品特点、壁画石刻艺术

---

① 相关数据参见《杨粲墓的墓葬结构》，遵义地区文物管理委员会、遵义地区文化局编《遵义地区文物志》，1984年。

的象征意义及出土墓志铭文的疏证解读等①，结合中原地区宋代和明代墓葬遗址的考古发掘及研究资料，通过一定的跨文化比较研究，可探研播州土司杨氏的民族成分及民族文化的特征，即文化上的二重性特征，换言之，保留自身的地域与民族文化属性的同时，播州土司文化广泛吸收中原文化因素，体现了对中原文化的认同。

南宋和明代播州杨氏墓葬群也体现了中原风水思想"负阴抱阳，背山面水"的观念。坐落在高坪镇的杨氏墓葬群，"枫香塘河自西北流经这里。东岸峰峦叠嶂，西岸土地平旷，田畴交错，播州杨氏墓葬即分布在田野西边珍珠山北麓的地瓜堡、衙院两道山梁上"②。播州土官杨氏第十五世杨文、第二十二世杨昇、第二十四世杨纲和第二十六世杨爱的墓葬就分布于此。

此外，播州其他土司墓葬的考古发掘近几年也取得了新突破，"贵州遵义市新蒲播州杨氏土司墓地"，被列入2014年中国六项重大考古发现。新蒲杨氏土司墓地位于遵义市东北侧约20千米的新蒲新区新蒲村官堰组，地处乌江支流湘江上游的仁江西岸。其中贵州省文物保护单位，第二十九世土司杨烈之墓发现较早。2012年8月，贵州省文物考古研究所会同遵义市文物管理部门，对中桥水库工程淹没区进行了文物调查和勘探工作，在杨烈墓东南侧约200米处新发现一大型石室墓和其他相关遗迹。2013年4月，贵州省文物考古研究所在中国社会科学院考古研究所的指导下，对遵义新蒲村杨氏土司墓群进行了为期近两年的大规模发掘，新发现杨铿墓和杨价墓，尤其杨价墓系未遭盗掘的双室并列之土坑木椁墓，是形制特殊且保存完整的大型高等级大墓，出土大量造型精美的金银器等随葬品，是贵州土司遗存继海龙屯遗址之后最重要的考古新发现。

三座墓葬分别营建于两道伸向河边低矮的土梁上。墓地选址在仁江河西岸的坡地上，背山面水，均体现出了中原文化的风水取向，墓后靠官坟大山，面向熊家岩，前临官坟河（即官渡河），风水俱佳。

---

① 关于杨粲墓志、杨文神道碑的录文可参见贵州省博物馆编《贵州省墓志选集》，1986年。
② 遵义地区文物管理委员会、遵义地区文化局编：《遵义地区文物志》，1984年，第74页。

墓志的使用及墓志内容的书写，亦可以看出中原儒家文化对播州杨氏土司的深刻影响。墓志就是下葬时特意和棺柩一起埋在墓穴内的刻石，墓志出现在西汉时期，到南北朝定型。定型后的墓志一般由两块正方形青石上下相合而成。上石为志盖，用篆书题刊"某朝某官墓志"；下石为志底，刻写志文。志文的内容格式一般为：首先叙述死者姓名、籍贯和家世谱系；再叙述其生平事迹及官职履历，并颂扬其政绩德行；最后记其卒葬年月和葬地；志文后是四字韵语的"铭"，以表达对死者的悼念哀思之情。结构完整、带有韵语的志称为"墓志铭"。南北朝至隋代的墓志上皆不署撰述和书写志文者的姓名，唐以后才在志文标题下署撰者和书写者的姓名及官衔。

与中原地区特别是洛阳、西安等地近万方唐代墓志出土量相比，播州地区的唐宋墓志寥寥，仅有的几方残缺墓志主要是宋代的杨氏土官墓志，且残缺不全。[①] 遵义20世纪50年代挖掘的南宋播州安抚使杨粲夫妇墓，由于早年被盗，出土随葬品极少，出土残墓志一方，为南宋淳祐七年（1247）刻石。现存贵州省博物馆计残石八块，志盖不存，志文楷书。文字缺失较多，难于通读。但从残存的墓志录文可见，其符合南北朝以后中原地区墓志的格式和规范，语句流畅典雅。在遵义高坪播州杨氏墓葬群中，还发现了不少墓志石刻文献，如其中的《杨文神道碑》、杨文妻《田氏圹志铭》、杨昇、田氏和杨纲的《墓志铭》等文物。在遵义新蒲杨铿墓志位于杨铿墓中室墓门外中轴线上，这符合同时期中原地区墓志铭的传统摆放位置。墓志均阴刻篆书志盖和楷书志文，表面涂朱，从"明故亚中大夫播州宣慰使司宣慰使杨公墓志铭"志盖及"公讳铿"等志文，可知中室墓主是播州杨氏第二十一世杨铿，志文约3000字，记录了杨氏家史及杨铿生平、功绩等。"明故播郡太淑人田氏墓志铭"，志文900余字，记录了杨铿夫人田氏的优良品德和贵州杨、田、宋三大土司间的姻亲关系等。可以窥见，发端和成熟于中原地区的墓志文化，时至南宋，已经在西南的播州地区发展起来，至少说在社会上层人士中流行开来。对于华夏边缘地区的播州地域而言，墓志的书写和采用，不仅是对墓主生平的追念和赞扬，更反映文化交流背景下中原

[①] 参见相关论著《唐代墓志汇编》《唐代墓志汇编续集》《新中国出土墓志》《贵州墓志选辑》等。

文化的传播，以及边疆地区社会对中原文化的认同。如明代播州土司杨纲的墓志铭称其："其事亲也孝，其守职也勤，其用人也信……性恬淡……爱恤黎庶……其莅政八年，而边境肃然，民安如一日。"① 墓志虽不排除对墓主人的溢美之词，但反映了当时播州土司杨氏及墓志的撰写者对中国文化认同的倾向。

遵义杨氏墓葬中的铜鼓等器物从某种程度上揭示播州作为西南地域民族文化的独特意义。可以说，铜鼓文化是远古时代在包括中国长江以南到东南亚的广阔地区的一种典型文化代表，依照汉文化的角度，可以将其视为古越民族的代表性器物文化，如宋代朱辅《溪蛮丛笑》中记载了西南非汉人铜鼓的情况②。铜鼓作为我国南方古代民族的乐器，产生于青铜时代，延续到明清两代，我国西南和两广地区的少数民族仍在使用它。铜鼓在其漫长的发展过程中，功能也不断演化。作为早期出现的铜鼓，主要是作为乐器使用，且兼作炊具。后来，又作为祭祀活动中的礼器使用，象征社会财富和社会权威，甚至用作葬具。规模大、制作精的铜鼓对于研究我国南方古代民族的政治、经济、文化作用重大。播州地区的铜鼓文化亦颇具代表性，近年来，我国考古工作者根据中国南方古代铜鼓的不同形制和纹饰，将其分为八个标准类型，每个类型均以其代表性器物的出土地点命名，分别为万家坝型、石寨山型、冷水冲型、遵义型、麻江型、北流型、灵山型、西盟型。杨粲夫妇墓出土的两面铜鼓，被定为遵义型铜鼓的标准器物。遵义型铜鼓是我国古代铜鼓发展到东汉至两宋时期的一种形制，形制和花纹较为简单。目前，在全国收藏的1360多面铜鼓中，属于遵义型的共35面，其流行地域相当于古代的南中、五溪等少数民族地区。播州作为古越民族分化后的少数民族的重要聚居地，墓葬中发现铜鼓，至少说明了墓主在丧葬活动中对地方民族文化的吸收，或者可以说明墓主本人的少数民族身份。这点学界有一定的共识，如学者章光恺认为播州土司杨粲死后，其家属赶制铜鼓入葬，即反映出杨粲族属方面具有古代西南少数族僚人的特点。③ 发掘的陪葬陶俑的服饰风格的考证亦可探寻当时播州的民族文化及地域文化风情。

---

① 遵义地区文物管理委员会、遵义地区文化局编：《遵义地区文物志》，第81页。
② （宋）朱辅：《溪蛮丛笑》，文渊阁《四库全书》，第594册，第47页。
③ 参见章光恺《播州杨氏族属初探》，《贵州文史丛刊》1982年第4期。

明代土司杨铿、杨纲、杨辉墓出土的陶俑

  杨铿夫妇合葬墓中出土的相关文物，还有骑马俑、香炉、铜镜残片、玉器和料珠等。特别是相对完整的墓志铭文资料，说明播州在明代前期与中原地区的关系是密切的，政治、经济、文化上与中原之间建立互为依存的关系，这可以从骑马俑、香炉、铜镜残片、玉器和料珠这些具有中原特色的出土实物资料中得到说明，也可以从墓志盖中的书写内容及方式可以看出。此外，通过墓志铭文反映的播州土司与周边土司的姻亲关系亦可说明，播州土司通过各种政治、经济、文化等方式表示对明王朝的政治认同的同时，播州地域也表现出浓厚的地方性与民族性。

  以上利用考古学、民族学、历史学等学科的相关方法，总体认为播州土司尽管保留自身许多非汉文化的成分，但是逐渐受到中原强势政治、经济、文化乃至思想意识的碰撞，并自觉不自觉地接受了这种文化辐射，使得随着历史的演进，播州地方社会逐渐认同华夏主流文化。这种认同的趋势在播州土司历史遗存中得到了较充分的体现。这种认同趋势不以播州上层精英分子的个人意志为转移，所以说尽管播州土司杨应龙以所谓固若金汤、"飞鸟腾猿，不能逾者"的海龙屯据守，雄心壮志地做起天子梦，所谓"养马城中，百万雄狮擎日月；海龙囤上，半朝天子镇乾坤"，但在以强大中原文化为广阔根基的大明一统王朝的军事辗压下终归破灭。伴随着播州杨氏土司的覆灭，播州民族文化格局亦发生了根本的变迁，正如李化龙在《播地善后事宜疏》中所言："播州，皆夷也，大兵之后，为贼用力者，芟夷蕴崇，已无遗种。"① 播州非汉人口的减少，再加上之后播州改土归流，汉人的大量涌入，所谓"平播改流，为时无几，遂入国朝。乱后儒家来填土满，宦游侨寓"②，在此情形下，播州民族文化上的非汉特色逐渐减小，进一步融入华夏文化之中。

　　元、明时期，随着多民族统一国家的不断发展，中央王朝力量突破西南群山和族群界限，细化、强化这一地域的统治成为历史的趋势，播州土司势力衰败于此时成为历史必然。如史书所载明代贵州的形势是："盖贵州原非省会，止以通滇一线，因开府立镇，强名曰省，其实皆高山峻岭，军民无几，尚不能当他省一大府，有何名焉。"③ 地处黔北的播州在自身经济、军事势力有限的情况下，在强势中原汉文化及军事力量的冲击，失败再所难免。明代万历年间平播战争的胜利和播州杨氏土司的覆灭，开始了中原文化在播州地域的较快传播，中原王朝及其官员通过地域建置调整、军事移民、文化输入等方式，逐渐改变了播州地域的民族构成，当地汉化的趋势增强，汉人群体及文化逐渐超越诸非汉人群体，成为播州地域的主流人群和核心文化。

---

① 道光《遵义府志》卷42《艺文一》，第33册，第347页。
② 道光《遵义府志》卷32《选举》，第33册，第91页。
③ （明）李化龙：《平播全书》卷1《奏议》，《续修四库全书》史部，第434册，第276页。

第五章　播州土司国家认同向地域社会的渗透

我们认为，土司地区国家认同的实质是广大少数民族通过土司精英阶层的媒介逐渐融入中华民族的历程，反映了西南少数民族的进步与发展。播州土司地区的国家认同也同样体现了这一实质性特点。因为只有土司地区的不断进步与发展才会有国家认同的不断加强。下面，我们就具体看一看播州地区在土司制度下经济、文化的发展。

第一节　经济发展

播州土司统治区域主要在今黔北一带，与贵州的其他地方相比，由于相当长时期内归属四川管辖，经济开发得相对较早，再加上这一带是川民流入的主要地区，中原先进的生产方式在此传播的历史亦较早，使得这一地区经济的发展状况在贵州地域中一直处于领先位置，无论是农业的开发、手工业的种类及技术，商业的开展，户口田赋的数量等，都较充分地体现了这一点。下面就农业、手工业、商业、庄园经济，以及物产等做简要介绍，以期客观反映播州土司时期经济发展的面貌。

一　山地农业经济的发展

播州农业发展较早，在汉代就有"邑聚"和农耕，到宋代播州地区的农业取得了较好的发展，"稻粟皆再熟"。元明时期，伴随着土司制度推行的推行，大批汉族士兵和人民进入播州地区，带来了先进的生产技术和工具，进一步促进了播州农业的发展。

（一）山地农业

播州气候温热多雨，日照不足，山多平地少，在山地中间分布较多的山间盆地，当地称为"坝子"，人口多聚居于此，属于农业连片发达区。由于播州地域距离巴蜀较近，农业生产技术方面容易受到巴蜀地区的影响，因而农业发展较早。汉代，播州地域的田土已经得到初步开发，据《史记》记载，"当是时，汉通西南夷道，作者数万人，千里负担馈粮，率十余钟致一石，散币于邛、僰以集之。数岁道不通，蛮夷因以数攻，吏发兵诛之。悉巴蜀租赋不足以更之，乃募豪民田南夷，入粟县官，而内受钱于都内。东至沧海之郡，人徒之费拟于南夷"①。说明在汉代，即使是西南地区文明发展程度最高的巴蜀地区，亦是地广人稀，租赋不足，更别说地处巴蜀之南，更加边缘化的播州了。为了开通西南夷道，为了解决在开通道路过程中的粮食供给问题，汉朝招募中原地区的豪民大户，前外"南夷"开荒种地，这种措施有利于中原先进农耕技术的传入，推动了属于南夷地域的播州地区土地的开展，促进了当地农业的发展。

汉代播州地域的农业生产状况可以从司马迁的记述中获得初步印象，如《史记》载："西南夷君长以什数，夜郎最大；其西靡莫之属以什数，滇最大；自滇以北君长以什数，邛都最大：此皆魋结，耕田，有邑聚。"②"魋结"中的魋，是古书上说的一种毛浅而赤黄、形似小熊的野兽，结指结绳记事。此处的"魋结"，也称为"椎髻"，是古代的一种发式，将头发束成一束盘于头顶，形成椎形的发髻。司马迁把它描写为西南民族的特有的发型。这评释在汉代或之前的相当一段历史时期内，作为西南夷夜郎国的播州地域，开始了定居农业的生活。

渔猎的生活方式，在当地延续了较长时期，到北魏时代，"獠王各有鼓角一双，使其子弟自吹击之。好相杀害，多不敢远行。能卧水底，持刀刺鱼"③。到宋代，播州地域因温热多雨的气候条件，稻米二熟制的耕作模式已见于正史，如《宋史》记载当地"无城郭，散居村落。土热，多霖雨，稻粟皆再熟"④。此时，家庭畜牧业在当地农业经济中有一定比重，如史载"其法，劫盗者，偿其主三倍；杀人者，出牛马三

---

① 《史记》卷30《平准书》，第1421页。
② 《史记》卷116《西南夷传》，第2991页。
③ 《魏书》卷101《蛮獠传》，第2248页。
④ 《宋史》卷496《蛮夷传四》，第14223页。

十头与其家以赎死"①。杀人以多达三十多头的牛马赎罪，看来当地的牛、马饲养应有一定的规模，作为重要的财产和蓄力，在当地人的社会生活中占有重要地位。

明代播州土司曾多次向朝廷上贡良马，如嘉靖元年（1522）八月，"四川播州宣慰使杨相遣长官韩曦等来朝贡马，贺万寿圣节"②。又如嘉靖三年（1524）八月，"四川播州宣慰使司宣慰使杨相差长官令狐爵贡马进贺，赐彩段钞锭如例"③。嘉靖四年（1525）八月，"四川播州宣慰司宣慰使杨相遣长官冯俊等来贺圣节，贡马。赐钞锭彩币有差"④。嘉靖九年（1530）八月，"四川播州宣慰使杨相遣长官杨守等贡马，贺万寿圣节。赐赉如例"⑤。嘉靖十二年（1533）九月，"四川播州宣慰使杨相、贵州上马桥等四长官司遣使贡马，各赏赉如例"⑥。嘉靖十五年（1535）九月，"四川播州宣慰使杨相遣把事吴廷炬等贡马，贺万寿节"⑦。嘉靖二十三年（1544）四月，"四川播州宣慰使司舍人杨烈、施州卫大旺安抚等司，东流、小平等长官司各遣人贡马"⑧。嘉靖二十五年（1546）正月，"四川播州宣慰使杨烈差官贡马，补贺万寿圣节，给赏如例"⑨。嘉靖三十三年（1554）十二月，"四川播州宣慰使杨烈差长官都春等来朝贡马，给赏如例"⑩。嘉靖三十四年（1555）八月，"四川播州宣慰使杨烈、贵州宣慰使司承袭土舍安国亨等差长官张裔、舍把安敬等各贡马及方物，贺万寿圣节"⑪。嘉靖三十五年（1556）九月，"四川播州宣慰使杨烈遣人贡马，贺圣节，给赏如例"⑫。嘉靖三十六年（1557）十月，"四川播州宣慰使杨烈差长官杨宠等贡马，补贺万寿圣

---

① 《宋史》卷496《蛮夷传四》，第40册，第14223页。
② 《明世宗实录》卷17，嘉靖元年八月癸未，第522页。
③ 《明世宗实录》卷42，嘉靖三年八月戊午，第1106页。
④ 《明世宗实录》卷54，嘉靖四年八月乙未，第1331页。
⑤ 《明世宗实录》卷116，嘉靖九年八月乙亥，第2752—2753页。
⑥ 《明世宗实录》卷154，嘉靖十二年九月癸卯，第3483页。
⑦ 《明世宗实录》卷191，嘉靖十五年九月丙辰，第4019页。
⑧ 《明世宗实录》卷284，嘉靖二十三年四月甲辰，第5501页。
⑨ 《明世宗实录》卷307，嘉靖二十五年正月己卯，第5790—5791页。
⑩ 《明世宗实录》卷417，嘉靖三十三年十二月庚午，第7234页。
⑪ 《明世宗实录》卷425，嘉靖三十四年八月庚午，第7358页。
⑫ 《明世宗实录》卷439，嘉靖三十五年九月辛酉，第7531—7532页。

节，给赏如例"①。嘉靖四十三年（1564）正月，"贵州宣慰使安国亨、四川播州宣慰使杨烈各差人贡马，贺万寿圣节。以过期，给半赏"②。同年九月，"贵州宣慰使安国亨、四川播州宣慰使杨烈各遣人贡马，贺万寿圣节。以过期，给半赏"③。隆庆二年（1568）正月，"贵州宣慰司土舍安国亨遣土目安和等，播州宣慰使杨烈遣土目赵士贤等各来朝贡马。宴赉如例"④。万历元年（1573）正月，"四川播州宣慰司应袭土舍杨应龙差献马匹，贺上登极"⑤。万历四年（1576）十二月，"四川播州宣慰使杨应龙备马匹，差官赵凤鸣等赴京进贡及庆贺万寿圣节"⑥。万历八年（1580）正月，"播州宣慰司杨应龙差长官杨正芳进马匹，庆贺万寿圣节。赏给钞段"⑦。万历九年（1581）十一月，"播州宣慰使杨应龙遣长官赵仕贤等三员贡马，贺万寿圣节。赏赉如例"⑧。万历十一年（1583）十一月，"四川播州宣慰使司宣慰使杨应龙贡马，庆贺万寿圣节，给赏如例"⑨。万历十三年（1585）十二月，"四川宣慰使杨应龙遣长官何邦卿等来朝贡马三十匹"⑩。万历十五年（1587）十月，"四川播州宣慰使杨应龙差长官何汉良等贡马二匹，庆贺万寿圣节"⑪。以上次数频繁地献马，表明了播州土司迎合中央王朝的需要而进贡，另一方面，亦表明当地马匹产量品质相当可观。

此外，与播州农业经济相关是茶的生产。播州各地产茶，优质的茶叶可作贡茶。唐人陆羽撰写的《茶经》中已说明播州的大部分地域，如思州、播州、费州、夷州等产茶。自唐以来，中央政府推行"以茶易马"之法，即用南方各地产的茶叶与西北少数民族换马，无论官茶、商茶，都先储备在西南边疆，然后再进行"茶马贸易"。当时，西南各省

---

① 《明世宗实录》卷452，嘉靖三十六年十月丙午，第7673页。
② 《明世宗实录》卷529，嘉靖四十三年正月癸卯，第8630页。
③ 《明世宗实录》卷538，嘉靖四十三年九月庚申，第8724—8725页。
④ 《明穆宗实录》卷16，隆庆二年正月丙辰，第429页。
⑤ 《明神宗实录》卷9，万历元年正月辛丑，第329页。
⑥ 《明神宗实录》卷57，万历四年十二月壬午，第1320页。
⑦ 《明神宗实录》卷95，万历八年正月癸卯，第1909页。
⑧ 《明神宗实录》卷118，万历九年十一月甲子，第2211页。
⑨ 《明神宗实录》卷143，万历十一年十一月乙未，第2671页。
⑩ 《明神宗实录》卷169，万历十三年十二月庚午，第3052页。
⑪ 《明神宗实录》卷191，万历十五年十月己未，第3576页。

的茶叶，主要供给西康、青海和西藏的藏区。朱元璋洪武三十年（1397）七月，朝廷命户部于四川成都、重庆、保宁及播州宣慰司设置茶仓，以待客商纳钱米"中买"，然后销售藏区，换取马匹。当时，贵州的茶叶，多就近储于播州茶仓。

播州农业是农林牧副渔相结合的山地农业，适应了播州的自然环境和气候，因而得到了较大的发展。

（二）播州粮仓

播州土司时代，经过各族人民的世代垦殖，大量荒地被开垦出来，田亩数量大为增加，粮食产量也不断增加。李化龙平播战争后在上奏朝廷的疏中指出："环播幅员千里，田地数千万亩。"[1] 万历二十八年（1600）播州改土归流，对播州的行政建制进行了调整，以平越军民府隶属贵州，辖黄平州及瓮安、余庆、湄潭三县，三十年（1602）大造黄册，田土总共为1356622亩，大致与原贵州布政司所属各府的民田总数相当，佐证了播州土地开垦比贵州其他地区更有成效。经过杨氏数代土司的经营，到明代平播战争前夕，播州农业发展较快，无论是土地的开垦数量、生产能力都得到提高。农业生产力的发展这必然促进人口的凝聚，社会分工的扩大，播州土司手工业及商业的发展无不以此为前提。

洪武七年（1374），中书省奏："播州宣慰司，土地既入版图，即同王民，当收其贡赋，请令自洪武四年为始，每岁纳粮二千五百石，以为军需。"[2] 但此时并没有确定播州土司纳税粮的数量，王朝准许不以定额征收，土司可按当地实际情况来纳赋，从另一个侧面看到朱元璋对播州的重视。宣德三年（1428），"贵州兴隆卫经历陆昇言，本卫官军俸粮，计二万余石，除收四川播州等处税粮支给外……"[3] 正统六年（1442），行在户部员外郎高佑奏："四川重庆府巴县及播州宣慰使司每岁定拨税粮一万余石，运赴贵州，供给军士。"[4] 弘治十四年（1501），

---

[1]（明）李化龙：《平播全书》点校本，奏议（六）《播州善后事宜疏》，中国文化出版社2014年版，第206页。
[2]《明太祖实录》卷88，洪武七年三月甲申，第1558页。
[3]《明宣宗实录》卷46，宣德三年八月壬午，第1116页。
[4]《明英宗实录》卷84，正统六年十月辛巳，第1676页。

"播州宣尉杨斌……并云南镇巡官皆如轼奏,各督官兵刻期往赴听轼节制,岑接杨斌令自备粮饷两月,即准其本土该纳税粮之数"①。正德四年(1509),"先是革罢安宁宣抚杨友,与其弟播州宣慰爱有隙……奏友难遽获诏复侃等职,各输赎罪米二百"②。嘉靖四十一年(1562),户部覆巡抚贵州都御史赵钺言二事,其中"一言重庆府添设通判专驻龙泉督催播州税粮"③。万历二十九年(1601),川贵总督李化龙言:"旧时额粮,岁以五千八百石输贵州"④,此处关于明代播州土司纳税粮的记录来看到播州土司纳粮数量较多。洪武初年,以"税粮两千五百石"前来归附,到正统年间为了供给军需,税粮达到"一万余石",再到弘治年间杨斌自备粮饷两个月,都可看出播州纳税粮的数量越来越多,也说明播州农业发达。

正德四年(1509),因为杨爱与杨友互相有嫌隙并很难招谕,要求纳赎罪粮"二百石"。《明史》中曾记载"纳米振济赎罪者,景帝时,杂犯死罪六十石,流徒减三之一"⑤。杂犯死罪可纳米六十石赎罪,而要求播州土司罪纳二百石赋以赎罪,可见明朝对土司犯科的处罚是比较严苛的。

纳税粮,是土司职责所在。但因天灾等原因导致收成不好,朝廷也会免除播州土司的"税粮"。永乐四年(1406),"免播州荒田租"⑥。正德四年(1509),"诏四川镇巡等官覆勘播州宣慰司,地方旱灾,蠲其应免粮税。从户部覆请也"⑦。除了播州杨氏土司会主动纳"粮"以外,播州下辖的"八司"也会主动纳"粮",《两朝平攘录·播州》载:"八司为杨氏所辖,而租税俱纳于贵州,供各卫军粮差。"⑧ 又如黄平地区,"独开大坝,纵横一二十里,江水交会,土壤沃饶。旧设四川重庆

---

① 《明孝宗实录》卷182,弘治十四年十二月乙丑,第3360页。
② 《明武宗实录》卷54,正德四年九月丙申,第1215页。
③ 《明世宗实录》卷510,嘉靖四十一年六月甲子,第8398页。
④ (明)李化龙:《平播全书》点校本,第206页。
⑤ 《明史》卷78《食货志二》,第1909页。
⑥ 《明史》卷312《四川土司传二》,第26册,第8040页。
⑦ 《明武宗实录》卷51,正德四年六月己卯,第1173页。
⑧ (明)诸葛元声:《两朝平攘录》卷5《播上》,《续修四库全书》,史部,第434册,第188页。

府通判一员驻镇黄平所，令统驭八司，督粮抚夷，事权颇重"①。税粮成为播州土司纳赋的主要组成部分，它增加了国家的财政收入，较大程度上帮助了国家的军需，播州地区成为国家的一处重要粮仓。

二 手工业与商业

播州农业的发展为手工业提供了前提条件。早在汉代，播州地域手工业和商业水平得到了一定的发展，当地经过较长时期的历史积累，已初步形成了具有自身民族与地域特色的手工业产品，并且运用于商业流通领域。播州土司通过贡赋带动了播州地区手工业、商业的发展，进而推动了交通条件的改善。

（一）交通的改善

交通运输的发展，是手工业特别是商业发展的重要条件。历史时期，由于播州高山林立，"中皆山谷盘亘。巉崖峻壁，跨接溪峒，人马不得并行"②。交通极为不便，境内尽管有乌江、芙蓉江、赤水等河道，但由于受山地地貌约束，落差较大，险滩密布，通航困难，大部分河段不通舟楫，因而交通运输方式极为落后，多依靠人力畜力，肩背马驮，运输能力有限。袁初的《通商碑》中所言，"本职历睹周流水陆商人，赊贷代钱，肩担背负，以营活计，深入羊肠鸟道之途，备尝眠霜卧雪之苦，历尽艰辛，仅获微利"③。《遵郡纪事》亦载："夫遵处万山中，非通都大邑，无舟楫之利。"④ 尽管历史时期的播州陆路和水路都难，但是元明时期以来，随着土司贡赋活动的增加，以及中央在对西南地区的经营及其与土司地区经济交流的加强，播州交通条件得到改善。

交通状况在元代得到较大改善，天历二年（1329），开辟了遵义至贵阳的南大道，川黔大道联通。广建驿站（元代称"站赤"），驿站的主要任务就是运输物资，其中就包括军队粮饷、朝廷贡品之类的东

---

① （明）诸葛元声：《两朝平攘录》卷5《播上》，《续修四库全书》，史部，第434册，第188页。
② （明）诸葛元声：《两朝平攘录》卷5《播上》，《续修四库全书》，史部，第434册，第187页。
③ 道光《遵义府志》卷13《赋税一》，第32册，第287页。
④ 道光《遵义府志》卷14《赋税二》，第32册，第304页。

西。① 驿道，其实就是一个由国家来统一管理的水陆交通系统。元代播州土司隶属于湖广行省，其贡赋的道路多要经过湖广行省。至元二十一年（1284）二月，"赠给各处铺马劄子……四川行省所辖顺元路宣慰司三道，思州、播州两处宣抚司各三道"②。到了明朝播州境内的驿站增加，洪武二十三年（1390），修筑贵播驿道，"委播州宣慰司杨铿、重庆卫千户钟洪提调军民以开之"③。《明史》载："凡邮传，在京曰会同馆，在外曰驿，曰递远所，皆以符验关券行之。"④ 成化十二年（1476）三月，四川右都御史张瓉帮助播州土司剿抚苗贼。张瓉入播州之后，写下了《东征纪行录》，文中多处提到播州境内的各个驿站，如"自重庆陆行九日抵播州，整饬兵旅，凡二十有三日。自播州三日达余庆长官司，又二日达白泥长官司，又一日至黄平抚司驻扎行事"⑤。据统计，张瓉此次经过的驿站一共有"百节驿、白渡驿、东溪驿、安稳驿、松坎驿、桐梓驿、播川驿、永安驿、湘川驿、任水驿、湄潭驿、鳌溪驿、岑黄驿、白泥驿、黄平安抚司驿站"⑥ 15个。其中东溪驿到任水驿，都是属于播州的范围。可见，当时播州境内驿站的发达，足见交通之便利。驿站的发达，加强了各民族之间的交流与融合，又带动了经济的发展。

明代以来，随着中央王朝对西南地区的开拓经营，播州地域的交通运输特别是内河航运得到开发与改善，特别是加大了对乌江与赤水河航道的治理。这是因为运送大木需要通过河流的助力，才可以安全运送到京城。这客观上大大改善了货物通行的能力，为播州商业的发展创造了条件。如从明孝宗弘治年间（1488—1505），四川叛酋酉阳宣抚司在龚滩对"过花盐船只抽取税银，每年获利数万"⑦，以及巡抚何起鸣建议由龚滩盐税中抽取部分以资铜仁军饷的情况看，当时乌江盐运规模相当可观。赤水河下游，在洪武十三年（1380），景川侯曹震奉命进行疏浚，辟为川盐入黔航道，10—20吨的盐船可达沙湾塘（今赤水文华乡

---

① 何仁仲：《贵州通史》第2卷，当代中国出版社2002年版，第120页。
② 《元史》卷101《兵志四》，第2586—2587页。
③ （明）许一德纂修：万历《贵州通志》卷19《经略上》，书目文献出版社1991年版，第432页。
④ 《明史》卷72《职官志一》，第1753页。
⑤ （明）张瓉：《东征纪行录》，中华书局1985年版，第1页。
⑥ （明）张瓉：《东征纪行录》，中华书局1985年版，第3—16页。
⑦ （万历）《贵州通志》卷19《经略上》，书目文献出版社1991年版，第423页。

沙湾村），但上中游滩险密集，水流汹涌，通航困难。利用较好水位，也只能上溯至丙安、元厚，故水运仅限于贵州边境地带。进入内地陆运主要是靠乌江和支流运到到重庆长江岸边转运。洪武二十三年（1390），钦奉皇帝制，开永宁河道，"谕景川侯操震前往四川永宁开河道。合用军民，四川都司布政司、贵州都司即便调拨"①。播州的很多物品都需要通过该河道进入长江，最终才运送到各地。疏通后，成为中原通往播州连接贵州、云南的要道，川盐、川粮频频运往云贵易马，然后分送陕西、河南等地。而播州也通过该河道的治理，可以更加方便地运送各种物品到外地，促进本地区的经济发展。

（二）手工业的发展

在南北朝时期，南蛮獠"能为细布，色至鲜净"②，他们已初步掌握了织布和漂染技术，并且达到了一定的工艺水平。到唐代，当地人利用这种手工布，制作独特的地方服饰，名曰"通裙"，史载"妇人横布两幅，穿中而贯其首，名为'通裙'"③。明代土司杨爱设有"织造院"，"收民人赵其一百余户充职匠"④，专司织造。

金属器具制作方面，播州先民至少在南北朝时期已经掌握铜器的铸造技术，当时铜鼓的制作较为普遍，这一点在史书中有所反映，如《魏书》载当地居民"铸铜为器，大口宽腹，名曰铜爨，既薄且轻，易于熟食"⑤。到了土司统治时期，当地的金属工艺水平进一步提高。如在遵义县高平播州杨氏土司系列墓葬中发现了较多金银器皿，如金凤冠、金碗、金杯、金手镯、银盆、银盒、银烛台、鱼形金饰等。其中，藏于贵州省博物馆的播州土司后期的金凤冠，重达1338克，通高29.1厘米，宽38厘米。上面有三龙九凤，并镶嵌宝石，龙凤、蝴蝶、花卉均用金片和金丝镂成，冠胎正面有大牡丹花；背面有一朵大芙蓉。所有饰件卷云翘，小到花缨缕，都经过精心的雕琢设计，工艺水平堪称精湛，反映出了明代播州金属工艺品制造工艺达到了一定的水平。

矿产冶炼方面，成化年间，播州"有铁户八十六户，递年自行炼铁

---

① （万历）《贵州通志》卷19《经略上》，书目文献出版社1991年版，第432页。
② 《魏书》卷110《蛮獠传》，第2249页。
③ 《旧唐书》卷197《南蛮西南蛮传》，第5277页。
④ 《遵义府志》卷31《土官》，第33册，第73页。
⑤ 《魏书》卷110《蛮獠传》，第2249页。

营生",能用土法开采银矿和制造黑铅,《勘处播州事宜疏》称播州土司杨爱"擅开银场,递年煎银万千余两,黑铅数万余担",还记载明成化年间,播州地域铅矿被盗采的情况,"成化五年闰二月内,有忠州等处游民刘钞等在于真州长官司管下瞭蛮坎等处偷挖铅矿,蒙四川布政司左恭政陈述等督同杨辉将刘钞等赶散,弃下黑铅约有五百余担,当将前坎填塞。杨辉自合将前项黑铅入官。不合,令人运至地名三溪,寄顿土民赵月升家"①。此外史料中也反映杨辉等人将黑铅中一部分运至苏州出售获得银两的情况,史称:"成化九年十月内,杨辉差兰希真并头目王标、赵进将黑铅四百担装至苏州等处变卖,得银六百两,带回交与杨辉收讫。余有一百担仍在赵月升家顿放。"②可见,播州土司时期,金属的冶炼已有相当规模。

瓷器制造业方面,海龙屯考古遗址及杨氏墓葬出土的数量可观的瓷器碎片,说明播州制瓷业水平达到了一定的高度。根据海龙屯遗址考古资料,由于遗址曾经遭受战火的破坏,几乎没有完整的瓷器出土,瓷器碎片较多,仅东梢间(厨房)内即出上万片。这些瓷器除了外来的细瓷外,还有数量颇丰的粗瓷。酱釉土瓷可辨器形者有罐、盆、壶、钵、擂钵等。部分饰有弦纹、印花等纹饰。这类器物较大,均应为本地产品。反映了播州宋明时代制瓷水平的提高,但是与景德镇出产瓷器相比,工艺方面仍显粗糙。可辨器形有杯、盘、碗、匙、罐、瓶、缸、碾钵、香炉等,以日用器为主,纹饰有花、鸟、鱼、革、梵文等等。此外,杨粲墓由于早年被盗,出土器物不多,其中出土的瓷器有四件青瓷碗,及青花瓷瓶一件。

建筑工艺方面,播州境内的土著民族很早就形成自己独特的住居形式,名曰'干栏',史载:当地獠者"依树积木,以居其上,名曰"干兰",干兰大小,随其家口之数"③。说明至少在北魏时代,播州所在地域的土著居民,结合当代的阴雨潮湿的自然环境,利用当地的林木,形成自己独特的建筑形式。唐代,播州境内的南平獠继续采用这种建筑形式,见诸史籍如"南平獠者,东与智州、南与渝州、西与南州、北与涪

---

① (明)何乔新:《勘处播州事情疏》,《丛书集成新编》,第120册,台北:新文丰出版公司1985年版,第210页。

② (明)何乔新:《勘处播州事宜疏》,第210页。

③ 《魏书》卷110《蛮獠传》,第2248页。

州接。部落四千余户。土气多瘴疠，山有毒草及沙虱、蝮蛇。人并楼居，登梯而上。号为'干栏'"①。宋明时期，播州的建筑水平有一定发展，杨粲墓的建筑工艺水平就可以反映。杨粲墓最具特色的是在墓内外分布着内容丰富、技艺精湛的石刻装饰。大致可分为人物、动物、花草、器物五类。雕刻技法以高、低浮雕为主，间或加阴线刻。有的细部还彩绘贴金，现虽已大部剥蚀，但仍可依稀辨出当年的豪华气派。南室后壁正中，为墓主杨粲的雕像，他头戴长脚幞头，身着朝服，正襟危坐，表情严肃。左右有龙柱互峙，前面有龙案（棺床），两边侧壁上，对称雕刻着文官武将，侍女童子，形态各异，栩栩如生。另外，"野鹿衔芝""凤穿葡萄""双狮戏球""侍女启门"等浮雕均构思巧妙、雕工精美。两室六座壁龛，仿木构建筑，门窗户壁、梁柱斗拱均为当时的建筑格局，为研究古建筑提供了丰富的实物资料。

此外，播州海龙屯遗址的明代建筑"新王宫"②也颇能代表播州土司时期的建筑水平。由于为明代土司杨应龙建造，故称之为"新王宫"，与屯上原有的宋代"老王宫"相对应。1999年曾清理300平方米，出土遗物有陶器残片、铁制工具、围棋子等。另有做工精美的覆盆形柱础，以及线条粗犷、造型简洁的阶条石等。2012年5月，贵州省考古研究所海龙屯考古队新勘察面积为2万余平方米，发现"行宫"周围设内城墙，城墙东南角和西北角建有角楼。"新王宫"规模巨大，包括殿宇、宫室、厅堂、亭、阁、池、仓库、营房等。发掘揭示，"新王宫"是一组四周有封闭城墙、以中央踏道为中轴线的宏大建筑群。其地势东北低、西南高，东西两侧为冲沟。建筑因山取势，于斜坡上筑石堡坎，摊平地面而成台基。台基粗分五级，层层向上抬升，房屋即坐落其上，道路与排水设施纵横其间。2012年6月，贵州省考古研究所在进行海龙屯考古发掘时，发现了大量有"初一号""初五号""十六号""十六砖"字样的明砖，以及大小、形体不同的异型砖石、瓦挡、滴水瓦等构件。这些建筑材料，特别是其中的异型砖、瓦当等，做工相对精细，初步判定为小窑烧制。反映了明代播州上层社会已经采用了中原地

---

① 《旧唐书》卷197《南蛮西南蛮传》，第5277页。
② 贵州省地方志编纂委员会编著：《贵州省志·文物志》，贵州人民出版社2003年版，第193页。

区的砖木结构建筑形式,并且在播州当地就地取材,充分利用当地的石材,同时也烧制砖瓦,砖石木建筑材料混合使用。

遵义老城原是土司衙署所在地,背倚龙山,南靠红花冈,前临湘江。南宋淳熙三年(1176)以前,遵义老城居住着土民穆氏家族,故称穆家川。杨氏第十二代土官杨轸看上这里以后,迁治所于此,建立官衙,修筑防御,从此开创了老城建城的历史,老城也从此成为播州政治、经济、文化的中心。经过百年的扩建,老城渐成街市。除西门外,东、南、北、水洞等几个衙门都有大路可通。明洪武年间,建成三街六巷、九狮子景观。三街即梧桐街、杨柳街、朝天街;六巷为捞沙巷、狗头巷、尚家巷、何家巷、姚家巷、丁家巷。狮子指石狮,当时老城内大石狮子是权力与地位的象征,土司衙门、庙宇,均有石狮相配,但老城玉皇观独缺一只,故有九狮子单数的笑谈。老城何家巷口建三官楼,系木结构,跨街而建,是当时遵义最高的建筑,有"危楼百尺,耸入天际,称胜遵城"[1]。

(三) 商业的发展

播州土特产品如斑竹、蜡、丹砂、犀角、葛粉等,较为出名,成为定期上供朝廷的贡品。如蜡,实际上是当地一种名曰白蜡虫的副产品。其性状及生产工艺,《遵义府志》援引《蜀语》指出"白蜡虫生冬青树枝上,壳大如圆眼半核,谷雨节摘下,壳内细虫如蚁。至立夏节,生足,能行,用桐叶包系冬青树枝上,其壳底虫能作白蜡"[2]。这种蜡的生产也见于播州土司统治时期,如《勘处播州事宜疏》载播州杨氏土司有蜡崖28处,说明到了明朝,当地传统的蜡的产量已达到相当规模。

在仡佬族与汉族及其他民族的所有民间商贸往来中,以茶易马或以马换茶是其贸易的主要内容。在冷兵器时代,马既是农业生产中出色的畜力,又是狩猎、交通、战争中的重要工具,它与国家的生产发展、军备强弱、国势盛衰有着非常密切的关系。尤其在唐宋元时期,由于连年的战争,中原王朝对马匹的需求量很大,所以历代统治者把易马、征马、养马作为国家的要政之一,所谓"国家大事在戎,戎之大事在

---

[1] 遵义市建设委员会编:《遵义市城建志(1176—1989)》,遵义市人民印刷厂1993年印刷,第1页。

[2] 道光《遵义府志》卷17《物产》,第32册,第376页。

马"，中原地带不产马，所以茶马贸易被列为"国之要政"。西南地区是我国最早最古老的茶区，世界上山茶科植物绝大部分分布于云贵高原的边界地区，这里是世界茶叶的起源地之一。《茶经》载，茶之出"黔中，生思州、播州、费州、夷州……往往得之，其味极佳"①。播州产"生黄茶"，由于质量高而被朝廷列为贡品。②《茶经》所载的产茶地区在今贵州北部的遵义、务川、思南一带。而西北少数民族以畜牧业为主，在日常饮食中多嗜乳酪，缺乏蔬菜，为解除油腻，帮助消化，补充维生素，长期以来养成了饮茶的习惯。明代大学士丘濬言道："盖自唐世回纥入贡，已以马易茶，则西北之人嗜茶有自来矣。盖西北多嗜奶酪，奶酪滞膈，而茶性通利，能荡涤之故也。是则茶之为物虽不用于三代而用于唐，然非独中国用之，而外夷亦莫不用焉。"③ 北方游牧民族居住的地区属游牧区，产马而不产茶，这就形成了他们对西南所产茶叶的需求。基于以上诸因素的考量，"茶马贸易"作为一种有目的、有组织，代表了朝廷政治态度的贸易形式，很快被定格下来，边境茶马贸易就由中央政府统一安排，按双方事先约定数量，在指定地方进行交换。播州的茶马贸易在宋朝廷的重视下，熙宁七年（1074），四川与黔北地区茶马贸易开启。

在明代初年，面临北部游牧民族和元朝残余势力的巨大威胁，朱元璋认为应该将茶马贸易作为羁縻少数民族以安定西北地区的重要措施。御史刘良卿言："番地多马而无所市，吾茶有禁而不通，其势必相求，而制之机在我。"④ 因此，明王朝垄断了民族地区的茶叶供应，严禁私贩活动，企图以此控制少数民族的经济生活，"盖西边之藩篱，莫切于诸番，诸番之饮食，莫切于吾茶，得之则生，不得则死，故严法以禁之，易马以酬之。禁之而使彼有所畏，酬之而使彼有所慕。此所以制番人之死命，壮中国之藩篱，断匈奴之右臂。"⑤ 在明朝统治者看来，茶马贸易不是单纯的商贸关系，而是在政治上巩固其大一统局面，对西北

---

① （唐）陆羽：《茶经》，湖南人民出版社2009年版，第82页。
② （宋）乐史：《太平寰宇记》卷121《江南西道十九》，中华书局2007年版，第1413页。
③ （明）丘濬：《大学衍义补》卷29《山泽之利下》，文渊阁《四库全书》，第712册，第379页。
④ 《明史》卷80《食货志》，第1951页。
⑤ 《明世宗实录》卷188，嘉靖十五年六月乙未，第3966页。

少数民族行其羁縻之道，以增强其藩篱的有效手段。就这样，明代的茶马贸易在过去的基础上进一步发展，出现了"以茶易马""以茶易粮"的情况。明代，贵州的北部地区已成为主要的茶叶生产地和茶叶的集散地，"盖祖宗时茶课，量园户产额，计重征金。其于产茶地方官课。洪武初定令，凡卖茶之，令宣课司三十取一，芽茶、叶茶各验直纳课。嗣于诸产茶地设茶课司，建茶仓成都、重庆、保宁、播州宣慰司四处，定税额，四川一百万斤"①。有学者研究，"贵州的遵义地区在明代已成为各种地区茶叶的产地和集散地，史载播州杨氏土司有茶园26处，因此，明政府在这里设立茶仓，将贵州地区的茶叶聚集于此，用来对西北进行茶马贸易"②。洪武三十年（1397）七月，"命户部与四川成都、重庆、保宁三府及播州宣慰司置茶仓四所贮茶，以待客商纳米中买及与西番商人易马，各设官以掌之"③。洪武三十一年（1398）五月，"置成都、重庆、保宁三府及播州宣慰司茶仓四所，命四川部政司移文天全、六番招讨司，将岁输茶课仍输碉门茶课司，余地方就近悉送新仓收贮，听商人交易及与西番市马"④。到正德年间又规定，商人不愿领茶者，以茶叶的一半给商人，令其自卖，并成为定制。此后，茶叶由官办改为商营，"得茶四十万斤，易马四千匹"。

除了茶马交易外，川盐交易也很兴旺。洪武二十四年（1391），吏部更定赤水盐法，输米三石，给川盐一引。由于四川井盐通过遵义进入贵州，食盐运输的发展，使赤火河、綦江、乌江沿岸的许多城镇繁荣起来，播州已成为贵州的经济中心之一。万历年间，"真州即古珍州，川原平衍，商贩周游"⑤。表明商贸较为活跃。茶马贸易的发展不仅促进了西南地区和西北地区少数民族之间的经济交流，丰富了边疆各族人民的物质生活，而且极大地改变了他们的社会风气。明朝大臣解缙在谈到茶马贸易的积极作用时说："（太祖）置茶马司河州，岁运巴、陕之茶于司，官茶而民得以马易之，夷人亦知有法禁忌畏，杀害之风帖息，而

---

① 《明会典》卷37《课程六》，《续修四库全书》，史部，第789册，第650页。
② 王兴骥：《明代西南少数民族地区的茶马贸易》，《贵州师范大学学报（社会科学版）》2003年第6期。
③ 《明太祖实录》卷254，洪武三十年七月辛酉，第3662页。
④ 《明太祖实录》卷257，洪武三十一年五月庚申，第3716页。
⑤ （明）李化龙：《平播全书》，奏议方《播州善后事宜疏》，第204页。

茶之粗恶亦少。"①

播州民间商业，主要体现在日用品的交换与消费方面。如食盐运销方面在民间商业中占据重要地位。由于播州地区不产食盐，所需食盐多从毗邻的四川运来。商人用食盐换取当地的农副产品，其具体的商业情形由于史料的限制，我们不得其详。四川井盐通过遵义进入贵州，食盐贸易和运输带动了乌江、赤水河、綦江沿岸的许多城镇繁荣起来，如桐梓、旺草、仁怀、湄潭、正安等地。

总体而言，播州因交通闭塞，与外界交流困难，尽管手工业产品有一定的地方特色，但工艺水平与内地相比仍有一定的差距。商业方面，囿于交通的局限，其规模相对较小。

三 庄园经济

庄园，包括有住所、园林和农田的建筑组群，亦指乡村的田园房舍、大面积的田庄。在中国古代，庄园经济有特殊的地位。根据庄园主的身份，庄园有不同的名称。皇室的为皇庄、宫庄、王庄等；贵族、官僚、地主的为私庄、别庄等；属于寺庙的称常住庄。播州土司庄园较为出名，其多是选择风水、自然环境较好的地方，开辟农田、建立宗庙、陵墓等建筑的一种综合经济形式。反映了土司时期播州经济的发展特点。

（一）播州庄园

杨氏治播时期，著名庄园有永安、茅笳、桃溪等，其中桃溪庄依桃溪河湾而建，为播州修建的永安、茅笳、桃溪等庄园之一，分上庄、下庄。桃溪寺原为杨氏桃溪庄内的家庙，称延禧寺。建于明隆庆至万历年间。由前殿、正殿、两厢、山门及围墙组成。寺前有古荷

永安庄旧址

---

① （明）解缙：《文毅集》卷7《送习贤良赴河州序》，文渊阁《四库全书》，第1236册，第694页。

池。明万历二十八年（1600）"平播之役"，水西安疆臣进军播州，夺落蒙关，至大水田，焚毁桃溪庄。"平播"后，于延禧寺原址修建桃溪寺，规模如前。桃溪寺后为杨代庄园，山环水绕，古柏林立，风景极佳。寺外附近为杨氏土司家族墓地之一，有宋代播州两位杨氏首领（其中一座已毁）及元代播州土官杨汉英的墓葬。《续遵义府志》载："桃溪寺后为杨氏旧庄，距寺十数武，相传为杨氏祖墓……墓以大石四片合成，前门壁上刻寿字，顶石刻山字，左福右海，合为寿山福海四字。"①

播州杨氏土司庄园的规模相当可观，其中包含庄田、鱼塘、茶园、猎场等，名目繁多，可谓典型的自给自足的经济形态，如《勘处播州事情疏》载成化十年（1474），播州土司"杨辉将庄田一百四十五处，茶园二十六处，蜡崖二十八处，猎场一十一处、鱼潭一十三处作四分，均分与杨友、杨爱、杨孜、杨敏"②。此处记载不见庄园面积大小，但从庄园遗址看来，规模不小。此外见诸史籍的播州杨氏庄园还有"孝义庄"及"海龙坝"等处庄田，史载"成化十九年正月，内有杨辉患病沉重，分付杨友、杨爱，候杨敬、杨敷长成，将孝义庄等处庄田拨与杨敬，海龙坝等处庄田拨与杨敷。"③

这些数量可观的庄田多半是杨氏从当地土司土官中巧取豪夺得来，这种现象不断出现于明成化年间的历史记载中，如"成化十五年（1479），正月内，杨友因往安宁，经过余庆、白泥等处，又不合将余庆长官司管下站户毛显常等地，名斑巴村大寨铁针崖、罗家寨五处，水田八百秭老陆地二十处强占，创立田庄"。此外，又"将湘川等驿马夫孙羊、何祥、黄元受、邵楚邹、石玄蛮、程胡、李胜祖等二百二十五户占作佃户。又令何清、刘大荣各又不合，将白泥长官司管下站户杨昌福、田斌水田九十亩，巴必聪等陆地一百亩强占为庄，招引九姓土獠在彼住种"④。这种巧取豪夺虽扩大了播州杨氏的经济，但因强占的多为

---

① （民国）周恭寿修，赵恺、杨恩元纂，刘作会点校：《续遵义府志》卷7《古迹三》，巴蜀书社2014年版，第261页。

② （明）何乔新：《勘处播州事情疏》，《丛书集成新编》，台北：新文丰出版公司1985年版，第120册，第211页。

③ （明）何乔新：《勘处播州事情疏》，《丛书集成新编》，台北：新文丰出版公司1985年版，第120册，第212页。

④ （明）何乔新：《勘处播州事情疏》，《丛书集成新编》，台北：新文丰出版公司1985年版，第120册，第211页。

中央王朝驻守各地的驿站户的田地，必然与他们及地方政府产生矛盾。这种经济的短期效应，为杨氏与播州地方和中央的矛盾激化及平播战争爆发埋下了伏笔。此外，播州杨氏亦大量侵占当地土民的鱼潭，杨友在当地的猎场与土民田产交错分布，往往在狩猎的过程中，破坏侵占当地土民的田产，史称："杨友因有猎场在山羊囤等处，每年打猎又将土民母文昌等田禾蹂践。及将地名落蒙水、老母潭等处占作渔潭，捞取鱼鲜，禁人不许放水灌溉。又将民人袁二保水田三亩占种，见伊要告，才将牛四头准还田价。"① 以上资料显示，播州土司统治末期，庄园经济无论从数量上，抑或规模上，都有所发展。但这种经济是建立在对当地驿户、土民、民人等田产侵占的结果，这种侵占必然与各级地方官和土司产生矛盾，也加剧了与当地人民的矛盾，成为其最终结束统治的经济因素。

（二）播州庄园内的经济形态及管理方式

根据史料显示，播州庄园内的经济形态呈现自给自足的特点，农、牧、手工业相结合，具有一定的封闭性，与中古时代内地出现的庄园经济有一定的相似性。播州庄园内主要生产农产品，所以一般称"庄田"，其农产品主要有"禾、麻、黍、豆、红花之类"。除了农产品，还有菜园和茶园。

太平庄旧址

---

① （明）何乔新：《勘处播州事情疏》，《丛书集成新编》，台北：新文丰出版公司1985年版，第120册，第211页。

此外，还有一定的家畜饲养或渔业，如文献中提到的"猪场""山羊屯"等，以及提供"鱼鲜"的"鱼潭"等。这些农牧渔猎结合的庄园经济，提供的产品数量相当可观。据何乔新《勘处播州事情疏》所载，播州土司杨氏有"庄田子粒六百万余石，马五百余匹，牛二千余头，猪场、菜园、漆山、杉山、猪、羊等项不计其数"[①]。土司庄园规模大，生产种类较多，不只是养牛养马养鱼，还有自己猎场。如《勘处播州事情疏》载成化十年（1474）九月，播州土司"杨辉将庄田一百四十五处……猎场一十一处、鱼潭一十三处作四分……"[②] 猎场11处，鱼潭13处，足以见得数量之多，规模之大。这些从侧面也体现了土司时期播州领主经济的发达。

庄园经济的管理方面，实行领主制与租佃两种方式，自营方面，据史料记载，播州宣慰司"将各处田土编成府分，每府设伪太监一、都从并都管、都保提督"，各庄田平时有头目提督家丁种植庄稼和饲养家畜。租佃制方面，如上面所提到的播州杨氏"将湘川等驿马夫孙羊、何祥、黄光受、邵楚邹、石玄蛮、程胡、李胜祖等二百五十五户作佃户"，又在白泥等处"招引九姓土僚在彼住种"，即是租佃生产经营方式。随着平播战争的结束，明政府在播州的改土归流，"将播之旧民号杨保子者，查果真的，无论原业肥瘠，俱人给田三十亩，上、中、下搭配均给，大率纯下田多不过一百亩，纯上田不得过二十亩"。余下的民田及杨应龙等人的官庄、庄田，"尽数没官，听三省之民愿占籍播州者承种"，领田之人纳粮、当差，平人不得过五十亩，指挥、千、百户不得过百亩。经过明政府的一番变革，播州的封建领主经济彻底终结，播州地域完全按照内地的方式，发展地主制经济，播州庄园也随之退出了历史舞台。

四 物产与贡赋

播州物产丰富，五谷、蔬菜、水果、花木、药类、羽类、动物、虫鱼等品种繁多，货类较为齐全，有锦、绢、雨毡、绫、鹿皮、布、铜、铁、铅、丹砂、雄黄、朴硝、麻、棉花、靛、漆、纸、蜡、桐油、菜

[①] （明）何乔新：《勘处播州事情疏》，《丛书集成新编》，台北：新文丰出版公司1985年版，第120册，第217页。

[②] （明）何乔新：《勘处播州事情疏》，《丛书集成新编》，台北：新文丰出版公司1985年版，第120册，第211页。

油、蜜、茶、五倍子、窑器、羊肝石酒等。

从播州土司贡赋的品种、数量等方面入手，有助于深入了解播州物产与经济发展状况。

土司制度形成之前，播州地域夷汉杂居，对中央王朝的赋税并不稳定。南北朝时期，当地"山险之地多空，獠遂挟山傍谷。与夏人参居者颇输租赋，在深山者仍不为编户。……其后，朝廷以梁、益二州控摄险远，乃立巴州以统诸獠，后以巴酋严始欣为刺史。又立隆城镇，所绾獠二十万户，彼谓北獠，岁输租布，又与外人交通贸易，巴州生僚，并皆不顺，其诸头王每于时节谒见刺史而已。当时的赋税形式为租布，即租调"①。租调制是南北朝至唐前期盛行的赋税制度，租指均田制的男丁每年向王朝政府缴纳一定的粮食，或粟或米。调是缴纳的绢、绵、布、麻等家庭手工产品。播州土司制度形成之前，王朝政府已经在播州地域的汉人聚居区和靠近汉民区的诸"类"邑聚区实行编户齐民措施，按照中原地区的统治模式进行治理，但是执行效果有限。

唐代，在隋牂柯郡牂柯县的基础上，中央王朝正式设立播州，其属于下州，"领县三，户四百九十，口二千一百六十八"②。这个统计数字局限于汉民及其汉夷杂居地区，其户调制亦局限于此区域内征收，其他深山中"夷人"很难征收到赋税。

元朝时期，播州土司向中央王朝缴纳一定的赋税，如"（至治三年十二月丁亥）免大都、兴和差税三年，八番、思、播、两广洞寨差税一年"③。元代，播州土司需每年承担一定的徭役与赋税。

明朝建立后，播州归附中央王朝，本着体恤土民的原则，中央政府在当地征收适当的赋税，史称："洪武七年，中书省奏：'播州土地既入版图，当收其贡赋，岁纳粮二千五百石为军储。'帝以其率先来归，田税随所入，不必以额。"④明永乐时期，朝廷曾免除"播州荒田租"⑤，表明了朝廷对边地的优恤。

我们从文献中看到土司进贡多用方物。如《元史》记载，"播州每

---

① 《魏书》卷101《蛮獠传》，第2249页。
② 《旧唐书》卷40《地理志一》，第1625页。
③ 《元史》卷29《泰定帝本纪一》，第642页。
④ 《明史》卷312《土司传·四川土司二》，第8039页。
⑤ 《明史》卷312《土司传·四川土司二》，第8040页。

岁亲贡方物"①。至元二十八年（1291）十月丁亥，中书省臣奏告："洞蛮请岁进马五十匹，雨毡五十被，刀五十握，丹砂、雌雄黄等物，率二岁一上。"②又载，至元二十九年（1292）十一月丙戌，"提省溪、锦州，铜人等洞酋长杨秀朝等六人入见，进方物"③，可知元朝的土司朝贡贡品主要以土特产为主。贡品包括马、方物、丹砂、雌雄黄、雨毡、刀等。明朝，对于土官的贡品有着明文规定。土司贡品主要是朝廷所需的，洪武元年（1368）四月，明确要求"仍令四方：非朝廷所需，毋得妄有所献"④。并据《明会典》记载，朝贡的所有物品要接受清查检验，其中"方物，分豁进贡尚未若干，殿下若干，开写奏本。发落人夫管领，先具手本，系领内府勘合，依数填写及开报门单子，次日早朝照进内府，或于奉天门，或奉天殿，或华盖殿，及文华殿前陈设"⑤。相比元代，土司朝贡的贡品质量要求更严格更加丰富。据万历《四川总志》的统计，播州物产包含："斑竹、文龟、斑布、丹砂、犀角、雄黄、蜜、茶、靛、楠木、杉木、猱、熊。"⑥通过资料统计：播州土司进贡的物品，一共有以下几类。如表5-1所示：

表 5-1　　　　　　　　播州土司"贡品"统计表

贡品	马	方物	金银器皿	木大	象	硃砂	水银	驼	鹰	绢	彩币钞锭	不详
次数	124	24	6	5	2	1	1	1	1	1	1	9

资料来源：出自《明实录》，台北："中央研究院"历史语言研究所校印本，1962年。

1. 战马

每一个王朝对于兵马的需求量都很大。洪武年间，明太祖为了稳固统治，大量的购买马匹用于军事需要。洪武十七年（1384），明太祖命

---

① 《元史》卷11《世祖本纪八》，第233页。
② 《元史》卷16《世祖本纪十三》，第351页。
③ 《元史》卷17《世祖本纪十四》，第368页。
④ 《明太祖实录》卷31，洪武元年四月辛丑，"中央研究院"历史语言研究所1967年校印本，第541页。
⑤ （明）申时行：《明会典》卷108，《续修四库全书》，史部，第791册，第102页。
⑥ （明）虞怀忠：万历《四川总志》卷17《郡县志》，《四库全书存目丛书》，史部，齐鲁书社1996年版，第199册，第589页。

令户部将棉布运往贵州换马,"命宣慰霭翠易马,得马一千三百匹"①。可见,明代对马的需求量非常之大。

播州土司的贡马主要集中在明代;如表5-1所示,播州土司进贡马的次数有124次。由表中可知,有明一代,播州土司进贡马的活动一直没有停止过。播州土司频繁地向中央王朝献马,可以看出播州产马的数量以及质量,也反映了播州畜牧业的兴旺。正如何乔新《勘处播州事情疏》所载,播州土司杨氏有"庄田子粒六百万余石,马五百余匹,牛二千余头,猪场、菜园、漆山、杉山、猪、羊等项不计其数"②。由此可见,播州地区畜牧业发展规模之大。播州土司建有自己的养马城,"养马城在遵义县北三十余里,唐末,杨氏建为牧马地,可容马数万也"③。杨升贡马次数最多;而其他土司贡马次数也不相上下,可见"马"已经成为土司进贡的主要贡品之一。

表5-2　　　　　明代播州土司"贡马"次数情况统计表

土司	杨铿	杨升	杨炯	杨纲	杨辉	杨爱	杨斌	杨相	杨烈	杨应龙	共计
次数	16	34	4	8	11	12	12	9	11	7	124

资料来源:出自《明实录》,台北:"中央研究院"历史语言研究所校印本,1962年。

2. 方物

从广义来讲,方物是指本地产物,土特产。主要是指"纺织品、药品、日常生活用品、食品与饮品、工艺品"④。播州地区的方物主要有茶叶、绸缎、绢、麻、布等物品。

元代播州土司的朝贡物品主要以"方物"为主,其中很多是生活用品。至元十八年(1281),"命播州每岁亲贡方物"⑤。延祐五年(1318)冬十月己丑,"播州南宁长官洛麽作乱,思州守臣换住哥招谕之,洛麽遣

---

① 《明太祖实录》卷163,洪武十七年七月丁巳,第2530页。
② 何乔新:《勘处播州事情疏》,《丛书集成新编》,台北:新文丰出版公司1985年版,第217页。
③ (清)鄂尔泰等:《贵州通志》卷7《古迹》,《中国地方志集成·贵州府县志辑》,巴蜀书社2006年版,第4册,第131页。
④ 张仁玺、冯昌琳:《明代土贡考略》,《学术论坛》2003年第3期。
⑤ 《元史》卷11《世祖本纪八》,第233页。

人以方物来觐"①。至治三年（1323）十一月，播州蛮酋宋王保又来到京城"献方物"②。至治四年（1324）七月，播州的蛮酋谢乌穷来到京城"献方物"③。尽管文献中没有具体说明是否有进贡方物。如大德七年（1303）十二月，播州"蜑蛮的羊龙等来降"④。又如至治三年（1323）正月，"播州宣慰使杨燕里不花招谕蛮酋黎平爱等来降"⑤。其中有关于播州蛮酋来降，却按照其他土司进京降服的案例，土司进京降服必定会带来方物作为进献，一方面是为了表示自己臣服于朝廷的决心，另一方面也是为了获得朝廷的和解。那么播州蛮夷来降服并进献方物也是情理之中。有关杨汉英进贡"雨毡"的史料，杨汉英是播州杨氏家族二十七世三十任中唯一一名立传于正史的人。《元史·杨赛因不花传》中载，杨汉英作为杨邦宪的儿子，在"二十二年，……命袭父职，赐金虎符，因赐名赛因不花，授金虎符，拜龙虎将军"⑥。并且担任绍庆、珍州、南平等地方的沿边宣慰使，还担任播州地区的军民安抚使。"至大四年（1311），加勋上护军（正二品），诏许世袭。"⑦ 中央对杨汉英十分的重视。一生中被世祖、成宗、仁宗三世接见了共十次。"恩宠益隆，统治益阔。"杨汉英履行按时朝贡的国家义务，体量朝廷之需，也成为元统治者认可的衡量标准之一。

明代土司朝贡贡品中除了以马为主，也是以方物为主要的贡品。如表5-3所示，明代播州土司进贡方物的次数共有24次。如前文所述，茶叶也是纳入明代朝贡方物范围之中，而播州地区生产茶叶，进贡茶叶质量不减吴越。

表5-3　　　　　　　明代播州土司朝贡"方物"统计表

土司	杨铿	杨升	杨炯	杨纲	杨辉	杨爱	杨斌	杨烈	合计
次数	3	9	1	2	4	3	1	1	24

资料来源：出自《明实录》，台北："中央研究院"历史语言研究所校印本，1962年。

---

① 《元史》卷26《仁宗本纪三》，第586页。
② 《元史》卷30《泰定帝本纪二》，第675页。
③ 《元史》卷30《泰定帝本纪二》，第680页。
④ 《元史》卷27《英宗本纪》，第608页。
⑤ 《元史》卷30《泰定帝本纪二》，第667页。
⑥ 《元史》卷165《杨赛因不花传》，第3884—3885页。
⑦ 《元史》卷165《杨赛因不花传》，第3884—3885页。

播州各地都产茶，优质的茶叶被当作贡茶。播州产茶的历史较悠久，《茶经》：茶之出黔中，生思州、播州、费州、夷州。自从唐代以来，中央政府就推行"以茶易马"之法，也就是用南方各地产出的茶叶与西北少数民族换马，无论是官茶还是商茶，都可以进行交换。洪武三十年（1397），明朝在播州地区还设立了茶仓，"置成都、重庆、宝宁三府及播州宣慰司茶仓四所"①。设置茶仓，并岁输茶课司。播州茶质优品多，多贩至四川各县，佳者在贡品中占有一席之地。

3. 大木

播州地处西南，气候温热多雨，水量比较充沛，森林种类又比较多，所以林木资源茂盛。楠木，树甚端伟，叶子终年不凋谢，春天开花如母丁香，播州各地具产，楠木林业资源丰富。"采木之役，自成祖缮治北京宫开始。"② 进献大木是皇宫最受欢迎的贡品之一。"时四川马湖、永、播州等地土产有楠木。"③ 播州土司多次向朝廷贡献大木，如嘉靖四十年（1561）三月，"播州宣慰使杨烈献大木四十株，诏赐二品武职服色，给诰命"④。隆庆十四年，"应龙献大木七十，材美，赐飞鱼服"⑤。万历十三年（1585）十二月，播州土司杨应龙向朝廷献巨木六十根，"时应龙又以开采，献巨材六十"⑥。

明朝在播州地区采办"大木"，始见于嘉靖二十六年（1547），"工部侍郎刘伯跃，总督湖广、川、贵采办大木，旋以忧去，以左副都御史李宪卿代之。乃分派参政缪文龙入播州踏勘。播州之木，有儒溪、建昌、天全、镇雄、乌蒙、龙州、蔺州之木"⑦。

表5-4　　　　　　　　　播州土司进献"大木"统计表

时间	进献大木情况
嘉靖四十年三月	杨烈进献大木40根

---

① 《明太祖实录》卷254，洪武三十年七月辛酉，第3662页。
② 《明史》卷82《食货志六》，第7册，第1995页。
③ 道光《遵义府志》卷18《木政》，第32册，第396页。
④ 《明世宗实录》卷494，嘉靖四十年三月乙酉，第8202—8203页。
⑤ 《明史》卷312《土司传·四川土司二》，第8045页。
⑥ 《明神宗实录》卷169，万历十三年十二月庚午，第3052页。
⑦ 道光《遵义府志》卷18《木政》，第32册，第395页。

续表

时间	进献大木情况
万历十三年十二月庚午	杨应龙进献大木 60 根
万历十五年四月庚午	杨应龙进献 70 根
万历二十四年六月戊戌	杨应龙及其子进献大木 20 根

资料来源：出自《明实录》，台北："中央研究院"历史语言研究所校印本，1962年。

  播州土司进献大木的基本情况如表 5-4 所示，可以看出播州土司进贡大木的时间集中在万历年间。正德到万历年间，明王朝对大木的需求量十分大。在嘉靖四年（1525），统治者兴建仁寿宫耗费大量的木头，于是工部的大臣商议："仍选部属三人分行四川、湖广、贵州，募求大木。"① 播州定期进贡大木，一方面是为了获得赏赐，另一方面是为了谢恩，也在朝贡的范围之内。万历十三年（1585）十二月，杨应龙"献巨材六十"②。万历十五年（1587）四月，杨应龙又进献"大木七十根，内多美材"③。朝廷不仅赏赐飞鱼服饰的彩缎，还"加升职级"④。《明史》载，"万历二十三年（1595），抵杨应龙斩，论赎，输四万金，助采木"⑤。《明神宗实录》载万历二十四年（1596）闰八月，"播州宣慰使杨应龙、子杨朝栋各进大木二十根，以备大工之用"⑥。《贵州通史》中记载万历二十四年杨应龙与其子进献大木，是为了赎罪，当时"三殿遭灾，时值杨应龙有罪当斩"⑦。最后杨应龙被免去了死刑。可见，这是播州土司通过进献大木来赢得朝廷的认同和宽宥。

4. 金银器皿

  播州土司进贡物品除了以马匹、方物、大木为主，其金银器皿也是占据了播州进贡物品中的重要部分。根据史料搜集整理，发现播州土司进贡金银器皿主要有六次记录，如表 5-5 所示：

① 《明世宗实录》卷 54，嘉靖四年八月戊子，第 1328 页。
② 《明神宗实录》卷 169，万历十三年十二月庚午，第 3052 页。
③ 《明神宗实录》卷 185，万历十五年四月庚午，第 3459 页。
④ 《明神宗实录》卷 185，万历十五年四月庚午，第 3459 页。
⑤ 《明史》卷 312《土司传·四川土司》，第 8047 页。
⑥ 《明神宗实录》卷 301，万历二十四年闰八月癸未，第 5650 页。
⑦ 贵州通史编委会编：《贵州通史》，当代中国出版社 2002 年版，第 221 页。

表 5-5　　　　　　　播州土司进贡金银器皿统计表

时间	进贡物品
宣德五年三月乙丑	播州宣慰使长官李钦进贡金银器皿
成化五年正月癸未	播州宣慰使头目赵昶进贡金银器皿
成化十一年二月戊申	播州宣慰使杨辉进贡银器
成化十二年正月壬申	播州宣慰使长官蒋信进贡银器
成化二十年三月壬辰	播州宣慰使杨爱进贡金银器皿
弘治四年八月戊午	播州宣慰使杨爱进贡银器

资料来源：出自《明实录》，台北："中央研究院"历史语言研究所校印本，1962年

由表5-5可以看出，播州土司进贡金银器皿的时间主要集中在成化年间。从进贡金银器皿的次数来看，在整个播州土司进贡的次数中，金银器皿只有6次，而马匹、方物、大木的次数相对较多。可见，金银器皿是作为"辅贡"品而出现，多随着方物和马匹一起进贡的，如成化五年（1469），"四川播州宣慰使司宣慰使杨辉遣头目赵景等各来朝，贡象、马并金银器皿"[①]。

此外，播州土司还进贡硃砂、水银、绢、驼、鹰、象等物品，但这些都是极少数。最重要的贡品，依然是马匹、方物、大木、金银器皿等常见的物品。

播州的经济实力于西南地区而言，一直都是雄踞一方。此地虽远离发达的汉人农耕区，但这里的自然条件实属优越。既有可耕的沃土，又有适合放牧的原野，还有可供射猎的丰富资源。山藏矿物，冶炼技术发达。故其经济发达而富饶的程度，在明代贵州位居第一。平播主帅李化龙评价道："西南夷……其中播最大，地方两千里，民悍而富"[②]，平播主将郭子章说道："环贵州而居者，国初有四宣慰安、宋、田、杨，皆豪族也"[③]。可见播州杨氏土司势力之强大，实力强大的背后必定有来自经济的支持。

---

① 《明宪宗实录》卷62，成化五年正月癸未，第1275—1276页。
② （明）李化龙：《平播全书·后序》，《续修四库全书》，史部，第434册，第235页。
③ （明）郭子章：《黔记》卷56《宣慰列传》，《北京图书馆古籍珍本丛刊》史部，第43册，书目文献出版社1998年版，第955页。

总之，历经元明时期播州经济在原有基础上，在播州与中原先进生产力的互动过程中，在播州各族人民的辛勤耕耘之下，经过长期的开拓和积累，社会生产力得到提高，经济发展水平达到了一定的高度。农业生产方面，开始采取较为先进的租佃制的农业生产方式。田土增加，产量提高，所以有"环播幅员千里，田地无虑数千万亩"之说，手工业方面，形成了播州独具特色的手工业技术与产品，在矿业开采、金属冶炼、纺织技术、建筑技术、陶瓷艺术等方面都取得了重要成就。此外，在农业生产和手工业生产发展的基础上，在播州交通运输特别是乌江、赤水等河道航运能力改善的基础上，播州的商业贸易方面，也积极开拓市场，以与中央王朝的朝贡贸易为主要手段，实现播州与外界产品的互通有无，丰富了播州人民的物质与精神文化生活。播州经济的发展，相应地推动了播州政治和文化的发展，也使得播州地区加速融入中华民族的大家庭之中。

第二节 文化教育的发展

播州地区设立学校，可追溯到东汉明、章帝之世牂柯郡人尹珍在正安县境设帐授徒，"南域始有学焉"[①]。之后千余年间，文教寂灭无闻。唐末杨氏领播州，"文教盖蔑如也"，直到南宋初，杨氏第十一世首领杨选开始择师礼贤，注重文教，播州地区的教育才开始了它的进程。土司制度推行后，儒学兴起，成为土司地区文化教育发展的重要标志。对促进播州地区的中华文化认同与地方文明程度的提高起到了积极作用。

一 南宋时期杨氏始弘文教

唐代，播州山川险峻，地远天荒、人口稀少，汉官视播州为"非人所居"之地，也是朝廷贬谪罪臣，流放囚徒的地方。大诗人李白曾被远流夜郎（唐夜郎县，在今桐梓县夜郎坝），写下了不少与夜郎有关的诗篇，例如："我愁远谪夜郎去，何日金鸡放赦回"，"去国愁夜郎，投身窜荒谷。半道雪屯蒙，旷如鸟出笼"[②]。他的诗形象地描绘了播州的遥

[①] （晋）常璩撰，刘琳校注：《华阳国志》，成都时代出版社2007年版，第197页。
[②] 道光《遵义府志》卷45《艺文四》，第33册，第426页。

远荒蛮。

杨氏自唐末入播后,最初由于立足未稳,四处征战,既要抵御周围土著豪强的侵扰,又要开疆扩土,加之内部兄弟叔侄之间因夺权而相互残杀,"无暇修文",文教不兴。直至南宋初年,播州大势已定,随着汉文化在播州的传播,杨氏主动接受汉文化,开始注重在境内提倡学习汉文化,播州文化教育才开始发展。播州杨氏在两宋时期的文化教育主要有三方面:

第一,通过与汉族知识分子交流,学习汉文化。

两宋时期,播州地区较为安定,大批汉族文人进入播州地区,杨氏对他们以礼相待,并给以"官养",平日与他们"论志讲业"。例如,杨选"性嗜读书,择名师授《子》《经》;闻四方有贤者,则厚币罗致之,每岁以十百计"[1]。时有成都文人房禹卿到播州买马,被当地少数民族所劫,几经转卖,杨选得知后即把他赎出,安顿于客馆并给予衣食,几年后适逢大考,杨选厚赠禹卿并派卫兵送回成都,后来禹卿中进士。此事一时传为佳话。杨选不但要求族中子弟读书上进,对其他的聪颖好学的青年也乐于培养。杨选之后,杨轸袭职,其弟杨轼"留意艺文,蜀士来依者愈众,建庐割田,使安食之。由是蛮荒子弟,多读书攻文,土俗为之大变"[2]。通过与汉族知识分子的交往,杨氏家族学到不少汉文化知识,渐染华夏礼仪,这种交往成为这时期播州地区上层子弟受教育的一种形式。

第二,提倡儒家学说,修建学宫。

播州安抚使杨粲自幼天资聪颖好学,老师教授他诸子文章和保江山社稷的道理,长大后喜欢鼓琴投壶。南宋宁宗嘉泰初年承袭播州安抚使职,他领播后,"士类羽流,皆称其乐善而种德,喜儒而好礼"[3],他一生修造儒学、琳宫、梵刹多处,建学养士,极力提倡儒家学说,首次在播州修建学宫。他还很重视家教,以儒家封建道德标准为指导,制定了《家训十条》:"尽臣节,隆孝道,守箕裘,保疆土,从俭约,辨贤侯,务平恕,公好恶,去奢华,谨刑罚。"[4] 并将此刻于石,自己亦身体力

---

[1] 道光《遵义府志》卷31《土官》,第33册,第64页。
[2] 道光《遵义府志》卷31《土官》,第33册,第65页。
[3] 《遵义地区文物志》,第54—58页。
[4] 《遵义地区文物志》,第58页。

行。这"三字经"被宋濂等大师誉为"有功名教，遗福子孙"的至理名言。杨粲当政四十余年，物质财富日益增多，经济文化有显著发展，从而出现了一个"土俗大变"，"俨然与中土文物同"① 的好局面，史称"播州盛世"，这与杨粲重视文化教育有很大关系。杨文在执掌播州期间，更是"留心文治"，于嘉熙三年（1239）在笔花峰南麓（今遵义市中医院侧）修建孔子庙（今贵州辖区最早的孔庙），"以励国民，民从其化"。从此，儒家文化在播州传播更加深入、广泛。

第三，设科取士，开播州科举之先河。

隋唐以来，朝廷设科取士，均未涉及播州。杨粲在位期间，进行了大规模的办学，播州文教渐开，读书向学者越来越多，学养深厚的也不乏其人。杨价，袭父杨粲职掌管播州，受父濡染，英姿伟岸，卓而不群，好读书，善作文，重教育，推崇儒家学说。其时，乘"抗元有功"之机，上奏朝廷，让播州人参与全国性的科举考试，获得了南宋王朝认可，准其"每岁于播贡士三人"。这为播州读书人寻求到了一条仕进之路，可以说是播州教育发展水平的一项重要标志。南宋嘉熙二年（1238），播州贡士，遵义人冉从周，荣登皇榜，成为播州历史上第一个进士，时称"破荒冉家"。此后四十年间，播州接连高中进士者，就有杨震、李子敏、犹道明、白震、赵炎卯、杨邦彦、杨邦杰等人。整个南宋时期，播州共中进士八人。另外，值得一提的是南宋末年受知余玠而首画城钓鱼之策的播州冉氏兄弟。《宋史》载："播州冉氏兄弟琎、璞，有文武才，隐居蛮中，前后阃帅辟招，坚不肯起，闻玠贤，相谓曰：'是可与语矣'……（玠）密以其谋闻于朝，请不次官之。诏以琎为承事郎，权发遣合州，璞为承务郎，权通判州事。"② 冉氏兄弟由于有才能而被荐辟为官，他们竭力协助余玠经略四川，领导四川军民建立山城防御体系。对稳定长江上游战局，粉碎蒙古军队去蜀灭宋的战略计划、延长南宋王朝"国祚"功不可没。

郑珍、莫有芝在《遵义府志》一书中对播州文化教育和杨氏兴文教的作用做了实事求是的评价："遵义自晋以后，经六代不见天日；隋末唐初，开山峒，招豪长，始稍稍木刊棘剪矣……杨氏遂取之南诏，出五

---

① 《遵义地区文物志》，第58页。
② 《宋史》卷416《余玠》，第12470页。

代之乱以入于宋。据宋文献（宪）《杨氏家传》，南渡以前，上下州不相能。闽罗诸蛮僚世世构杀，亦不暇修文矣。选始嗜读书，岁致四方贤士以十百计；轼益留意艺文，由是蛮荒子弟多读书、攻文字，土俗大变。至粲乃建学养士；价乃以取播士请于朝，而每岁贡三人。然则天荒之破，杨氏之功也。"① 也就是说，杨氏在宋代文化兴盛的历史条件下，顺势而为，推动了播州文化教育的发展。

二　元明时期播州儒学本土化

从元朝土司制度创立之始到明时的土司制度确立的全过程中，封建王朝都注意到土司地区文化教育的发展。元朝在南方民族中提倡儒学、设立学校；明朝廷提出"蛮夷教化"方针，边夷土官设儒学，注意土司地区的文化教育，土司子弟可以优待进入国子监就学，强制土司应袭子弟入学，并对土人入学给以奖励。这些措施提高了土司地区各民族的文化水平，特别是在土司及其子弟中提高较快，土司文化素质的提高必然促进南方各民族文化教育的发展。

（一）播州儒学的兴起

元、明王朝除了对土司设官封爵之外，同时还十分注重在土司地区施行文治教化，以完善其民族统治政策。作为文治教化措施的一项重要内容，就是大力设置学校，推行汉文化和儒家的礼仪思想，利用伦理纲常来笼络规范土司地区人民的思想。根据有关史料，可以明显看出，播州的学校教育始于设立土司制度的时期。汉英当政，"急教化，大治泮宫"②。元朝时期播州得风气之先，儒学一时兴盛起来，《大元一统志》载："（播州军民安抚司）宦户、儒户与汉俗同"，儒户指每家至少有一人入学就读之户，文中专门提到"儒户"，必有相当数量③。播川县人杨朝禄恩赐进士，是元代播州唯一一名进士。明洪武二十八年（1395），明太祖朱元璋"诏诸土司皆立儒学"④，进一步鼓励了土司头人兴教办学的热情，纷纷呈书朝廷，要求建设学校。播州地区的学校发展，获得了大好的机会。洪武十三年（1380），杨铿建播州长官司学，

---

① 道光《遵义府志》卷32《选举》，第33册，第91页。
② 道光《遵义府志》卷31《土官》，第33册，第69页。
③ 贵州通史编委会编：《贵州通史（第1卷）》，当代中国出版社2002年版，第484页。
④ 《明史》卷3《太祖本纪三》，第52页。

至永乐四年（1406），播州长官司学升为宣慰使司学。永乐初，杨升"请开学校荐士典教，州民益习诗书礼义"①。这应该是黔北古代教育史上最早出现的普通学校的记载，这也就反映了明代初期播州地区学校教育迅速发展之一斑。他还"修学校、延明师、育人才，而致文风日盛于前，此其崇儒术也甚至"②。洪武时赵仕禄中进士；永乐年间廖沈、聂一心、谢传芳、谢继中、聂格心、金欧卜中举人。嘉靖元年（1522），明世宗准宣慰杨相上奏，"赐播州儒学《四书集注》"③。儒家经典被用来作为生员的学习教材，可见明代播州的学校教育，完全是以汉文化为背景的。

（二）播州土司的文化素养普遍提高

通过儒学教育，播州土司的文化水平普遍提高。元朝时期杨汉英勤奋好学，《新元史》载"汉英究心濂洛之学，为诗文，典雅有则。著有《明哲要览》九十卷、《桃溪内外集》六十卷"④，"南北士来归者众，皆量材用之"⑤。他曾经三次赴京朝觐，视野大开，成为名噪京师的学者、诗人。明王朝为了加强对土司地区的统治，对土司实行汉化政策，并使土司行为能逐渐符合朝廷规范，做出土司子弟不入学者，不准承袭的强制性规定。在统治者的大力推动下，播州土司为了提高统治能力，巩固统治地位，保证权势世代相承，土司及其子弟纷纷到儒学就读；还利用王朝给予土司子弟可以进入当时的最高学府国子监的优待，积极送子弟赴京进国子监深造，洪武二十一年（1398），"播州宣慰司并所属宣抚司官各遣其子来朝，请入太学，帝敕国子监官善训导之"⑥。这些入学的土司子弟，除了享有当时最好的学习条件外，还直接受到京城中原文化的熏陶。这些经过明政府精心培养出来的土司，能更好地维护明王朝的统治利益，而且有较高的文化素养。如杨升学问深广，撰文作诗出人意表。执政"明断宽裕"，遇疑难则"博询于众"，先后九次赴京朝觐，得到永乐皇帝的认可，"屡赐玺书褒奖"。杨纲守职勤、用人善、

---

① 道光《遵义府志》卷31《土官》，第33册，第71页。
② 道光《遵义府志》卷31《土官》，第33册，第72页。
③ 《明史》卷312《土司传·四川土司二》，第8044页。
④ （民国）柯劭忞：《新元史》卷220《杨汉英》，上海古籍出版社1989年版，第863页。
⑤ 道光《遵义府志》卷31《土官》，第33册，第69页。
⑥ 《明史》卷312《土司传·四川土司二》，第8040页。

尊贤重士、崇儒好礼。杨辉博览经史，歌咏得唐人之音律；大书行草书皆遒劲可爱；在文学上颇有造诣。杨斌研究儒家经典、《道藏》、《易》学，诗文有功底，所作《桃源洞口题刻三首》，韵律工整。他自撰自书的鹤鸣洞摩崖诗，书法飘逸飞舞，较有功力。

(三) 儒家教育播州地域的影响

土司办学的目的十分明确，一是借重儒学，教化臣民，以达到巩固土司地位的目的；二是培养人才，以振兴土司的统治。在元明时期，播州土司地区的确培养了一批忠于朝廷的上层人士和比较开明的土司。这些受过儒家文化熏陶的土司，对发展地区生产力，维护国家边陲稳定、统一，对促进地区社会文明进步起到了积极作用。

第一，提高了播州人的文化素质。

地方学校的教育方法，代替了家庭教育和习惯教育方法，而且教育内容一开始就是汉族文化的儒学经典。这不仅使播州人受教育的途径增多，而且使受汉文化教育的起点高。播州少数民族通过对汉文化知识有效的学习，出现了一批拥有较高文化水平的各民族上层知识分子。对播州地区的社会和文化发展产生很大影响。尽管这时播州地区的学校主要还是为了维护王朝和土司统治，使土司和他们的子弟通过学习汉文化，接受儒家伦理思想的教育，濡染华夏礼仪，以巩固中央王朝在播州地区的统治。但是在客观上却造就了一批有较高汉文化水平的播州文人学子，提高了播州人的文化水平。播州进入了古代教育发展的新阶段。特别是杨氏家族文化教育的传承演衍，既保持着对古代川南巴文化勇锐刚劲遗风的继承和发扬，更不乏对凝持稳重的古代汉族封建礼仪文化的汲取和接纳，这对播州以汉文化和儒家学说为主的农耕文化教育的逐渐形成起到了重要的作用。

第二，推动了播州地区文学艺术的繁荣和发展。

通过多种教育途径造就的播州各民族文人学士，在文学艺术方面创作了大量艺术作品，给播州民族文化注入了新的内容。通过儒学教育，播州土司的汉文化水平达到相当高的程度，创作了大量文艺作品，而且艺术水平达相当高的境界。其中，既学习和继承了汉民族诗文的传统风格，又吸收了当地民族风土习俗，颇具地方民族特色。另外，土司修纂了大量家谱，丰富了西南少数民族史学内容。几乎所有大大小小土司都修有墓志铭和家谱的传统，较为著名的有《杨文神道碑》《杨氏家传》

《罗化族谱》等。这些碑刻和家谱是今天我们研究西南少数民族历史、文化的珍贵史料。

播州在绘画、刺绣、铜鼓铸造、书法艺术、民间音乐歌舞、墓葬建筑、石刻艺术等方面都有独特风格，产生过精美的代表作，特别是境内的全国重点文物保护单位杨粲墓，以规模宏大、雕刻精美，被誉为宋代石刻艺术宝库。在1957年出土于遵义县龙坪赵家坝（与皇坟嘴杨粲墓隔河相望）的明墓中出土了《备宴图》《演乐图》《梳妆图》三块墓壁石刻，其中《演乐图》的建筑正是一座线刻的戏台建筑，特别珍贵的是，它是我国迄今发现的年代较早的有顶盖戏台图。从图中看到琵琶是家宴歌舞娱乐的主要伴奏乐器，这也从另一个侧面反映了明代江南文化的雅乐散曲已传播到播州，并为土司贵族所接受喜爱。

通过多种途径的儒学教育，一方面，土司懂得了更多的封建伦理规范，忠君尽孝的观念逐渐深入人心，他们对中央政府也极为敬畏。杨汉英曾请翰林学士程钜夫撰写《忠烈庙碑》，刻石于杨粲忠烈庙前，要求子孙后代"承家事君"[1]，忠勤朝廷。播州土司们服从朝廷调遣，参加多种军事活动，巩固了封建中央政府在播州地区的统治，维护了国家统一。

二 播州土司文化的地域性特点

土司制度的推行与发展，使播州土司文化从内涵到外形都发生了较大的改观，播州文化在与周边文化的交流互动中，中原文化的影响尤著。当然，播州在强势中原文化面前，并未完全放弃自身民族特色。这种文化交融过程中的吸收与扬弃在播州土司遗址中得到了充分展现。

（一）宋明时期墓葬的世俗化

分析目前已发现的播州宋明墓葬，并结合四川的有关材料，将其置于全国的政治、经济、文化背景中考察，不难发现，它们所体现的葬制葬俗既有阶段性的差异也有时段上的延续，既有纵向的区别，也有横向的联系，有的是区域性的，有的则是全国性的。播州地区无论在政治上还是地理上都有一定的独立性，因而具有自身的地方特色，但随着从羁縻州府到中央王朝的地方行政单位这一身份、角色转换的完成，其在各

---

[1] 贵州省遵义县县志编纂委员会编著：《遵义县志·碑文》，贵州人民出版社1992年版，第1164页。

方面又和中心地区保持了很多一致，因而在丧葬文化上同样体现了"世俗化、功利化、现实化"这一总的特征。具体说来，可从以下六个方面获得反映。

1. 礼制的淡化、模糊和世俗化的增强

儒家认为："礼，经国家，定社稷，序人民，利后嗣者也。"① 由此形成的礼制为整个社会提供了一套伦理道德和行为规范，确立了皇权的神圣不可侵犯性，是维系封建统治的重要手段。礼制涵盖了政治、经济、思想文化、军事和社会生活等各个方面，就丧礼方面而言，《宋史·礼制·凶礼》及《明史·礼制·凶礼》记载看到王朝对各等级墓葬的形制、规模、随葬品、墓葬用材等都做了严格规定。

比如，宋代丧礼规定对高官重臣采取诏葬，"勋戚大臣薨卒，多命诏葬，遣中使监护，官给其费，以表一时之恩"②。在随葬品方面，"入坟当有圹、当野、祖思、祖明、地轴、十二时神、志石、券石、铁券各一"③。同时又规定"诸葬不得以石为棺椁及石室，其棺椁皆不得雕镂彩画、施方牖槛，棺内不得藏金宝珠玉"④，严禁逾制。对于一般士庶民人的丧礼，规定"五品、六品常参官，丧舆昇者二十八人，挽歌八人，明器三十事，共置八床；六品以下京官及检校、试官等，昇者十二人，挽歌四人，明器十五事，置五床，并许设纱笼二，庶人，昇者八人，十二事，置两床。悉用香舆、魂车"⑤。明因宋礼，规定大体相同。

不过，我们考察宋明时期的墓葬会发现，除了皇陵还严格遵守礼制制度规定外，品官和庶民中间，礼制已经发生了很大变化。一方面，品官注重自己的政治等级，多用墓志彰显自己的身份，甚至不惜逾制追求更高的等级配置，而一般平民也希望能提高自身的等级；另一方面，由于世俗化观念的增加，各等级在追求世俗化丧葬习俗方面又逐渐趋同。作为播州统治阶层的杨氏土司墓葬，不但使用了石室和石棺台，还在墓室内装饰了大量仿木结构雕刻，这些均与官方礼制不符，其中杨粲墓就是一个典型，另外在杨粲、杨爱、杨辉、杨烈等墓前，还残存着石阶、

---

① 李梦生：《左传译注·隐公十一年》，上海古籍出版社1998年版，第43页。
② 《宋史》卷124《礼志》，第2909页。
③ 《宋史》卷124《礼志》，第2910页。
④ 《宋史》卷124《礼志》，第2909页。
⑤ 《宋史》卷125《礼志》，第2918页。

八字墙、石狮、石翁仲、石门、周围墙等建筑，这些都是祭祀设施，这更是逾制的表现。或曰，播州乃土司辖地，可以不遵守礼制规定，但和杨氏土司同时代的四川安丙墓、赵雄墓也有同样的情况发生。至于墓内大量出现的四神、仪仗、仆侍、瑞兽、花卉以及晏饮、歌舞、启门等等装饰题材，与中下等级的墓葬装饰没有什么不同，这也反映出当时人们在政治观念上重视等级而世俗表现上漠视等级制度的矛盾现象。

礼制对普通庶人的约束就更加微弱。虽然当时对贵与富有严格的区分，"诸丧葬不能备礼者，贵得同贱，贱虽富不得同贵"[①]。但由于宋明时期是我国历史上商品经济高度发达的社会，以财力高下决定墓葬规模、形制和随葬品多寡的现象非常普遍。具体到播州地区，经过杨氏土司的治理和广大劳动人民的努力，该地区的政治、经济、文化、教育等事业有了巨大进步，出现了"播州盛世"的景况，以致"土俗大变"，"俨然与中土文物同"。在这样的背景下，我们看到很多普通人的墓葬也有这种逾制现象，如周市石棺墓、夜郎坝宋墓、水王塘宋墓的石棺床等等就是例证。另外在平民墓中出土了很多皇陵中规定使用的明器，如金银器、衣服、十二神、当野、地轴等，这也说明了当时人们选择明器是很自由的，礼制的约束日益淡化和模糊。世俗化的增强还表现在以下两个方面：一是极富生活气息的墓内场景，如棺台上的仆侍俑、仪仗俑，以及摆放的陶房、陶猪圈、四合院模型等，都象征着日常生活中人丁兴旺，六畜繁衍的寓意；石室墓内装饰的开芳宴、妇女启门、夫妻对坐、宾客宴饮、庖厨图、歌舞伎乐图等浮雕图案，反映出丰富多彩的出行交往和日常家居生活情景。此外，石室墓内的墓门武士、四神图、瑞兽图、花卉图、几何图案等题材，不仅在中下层墓中盛行，即便那些高等级墓葬如杨氏土司墓内也很常见，这就说明，这些世俗化的雕刻装饰题材对整个社会各个阶层都有着强烈影响。因此，这种世俗化的趋同心理，说明各等级墓葬都具有了"世俗化、功利化、现实化"的总体特征。

2. 墓内装饰的居室化和生活化

古人"事死如事生"，历朝历代均是如此。他们把活人生前享有的一切都搬到地下，希望死后仍能像生前那样享有荣华富贵。因此，他们

[①] （宋）司马光：《书仪》卷七《丧仪》，文渊阁《四库全书》，第142册，第503页。

在墓室的布局上处处体现了"阴宅"仿"阳宅"的特点。无论是里面的仿木构建筑还是各种反映日常生活的浮雕石刻，无不是对现实生活的模仿，成为墓主生前世界的微缩与翻版，这类墓葬反映的现实性尤为明显。

另外，我们也可以从墓室装饰的内容看出当时流行的市民文化或文化的世俗化。比如，赵家坝土司杨元鼎墓的宴乐歌舞图，该浮雕刻在三块青石上。一块刻的是《备宴图》，在一座讲究的四合院里，站着10个侍女，有的执壶，有的托盘，有的上菜，有的送果品，一派即将举行盛宴的忙碌情景。另一块刻的是《演乐图》，8个女乐站在庭院中，或抱琵琶，或握横笛，或操月琴，正在为主人和宾客演奏。还有一块刻的是《梳妆图》，在一个宽敞明亮的厅堂内，中央放着一把华贵的太师椅，6个侍女分立两旁，两人拱手肃立，其余4人分别捧奁、端壶和持铜镜，仿佛在静静地侍候女主人起床梳妆，是日常生活场景的真实再现。

至于播州宋明墓葬中大量存在的瑞兽图、花卉图、几何图案，以及表现富贵、祈富、长寿等等内容的浮雕，不仅仅是为死者祈福、镇墓、驱邪，同时也是当时人们日常生活中的常见之物，寄托了人们对美好生活的无限向往之情，是大众文化、世俗文化在墓葬上的真实反映。

3. 随葬品组合的模式化和商业化

根据学者的研究，宋明时期四川一带墓葬中随葬的陶俑组合变化不大，主要有武士俑、十二生肖俑、老人俑、仰观伏听俑、金鸡玉犬、双人首蛇身俑、人首鱼身俑、兽首人身俑、四灵俑、鼓俑等。[1] 播州一带墓葬盗毁严重，随葬品出土不多，无法从中找出固定的组合形式，但从杨粲、杨纲、杨辉等墓中出土了大量的陶俑，显示了土司的气派和土兵的威仪。显然墓葬大量随葬陶俑，与当时的丧葬习俗有关，有些仪仗俑、侍俑、武士俑主要是为了彰显墓主人的显赫地位，杨氏土司墓葬中的陶俑们即是如此，在"阴间"继续供墓主人驱使。而明器神煞的使用，则是为了保护墓主、超度亡魂、得道升仙，同时也有为生人攘灾、驱邪、祈福的功能，因此它们在墓中几乎成了必备品。如此大量的陶俑和明器的使用，不可能是墓主家制造的，从多数陶俑上可以看到合范的

---

[1] 张勋燎、白彬：《隋唐五代宋元墓葬出土神怪俑与道教》，《中国道教考古》，线装书局2006年版，第1636页。

痕迹，证明是用陶范或木范批量生产出来的，作为商品在市场上出售。这说明当时的陶俑、明器是由专门的手工作坊制造销售的，这也从一个侧面反映了当时商品经济和手工业的发达情况。

买地券也是这一时期墓葬中常出土的随葬品。买地券又叫墓别，保存下来的主要有石质和陶质两种，是我国古代以地契形式置于墓中的一种迷信物品，是从卖地契约演变而来，从东汉到明清都有，其作用是给墓主在阴间买下一块塚地，保证墓主在阴间不受各种鬼神的侵扰。播州地区墓内使用买地券的风气非常盛行。我们已知，迄今已出土的播州宋明时期买地券主要是石券和砖券，有仁怀两岔宋墓群出土的3块和杨粲墓、杨辉墓、杨子墓分别出土的3块。买地券置入墓中有两种方式，一种是人死后埋葬时置入，为保预造的寿堂永固，生人长寿，就在里面置入道家镇墓符箓。另一种是在预造"寿堂"时提前置入棺床底下，既作买地用，也作镇墓求福用。如从"大明国四川道播州居冠带杨公子"地券的券文看，置入墓内的目的是寿堂建好后，"用保安康……子孙绵远，千载悠长"[①]，显然是为活人求福的，体现的功利性和现实性很明显。

观察播州的这些墓葬，我们发现陶俑、买地券、镇墓石是一种固定的搭配，是本地丧葬习俗的反映。它们既是墓内一种起一定功能和作用的随葬品，又是商品流通中的一种物品，是商品经济发展的产物。在社会风俗的影响下，随葬品完全成为一种象征性的符号，完全根据死者家庭的财力、丧葬意识和个人喜好进行选择和搭配，这种符号化的表示，仅是一种社会习俗而已，和墓主人的身份、信仰没有必然的对应关系，也就是说，它反映的是一种从普遍的丧葬风俗出发的"从众"心理。

4. 风水堪舆的盛行

风水术又称堪舆术，是我国古代关于阴宅卜葬的环境生态学说，是人们对死后栖息环境条件进行选择的理论和方法。在中国古代，人们认为风和水相结合，就形成万物滋长、生息繁衍的环境。从古到今，人们把兴旺发财、多子多福的吉凶与风水好坏联系起来，认为风水的好坏可以决定子孙后代的福祸安康，是一个家族兴旺发达的"穴"之所在，

---

① 何烨、陈季君、刘世野编著：《播州土司文化遗存图释》，中央民族大学出版社2015年版，第299页。

因此，人们不惜重金选购风水好的地方安葬死者。风水思想的产生主要受到中国原始文化和先秦诸子百家及其后学者们自然哲学思想的综合影响，其中以灵魂不死、天人合一观以及天人感应、阴阳五行互补观为巨，它成为人们选择墓地的主要依据。而这一习俗在播州地区也产生了深远影响。

在墓葬上杨氏家族都用阴阳堪舆术来选择坟茔，从已发现的杨氏墓地看，应该都是经过风水先生慎重选择过的风水宝地，极其讲究风水。如杨粲墓、杨辉墓、杨烈墓等都位于三面群山拱卫，起伏连绵，前面河流萦绕，地势开阔之地。墓室也都是按"左青龙，右白虎，前朱雀，后玄武"的方位修建的，杨粲墓内还有道教符箓"太一上治皇天土"一类字样。而相同的做法，在黔北地区宋明墓葬中随处可见。

阴阳堪舆术盛行的另一个表现是腰坑的大量使用，杨氏土司墓葬中都有腰坑设置。杨子墓[①]内腰坑保存完好，随葬有金龙、银虎、金朱雀、银质三头朱雀、银玄武、买地券、银钵、铜锣等物，器物组合、摆放位置及顺序清楚，提供了研究播州杨氏墓葬腰坑随葬品的完整资料。我们知道，腰坑是我国古代丧葬习俗的一种形式，它起源于新石器时代的鄂西、三峡地区，主要流行于夏商周时期，秦汉以后在我国绝大多数地区消失，唯独在西南地区长期流行。不同的是，早期腰坑中主要随葬殉人或殉狗等物，体现了一种礼制，而西南地区腰坑则成了地理风水家所说的"穴"之所在，它事关风水和家族命脉，体现的是为死者镇墓、驱邪，为生者祈福、攘灾，保佑子孙后代富贵安康的功利思想。可见，不管是风水堪舆还是腰坑的设置，随葬品的摆放，无不是现实需要和功利思想在随葬习俗上的表现，也就是说面上是为死去的人，但目的最终还是为了活着的人。

5. 夫妻同茔异室合葬与家族墓地

夫妻合葬这种丧葬形式开始盛行于汉代，宋明时期流行于四川、黔北地区，成为当地主要的葬式。其中以有过道相通的同穴异室夫妻合葬墓最具特色，到了明代，又发展成共用隔墙、不留过道的形式。从考古发掘的资料看，主要有同坟同穴异室、同坟异穴异室合葬和两室有过道

[①] 刘世野：《杨子墓》，《遵义县文物志》第二集，遵义县政协、文体局、文管所编纂，2003年内部发行，第29页。

相通的同穴合异室葬三种形式。这种形式墓葬流行的原因和"则异室，死则同穴"的丧葬观念有关。苏轼说："古今之葬者，皆为一室，独蜀人为同坟而异葬。期间为通道，高不及眉，广不能容人……，蜀人之葬，最为得礼也。"①《礼记·檀弓》记载："孔子曰：'魏人之祔也，离之；鲁人之祔也，合之，善夫'!"可见，孔子也认为"合之"更符合礼制。从"离之"到"合之"，两墓室以过道相通，反映的是丧葬灵魂观念的转变。一墓设两室，既满足了夫妻"死则同穴"的要求，又可以避免后人打扰。两室间开通过道，可以使夫妻即使是在阴间也可以往来相聚。因此，这种葬式也是人们丧葬灵魂观念推动的结果。

　　丧葬形式的转变，和宋明时期政治环境和思想意识有关。从范仲淹庆历新政，到王安石熙丰变法，从司马光元祐更化，到南宋理学的出现，直到明代理学大发展，成为官方哲学，这些思想意识方面的变革，深刻影响了播州的丧葬意识和习俗。杨粲墓、杨价墓、杨斌墓等这些夫妻合葬墓，夫妇之间的墓葬形制和随葬品并无多大的差异。

　　与夫妻合葬墓密切相关的是家族墓地的盛行。黔北地区家族墓地的代表是杨氏土司墓葬群。杨氏家族统治播州长达七百多年，身份、地位显赫，其所留下的墓葬多以墓群形式出现。主要有高坪杨氏墓葬群，在地瓜堡已发现了墓主身份明确的四座，拆毁的5座，并且在其附近还有杨氏墓葬的线索。杨如祖墓所在的笔架山也是一个墓群，已知毁坏的就不少于三座。杨辉墓、杨烈墓周围也有类似的石室墓。杨粲墓所在的皇坟嘴也是杨氏的墓地所在，据调查所知，现在还保留有石室墓多座。另外还有赵家坝新蒲墓地等、播州宣慰使司宣慰同知罗氏家族墓地、播州下辖五司七姓的家庭墓地都有发现。

　　通过以上五个方面的分析，我们看到，播州地区在丧葬文化、风俗习惯上深受四川影响，在墓葬形制和习俗的变革上和四川乃至全国具有同步性。这一方面和播州地区成为中央王朝地方行政单位的历史进程相一致，另一方面也是对中原地区思想文化消化和吸收的反映。强烈的世俗中包容了宗教信仰，从现实功利性出发的丧葬观念和孝悌思想，三教融合而又各取所需，所有这些都使得播州地区墓葬在葬制、葬俗上体现了鲜明的"世俗化、功利化、现实化"的总特征，这也与播州地区这

---

① （宋）苏轼：《东坡志林》卷7，文渊阁《四库全书》，第863册，第68页。

一时期政治变动、商品经济发展、教育文化繁荣、思想融合的时代特征相吻合。

(二) 儒道释思想的渗透

前面谈到，南宋初年，播州大势已定，杨氏为了巩固统治，谋求长治久安，开始择师礼贤，重文兴教，积极学习儒家文化，主动与中央王朝搞好关系。经过几代人的苦心经营，播州土俗大变，经济文化有了长足发展。杨氏一方面竭力推崇儒家教化，另一方面对佛教和道教也采取了兼容并蓄的态度，积极进行本土化改造，使其呈现出儒释道巫混杂合流的地域特征。土司墓葬出现了三教合流的现象。

1. 儒家礼制和孝悌思想的影响

礼制是以维护君主专制为目的而制定的一整套伦理道德和行为规范。虽然宋明时期礼制对人们的束缚有所减弱，但在封建国家的大力提倡和儒家思想的深入渗透下，这些制度还是得到了较好的执行。其影响仍鲜明地体现在各级各类丧制葬俗中。比如，家族墓地采取"尊者居中，左昭右穆而次"①的品字布局，以及迁葬、祔葬中奉行"子祔于父，妻妾祔于夫"的做法，就体现了儒家的"三纲五常"思想。孝悌是儒家伦理纲常所极力提倡的，孔子认为，孝悌是为人之本，行仁之源。如果不孝，那就是大逆不道，就不是人了，所以国人无不以"孝悌"为美德，谁也不愿戴一顶不孝的大帽子。我国古代封建国家以儒家思想为官方哲学，自然也都大力提倡以"孝"治天下。宋代的宋庠说："赫赫炎宋，专以孝治"②。到了明代，更是把它作为基本国策，来教化万民，巩固社稷。养生送死，乃人生大事，所谓"奉先者如亡如存，追往者送终为大"③，并且认为"孝莫重乎丧"④。为了博得"孝"的美名，人们只要家里有钱，就尽最大可能大操大办丧事，以盛大的佛教斋会、水陆道场来表白自己的"孝心"。大办丧事，厚葬死者，彰显孝心成了人们共同的丧葬心理和风俗习惯。

---

① (宋) 程颐：《葬说》，《二程文集》卷6，文渊阁《四库全书》，第1345册，第712页。
② (宋) 宋庠：《元宪集》卷16《孝治颂》，文渊阁《四库全书》，第1087册，第525页。
③ 司义祖整理：《宋大诏令集》卷7《宰相》，中华书局1962年版，第338页。
④ (宋) 宋祁：《景文集》卷61《孙仆射行状》，文渊阁《四库全书》集部，第1088册，第590页。

2. 道教的兴盛及其影响

宋代最高统治者都非常尊崇道教，宋真宗在位时制造了"天书封禅"，尊老子为"太上老君混元上德皇帝"，在全国各地大修道观。并且专门设立宫观使、副使、判官等管理各地宫观、道士，主持道教法事。为了宣扬道教又大规模地收集整理道教经典，编成《云笈七签》《宣和道藏》《政和道藏》等大型丛书。宋徽宗更是授意道录院册封自己为"教主道君皇帝"，自称是神霄帝君下凡。明朝统治者继续宣扬和提倡道教。明代在各级政府中设有专门掌管道教的机构，与儒学、僧纲、医学、阴阳学诸司并列。中央设道录司，隶于礼部，置左右司政各一人，下设演法、至灵、玄义等职，并有龙虎山正一真人及太和山提点等，掌天下道士及经典、度牒。各府设道纪司，州置道正司，县置道会司。并且制定了完善的道士、法事、度牒等规章制度。对于一些著名道士给予了相当高的礼遇。明代道教到嘉靖年间达到了顶峰。四川也是道教的兴盛地方，在其影响下，播州地区至迟在宋代就已传入。播州是贵州最早传入道教的地方，其在明代就设置了今天贵州地区最早的道教管理机构道纪司。

统治者宣扬提倡道教的目的，无非是希望通过"神道设教"，来"敷训导民"，达到"益人伦，厚风俗"，巩固统治的目的。因此历代统治者都对道教的流行持欢迎态度，在不威胁其统治的情况下，对其发展并不给以过多限制。宋元时期的道教分为五大派：正一道、全真道、真大正道、太一道和净明道，到了明代其他教派衰落，唯正一和全真两派独兴。因此，宋明时期的播州地区主要流行的是这两派，尤其是全真派影响更大。播州土官杨斌就是一名全真道士。为了得到更多民众的支持，这一时期道教的教理教义也发生了世俗化转型。从唐代流行的"外丹""白日飞升"，转变为"内丹"和"炼度"。"炼度"说一方面较多吸收了佛教的阎罗地狱信仰，并与我国原有的阴曹地府信仰相结合，大肆宣扬冥界和阴间的阴森恐怖；另一方面，"炼度"说，又较多地统摄了儒家伦理思想，在埋体保护上与理学家主张一致，认为通过超度（幽）、施食（斛食）和炼度这三个过程，可以让那些三途五苦、四生六道的孤魂，断绝三恶五累，洗涤身心，享餐斛食，尽得沾濡，受炼更生，帮助其超越阴境，进入仙乡，进而托化成人。① 因其比体解说更能为人所接受，很快在社会各阶层流行开来。明代墓内经常出土的"敕告文""华盖宫文""镇墓真文"，尤其是"五方度炼真文"更是直接反映了"炼度"说的盛行。道教因其融合阴阳五行、风水堪舆、儒家、释教思想，成为这一时期播州地区丧葬观念的主流，给这些石室墓打上了深深的道教烙印。

3. 佛教的影响

播州是佛教传入贵州最早的地方，自唐末就盛行不衰，到了宋代就建有佛寺若干，到了元代又有了进一步的发展。入明以后，播州宣慰司颇重佛教，不仅修复了宋元时期的若干佛寺，还新建了湘山寺、复兴寺、慈化寺、龙居寺等十五座寺庙，其中以沙滩禹门寺最为著名。这些佛寺的修建进一步推动了佛教的兴盛。

与此同时，佛教在这一时期同样发生了世俗化的转型，从过去注重义理的研究探讨逐渐转变为诵佛念经、超度亡灵等世俗形式。佛教徒大搞经忏法事，参与到人们的红白喜事当中，成了为丧事服务的宗教。

播州地区墓葬内普遍流行的莲花图案、忍冬、牡丹、须弥座以及持幡侍女浮雕、飞天等无不是佛教影响的产物。并且杨氏土司中崇信佛教者不乏其人，大量的佛寺和信众的存在也说明当时的佛教是很兴盛的。我们注意到，这些图案、浮雕和反映道教信仰的雕刻共处一墓而又融为一体，它们形象地反映出儒道释三家宋明时期已融为一体的事实。也可以说是儒道释三教合流在墓葬上的反映。正像徐吉军先生说的那样，这是三教合一死亡观下形成的丧葬习俗，② 具有强烈的世俗化、生活化和功利化倾向，对后世人们的丧葬习惯和心理产生了深远影响，流风所及，直到现在我们仍可以看到它们的影子。同时三教合一的现象还可以在这一地区佛寺、道观相混杂的情况中窥见一斑。比如，观音阁这个名称就无法分清它到底是佛寺还是道观。而僧人大思就既建佛寺又建道观；玉皇阁既祀玉皇大帝又建有佛殿。很多百姓则是孔子、释迦牟尼、老子都拜的，而没有刻意的去区分，这显然也是三教合流的结果。

---

① 吴炳鋕：《漫谈施食度炼科仪》，《中国道教》2001 年第 3 期。
② 徐吉军：《中国丧葬史》，江西高校出版社 1998 年版，第 417 页。

综上所述，丧葬是宗教的产物，也是灵魂观念的产物。丧葬的产生、发展、演变往往都与宗教有直接关系。孔子认为丧葬是"死人有知"[1]，即灵魂观念的产物。中国灵魂观念的主体趋势是尊老，是灵魂永存。人死灵魂不死，仍能祸福子孙后代。由此产生了中国丧葬的主要特征：厚葬、隆祭、久祀。在灵魂不灭观念指导下，人们追求的是墓室形制、规模的宏大、精良，随葬品的丰富以及夫妻合葬、家族墓地等等习俗。而这些观念和习俗又对封建国家的政治制度及社会秩序的稳定起了重要作用，是传统文化积淀的重要途径。我国能出现世所罕见的长达二千多年绵延不绝的封建专制统治应该说和它有很大关系。

丧葬习俗既是一定民族思想文化、风俗习惯和心理倾向的产物，同时又是反映、表现、巩固和发扬民族文化、民族心理素质、民族自我中心意识的重要手段。丧葬与民族有着密切的内在关系。越是民族复杂的地方，丧葬习俗就越多，民族融合时，丧葬习俗就趋向统一。[2] 从播州地区的墓葬看，其内涵和演变与我国其他地区同时代的墓葬有很强的同步性，尤其到了明代，趋同之势更加明显，这也从一个侧面反映了播州地区民族融合、国家统一、社会变迁、中华民族共同心理素质日益形成的历史史实。

---

[1] （汉）刘向撰，向宗鲁校证：《说苑校证》卷18《辩物》，中华书局1987年版，第474页。

[2] 罗开玉：《丧葬与中国文化》，三环出版社1990年版，第54页。

第六章　播州土司地区国家认同过程的波折与增强

播州地区国家认同的实质是播州少数民族逐渐融入中华民族大家庭的进程，它建立在播州地区经济、文化进步与发展的基础之上。这是关系到中国古代边远地区与内地实现一体化的核心问题。播州土司国家认同的方式与过程，体现了国家认同的长期性、复杂性和曲折性。这也可以看作是边远地区与内地实现一体化过程中的一个重要问题。土司地区与其他边疆地区、民族地区在国家认同的方式上，在一体化的过程中既有相同之处，又有自身的特点。我们试图通过对播州土司的研究，为这一问题的解决提供一个范例。

第一节　国家认同的方式

边远地区国家认同的方式存在多样性，不可能只有一个固定的模式。土司地区国家认同的方式是中心与边缘的互动，是中央王朝与土司的双向选择，互相认同。那种认为是中央政府的强制行为，或者完全是土司的主动行为都是不全面的。从土司制度推行中可以看出，土司需要中央政府授予权力，并加以保护，以确立自己在地方上的权威；中央政府则需要土司协助管理地方，通过土司对该地区进行间接的统治。在这个过程中，朝廷要求土司及其辖区对国家的认同，既有积极的引导，如兴办儒学，开科取士，将国家意志逐渐渗透到民族地区；也有强制性措施，如必须奉正朔、听征调、纳赋税等，以强化土司的认同意识。奉正朔、纳赋税成为土司地区国家认同的重要标志。土司对国家的认同，既有积极主动的，也有从被动到主动的。播州土司地区的实际情况也恰恰说明了这一点。

一 中央王朝对播州土司的认同

自元朝确立土司制度以来，元、明中央政府给予播州杨氏土司以极大的权力，表现出国家对杨氏土司的认同。主要体现在以下两个方面。

一是中央政府对杨氏土司的任命。下面是我们统计的《播州土司职官表》，可以清晰地看到每一代杨氏土司都是顺应时代发展，接受朝廷所赐封的官职。

表6-1　　　　　　　　　播州土司职官表①

土司	任职时间	土司职衔	散阶、加官、兼官、爵、谥号等
第16世杨邦宪	元至元十三年（1276）内附，任宣抚使；十八年，升宣慰使	绍庆珍州南平等处沿边宣抚使、播州管内安抚使、播州宣慰使	龙虎卫上将军、侍卫亲军都指挥使、追封播国公，谥惠敏
第17世杨汉英（赐名赛因不花）	元至元二十三年（1286年）	绍庆珍州南平等处沿边宣慰使、播州军民宣抚使	龙虎卫上将军、侍卫亲军都指挥使、资德大夫、上护军、推诚秉义功臣、平章政事、播国公
第18世杨嘉贞（赐名延礼不花）	元至治二年（1322）	绍庆珍州南平等处沿边宣慰使、播州军民宣抚使	侍卫亲军都指挥使、上护军、湖广行中书省左丞、资德大夫
第19世杨忠彦	元至正十二年（1352）	绍庆珍州南平等处沿边宣慰使、播州军民安抚使	侍卫亲军都指挥使、资德大夫
第20世杨元鼎	元至正二十三年（1363）	绍庆珍州南平等处沿边宣慰使、播州军民安抚使、侍卫亲军都指挥使	侍卫亲军都指挥使、资德大夫

---

① 资料参见：《杨氏家传》《遵义府志》《杨文神道碑》《忠烈庙碑》《元史·杨赛因不花传》《大明一统志》《四川总志》《明故播郡太淑人田氏墓志铭》《明实录·太祖洪武实录》《明实录·太宗永乐实录》《明实录·英宗正统实录》《杨纲墓志铭》《明史·播州传》《明实录·宪宗成化实录》《明实录·孝宗弘治实录》《明实录·世宗嘉靖实录》《明实录·世宗嘉靖实录》《明实录·神宗万历实录》等。

续表

土司	任职时间	土司职衔	散阶、加官、兼官、爵、谥号等
第21世杨铿	元末继任宣慰使，明洪武五年（1372年）归顺明	绍庆珍州南平等处沿边宣慰使、播州宣慰使	元朝任嘉议大夫、湖广行省参知政事，明朝赠怀远将军
第22世杨升	明建文元年（1399）	播州宣慰使	怀远将军
第23世杨炯	明正统三年（1438年）	播州宣慰使	怀远将军
第24世杨纲	明正统六年（1441年）	播州宣慰使	怀远将军
第25世杨辉	明正统十四年（1449年）	播州宣慰使	昭勇将军
第26世杨爱	明成化十一年（1475年）	播州宣慰使	昭勇将军
第27世杨斌	明弘治十三年（1500）	播州宣慰使	四川按察使
第28世杨相	明嘉靖元年（1522）	播州宣慰使	怀远将军
第29世杨烈	明嘉靖二十三年（1544）	播州宣慰使	镇国将军
第30世杨应龙	明隆庆六年（1573年）	播州宣慰使	骠骑将军、都指挥使

我们从上表中看到，从元朝开始，杨氏被授予土司之职。如元代播州首任土司杨邦宪被授予绍庆珍州南平等处沿边宣抚使、播州管内安抚使、播州宣慰使；其子杨汉英被授予绍庆珍州南平等处沿边宣慰使、播州军民宣抚使；杨嘉贞被授予湖广行省右丞、沿边宣慰宣抚使；杨忠彦被授予播州军民宣慰宣抚都指挥使；杨元鼎被授予绍庆珍州南平等处沿边宣慰使、播州军民安抚使、侍卫亲军都指挥使。杨铿身处元明鼎革时期，元朝任湖广行省参知政事、播州沿边溪洞招讨使，但他能够顺应时代发展，识时务顾大局，毅然归顺明朝任播州宣慰使，使一方百姓避免

了战火；其后代杨升、杨炯、杨纲、杨辉、杨爱、杨斌、杨相、杨烈、杨应龙皆被授予播州宣慰使。元、明朝廷一旦授予土司之职，皆颁给诰敕、印章、虎符、冠带等信物，作为朝廷命官的凭证。从以上杨氏十五位土司的职衔，我们可以看到，元、明授予播州土司的职衔（宣慰使）、品级（从三品），在西南土司当中都是最高的。

二是中央王朝对杨氏土司的奖励、抚恤。从元朝开始，朝廷除了授予杨氏土司之职外，还对立功的土司授予了散阶、加官、兼官、爵、谥号等诸多荣誉官衔，以示优宠。见上表中"散阶、加官、兼官、爵、谥号等"一栏。如，元代播州首任土司杨邦宪被授拜"龙虎卫上将军、侍卫亲军都指挥使……累赠推忠孝顺忠臣、银青荣禄大夫、平章政事、柱国，追封播国公，谥惠敏"①。由于杨汉英对王朝的政治认同，使其在征伐叛乱"蛮夷"的戎马生涯中战功显赫，屡建功勋；而且他中华文化修养深厚，注重文教，发展经济，发挥了为政一方，维护地方安定、促进经济社会发展的历史作用，体现了其维护中华大一统的政治实践。他受到元朝廷的关注和恩宠，一生中屡次被世祖忽必烈、成宗铁木耳、仁宗爱育黎拔力八达三位元帝所接见，"授金虎符、龙虎卫上将军……侍卫亲军都指挥使"②。在元代杨氏土官家族中首次被元帝赐蒙古名，死后其继任者亦被赐蒙古名延礼不花，在家族中起到承上启下的历史作用。杨氏自占据播州以来，至杨赛因不花时，家族势力进入鼎盛时期。服从征调，"疾卒于军"，被朝廷追封为"播国公"、谥号"忠宣"。明代，因军功或纳贡朝廷之需，杨纲被授予怀远将军、杨斌被授四川按察使，杨爱被授予昭毅将军、杨应龙被授予骠骑将军、都指挥使等，皆体现了中央王朝对杨氏土司的奖励、抚恤。

三是国家为土司杨汉英在正史中立传。因杨汉英在元代西南土司中显赫的历史地位，故《元史》予以立传，成为在播州土司群体中，唯一被写入正史列传之人。《元史》卷一六五《杨赛因不花传》用668字介绍了杨汉英的生平事迹，"杨赛因不花，初名汉英，字熙载，赛因不花，赐名也……至大四年，加励上护军，诏许世袭。播南卢崩蛮内侵，诏赛因不花暨恩州宣慰使田茂忠，率兵讨之，以疾卒于军，年四十。赠

---

① 道光《遵义府志》卷31《土官》，第33册，第68页。
② 道光《遵义府志》卷31《土官》，第33册，第68页。

推诚秉义功臣、银青荣禄大夫、平章政事、柱国，追封播国公，谥忠宣。子嘉贞嗣"①。其父杨邦宪存目，有关介绍包含在《杨赛因不花》中。《元史·地理志六》记载了包括"播州军民安抚司"在内的，属于其所领"黄平府、平溪上塘罗骆家等处、水车等处、石粉罗家永安等处、六洞柔远等处……沿河祐溪等处"共计33个蛮夷官，②由此可见，播州土司在元史上的重要地位。《明史》卷三一〇至三一九为《土司传》，分为《湖广土司》《四川土司》《云南土司》《贵州土司》《广西土司》，共19卷，分别记录各省区土司概况，这是《明史》有别于前史的重要特点之一，其中卷三一二《四川土司二》用近六千字记载了播州土司的历史。

以上三方面，表现出国家对杨氏土司的认可与重视。

二 播州土司对国家的认同

播州土司以杨氏为代表，当杨氏土司表现出强烈的国家认同意识的时候，其他土司也同样是争先恐后；当明万历时杨氏末代土司杨应龙叛乱，对抗朝廷时，播州境内的大多数土司却依然站在了朝廷一边，协助平叛，充分说明了广大土司的国家认同始终未变。这里，我们以杨氏土司为主，专门论述杨氏土司的国家认同。一般而言，土司对国家的认同，主要表现在承认中央王朝的正统地位，即所谓"奉正朔"，同时按照朝廷的要求，定期朝贡，缴纳赋税，并听命于国家的征调。杨氏土司在这方面的表现可谓是非常突出。不仅如此，他还能了解朝廷之需，在朝廷最需要的时候，竭力贡献自己的力量。具体而言，杨氏土司的国家认同表现在几个方面。

一是积极朝贡纳赋。朝贡，象征着土司对中央王朝的臣服；纳赋，意味着土司地区归属中央王朝的版籍。因此，贡赋制是构成土司制度的一项重要内容。《元史·地理志》载："至元二十八年，播州杨赛因不花言：'洞民因籍户，怀疑窜匿，乞降诏招集'……诏曰：'爰自前宋归附，十五余年，阅实户数，乃有司当知之事，诸郡皆然，非独尔播。自今以后，

---

① 《元史》卷165《杨赛因不花传》，第3885页。
② 《元史》卷63《地理志六》，第1551—1553页。

咸莫厥居，流离失所者，诏谕复业，有司常与存恤，毋致烦扰，重困吾民.'"① 清查播州户籍，是为了据以征发赋税。至元十八年（1281），"升宣慰使，命播州每岁亲贡方物"②。从元朝在播州推行的政治和经济等措施来看，播州已纳入土司制度之中。《明史》载："（洪武）七年，中书省奏：'播州土地既入版图，当收其贡赋，岁纳粮二千五百石为军储。'帝以其率先来归，田税随所入，不必以额。"③ 赋税方面改变了过去只献"方物"、贡土特产的办法，需要每岁纳粮，但"不必以额"，也看出明朝对播州的宽厚。洪武二十年（1387），"征铿入朝，贡马十四，帝谕以守土保身之道，赐银五百锭"④。据《明实录》记载统计，播州历任宣慰使杨氏向明廷朝贡的次数共计为137次，其中，杨铿19次，杨升35次，杨钦1次，杨炯5次，杨纲6次，杨辉12次，杨爱15次，杨斌13次，杨相10次，杨烈11次，杨应龙10次，为西南土司中次数较多者而且进贡财物也较为丰厚。正常的朝贡外，播州土司还以奉表、立皇太子、请入太学等名义进贡。中央王朝为加强对地方和边疆地区的管理，对土司政治上给予高官显爵，经济上赏赐金银、绸缎等。每次朝贡均有赏赐，只是赏赐的物品、钞币等数量不一。这实际上是一种政治优待为主，经济赏赐为辅的管理少数民族地区的方式。从《明实录》记载中，可以看到明朝对播州土司进贡的封赏是很优厚的。

二是随时听征调。播州土司平时必须保境安民，防止境内发生骚乱、暴动及盗贼之事，维持地方治安；战时，必须听从征调，由朝廷任命的将领统一调度指挥，配合有关军事行动。杨氏非常重视军事力量的发展，拥有一支强大的土兵武装。这样既为自己的生存和发展提供了可靠的保障，也维护了国家的统一、边疆的稳定。如，至元十九年（1282）年和二十一年（1284），播州军两次"征缅"⑤。大德四年（1300），元成宗铁穆耳以荆湖占城行省左丞刘深为云南征缅行省右丞，率湖广等省兵征八百媳妇（今泰国北部等地）。元军行至贵州等地，沿

---

① 《元史》卷63《地理志六》，第1551页。
② 《元史》卷11《世祖本纪十一》，第233页。
③ 《明史》卷312《土司传·四川土司》，第8039—8040页。
④ 《明史》卷312《土司传·四川土司》，第8040页。
⑤ 《元史》卷13《世祖本纪十二》《世祖本纪十三》，第263—305页。

途征发民夫和勒索当地百姓，行省苛派繁重，致使少数民族奢节、宋隆济起兵造反。起义队伍攻打总管府，夺取府印后，将总管府付之一炬，嗣后，攻入贵州的统治中心顺元城，诛杀贵州知州张怀德。义军声势浩大。黔西北、滇东北以及川南彝族民众深恶官府的横征暴敛，均起而声援义兵。官军丧师十之八九，弃地千里，元廷遂命湖广、四川两省出兵镇压，杨赛因不花奉命率播州土兵先行，于墨特川（今贵州毕节市赫章县）全歼叛军，平定了"西南夷"，因战功而被元廷封为资德大夫。明朝廷先后调播州土兵镇压"当科、葛雍十二寨蛮人""谷撒等十一寨蛮""江渡诸苗黄龙、韦保""凯口烂土苗""米鲁"等反叛。① 万历十四年（1586），明朝征调杨应龙所统播兵镇压四川"松潘诸番"，次年，征调播兵"入讨邛部蜀夷"②。万历十八年（1590），又调播兵征叠茂。由此可见，杨氏土司为朝廷征战频繁，说明杨氏土司建立的播州军队是朝廷维护地方安定不可忽视的一股军事力量，为统治当地少数民族和维护明朝中央集权起到了较大作用。史载播州宣慰使杨升"莅政勤敏，边境绥宁"，明朝播州几代土司都能为朝廷"附辑诸蛮，谨守疆土"，与中央王朝保持了紧密的关系。

三是体谅朝廷之需。播州土司常常体谅朝廷之需，并主动帮助朝廷解决实际问题，这是播州土司在国家认同表现上的一大特点。如，至元二十七年（1290），杨赛因不花进贡雨毡千条。他还在元军征伐云南途径播境时，全力支持平叛，发夫卒为平叛大军供运军粮，从而保证了平叛的胜利。再如，明廷在修建宫殿和陵寝时急需大木，杨氏土司则积极采办楠木以供朝廷使用。《明史》载，"采木之役，自成祖缮治北京宫开始"③。播州林业资源丰富，"时四川马湖、永、播州等地土产有楠木"④。正德到万历年间，明王朝对大木的需求量十分大。在嘉靖四年八月（1525），统治者兴建仁寿宫耗费大量的木头，于是工部的大臣商议："仍选部属三人分行四川、湖广、贵州，募求大木。"⑤ 播州土司积

---

① 《明史》卷312《土司传·四川土司》，第8040—8043页。
② 《明史》卷314《土司传·云南土司二》，第8091页。
③ 《明史》卷82《食货志六》，第1995页。
④ 道光《遵义府志》卷18，第32册，第396页。
⑤ 《明世宗实录》卷54，嘉靖四年八月戊子，第1328页。

极进献大木，嘉靖四十年（1561）三月，宣慰使杨烈一共进献大木四十棵。中央赏赐"二品武职服"①，并且还"给予诰命"②。如万历十三年（1585）十二月，杨应龙又以开采大木为理由，借机"献巨材六十"③。万历十五年（1587）四月，杨应龙又进献"大木七十根，内多美材"④。而朝廷不仅赏赐飞鱼服饰的彩缎，还"加升职级"⑤。可见，土司进献大木是为了获得朝廷的认同而得到赏赐。此外，播州土司进献大木还为了赎罪。《明史稿》载："万历二十三年（1595），播州宣慰使杨应龙论斩，得赎输四万金，助采木。"⑥《明神宗实录》载万历二十四年（1596）闰八月，"播州宣慰使杨应龙、子杨朝栋各进大木二十根，以备大工之用"⑦。《贵州通史》中记载万历二十四年杨应龙与其子进献大木，当时"三殿遭灾，时值杨应龙有罪当斩。"⑧ 最后杨应龙被免去了死刑。可见，杨应龙通过进献大木来为自己赎罪，这也是播州土司根据朝廷的急需而做出的立功赎罪表现。

总之，我们从积极朝贡纳赋、服从征调和体谅朝廷之需等方面看到了播州土司对朝廷的认同。

第二节　国家认同的过程

从现有的研究成果中可以看出，土司地区的国家认同，是民族地区与中央王朝长期交往的过程，是一个渐进的过程，也是一个从自在到自觉，从模糊到清晰的过程。播州土司地区的情况也是如此，这应该是一个带有规律性的认识过程。结合播州地区的情况，还可以看到，播州地区的国家认同，最初是通过杨氏家族与中央王朝的互动完成，元、明中央政府任命杨氏为播州土司，使播州地区成为国家地方行政机构的一部

---

① 《明世宗实录》卷494，嘉靖四十年三月乙酉，第8203页。
② 《明世宗实录》卷494，嘉靖四十年三月乙酉，第8203页。
③ 《明神宗实录》卷169，万历十三年十二月庚午，第3052页。
④ 《明神宗实录》卷185，万历十五年四月庚午，第3459页。
⑤ 《明神宗实录》卷185，万历十五年四月庚午，第3459页。
⑥ 道光《遵义府志》卷18《木政》，第32册，第397页。
⑦ 《明神宗实录》卷301，万历二十四年闰八月癸未，第5650页。
⑧ 贵州通史编委会编：《贵州通史》，当代中国出版社2002年版，第221页。

分，从而衍生了对"国家"概念的认识，进而杨氏土司效忠中央王朝。之后，中央王朝与播州地区的互动增强，才有了播州地区广大民众逐渐对国家的认同。

一 王朝政治教化下的身份认同

播州土司地区的国家认同，首先是杨氏土司的国家认同。这种认同除了与各地区土司相同之处（如定期朝贡、听征调、纳贡赋）外，更有杨氏家族之特点，那就是在王朝政治教化下杨氏土司的身份认同。

（一）杨氏家族变"夷"为"汉"

中原王朝华夷之辨常以文明礼仪为标准，即居于中原者为文明中心，而居于周边者则视为落后，遵守华夏礼仪者为华，不合者为"夷"，或称"蛮夷""化外"之民。正所谓：诸侯用夷礼则夷之，夷狄进于中国则中国之，此即以文化为华夷分别之明证，这里所谓文化，具体而言，则只是一种"生活习惯与政治方式"[①]。播州地处云贵高原，山川阻隔，山高皇帝远，历来被中原王朝视为蛮夷之地。播州杨氏自唐末入主播州，历经五代、北宋一直游离于王朝之外，未能建立直接的君臣关系，到南宋，杨氏接触汉文化后深深为之吸引并成为其核心价值观。至元明实行土司制度后，使其对中原儒家思想文化和典章制度有了更深刻的认同。杨氏土司在接受汉文化后，开始耻于自己"夷"的身份，不断努力去掉"夷"的身份进而"汉化"。选择忘记祖先的历史记忆，修改家谱，"追认"一个华夏英雄为自己的英雄祖先，这是边缘地区众多族群实现文化认同采取的途径。播州地区"汉化"的过程也是儒家思想文化在播州地区的发展历程，这不仅是中央政府不断推行国家主流价值文化的教育，还是播州杨氏认同以中原文化成为其国家认同的基础。播州土司地区对中原王朝的文化认同是由内在因素和外在因素共同建构的，其中既有中央王朝强制性的外在因素，又有播州杨氏土司的自觉性融入，由外而内演变为一种主动的、自发的文化认同与身份认同。

播州杨氏和土著族的豪酋大姓在民族交流与融合中，不断吸取汉文化，逐步完成了汉化过程。到南宋后期，汉族的封建文化在播州的上层

---

① 葛兆光：《宅兹中国：重建有关"中国"的历史论述》，中华书局2011年版，第41页。

社会中开始普及。当杨选的孙子杨轼掌权的时候，他接受了儒家"讲信修睦"的思想，决心改变杨氏家族内部骨肉相残的"夷狄之俗"，主动说服了对立的另一方订立了杨氏家族两个集团和好的盟约，并且修建房屋，拨出田产，招来更多的四川文人，以教育子弟，"由是蛮荒子弟，多读书攻文，土俗为之大变"①。嘉定元年（1208），播州开始建立佛寺，此后，又建立了道观。佛道两教开始在这里传播。嘉熙三年（1239），穆家川建立了孔子庙。这些都可以说是汉化不断加深的重要体现。另外，杨粲墓中的双狮戏球、凤穿葡萄、野鹿衔枝、侍女开门等图案，具有宋代汉族艺术的特色，不是西南地方民族文化的本来面目。此可作为南宋播州杨氏家族华夏化的历史见证。

杨氏土司把儒家经典奉为"内圣"与"外王"之道，引导规范塑造了杨氏独特的精神面貌，造就了后代子孙对国家社会的关注，以及自身道德修养的提高。

中国古代的"国家政权是由儒家思想交织在一起的行为规范与权威象征的集合体，国家最重要的职能是体现在一系列的'合法化'程序上，掌握官衔与名誉的追赠，代表全民举行最高层次的祭祀礼仪式，将自己的文化霸权强加于通俗象征之上"②。朝廷通过国家权力的介入，不断强化土司地区的思想认同和国家认同。洪武二十八年（1395），明太祖言："'云南四川诸处边夷之地，民皆啰啰，朝廷以世袭土官，于三纲五常之道懵焉，莫知设学校以教其子弟'；谕：'边夷土官，皆世袭其职，鲜知礼仪，治之则激，纵之则反，不预教之，何由能化；其云南、四川边夷土官，皆设儒学，先其孙辈、弟侄之俊秀者以教之，使之知君臣父子之义，而无悖礼争斗之事，亦安边之道也。"③ 同年，"夏六月壬申，诏诸土司皆立儒学"④。此外，监察御史裴承祖言："四川贵、播二州，……诸种蛮夷，不知王化，宜设儒学，使知诗书之教，立山川社稷诸坛场，岁时祭祀，使知报本之道。"⑤ 明朝引导少数民族上层及其子弟读书，通过国家权力的强制性介入，促使播州杨氏土司由"化

---

① 道光《遵义府志》卷31《土官》，第33册，第65页。
② [美] 杜赞奇：《文化权力与国家》，王福明译，江苏人民出版社1996年版，第43页。
③ 《明太祖实录》卷239，洪武二十八年六月壬申，第3476页。
④ 《明史》卷3《太祖本纪三》，第52页。
⑤ 《明太祖实录》卷241，洪武二十八年九月甲辰，第3502页。

外"到"王化"的转变。诏令不仅规定在土司地区设儒学，使其通晓君臣之道、儒家三纲五常之理；还规定设立社稷场所，使其知祭祀礼仪，进一步强化了土司地区对儒家思想文化的认同。

明朝初年规定，土司应袭子弟都要到京师就学，取得生员资格后方能得到朝廷的正式任命，继承世袭职位。但是一些下层土官子弟因缺乏足够的财力或者身体条件所限无法常驻京师就读，因此很难取得生员资格，影响到他们未来对世袭职位的承接，对于稳定土司地区的政局极为不利。"凡土官入学，成化十七年令土官嫡子许入附近儒学。"① 这项规定的颁布为土司嫡子就近入学提供了方便的条件。本条诏令的颁布，使播州的土司子弟可以到重庆府等儒学就读，大大节约了学习成本，又提高了土司的整体教育水平。此外，明孝宗还规定："以后土官应袭子弟，悉令入学，渐染风化，以格顽冥。如不入学者，不准承袭。"② 明朝将土司承袭与儒家思想教化相挂钩，通过在少数民族地区推行儒学，将权力话语融入教育理念中，具有强制同化的教育性质。无论是出于对华夏文化的钦慕，还是承袭的需要，土司精英阶层不得不学习儒家思想文化，以提高自身执政的合法性和权威性。

(二) 身份认同下的家族历史重构

朝廷对杨氏授以爵禄，宠之名号，加以教化，以国家权威压制其势，将势力、习性规范在朝廷的治理轨道上。播州杨氏识时务、明忠孝，与朝廷、地方势力之间斡旋博弈，彼此认同，建构了牢固的关系，以"臣"的身份为朝廷保疆土、守箕裘、尽臣节。

播州杨氏自唐入播，历经宋元，至明，对儒家思想文化已是高度认同。杨氏家族对中原儒家思想文化的认同主要在修身养性、礼节规范、上下尊卑、忠孝节气等方面表现出高度认同。杨氏土司积极传播儒家思想文化，如，播州土司杨升"请开学校荐士典教，州民益崇习诗书礼义"③，极大地促进儒学教育在播州地区的深化。此外，杨升善于纳谏，推行"德治"，遇疑难则"博询于众"，为播州地区的社会稳定做出贡献。杨辉是播州杨氏第二十五代土司，深受儒家思想文化的影响，"诸

---

① (万历)《明会典》卷78《礼部三十六·学校·儒学》，《续修四库全书》，史部，第790册，第411页。
② 《明史》卷310《土司传》，第7997页。
③ 道光《遵义府志》卷31《土官》，第33册，第71页。

经、子、史，皆博览之，兴有所到，形之歌咏，得唐人之音律。大书行草书，皆遒劲可爱，此其于文学也甚工。早失怙，事母夫人恪尽礼意，此其共子职也甚孝。处宗族，和而有礼；抚卑幼，慈而有恩；治兵民，威而不猛，此其待人也甚恕。独居燕处，亦必以礼自防，而不肯少涉嬉慢，此其持已也甚严。修学校、延明师，育人才，而致文风日盛于前，此其崇儒术也甚至"①。史载"嘉靖元年，赐播州儒学《四书集注》，从宣慰杨相奏也"②，杨相是二十五代播州土司，主动向朝廷上奏请赐予儒家经典，彰显了杨氏对儒家文化的高度认同。

　　元明时期杨氏土司对儒家思想文化的认同离不开杨氏家族自南宋以来的文化积淀，其中，一个继往开来的开明治播者杨粲个人的儒学修养便十分突出，他根据儒家封建道德标准作《家训十条》："尽臣节，隆孝道，守箕裘，保疆土，从俭约，辨奸佞，务平恕，公好恶，去奢华，谨刑罚。"③还告诫子孙"吾家自唐守播，累世恪守忠节。吾老矣！勉继吾志，勿堕家声，世世子孙，不离忠孝二字"。他治播有方，开启了播州盛世的局面，并对杨氏家族的发展有着重大的影响。《明实录》载，"播州宣慰使杨铿率其属张坤、赵简来朝贡马，赐赉甚厚。上谕之曰：'尔先世世笃忠贞，故使子孙代有爵土，然继世非难，保业为难，知保业为难则志不可骄，欲不可纵。'"④可见，杨氏家族世代忠顺于中央王朝，恪守礼义廉耻，子孙世居播土，历久不败；朝廷亦始终将播州杨氏控制在王朝治理轨道之中，达到地缘政治的平衡。

　　中央授予代表土司权力的金牌、印章、绶带等，这些华夏符号代表了对土司的认同和笼络，提升了土司权威。杨氏为了加强了对自身合法性和正统性的建构，对自己族群的历史记忆进行了选择性失忆和族源重构，使自己的身份华夏化。

　　族源的历史记忆是某一血缘群体对其祖先来源的追忆，具有群体认同的社会文化意义。在元、明土司家族的历史记忆中，存在一种情结，把先祖的历史记忆追溯到中原地区的一门望族，而族源的历史记忆随着

---

① 道光《遵义府志》卷31，《土官》，第33册，第72页。
② 《明史》卷312《土司传·四川土司二》，第8044页。
③ 贵州省遵义地区文物管理委员会、贵州省遵义地区文化局编：《遵义地区文物志》，1984年，第58页。
④ 《明太祖实录》卷180，洪武九年八月乙未，第1798页。

社会环境的变迁也会发生相应的修改。明朝宋濂为杨氏撰写了《杨氏家传》，记载杨氏始祖杨端，"其先太原人，仕越之会稽，遂为其郡望族，后愈家京兆"，播州杨氏土司族源华夏英雄祖先说的历史记忆便始于此；《元史·杨赛因不花传》记载："其先太原人，唐季，南诏陷播州，有杨端者，以应募起，竟复播州，遂使领之。五代以来，世袭其职。五传至昭，无子，以族子贵迁嗣。"可见，《元史》的记载进一步强化了播州土司族源华夏化。《杨氏家传》中关于杨贵迁的身世，描述为宋赠太师、中书令杨业曾孙，莫州刺史、充本州防御史延朗之子。这样，播州杨氏土司族源的历史记忆与宋朝一代名将杨业勾连，成为华夏英雄祖先的组成部分。宋濂受托撰写的《杨氏家传》认为播州土司的族源为山西太原，通过历史文本的不断演变，播州杨氏土司的历史记忆逐渐强化。经过学者的不断考证和播州土司文化遗存的发掘，杨氏土司的族源也产生不同的文本。① 关于汉人说最有力的文本记录无疑是宋濂撰《杨氏家传》。著名历史地理学家谭其骧先生20世纪40年代浙大西迁时来到遵义，在翔实考证和调查的基础上撰写了《播州杨保考》② 一文，他认为：宋濂以杨氏族谱为本而撰写了《杨氏家传》，称杨氏的始祖杨端，其先太原人。自唐末入主播，五传至北宋时杨昭，无子，以同族宋初名将杨

---

① 关于播州土司先祖杨端的族属问题，学界存在着争议，这种争议源于早期各种史书传记的记载淆乱，如最早的为元末明初宋濂为播州宣慰司杨氏作的家传，《宋学士文集》卷11记载杨氏土司的世系是："其先太原人，仕越之会稽，遂为其郡望族。入播始祖端，唐末寓家京兆。南诏陷播州，端以乾符三年应募将兵复播州，遂有其地。五传至昭，无子，值同族杨业之曾孙延朗之子充广持节广西，与昭通谱，缀其子贵迁为昭后。自后守播者，皆业之子孙也。"《元史·杨赛因不花传》称："其先太原人，唐季南诏陷播州，有杨端者以应募起，竟复播州，遂使领之。五代以来，世袭其职。"《明史·土司传》称："唐乾符初，南诏陷播，太原杨端应募，复其城，为播人所怀。历五代，子孙世守其地。"《明统志》称："唐乾符初，南诏陷播州。端本太原人，应募，领兵复播州，能谕以威德，縻以恩信，蛮人怀服。五代以来，子孙世袭其职。"以上记载均认为播州杨氏为中原汉人望族，甚至与北宋名将杨业联系起来。关于这一点，谭其骧、张其昀等都持否定态度，谭其骧在《播州杨保考》中认为，杨氏家传，例以其族之谱牒为据，而谱牒类多依托虚饰之辞，不足微信。杨业父子祖孙，一门功烈，其轶事遗闻，自宋以来，盛传民间，播州杨氏故自附为其同族后人以为荣。并认为杨保应出自川黔一带的泸夷。张其昀在《遵义新志》中谈到播州历史地理时也分析了播州杨氏的世系，认为杨保（杨端）自称系出太原，乃汉化以后攀附之辞。从而认为杨保为居住于川黔边境之赤水河流域的罗罗之一族。我们赞同谭其骧、张其昀的杨保攀附中原汉人大姓说，但杨保的具体非汉人族属问题，也就是说，杨保属于罗罗，还是僚人，以及罗罗、僚人与当下语境下彝族、仡佬族是否具有对应关系的问题，都是相对复杂的民族理论问题，有待在以后进一步讨论。

② 谭其骧：《播州杨保考》，《贵州民族学院（哲学社会科学版）》1982年第1期。

业曾孙持节广西与昭通谱的杨充广之子贵迁为嗣,自此守播者皆业之子孙也。认为这是杨保汉化后的依附虚构之辞,不可信;杨保是唐末从泸(治今泸州市)叙(治今宜宾市)二州的边徼羁縻州地区迁来播州的少数民族,这种民族应为罗族(今称彝族)的一支。我们认为:"播州杨氏应是泸叙羁縻州的少数民族,杨端所带入的播州的部队正是僚人部队,而杨端本人也是僚人首领。"① 播州杨氏土司族源中原说实为攀附中原汉族大姓的结果,旨在提高自己权力的神秘性和正统性,不仅可以加强对本土的统治权威,还可以加强与中原王朝的情感联系。

从另外一方面来看,在文化的濡染之下,对中原王朝产生了强烈的归属意识,同时,在国家权力的渗透下,在地域政治、文化等因素的影响下,播州杨氏不断强化了族群与中原情感联系的"根基历史",播州杨氏土司族源的重构,其身份随之变为华夏一员,获得了新的汉族贵族身份,强化播州土司区域内的身份认同和文化认同,增强了对中原王朝的文化认同和国家认同。尽管播州土司族源重构具有明显的外生性因素,但是族源的重构可以看作土司地区文化认同和国家认同的深沉符号,播州土司统治者就是中原王朝在播州地区的代理人,以皇帝"同根同源"身份实施统治。

二 播州地区广大民众的国家认同

土司地区的国家认同,首先是土司的国家认同,进而影响、带动广大土民的国家认同,这符合土司时期地方的客观条件,毕竟率先与中央王朝联系的是土司,而广大土民只能是在土司对国家认同之后,随着土司地区与内地的联系不断增强以及汉文化的推广,广大土民的国家认同随之逐渐萌生,从播州的情况看也是如此。随着朝廷征调的不断需要,众多土兵参与到国家的行动当中;随着逐年缴纳皇粮国税,广大土民逐渐认识到自己是朝廷的臣民;随着儒学的兴办,科举的推行,相当一批读书人感到了朝廷的召唤与优待;随着交通的发达,工商业的交流,广大土民更加认同中原文化。

播州境内生活着仡佬族、苗族、土家族、彝族等众多的少数民族,在中原王朝推行教化的行动中,播州境内的民风民俗发生了相应的变化,中

---

① 陈季君等:《播州土司史》,中央民族大学出版社2015年版,第39页。

原文化无不渗透到民族民间生活文化的各个方面，播州的民俗生活文化，播州的模式化的生活文化，即民俗生活的样态在中原文化影响下发生了嬗变，国家认同成为普遍核心意识。

（一）在家庭道德教育方面，由于播州受到汉文化的影响，家庭教育比较重视道德礼仪

如杨氏第十三代首领杨粲就曾仿照儒家蒙学经典《三字经》，作家训十条，起到了引领社会风尚的作用。第一，尊敬老年人，年轻人在途中遇到老年人，要停步让道，史载："长幼相接不知礼让，惟事叩头，或路途相遇，则屈一膝以为敬。"① 第二，以孝为先，"仰恩父母，抚其子幼，而移干就湿，提携挽抱、三年哺乳，择师教训，选户分配，省构创业，燕翼贻谋，无一不老父母之心。人子虽粉身碎骨，终一难报。人而不孝，尚而有人道哉。不忘父母养育之恩，须左右奉养，富者日奉三餐，贫者，菽水今欢，温清晨省四字不可缺。尤须承颜顺去，肃然以敬，悦色婉言，可谓孝也"。第三，兄弟友爱、和睦相邻，"天下之人，亲不过兄弟，……得罪于兄弟，即得罪于父母也。愿该族人，兄爱其弟，弟爱其兄。遇财物，彼此忍让，有仇隙，两下释然。不可见利忘义，不可微伐而争端"②。这与儒家倡导的孝悌观念十分相同。

播州土司辖区内，即保留了大量的皇木遗址和摩崖石刻，在遵义市习水县同心村皇木摩崖上，有铭文，其中写道："历视各厂，遍访民情，虽三尺儿童且知有中国之尊，则其性亦非天子类也？用夏变夷，复觏王化之盛正有望于今日。"③ 这是新津县知县黄德昌到贵州督办皇木时所记，说明了当时播州土司地区对国家（王朝）的认同，"三尺儿童且知有中国之尊"。此摩崖铭文的时间为嘉靖己未，为嘉靖三十八年（1559），从铭文上看，当时播州土司地区已对中国高度认同。"用夏变夷"，王朝继续在播州土司地区实施教化，实现了土民从王朝认同到文化认同的转化。

元明以来，播州尚文习武，民众"间有所调遣，辄踊跃趋赴"④。土

---

① 贵州仡佬族学会编：《仡佬族文化百科全书》，贵州民族出版社2002年版，第51页。
② 贵州仡佬族学会编：《仡佬族文化百科全书》，贵州民族出版社2002年版，第51页。
③ 转引自李飞《又见皇木·下》，载《贵州都市报》2012年12月14日第15版。
④ （清）曹学佺：《蜀中广记》卷39《边防记》，文渊阁《四库全书》第591册，第494页。

民这样的尚武劲锐之习性在播州影响深远,在儒家文化浸润下,形成了"遵道行义"的地域文化精神。

(二) 风俗"颇通汉人"

黔北民间信仰呈现多元化特点,主要有祖先崇拜、鬼神崇拜、图腾崇拜等。祖先崇拜又称祖灵信仰,根源于人们关于灵魂永生的宗教观念。播州土司地区各少数民族在祭祀祖先、鬼神、自然物时也融入了汉文化的因素,道光《遵义府志》载"杨保,乃播州之裔,其婚姻、祭葬颇通汉人,亦有挽思哀悼之礼"[1]。《大明一统志》中就曾记载播州人"敦庞淳固、悉慕华风……以射猎山伐为业,信巫鬼好诅盟"[2]。播州的民俗观念表现出一定的复合性和变异性。我们可以从中看到,播州民间不存在单纯、单一的思想体系,存在的是多样性的思想体系;不存在严格的、一元论的意识形态,存在的是一种复合性的意识形态。老百姓对文化资源的接受是实用性的兼收并蓄。儒家、佛教、道教等思想文化体系中的一些重要观念或成分在传入播州后就在民间与原始的巫术信仰以及祖先崇拜合流,形成富有地方色彩和民族色彩的民俗文化。从这一层面讲,播州各民族与其他民族在民间文化方面具有共性,那就是能容能变,有兼容和变通的内在属性。

如过年。最早濮人以十月为岁首,即根据农作物生长规律以十月为年节,并在第一个寅日为过年。嘉靖《贵州图经》载,仡佬"每岁以秋收毕日为岁首"。明代以来,仡佬族人也逐渐仿汉人以腊月三十至正月初一为过年,是为过小年,正月十四过大年,原先十月为岁首的习俗渐渐废止。

在婚礼程序和仪式方面,播州各民族的联姻程序及婚礼仪式,各地习俗不尽相同,但有一个共同特点,那就是受儒家文化影响很大。播州各族的婚姻缔结一般都要经过说亲、订婚、嫁娶三个阶段,提亲、问名、纳吉、纳征、请期、亲迎六道程序。这显然是受儒家典籍《周礼》的影响。出嫁时辰,新娘由本亲族妇女搀扶,辞拜自家祖宗、父母、尊长。第三天,新郎新娘回拜娘家,称为回门。至此,整个婚姻程序才算

---

[1] 道光《遵义府志》卷20《风俗》,第32册,第426页。
[2] (明) 李贤等:《大明一统志》卷72《播州宣慰司·风俗》,三秦出版社1990年版,第1129页。

完成。婚俗中既保持有民族文化原有风貌，也以汉文化为时尚追求，"婚姻以铜器、毡刀、弩矢为礼，燕乐以铜罗鼓、横笛、歌舞为乐，会聚以汉服为贵，出入背刀弩自卫"①。

在葬俗上颇能反映土民对中原文化的认同。石棺葬是黔北丧葬习俗之一，这一习俗从古延续至今。《华阳国志》中就有相关石棺葬的记载："周失纪纲，蜀先称王。有蜀侯蚕丛，其目纵始称王。死，作石棺石椁，国人从之，故俗以石棺椁为纵目人冢也。"②此种葬式一般用均匀适度的薄石板镶为馆形，制成规则的石棺，将亡人置于其中。石板古墓有单函、双函以至三函到九函，最多达十六函，大都半裸露在地面。尸体平仰安置于石棺中。双函以上的石板墓，又称"合骨葬"，在贵州现今还有大量遗存。石板古墓名称繁多，有"石箱墓""苗罐""地阁""桩桩坟"等称号。从明代始，石棺墓多采用内棺外椁的葬式，椁以八至十寸厚的薄石板镶成，形如棺，再将棺放入椁中，成为大石墓。又叫"明坟""古老坟""暗椁""生基坟""梭椁椁"等。各函相邻间墙板正中处有方孔相通，为流通孔。许多石椁内壁有花纹，凿有壁龛，顶板雕有藻井，主要目的是使子孙后代能够识别祖先坟茔。

从文献记载和考古发掘材料看，受到汉文化的影响，丧葬逐渐习俗发生变化，第一，播州杨氏在宗教上主要信仰道教，杨粲墓内还有道教符箓"太一上治皇天土"一类字样，杨辉墓、杨烈墓等都位于三面群山拱卫，起伏连绵，前面河流萦绕，地势开阔之地。墓室也都是按"左青龙，右白虎，前朱雀，后玄武"的方位修建的，而相同的做法，在黔北地区宋明墓葬中随处可见。

夫妻合葬这种丧葬形式开始盛行于汉代，宋明时期流行于四川、黔北地区，成为当地主要的葬式。其中以有过道相通的同穴异室夫妻合葬墓最具特色，到了明代，又发展成为共用隔墙，不留过道的形式。从考古发掘的资料看，主要有同坟同穴异室、同坟异穴异室合葬和两室有过道相通的同穴合异室葬三种形式。这种形式墓葬流行的原因和"则异室，死则同穴"的丧葬观念有关。苏轼说："古今之葬者，皆为一室，

---

① （明）刘大谟、杨慎等：嘉靖《四川总志》卷14《播州宣慰使司》，书目文献出版社1996年版，第275页。
② （晋）常璩撰，严茜子点校：《华阳国志》卷3《蜀志》，齐鲁书社1998年版，第27页。

独蜀人为同坟而异葬。期间为通道，高不及眉，广不能容人……，蜀人之葬，最为得礼也。"①《礼记·檀弓》记载："孔子曰：'卫人之祔也，离之；鲁人之祔也，合之，善夫！'"② 可见，孔子也认为"合之"更符合礼制。从"离之"到"合之"，两墓室以过道相通，反映的是丧葬灵魂观念的转变。夫妻合葬墓的流行和维系家庭、增强家族凝聚力，巩固家庭财产与地位，培植家族势力有关，当是无疑的。

黔北地区宋明时期墓葬盗毁严重，但墓内普遍流行的莲花图案、忍冬、牡丹、须弥座以及持幡侍女浮雕、飞天等无不是佛教影响的产物，并且杨氏土司中崇信佛教者不乏其人，大量的佛寺和信众的存在也说明当时的佛教是很兴盛的，这一点应是没有疑问的。我们注意到，这些图案、浮雕和反映道教信仰的雕刻共处一墓而又融为一体，它们形象地反映出儒道释三家宋明时期已融为一体的事实。也可以说是儒道释三教合流在墓葬上的反映。正像徐吉军先生说的那样，这是三教合一死亡观下形成的丧葬习俗，③ 具有强烈的世俗化、生活化和功利化倾向，对后世人们的丧葬习惯和心理产生了深远影响，流风所及，直到现在我们仍可以看到它们的影子。同时三教合一的现象还可以在播州地区佛寺、道观相混杂的情况中窥见一斑。

唐宋以来，在灵魂不灭观念指导下，人们追求的是墓室形制、规模的宏大、精良，随葬品的丰富以及夫妻合葬、家族墓地等等习俗。而这些观念和习俗又对封建国家的政治制度及社会秩序的稳定起了重要作用，是传统文化积淀的重要途径。丧葬习俗是一个民族思想文化、风俗习惯和心理倾向的产物，越是民族复杂的地方，丧葬习俗就越多，民族融合时，丧葬习俗就趋向统一。④ 我们从播州地区的宋元明时期墓葬发现，其形态特征变迁与中国其他地区同时代的墓葬变化有很强的同步性，到了土司时期，与中原地区趋同化更加明显，这也从一个侧面反映了播州地区民族融合与社会变迁、华夏文化认同与国家认同的日益强化。

---

① （宋）苏轼：《东坡志林》卷7，文渊阁《四库全书》，第863册，第68—69页。
② 王文锦译解：《礼记译解》卷4《檀弓下》，中华书局2016年版，第158页。
③ 徐吉军：《中国丧葬史》，江西高校出版社1998年版，第417页。
④ 罗开玉：《丧葬与中国文化》，三环出版社1990年版，第1页。

（三）广大土兵参加朝廷平叛，以报效祖国为荣，这是播州各族人民的国家归属感增强的突出表现

播州僚人风俗"其民俗悍而好斗，兵马称强。间有所调遣，辄踊跃趋赴"①。这样一种忠勇民族性格对播州影响很大。在宋元时播州土兵有"涅手军"之和"手号军人"之称，即士兵在手上刺字。道光《遵义府志》说："播兵在宋亦健军也！惜史逸其制。其军名有所谓涅手号者，见《元史》。"《宋史·兵志》言："庆历二年（1042），种世衡奏募番兵五千，涅右手虎口为忠、勇字，此其比也。"《元史·世祖本纪》所记："至元三十年（1293）五月癸亥，有思、播等处之亡宋涅手军。"《元史·兵志》所记："至元三十年（1293）五月，命思、播、黄平、镇远拘制亡宋避役手号军人，以增镇守。"可见，"涅手军""手号军人"即是在右手虎口刻刺上"忠""勇"等字，并染为黑色。"忠""勇"二字为单刻一字或连刻"忠勇"二字，皆有可能。播州土司杨氏第十七任为杨汉英，史载："（大德）六年（1302），闽妇蛇节、宋隆济叛，诏合湖广、四川二省兵征之，命汉英以民兵从。"则在元代，播州之兵也有"民兵"之称②。到了明代，播州土兵在右手虎口上刻字的传统，仍然保留了下来。

播州土兵在协助中央王朝作战时经常取胜，正是播州土兵战斗力忠勇证明。尤其是当被调从征时，表现出了很强的战斗力。《元史·世祖本纪》："至元十九年（1282）二月壬子，诏令亦奚不薛及播、思、叙三州军征缅国。二十一年（1284）……四月戊申，敕发思、播田杨二家军二千同征缅。"第十七任土司为杨汉英，史载："（大德）五年（1301），右丞刘深讨南诏，道出播，汉英辇运，军食无乏。六年（1302），闽妇蛇节、宋隆济叛，诏合湖广、四川二省兵征之，命汉英以民兵从。甫出，师卒遇贼，汉英力战，大军继之，降阿苴拔乍笼。贼复合拒，竟大败，缚蛇节，斩隆济阿女而平之，以功进资德大夫赐玉带金鞍弧矢。前驻蹉泥，贼骑猝至。赛因不花奋击先进，大军继之，贼遂溃。乘胜逐北，杀获不可胜计，遂降阿苴下笪笼，望尘送款者相继。七

---

① （清）曹学佺：《蜀中广记》卷39《边防记》，文渊阁《四库全书》，第591册，第494页。

② 道光《遵义府志》卷31《土司》，第33册，第69页。

年正月,进屯暮窝,贼众复合又与战,于墨特川大破之。折节惧乞降,斩之。又擒斩隆济等,西南夷悉平。"明万历初年平"松番诸番"作乱时,播州土兵七千人从征。万历十三年(1585)五月,明军攻克牛尾。史载:"牛尾树栅自雄,将军分兵三路,宣慰杨应龙以所部精兵从中击之。"当年十二月癸酉,明军又攻克白天星囤。史载:"贼万余团四山,分支接战,我兵冒险攻之。播州兵先登,各路兵齐击,贼大败遁。"万历十四年(1586)正月己丑,史载:"贼纠众由大南门、大木瓜两路突袭马营,播州帅杨应龙率众大呼冲之,贼退云云。"①吴肃公评:"播州宣慰使杨应龙尤骁雄,三征俱得其死力。应祥之取牛尾也,应龙先登燔栅,执其酋合儿给父子,最有功。"②彭而述评:"尝资其兵力从征喇麻诸番,亦捍卫之臣也。"③朱国桢评:"蜀三面邻夷,且借为用,而播为最劲。"④谈迁评:"杨氏传世自唐僖宗始,五司七姓之众雄视诸蛮。"⑤李化龙平播前,四川之士大夫有言:"播僻处西南隅,属夷以十百数,皆其弹压。兵骁勇,数赴川贵军门调,有微勋,剪除未为长策。"⑥这些"先登""劲敌""兵骁勇"的评语,正是播州土兵勇于为朝廷征战的证明,也是播州广大民众国家认同的具体表现。

第三节　国家认同的危机

说到播州土司地区的国家认同的过程,不能不提及史称"万历三大征"之一的平播之役,那是播州与其他土司地区的不同之处,且深深打上了历史的烙印。同样是明朝宣慰司,同样有重要影响,但播州与永顺的结局迥异。永顺土司自请改流,得以善终;播州杨氏土司则因反叛朝廷,遭到杀戮,身败名裂,播州亦改为遵义、平越二府。杨氏土司的国家认同充满了曲折,最终至杨应龙而止。就播州而言,广大民众的国家

---

① 道光《遵义府志》卷40《年纪二》,第33册,第276页。
② (清)吴肃公:《街南续集》卷5,《明大司寇华阳徐公传》,《四库禁毁书丛刊》集部,第148册,第429页。
③ (清)彭而述:《明史断略》卷4,《平杨应龙》,《四库未收书辑刊》,第1辑第21册,第643页。
④ (清)谈迁:《国榷》卷78,中华书局1958年版,第4856页。
⑤ (清)谈迁:《国榷》卷78,第4857页。
⑥ (明)沈国元:《皇明从信录》卷36,《续修四库全书》史部,第355册,第617页。

认同并没有随着杨应龙的反叛而改变,而是站在朝廷一边,协助平叛,随着平叛、改流,其国家认同的意识更为强烈。播州改土归流是明朝历史上的一件大事,它留给我们的教训是深刻的。

一 认同危机产生的原因

明朝统一南方后,先后建立布政使司(行省),掌管行政、财政,下辖府、州、县。设都指挥使司,掌管军事,下设卫所。另设按察使司掌管刑法。上述机构由流官担任。对于少数民族聚居区,明朝继承了元代的土司制度。明初,西南各土司纷纷归附,仍以原官授之。待大局已定,逐一加以整治,形成一套较为完备的管理制度,并纳入中央职官体系。对土司的职衔、品阶、员额、承袭、进贡、赋税、差役、供输、征调、守土、奖惩等都做了更为明确的规定,形成了一套严格驾驭土司的制度和办法。而且明朝对土司的作奸犯科,处置是严厉的,反叛必诛,有罪职除。虽然土司对明王朝反控制事件层出不穷,但都被王朝逐一平定了,土司始终处于明王朝的有力控制之下。

洪武五年(1372),播州宣慰使杨铿归顺明王朝,朱元璋授杨铿"金牌银印铜章衣币等物",诏杨铿仍领播州宣慰使。经过两宋、元、明几代的经营,杨氏领地不断扩大。据遵义县境内杨氏太平庄大水田"万世永赖"碑记载,杨氏之领地"上齐乌江,下至重庆,左抵合江、泸洲,右齐湖广柳杨石柱"①。《平播全书》称:"西南夷……其中播最大,地方二千里,民悍而财富。"②

明王朝建立和推行土司制度的意图,主要是为安定情况十分复杂的南方民族地区,以求得暂时的相安无事。明朝开国之初,百废待兴,统治阶级面临的主要问题尚未完全解决,社会秩序急需稳定,还没有力量去深度解决边远地区的民族问题,"安边"就成为要务之一。在土司制度开创的初期,确实起到了安定地方的作用。南方各民族首领被封为土司后,在一段时期中与中央王朝保持了相对和平友好的关系,而地方上也出现了相对安定的局面和环境,有利于南方各民族社会的发展。播州

---

① 贵州省遵义县县志编纂委员会编:《遵义县志》,贵州人民出版社1992年版,第1199页。
② (明)李化龙:《平播全书》卷7《咨文》,《续修四库全书》,第434册,第235页。

土司在政治上与中央王朝保持一致，在军事上服从征调，效命疆场，维护国家统一和地方安宁，从而得到朝廷倚重，并与朝廷保持着良好关系。杨氏在其辖区对巩固集权统治，维护自己家族利益方面起到不小作用。播州土司与明王朝之间平时往来最多的是承袭、朝贡和奉征调。

土司制度是元、明、清中央王朝对西南民族地区采取的一种过渡性统治措施，就其本身来说有着许多不可避免的弊端，随着历史的向前发展，土司制度的弊端使土司制度固有的落后性更加凸显。土司利用政治经济特权，肆无忌惮地压迫剥削土民，割据一方，甚至相互兼并厮杀，草菅人命。有时候甚至和中央王朝对抗，发动叛乱。随着民族地区经济日益发展，土司势力不断强大，必然与中央集权的矛盾加深。

杨氏土司历久不败的内在原因的是"承家事君"。但传到第三十任土司杨应龙时，却陷入空前危机。

万历元年（1573），杨应龙承袭播州宣慰使。万历十四年（1586），因献金丝楠木"材美"有功，杨应龙被"赐飞鱼服，授都指挥使衔"①。而后，他"数从征调"，先后领兵"征松潘诸番"，"讨邛部属夷"，"征叠茂"，镇压少数民族起义，以战功封"骠骑将军"②。这说明杨应龙在承袭播州宣慰使后，忠于明朝，为朝廷立下了不少功劳。而后杨应龙走向另一个极端，公开与朝廷对立，究其原因，有多方面的原因。

（一）杨应龙权力膨胀、妄自尊大

杨应龙于明穆宗隆庆六年（1572）接任土司，次年即神宗万历元年（1573），正式任播州宣慰使，时年21岁。接任前朝，"尽臣节""奔走为命"，朝贡、纳赋、征调召之即来且屡立战功，为朝廷倚重。杨应龙衷心为明朝效力，因功封"都指挥使""骠骑将军"等，赢得朝野官员称赞，认为"川贵土司……惟杨氏世称恭顺"③。

杨应龙执政后期，杨氏土司内部及杨应龙与明廷的矛盾逐渐显露出来。其最终祸乱由此而引发，这和杨应龙个性有很大关系。概括地说，有以下几个方面的问题。

一是杨应龙自恃强盛，妄自尊大。如平播主将李化龙曰："应龙益

---

① 《明史》卷312《土司传·四川土司》，第8045页。
② 《明史》卷312《土司传·四川土司》，第8045页。
③ （明）申时行：《赐贤堂集》卷40《杂纪》，《四库全书存目丛书》集部，第134册，第820页。

横，所居饰以龙凤，僭拟至尊，令州人称己为千岁，子朝栋为后主。益选州人子女为绣女、阉人。民间有女十三岁以上皆献之，谓之'呈身'，须不用乃嫁之，不'呈身'而嫁者，罪至死。尝一日而阉割三十二人，其凶残不道类如此。"① 一天阉割男性32人，从一个侧面反映对未成年人的随意侵害，从另一个侧面反映其后宫女人众多。同时自称"千岁"，其政治野心显见急剧膨胀。

二是杨应龙生性多疑，凶残嗜杀。此类事例，不胜枚举。如万历十三年（1585），杨应龙怀疑妻张氏与下属一目把有染，杨应龙即下令把目把缚在树上杀之，并欲杀其妻张氏。杨应龙之母张氏出来劝解，令"宥而出之"。杨应龙不得已，将张氏嫁与族弟杨胜龙，然恨未释也。② 万历十五年（1587）春，杨应龙与宠妾田氏在其妻兄家宴饮，田氏重提往事，引起杨应龙遗恨，当即把刀交给亲随黄元，立取张氏之头。张氏死前呼号其母官氏为她报仇，杨应龙一怒之下，竟将官氏劈死。张氏一族哗然，呼之："张、杨世婚，即罪不赦，犹当议宥，矧非辜乎？"张氏亲属不服欲赴上司控诉，请朝廷官员讨公道。③ 杨应龙得知这一消息后密谋派人截而杀之，于是张高等纠集"群怨应龙者"之何恩、杨溱、罗承恩、彭年等，上奏朝廷，弹劾"应龙杀死岳母、嫡妻等命，阉割民人为太监，夺占幼妇为绣女，杀死长官，抄投亲叔"等众多罪恶之事。他们为了防止杨应龙派人拦截，共同商议："吾辈赴恶于朝，恶耳目多，中易有阻。不若假五司印言兴学事，庶恶不疑。"于是通过此法，弹劾杨应龙之奏疏遂得成功送达，时已是万历十六年（1588）。④

杨应龙草菅人命、滥杀无辜，即便是朝廷官兵，他也敢杀戮。正如今之论者云：他"亲手导演了一幕幕骇人听闻的血腥杀戮，留下了无数关于'杀人沟'的恐怖传说"⑤。杨应龙在播州之暴行，罄竹难书。

三是杨应龙贪得无厌，肆意掠夺。杨应龙为宣慰使，是播州地区的最高长官，所辖六个长官司及其所属的七大姓即田、张、袁、卢、谭、

---

① （明）李化龙：《平播全书》卷4《奏议·献俘疏》，《续修四库全书》，史部，第434册，第405页。
② （明）诸葛元声：《两朝平攘录》卷5《播上》，第189页。
③ （明）诸葛元声：《两朝平攘录》卷5《播上》，第190页。
④ （明）诸葛元声：《两朝平攘录》卷5《播上》，第190页。
⑤ 刘作会主编：《平播之役400年》，贵州人民出版社2002年版，第5页。

罗、吴等，无不受其盘剥，稍有反抗，即遭杨应龙武力镇压。"盖应龙本雄猜，阻兵嗜杀，所辖五司七姓悉叛离。"① 杨应龙在隆庆三年（1569）"夺宋氏（播州千户长官司）田庄，害宋恩等十七命"②。余庆土地肥沃，为余庆长官毛守爵所有。此地与播州土司所辖之地交错，被杨应龙相中，令其属下目把侵占其肥地，建为私庄。毛守爵之母，乃宋世忠之妹。毛守爵之妻，为杨以诚之女。毛守爵母子患应龙之侵占不已，愬之于杨以诚。杨以诚同宋世忠谋之于罗承恩，因为罗承恩、杨以诚乃"五司中最奸猾雄杰者"，寻求对付杨应龙的办法。又杨以诚之子杨鲸以女赘张熙之子，有姻亲的关系。故五司约结抗阻，与杨应龙为仇，抵制其侵吞。③ 此外，播州宣慰司所属之黄平、草塘、白泥、余庆、重安五司土官，凡承袭表笺须宣慰司印文乃达明朝。杨应龙往往索贿无厌，此又是杨应龙与播州统治集团之五司土官产生矛盾的另一个重要原因，"衅端所由起"。

杨应龙之残暴与暴政，已激起所辖属民愤恨，受其欺凌的属官土司及相邻的诸土司，无不愤恨杨应龙肆掠，时刻准备反击。五司和七姓之人联合到北京"叩阍鸣冤且反噬龙矣"④。揭发应龙之罪恶。万历十四年（1586）、十五年（1587）、十六年（1588），播州五司土官，还有前述被枉杀的前妻及岳母之亲属先后"赴阙上书"，告发杨应龙诸凶恶事⑤。杨应龙危机四伏。

从亲属到属民，从属下头目到邻近土司，备受其害，积怨积怒在心。杨应龙已到了众叛亲离的绝境。

杨应龙作恶种种引发其所辖土司境内的矛盾与冲突。从外部来说，直到应龙反叛前，尚未发现他与朝廷之间的对抗。换言之，他对朝廷颇为恭顺。实际上，他的诸多行为已失"臣节"，违规违法事件频发，已经损害了明在西南地区统治的稳定，只是这些问题尚未公开化。如，他僭越，自称"千岁"，子称"后主"；虐杀民命，欺凌其他土司等等，皆为朝廷所不容。

---

① 道光《遵义府志》卷31《土官》，第33册，第76页。
② 道光《遵义府志》卷31《土官》，第33册，第84页。
③ （明）诸葛元声：《两朝平攘录》卷5《播上》，第190页。
④ （明）曹学佺：《蜀中广记》，文渊阁《四库全书》，第591册，第486页。
⑤ （明）王圻：《续文献通考》《四库存目丛书》子部，第189册，第335页。

(二) 朝廷地方官员处置失当

众所周知，以秦代为开端，迄至明清之际，历经二千余年，历代王朝承袭"华夷之辨"的民族观念，边疆与内地矛盾冲突不断。主要来自北方的游牧民族与渔猎民族，与内地华夏民族以及中央王朝的矛盾，时缓时急，战事不断，构成世患。边疆对内地认同的进程，长期停滞不前，有时还会倒退。在西部、西南及南疆，地处天涯，鞭长莫及。明太祖朱元璋说："自古帝王临御天下中国居内以制夷狄；夷狄居外以奉中国，未闻夷狄治天下也。"① 此系他北伐元朝时发表的严正"声明"，否定"夷狄"统治中国的合法性，惟有中国才有资格统治天下。明朝中叶理学家丘濬称："华必统夫夷狄，夷狄绝不可干中国之统。"②

嘉靖时，朝野掀起"华夷之辨"的大讨论，中心议题是斥元世祖（忽必烈）变夏为夷狄，无功德于"中国"③。如，礼科右给事中陈棐痛批元乘南宋衰弱将"中国""吞噬"，"习中国以胡俗，言中国以胡语，译中国之书以胡字，官中国之正以胡人，浊我寰宇……变夏为夷……吾万古中国帝王所自立之区域，尽沦胥而为夷狄，斯皆忽必烈之巨罪也。得罪于我中国帝王，实得罪于天地也"④。可谓口诛笔伐，一片声讨。

时至明末，华夷之分的民族意识，却是有增无减。称"夷狄"如"狼"、如"犬"、如"禽兽"之类的词语，这在明代官员的奏疏及言谈中，司空见惯，不足为奇。如李化龙等官员称"贼杨应龙者，本以夷种，世厕汉官，被我冠裳，守彼爵土，辄敢忘天朝豢养之恩"⑤，"顾其人原是卉服鸟语之伦，同处豺虎虫蛇之内"⑥。明朝从士大夫阶层，到以皇帝为首的统治集团，其民族意识中完全被"华夷之辨"所支配，且根深蒂固，顽固不化。它绝对排斥"夷狄"，大有"汉贼不两立"之势。当土司出现危机时，朝廷与地方官员大多意欲除之而后快，尽快改

---

① 《明太祖实录》卷26，第401页。
② （明）丘濬：《世史正纲序》，载饶宗颐《中国史学上之正统论》，中华书局2015年版，第206页。
③ （明）陈子龙：《皇明经世文编》卷241，《续修四库全书》，集部，据明崇祯平露堂刻本影印，上海古籍出版社2002年版，第1658册，第486页。
④ （明）陈棐：《陈文冈先生文集》卷11《除胡邪正祀典疏》，《四库全书存目丛书》影印明万历九年陈心文刻本，集部，齐鲁书社1997年，第103册，第682页。
⑤ （明）李化龙：《讨播誓师文》，文渊阁《四库全书》，第572册，第466页。
⑥ （明）李化龙：《平播全书》卷6《进播州图疏》，第434册，第526页。

土归流。

　　杨应龙与地方官员和朝廷之矛盾，是其残暴行为暴露后，在朝廷处理过程中发生的。由于川黔地方官员相互倾轧，处置失当，导致矛盾日益尖锐，以致不可调和。杨氏与朝廷走上决裂之路，随之杨应龙也走上一条不归路，整个家族亦走向毁灭。

　　从明政府对播州土司招抚失败的原因来看，与行政区划混乱、变化无常有关。研究表明，行政区划的变化与历代中央和地方的矛盾对立关系密切。洪武十五年（1382），设贵州都指挥使司，播州军政事务划归贵州都指挥使司。洪武二十七年（1394），播州复划属四川布政司。世宗嘉靖元年（1522），以播地并改属贵州思石兵备道。穆宗隆庆二年（1568），播州照旧专属四川管辖，仍听贵州节制调遣。① 播州从唐代以来属四川省管辖，自然在文化风俗上受四川的影响更大，而与贵州认同感相对较差。当时播州在行政上归属四川，但黄平、凯里又属贵州，军事上受贵州节制。川、黔两省官员各从自己的利害出发，对待杨应龙的态度分歧很大。川、黔抚按疏辩，在蜀者谓杨应龙无可勘之罪，在黔者谓蜀有私匿杨应龙之心，使杨应龙有隙可乘，以致"朝议命勘，应龙愿赴蜀，不赴黔"②。加上有的官员受贿袒护，或借"会勘"进行勒索，以致"会勘"无法继续进行，使杨应龙有时间游刃其间。在部民、属下土官以及其他土司纷纷告状时，地方大吏也开始上疏朝廷，揭发杨应龙之罪恶。朝廷于万历十六年（1588）准行川、贵抚按官勘处③，杨应龙闻之大怒。乘"奏民"未回到省，又将张高等五人、彭年等七人、叔祖杨溱、无干系之游僧三人，怒使人刃杀、杖毙之，"妻子皆不留"。杨应龙深恨"关外"之五司土官屡遭目把上奏己之罪状，不断残暴打击报复各司土官。他既疑在"关内"之七姓异己，乃暗结关外"生苗"为己羽翼。由于苗人"勇悍"，杨应龙大势招徕，遂大出劫掠邻境，贵阳下之六个卫所几乎无日不闻失事。④

---

　　① 道光《遵义府志》卷2《建置》，第32册，第78页。
　　② 道光《遵义府志》卷31《土官》，第32册，第76页。
　　③ （明）王圻：《续文献通考》卷228《杨应龙始末》，《四库存目丛书》，子部，第189册，第335—340页。
　　④ （明）诸葛元声：《两朝平攘录》卷5《播上》，《续修四库全书》，史部，第434册，第190页。

川黔官员矛盾，中央朝令夕改，致使杨应龙有机可乘。万历十八年（1590）十二月，贵州巡抚叶梦熊疏论播州宣慰杨应龙凶恶诸事，并参川东道副使朱运昌"容情故纵，不行会勘"。巡按御史陈效则"历数杨应龙二十四大罪"①。当时四川巡抚李尚思正议处防御松潘之事，认为宜调播州宣慰司所属土兵，令备协守。四川巡按御史李化龙也疏请暂免勘问，俾杨应龙戴罪立功。兵部复："以应龙革职，仍戴罪立功。会勘改限。"② 不久，两省抚按官员各上疏奏辩。在四川之官员驳斥道："应龙无可剿之罪。"③ 并认为播州兵可以弹压当地蛮民，曰："播以一州僻在西南，属夷无虑百数，皆播弹压之。地方一有警，川、贵军门调其兵勇，不烦斗粟而寇志偃然。决意削除，未为长策。"④ 在贵州之官员则说："四川有私匿应龙之心。"于是都给事中张希皋、给事中陈尚象疏言："事属重大，两省利害亦岂漫不相关者？乞敕下从公会勘，或剿或宥，毋执成心。"⑤ 蜀言抚、黔言攻，两相冰炭，明廷中央不能速决。时阁臣沈一贯当国，疑川中官员受杨应龙之贿，故"右黔而左蜀"，只行两省会勘而已。⑥ 而四川巡按御史李化龙欲宽大处理杨应龙之罪，题奏说："应龙罪犯必诛，其所辖五司与土同知俱背之来归，愿属重庆。众叛亲离，何至有不测之虑？且五司等既无归路，将驱而归之。应龙保无悉怛谋境上之惨，乞特遣科臣公勘。"部覆："应龙未见抗命而不服会勘，四川按臣未尝庇应龙而执不会勘，查勘还属之两省，科臣可无议遣也。其五司等苗果否愿属？重庆作何安插？相应详加议处。"至万历十九年（1591）二月戊子日，神宗批答："杨应龙已有旨了。归附人众安插、改属事宜，着该抚、按从长计议停当具奏，毋得推诿。"⑦ 时贵州巡抚叶梦熊主议五司改土为流，悉属重庆。而四川巡按御史李化龙意与相左，遂因小嫌上章求斥。吏部覆言："化龙比士计吏，及期不得引嫌思去。其会勘杨应龙并改属五司，从长计议"，神宗于当年（1591）

---

① 道光《遵义府志》卷31《土官》，第33册，第76页。
② 《明神宗实录》卷230，万历十八年十二月癸未条，第4267页。
③ 《明神宗实录》卷230，万历十八年十二月癸未，第4267页。
④ （明）诸葛元声：《两朝平攘录》卷5《播上》，第434册，第190页。
⑤ 《明神宗实录》卷230，万历十八年十二月癸未，第4267页。
⑥ （明）诸葛元声：《两朝平攘录》卷5《播上》，第434册，第190页。
⑦ 《明神宗实录》卷232，万历十九年二月戊子，第4304页。

四月戊戌日"报可"①。后兵部覆奏科臣王德完所题称:"杨应龙罪在嗜杀,非叛也。宜令解职听袭,待以不死。主谋冯时熙、李斌等,宜服上刑。归附之众,宜酌量安插、改属。请行川贵抚、按勒限勘奏。"神宗于万历二十年(1592)四月乙巳日表示同意。②杨应龙表示愿赴川听勘,不愿入黔,乃就彭水县适中处听勘领罪。③

当时明朝地方官员怕杨应龙难以堪问,又恐事难很快了结,于是将他囚禁于重庆府有两年多的时间。置杨应龙于指挥使司空房,以兵把守。此时日本犯朝鲜,明廷正在全国征招援兵,军情紧急。杨应龙乘此机会,令心腹黄明敬、文之宗,挈金帛入京诉辩:"禁系非辜,愿自将五千兵报效,入赎款十万两助饷。"疏入,兵部尚书石星题覆,阁臣赵志皋奉得神宗之批示:"释应龙,追赎。"不久,又有反对之官员建议:"应龙桀骜难制,不宜释。"④时兵部尚书石星奏言:"辽东征倭边腹大兵渐集,播州宣慰司杨应龙家丁五千不必调遣"⑤,兵部不需要播州兵前往辽东打仗,这样神宗便于万历二十年(1592)十二月辛丑日改命:"仍系应龙。"

新旨虽下,但报至四川时,地方官已遵神宗前旨令杨应龙次子杨可栋代系,杨应龙脱身而去,放虎归山了。从此,明朝官员屡次欲提问,杨应龙却疑惧而再不肯听话出来领罪。⑥地方和朝中的一些官员不肯轻易放过杨应龙,如四川巡按御史王象乾就继续参劾杨应龙,神宗批示说:"应龙既无叛逆重情,彼处抚按行提,酌量情法具奏,不必差官往谕。"时南京监察御史萧如松"申论杨酋罪恶"说:"为贵阳府推官时,曾以公委往勘播事,稔知之者",神宗于万历二十一年(1593)七月庚午日将此建议下发到所司官员议处。⑦后兵科右给事中吴应明上言当适当勘处,神宗于当年(1593)十一月戊辰日下所司议⑧。

明朝中央官员以播州案狱未了结,乃深疑川中官员有私心于杨应

---

① 《明神宗实录》卷235,万历十九年四月戊戌,第4358页。
② 《明神宗实录》卷247,万历二十年四月乙巳,第4604页。
③ (明)诸葛元声:《两朝平攘录》卷5《播上》,第434册,第190页。
④ (明)诸葛元声:《两朝平攘录》卷5《播上》,第434册,第190页。
⑤ 《明神宗实录》卷255,万历二十年十二月辛丑,第4744页。
⑥ (明)诸葛元声:《两朝平攘录》卷5《播上》,第434册,第191页。
⑦ 《明神宗实录》卷262,万历二十一年七月庚午,第4860页。
⑧ 《明神宗实录》卷266,万历二十一年十一月戊辰,第4947页。

龙，便归罪当时的四川巡按御史李化龙。李化龙被迫去任，新任四川巡按御史王象乾到任，他责成诸司官员严提杨应龙勘罪。杨应龙抗拒，不愿伏法。所差提人之官兵到达松坎附近时，都被杨应龙派兵杀死。王象乾追查此事，杨应龙却推脱说："此关外苗为之，应龙不知也。"①《两朝平攘录》评曰："官知其难结，即不宜禁。既置之狱，又不宜轻释，当事者两失焉。播之不靖，由此。"②双方猜忌益深。

杨应龙被放回播州后，不肯善罢甘休，仍然继续对其仇家实施攻击。张时照等"奏民"惧怕杨应龙继续打击报复，于万历二十一年（1593）跪在京师宫门前喊冤，惊动朝野。神宗征求川贵封疆大吏的意见，这一次，四川巡抚王继光与贵州巡抚林道楠一致同意议剿。四川疏奏先上，王继光等认为杨应龙抗拒不出来听勘，欺凌仇家，气焰嚣张，而且打造各种兵器。所以建议神宗："会同贵州抚臣，相机酌处。止擒首恶，不及无辜。"林道楠上奏弹劾杨应龙招集恶苗，杀虏人畜。前恶既盈，后恶益炽。

神宗于当年（1593）十一月丙寅日批示："凶酋既不服勘问，难再姑息，该抚、按官便宜擒治正法。朝廷为民除害，罪止一人，协从自归者咸与更始，不许贪功妄杀。"③

这年"应龙上书自白，遣其党携金入京行间，执原奏何恩诣綦江县。（万历）二十二年（1594），以兵侍郎邢玠总督贵州。二十三年（1595），玠至蜀，察永宁、酉阳皆应龙姻娅，而黄平、白泥久为仇雠，宜剪其枝党。乃檄应龙，谓当待以不死。会水西宣慰安疆臣请父国享恤典，兵部尚书石星手札示疆臣，趣应龙就吏得贳（赦免）。疆臣奉札至播，招应龙。时七姓恐应龙出得除罪，而四方亡命窜匿其间；又幸应龙反，因为利，驿传文移，辄从中阻。玠檄重庆知府王士琦诣綦江，趣应龙安稳（地名，现重庆綦江区安稳镇）听勘。应龙使弟兆龙至安稳，治邮舍，储糗，叩头郊迎，致饩牵如礼。言应龙缚渠魁待罪松坎，所不敢至安稳者，恐堕安稳仇民不测祸也，幸请至松坎受事。士琦曰：松坎亦曩奏勘地，即单骑往。应龙果面缚道旁，泣请死罪，愿执罪人，献罚

---

① （明）诸葛元声：《两朝平攘录》卷5《播上》，第434册，第191页。
② （明）诸葛元声：《两朝平攘录》卷5《播上》，第434册，第191页。
③ 《明神宗实录》卷266，万历二十一年十一月丙寅，第4946页。

金,得自此安国亨。国亨者,曩亦被讦,惧罪不出界,故应龙引之。士琦为请于玠,许之。应龙乃缚献黄元等十二人案验,抵应龙斩;论赎,输四万金,助采木。仍革职,以子朝栋代,次子可栋羁府追赎。黄元等斩重庆市,总督以闻。时倭氛未靖,兵部欲缓应龙事东方,朝廷亦以应龙向有积劳,可其奏,于松坎设同知治焉。以士琦为川东兵备副使,弹治之"①。从以上《明史》记载可以看到杨应龙坐法当斩,改为宽大处理:革去其头衔,罚白银四万两,为朝廷采大木赎罪;予以释放,须收其子杨可栋羁押在重庆府为人质。同时,杨应龙将冲杀官军的12人犯押至重庆处斩,以抵杨应龙之罪。杨应龙被放回。任事官员又讨杨应龙认状二纸,规定杨应龙"此后不敢侵扰土司地方、不敢非刑虐害人民恣为不法、不敢不纳朝廷税粮"三事。总督邢玠仅据各官申报之文,认为杨应龙肯真心听抚,便撤兵复命,时为万历二十三年(1595)交秋日。② 当年十二月甲辰日,神宗以杨应龙肯受勘,升邢玠为都察院右都御史,其余文武将吏各升赏有差。③

遗憾的是,地方官员失职并激化矛盾,使"应龙获宽,益怙终不悛"④。本来此时杨应龙之案基本了结,但是事情突然发生逆转。这时,其子可栋死于重庆。杨应龙哀痛不已,心"益痛恨"⑤。遂要求将其子的尸体还给他,但地方官不予理睬,反复催要四万赎金。杨应龙愤然说:"吾子活,银即至矣。"⑥杨应龙与明廷的矛盾公开化,走上不可调和的地步。万历二十四年(1596),应龙"分遣土目,置关据险。厚抚诸苗,名其健者为硬手;州人稍殷厚者,没入其赀以养苗,苗人咸愿为出死力"⑦。对"五司七姓"展开了更加凶狠的报复,公然与明朝对抗。

不过明朝史官对邢玠勘处播州之举措,并不责怪,评曰:"先是,杨应龙为讨贼放还,廷议遣玠往,先勘后剿。谓悔罪出勘,情法并伸。如仍负固,方行剿灭。后杨应龙三具文请勘。一出播州,再出松坎,三

---

① 《明史》卷312《土司传·四川土司二》,第8046—8047页。
② (明)诸葛元声:《两朝平攘录》卷5《播上》第434册,第192页。
③ 《明神宗实录》卷292,万历二十三年十二月甲辰,第5403页。
④ 《明史》卷312《四川土司二》,第26册,第8047页。
⑤ 《明史》卷312《四川土司二》,第26册,第8047页。
⑥ 《明史》卷312《四川土司二》,第26册,第8047页。
⑦ 《明史》卷312《四川土司二》,第26册,第8047页。

出綦江之安稳驿。杨应龙认纳赎银四万两，质其子杨可栋于重庆。后因杨可栋死于非命而再叛，则玠复命后事也。"[1] 他们认为是杨应龙之子杨可栋之死的偶然事件，造成了杨应龙后来对朝廷的不满和对"五司七姓"的进攻。

杨应龙从恭顺到反叛，是偶然，还是必然？是其个人行为所致，还是另有更深层原因？明代学者曾论曰："（应龙）幼恣骄盈，戆克任意，故令七姓解体，五司负芒。"[2] 这一说法，反映了当时人对杨应龙叛明的基本认识。

今之学者，持论多以应龙作为土司之首"作恶多端"，"生性猜忌、嗜杀等性格"。总之，就是杨应龙野心膨胀，为人残暴，与朝廷不相容，终于走上反叛的不归路。看来，古今认识相似。明人所论，无疑是站在忠君的立场上来否定杨应龙反明为大逆不道。今人大多站在维护统一的立场论是非，大抵还是从其个人恶行予以批判。

直观地看问题，古今所论无疑义。杨应龙的前人实践"尽臣节"之道，保持七百余年的世代传承。如果杨应龙忠实遵守家训，完全有可能与明朝相始终，杨氏家族将有机会进入清代，继续保有富贵。这就是杨应龙个人的品质、素养不足，私欲恶行让他走上绝路。当然，明人也批评官方做法失当，激化了矛盾，如说："官知其难结，即不宜禁；既置之狱，又不宜轻释，当事者两失焉。播之不靖，由此！"这是说，既然已收杨应龙入狱，就不该轻易将其释放，放虎归山，致有后患。还可指出的是，地方官收杨应龙之子杨可栋押在重庆至死，何以死亡？官方没给出正确说法，当杨应龙索要其子的尸体时，官方竟拒绝。这又引起杨应龙之恨，使矛盾再度激化。杨应龙反明，有被逼的因素，责任在官方处置不当，助推杨应龙反明。曾任万历朝大臣李三才尖锐地指出："杨应龙之杀其妻也，夷狄之人夷狄之性耳。夷狄之事，中国不之治也。乃计不出此，无端而欲绳之以法。始而议剿矣，继而议抚矣；无何又剿，无何又抚，朝令夕改，二三其政，彼酋之习见我如斯也，遂眈然有轻中国之心，而狡焉具跳梁之志。攻陷我城池，屠戮

---

[1] 《明神宗实录》卷344，万历二十八年二月辛巳，第6096页。
[2] （明）诸葛元声：《两朝平攘录》卷5，《续修四库全书》，史部，第434册，第232页。

我军民,劫缚我职官,侵突我疆界。于是,不得不起六郡之师以赴之。"①

明万历首辅大学士申时行《赐贤堂集·杂记》中记述其事件始末后写道:"向使委官不索贿,应龙不系狱,调则必赴,召则必来,何至称兵叛逆,悍然不顾乎?挑衅启祸,必有任其责者。故好事喜功,穷兵殚财,非国家之利已。事可永鉴也。"②

(三) 土司制度的缺失是造成地方与中央矛盾冲突的根本原因

土司制度是元明清王朝在西南边疆地区通过授予民族地区族群首领官衔和权力间接管理少数民族制度,尽管它是一种权宜之计,作为一种"因俗而治,不易其宜"的管理制度存续了600余年,应该说有其合理性,并在历史上曾起到维护边疆稳定的积极作用。从传统的羁縻制,过渡到土司制,无疑是历史的一个进步,这是指中央王朝把土司直接纳入到国家行政管理体制,换言之,通过各项法律或政策性规定,将各土司管理起来。所谓"管",实则是管土司一人而已。例如,朝贡、出征、缴纳赋税等所承担的责任与义务,皆责土司酋长一人任之,对朝廷的指令,是否执行,亦由土司一人决之。尽管朝廷对土司严加监管,但是此为管"外",但不管"内"。所谓"内",是指土司内部事务,朝廷一般不干预,不过问。土司内部事务,全由土司一手掌控。因为土司境内的一切,皆属酋长及其家族的私产,如,土地、山林、河泊,包括林中兽类之所有权,全归土司所有;所属百姓,具有生杀予夺之权。以法律为例:土司境内不实行中央王朝颁布的法令,自有传统的"土法",自有其创设的刑罚。他自有军队,时称"土兵";自制征收赋税的办法,等等。总之,境内的一切,皆为酋首一人主之。可以说,酋首就是所辖境内的土皇帝,完全自治,极度自专。土司体制实际造成一个个独立王国和割据政权。正如谭其骧先生论播州杨氏曰"虽版籍列于职方,然专制千里,自相君臣,赋税之册,不上户部;兵役之制,不关枢府,名托外

---

① (明) 张萱:《西园闻见录》卷80《剿捕上》,《续修四库全书》,子部,第1169册,第771页。

② (明) 申时行:《赐贤堂集》卷40《杂纪》,《四库全书存目丛书》,集部,第134册,第821页。

臣，实为一独立政权"①。

当中央王朝兴盛时，各土司慑于中央强大，不敢轻举妄动。但与王朝发生利益之争时，则不惜分庭抗礼，乃至兵戎相见。尤其是当王朝呈衰落之势时，一些土司乘机摆脱其控制，自行其是。我们看到，有明一代，有关西南土司与明交战之事，史不绝书，据不完全统计，明朝用兵西南土司，约达百次，平均三年就发生一次战事。土司世世代代传承，世袭其地，享有一切权力，随心所欲。土司与中央王朝的矛盾始终存在，何时爆发，当偶然诱之即发，需要看土司自身所处中央和地方的政治环境和自身的政治智慧和修养。

土司制度下的矛盾是无法克服的，也是无法回避的。土司可以世代承袭，由此土司真正地成为一独立王国，国家无法真正掌控。土司制度注定不可能行之久远，改土归流乃是历史的必然。

由此可见，杨应龙之叛明，实有根源，此即土司制度的根本缺陷而成必然。

还须指出，杨应龙生活的时代，与其前辈大不同：一方面，社会经济进一步发展，特别是播州汉文化程度远高于其他土司地区，文明的程度也在前列。杨应龙本人也受过良好的教育，加之他多次进北京所见所闻，见多识广。而明朝自万历十年（1582）后已走向衰落。所有这些，都使杨应龙不再迷信皇帝至尊，崇拜权威之念逐渐淡化。因此，一个很合乎逻辑的结论是：当其利益受损，杨应龙便自恃其土司兵强马壮、粮饷足备，敢于向明朝挑战，以求一逞。于是，一场惨烈的战事，便不可避免地发生了。

综观杨应龙反明的前前后后，固然是其个人行为酿成的悲剧；但地方官和中央政府处置失当也是其中重要原因；更深层次的原因，乃源于土司制度，才能揭示这一事件的本质。

二 平播之役与杨氏土司的最后覆灭

（一）战争的开端

本来一场有可能化解的战争终于爆发了。明朝首先动用军事力量，从"止擒杨应龙"，即只惩治应龙本人，演变成一场大规模的战争，即

---

① 谭其骧：《播州杨保考》，《贵州民族学院学报》1986年第1期，第1页。

史称"万历三大征"之一的平播之役。

  杨应龙被释回，如按约定，应龙交赎金、安分守规，事情会有转机。但应龙违约，一方面，对告发他的人疯狂报复，继续制造事端。明廷于是改变方针，派兵去擒拿应龙。万历二十二年（1594）初，明军分四路：四川三路、贵州一路进播州。被早有准备的播州兵击败。明军损失惨重。次年，明神宗无奈，再派四川总督邢玠整兵讨播，明为征讨，实则对杨应龙行招抚之策。杨应龙表示接受，明遂罢兵。

  前已指出，事之缘起，本来是受各方控告，通过司法，惩治应龙一人。但是，在招抚、惩办、征剿等问题上，地方大吏意见不一，其中也有应龙的关系，多方袒护。神宗听到各种意见，也举棋不定，终于失策，酿成兵祸。亲历者李化龙曰："酋（指杨应龙）先年原无逆节，亦无远略。惟迩来我所以处置者全未得宜，剿一番，抚一番，皆为彼增一番兵力，长一番雄心。今则公然有不轨之心，萌割据之志矣，诸凡上下文移，舌剑唇锋，总是反书，无容更卜。"① 明朝万历年间政治家王圻一针见血地指出："当事诸臣始而狎，继而玩，又继而纵之，养成滔天之祸！"② 生活在明清之际的学者谈迁也对杨应龙事件做出评论："应龙非有逆志，不过积恶嗜杀，而当事或重视之如虎，或藐视之如鼠，均失其等，酿成大祸。"③

  应该说，明人对杨应龙事件之前前后后，知其始末较详，故其评论较为客观。不论当事人、局外人，还是后人，他们有一个基本相同的一点判断是："初，贼本无意竟反，徒以安忍猖狂。"④ 起因是家中杀妻，本属"夷狄之性"，"中国"即朝廷不必过责，亦无须诉之于法。但朝廷上上下下，看法不一，主张不一，朝令夕改，剿抚不定，始逼应龙铤而走险，终于酿成"大祸"。也就是说，明朝皇帝昏庸、吏治腐败，玩忽职守，出尔反尔，剿抚失据，滥用兵事，遂使应龙轻视"中国"，遂生"跳梁之志"，愈加放肆。对境内乃至境外，凡属"仇家"，一一扫荡，大肆杀戮。朝廷尚未作出反应，他则胆更大，对部属说："朝廷若不饶我，我须拼命杀出，逢州打州，逢县打县，大做一番！"其谋士也

---

① （明）李化龙：《平播全书》卷12《书札》，第435册，第49页。
② （明）王圻：《续文献通考》，《四库全书存目丛书》，子部，第189册，第338页。
③ （明）谈迁：《国榷》，中华书局1958年版，第4857页。
④ （清）谷应泰：《明史纪事本末》，中华书局1977年版，第998页。

十分自信："本州山河雄壮，兵食充盈，又得群苗为羽翼，据而用之以图大事。……今朝廷说动兵征剿也，只是虚名。太爷今只预备粮草，整饬险隘，将五司七姓仇家扫荡以绝祸根。又将海龙囤修理，坚壁重关，以为退步。就有几多兵马来也，无奈我何。左右归还，一个抚！"①

就连杨应龙之部属也把朝廷腐败无能看透了，自以为凭其山川险峻，钱粮充足，神勇将卒，及"苗人"助战，朝廷无奈其何。于是，杨应龙遣兵四处出击，攻打不顺从的下属土司土官，酷杀告状之家。从万历二十四年（1596）到二十六年（1598），二、三年间，西南地区大乱。杨应龙造反不仅打乱了明在西南地区的统治秩序，更严重的是，这一地区仿佛已是杨家的天下，真的成一割据政权。

明朝廷眼见事态如此严重，杨应龙大闹西南而无法控制时，只有议兵议剿，派出大军征伐，以结束西南动乱。

万历二十七年（1599）三月，明神宗起任李化龙节制四川、贵州、湖广诸军事，调东征大将刘綎、麻贵、陈璘、董一元南征播州。

（二）战争进程

战争进程，大体经历三个阶段：

第一阶段，杨应龙先行出击，明军未集结，被迫先取守势。

明军大举攻播的消息，很快为应龙所知，对其下属各总管说："朝廷已不容我老杨，我老杨如何不拼死一做？骑虎者势不得下，到此田地，左右是死，不坏也是坏了。"② 他乘明朝大军未集，亲统八万军队，率先出击，攻打綦江。

李化龙刚抵成都，兵力未及集结，尚在途中，未及布置，惟将现有兵力重防重庆，而綦江则无法顾及。六月，綦江守兵势单力孤，很快被播兵攻克，明将房嘉宠、张良贤等皆战死。"应龙杀尽城中人，投尸蔽江，水为赤。"③

李化龙用缓兵之计，优礼送还杨可栋之尸棺，安抚杨应龙，故意示朝廷有豁免其罪之意。杨应龙遂信以为真，收兵撤回播州。

明军方面，得此喘息之机，化龙加紧集结军队，神宗又传下旨意：

---

① （明）诸葛元声：《两朝平攘录》，《续修四库全书》，史部，第434册，第193页。
② （明）诸葛元声：《两朝平攘录》卷5《播上》，《续修四库全书》，史部，第434册，第195页。
③ 道光《遵义府志》卷31《土官》，第33册，第77页。

"应龙狂逞,彼处抚镇文武等官何故任其窃发,不早侦报?原议招兵,何故至今未备?欺蔽玩纵,莫此为甚。该科便参看来。李化龙许便宜行事。刘綎世受国恩,今叙功在迩,特寄重任,待之不薄,何为迁延逗留?其驰骑催之。司道官凡系用兵处所,吏部就近遴才。更调府县官,许抚、按于本省内拣选调用。"① 不久李化龙所调各处兵将,纷纷入川,平播的钱粮兵马准备即将完成,一场大战即将展开。

第二阶段,从二十七年(1599)十一月到次年二月,明军在兵力集结中,尚未展开大规模进攻。此时,应龙所属播兵及助战的苗兵呈进攻的态势。之前当杨应龙攻破綦江时,其军师孙时泰劝其乘大兵未集,入据重庆,直捣成都,霸业可得。而杨应龙内顾老巢播州之地为根本,未即听从。故止扰綦江等近播之地即归。至是突然听说明军又决计大征的消息,后悔当时不从孙时泰之远出攻略主动牵制明军的计策。其部属何汉良建言:"事已无及,今川中有兵,卒难得志,惟有纠苗一策。且黔中卫所郡县数千里而遥,官兵单弱不足分布。吾等纠拽生苗分道突犯,先梗粮道,次攻城池,是先发制人之计也。"② 十一月间,攻击东坡、烂桥、重安等处。此三地为楚黔交会、滇与黔的咽喉。播兵虽未攻下,已歼明军的有生力量。十二月,兵分五路攻龙泉,至二十八年(1600)正月将城攻克,准备攻婺川,得报知明军攻金筑、官坝,不敢再战,便撤兵回播。

同时,明军发起局部进攻,连破金筑、青冈嘴、虎跳涧等处的七寨播兵,进而攻破官坝,应龙之叔杨老祖等将领皆战死,播兵大败。自此,明军开始展开攻势,而应龙之势渐衰,趋于守势。此时,明军集结的数量,已达24万。

第三阶段,从二十八年(1600)正月始,明军展开战略进攻。先于重庆府教场,集出征及当地文武官员与八省调拨到的明兵,举行誓师,发布讨伐杨氏土司之檄文,这里,摘引部分文字,以见明军师出有名。

檄文称:"逆贼杨应龙……蛇蝎成性,藐国如儿戏,刈民若草菅。……初但肆恶于一州,继而流毒于三省。白石尸民三千,积骸遍野;飞练堡

---

① 《明神宗实录》卷337,万历二十七年七月己巳,第6251页。
② (明)诸葛元声:《两朝平攘录》卷5《播上》,第198页。

官军二万，流血成渊；綦江一路，百里无烟；东坡再焚，三春如赭……大逆不道，天地不容，贼子乱臣，神人共愤！"① 观此文告，历数应龙之罪恶，令人发指。明兴正义之师，铲除国家祸乱。

誓师毕，明军即分八路进兵，每路约三万人，官兵三之，土兵七之。

播兵与苗兵号称骁勇，确也取得个别战役的胜利，总归抵不住人数和装备占绝对优势明军的潮水般地攻击，边败边退。到四月下旬，播兵全线溃败，退至宣慰家族的大本营，也是最后一个据点——海龙屯。在万历二十三年（1596）时，杨应龙大集役夫工匠，重修天堑龙岩囤，囤前后置九道石关，囤上砌三重城垣包绕，城堡内建有楼房、家庙、仓库、兵营，作为军事大本营，以抗击征剿官兵。杨应龙在屯上书有《骠骑将军示谕龙岩囤严禁碑》明确修葺之目的是"今重葺之，以为子孙万代之基，保固之根本耳"②。但是，海龙屯终究未能抵御 20 余万平播大军的四面围攻。六月六日，明军乘势偷袭成功，杀死后屯守城门之兵，涌入城内，播兵四散逃亡，海龙屯之防守顿时瓦解。应龙知大势已去，即携二妾登楼纵火自缢；其他没死的杨氏族亲军师大将等皆被擒获，剩余将士皆放下武器投降。

播州之役，自二月二十二日兵分八路进攻，直至六月六日攻下海龙屯，应龙自缢，激战 114 天，以明军的最后胜利告终。杨氏土司世传三十世，历 725 年，至此，灰飞烟灭，永远地画上了句号。八路大军共斩首级二万余，生获朝栋等杨氏家族亲信等百余人。明王朝取得了"出师才百四十日，辟爵郡二千里封疆，奏二百余年所未得志于西南夷盛事"③ 的重大胜利，但是明军也付出沉重的代价，死伤四万余人，耗银一百四十六万余两等。明朝官兵杀戮甚重，播地化为废墟，"播土旧民，自逆囚芟夷之后，大兵征讨之余，仅存者十之一二耳，遗弃田地，多无主人"④。

此战之胜，殊非易事。其艰难险阻，非平野旷野可比；所遇对手，又非平庸之辈；其军之战斗力，又非一触即溃的弱兵，而是善战敢战之

---

① （明）诸葛元声：《两朝平攘录》，《续修四库全书》，史部，第 434 册，第 204 页。
② 《遵义地区文物志》，1984 年版，第 76 页。
③ （明）李化龙：《平播全书》《平播全书叙》，第 434 册，第 237 页。
④ （明）李化龙：《平播全书》卷 6《奏议》，第 434 册，第 490 页。

勇士。明朝集几倍于敌的优势兵力，以多胜少也就不难。李化龙智勇双全，他非全凭勇力，而是靠计谋智慧，将杨应龙玩于股掌之上。最后一战，还是靠智慧夺取胜利。

三 播州改土归流

万历十八年（1600）结束的平播之役对明王朝政局具有重大影响，最重要的是播州之役使得明王朝在播州地区顺利地实施了改土归流。废除了播州宣慰司以及跟随其叛乱的安抚司和长官司，并对受到杨应龙残害的各司采取了相应的安抚措施。播州改土归流的主要举措如下：

（一）复郡县，以流官分理政务，实现播州与内地行政一体化管理

平播战役结束后，明朝于次年万历二十九年（1601）对播州地区进行了改土复流：将原属播州的地区分设为遵义、平越二府，并置二州八县；遵义、桐梓、绥阳、仁怀四县与真安州属遵义，隶属四川统辖；余庆、瓮安、湄潭三县与黄平州属平越，隶属贵州统辖；又割龙泉县属石阡府。这二府二州八县的设置，规范了播州地区的行政管辖，二府及其所属州县官员由朝廷委派流官充任，很快从相邻府州县选调合适官员推补到各府、州、县、卫、所、儒学等衙门分理庶务。昔日的播州地区设府、州、县之后被纳入中央行政体制一体化管理范围，一改过去土司割据的局面，"藉人民土地而版图之"，为西南日后的政治环境和经济文化的发展创造了条件。

（二）设屯卫、设兵备、复驿站，实现了中央对播州的直接管辖

平播之役后，明朝为了防止临近土司再有"启疆之志"，"设官军，建屯卫以明居重驭轻之势，而消睥睨跂扈之心"①。于遵义设威远卫，并下辖前、后、左中、右五所，各所军一千，共五千官军。这就加强了对黔北地区的军事控制，保障了平播之后的稳定局势。除了留驻军以外，明朝在这一地域还设置屯田，"其边隅逼邻土司地方，各设屯田，每军照祖制二十四亩，再加六亩为冬衣布花之费，共三十亩，即自种自食，不必纳粮于官。……各开屯处，除养屯兵外，余田仍照民地起科，

---

① （明）李化龙：《平播全书》卷6《奏议》，第434册，第487页。

上纳本、折于各州县，为卫官奉廪及不时军需之用"①。解决了驻兵的粮食和资金问题，稳定了军心。恢复原播州各个驿站，松坎、桐梓、播川、永安、乌江、仁水、湄潭、岑黄、鳖溪、白泥、昌田、沙溪等13个驿站，根据道路冲要路险情况配备不同数量的马匹和马夫。这些驿站都分布在川贵交通要道，使原播州道路大通，有利于四川先进生产技术的传入，有利于原播州的经济文化的恢复和发展。

（三）丈田粮、限田制，实现经济体制一体化

播州土地肥沃，额粮按夷方赋税上缴，"不必以额"，"原自减轻"；改流后，"纯用汉法以定天赋"，派出县官，"插定疆界"，丈量土地，按等级造册，以定赋税。大征之后，播土旧民，仅存者十之一二，遗弃的田地，多无主人。而且田地册籍已经遗失，无法甄别主人及其土地疆界。为防止假冒者，避免形成田地宽广而人民少，所以凡称播之旧民号"杨保子"者（播州雇农），查实后，官府都还给三十亩地，上中下参配匀分。至于留下的无主民田，"另行招人承种，纳粮当差"②。对于杨应龙的官庄以及参与叛乱的土司田庄，尽数没收于官，外省移民可以承种，但是领地之人不得超过五十亩，丈量时定量定价。这一措施，使得原播州成为与中原一样的经治州，既增加了政府的收入，又实现了播州与内地经济体制一体化。这些措施突破了封闭的农奴经济的限制，发展了屯田经济和地主经济，为播州地区的农业经济打下坚实的基础。革除农奴经济中的人身依附关系，解放了生产力，有利于农业经济的发展。

（四）顺夷情，明恩信，实现大征之后的稳定局面

平播之役后，幸存下来的杨氏家族成员或者隐姓埋名，或者逃匿异乡，"已无遗种"③。根据"帝王道如天，法宜从轻，赏宜从重"的指导思想，明朝对于五司七姓族人头领和其他投降的夷人头目都做了适当安排，并依据在平播之役中的表现和军功，区别对待。对参与平播有功的土司酌情提拔；而对于始助杨氏之恶后投诚的土司，则念在其"返邪归正"的份上，"略其大罪，录其微功"④，皆授以冠带和田产。对于随杨

---

① （明）李化龙：《平播全书》卷6《奏议》，第434册，第487页。
② （明）李化龙：《平播全书》卷6《奏议》，第434册，第491页。
③ （明）李化龙：《平播全书》卷6《奏议》，第434册，第492页。
④ （明）李化龙：《平播全书》卷6《奏议》，第434册，第493页。

应龙造反的普通士兵，也从轻发落，"概与维新"。通过这一措施，安抚了当地"夷人"的情绪，稳定了局势，使得各族人民能在相对稳定的社会状况下恢复生产。

（五）建学校，达到移风易俗之目的

负责播州善后事宜的李化龙认为，杨应龙禁锢文字，仇寇儒生，不施礼仪，把酷刑滥杀当明教，所以造成播州人愚昧无知，干戈平息后，应"文教为先"。遵义、平越两府建府学，设立真安州学和湄潭县学。"以示维新之化"。学校建立起来的目的就是昌明人伦，弘扬礼让，为国家培养可用的人才，达到"用夏变夷"，移风易俗之目的。平播之役之后，社学兴起，一州四县共建社学87所，为全省之冠。曾独领贵州文化之先的黔北文化逐渐走向昌盛。

因此，平播战争与改土归流虽然造成了一时的严重破坏，但是撤除了藩篱，与内地一体化治理，加强了播州与外界的联系，传入了新的生产方式，促进了经济文化的进一步发展，从而也加强了播州地区的国家认同。

第四节　国家认同的巩固

《遵义府志》载："自唐末归杨氏，统诸姓八百余年。宋中叶间设州、军，未闻有流官及播、珍、溱者，其皆土人为之可知。元之宣抚、招讨、万户，明之宣慰、安抚、长官，亦不出数姓。今虽概行革除，其世系事迹有首委可究者具录之。即一人一官偶载史册，亦从附著，所以考见地方数百年利害。"[1] 然众小土官各司其职，各领其地，受最大的土官杨氏节制，唯杨氏马首是瞻。征调战事、岁纳朝贡、守土内附，无不听从杨氏调遣。可惜由于史料存世有限，尤其是明代之前的史料记载颇略，只能看出一些杨氏与其他播州族群势力关系的片段。但是，非常清晰明了的一个史实就是，当得知杨应龙造反消息后，播州众土司大多数与其决裂，坚定地选择站到朝廷一边反对叛乱。平播战争中，广大土民也积极帮助官兵平叛，不惜用生命维护国家的统一，其中涌现了许多英勇悲壮的感人事迹。

---

[1] 道光《遵义府志》卷31《土官》，第33册，第60页。

一 杨应龙统治时期族群信任危机加深

自杨氏世袭播州之地后，其家族在巩固势力进程中，其他家族协同出力不少，尤其是表现在军事方面的参与。洪武五年（1372），播州宣慰使杨铿归顺明王朝，朱元璋诏杨铿仍领播州宣慰使，隶四川。领黄平、草塘两安抚司，播州、重安、真州、余庆、白泥、容山六长官司，统田、张、袁、卢、谭、罗、吴七姓，其域"介在川湖贵竹间，扼险盘踞旧矣"①。

到明朝时，播州第二十一世土司为杨铿，明太祖朱元璋因元制仍置播州宣慰使司。洪武五年（1372），播州宣慰使杨铿、同知罗琛、总管何婴、蛮夷总管郑瑚等相率来归，贡方物，纳元所授金牌银印铜章，诏赐铿衣币。仍置播州宣慰使司，铿、琛皆仍旧职，领安抚司二，曰草塘，曰黄平。长官司六，曰真州，曰播州，曰余庆，曰白泥，曰容山，曰重安，以婴等为长官。据《明会典》载："播州宣慰使司领长官司六，安抚司二。播州长官司、余庆长官司、白泥长官司、容山长官司、真州长官司、重安长官司，草塘安抚司，黄平安抚司。"②《石匮书》说："（播州宣慰）领二安抚、六长官司，统七姓为田、张、袁、卢、谭、罗、吴，世为目把，大事谘决焉。"③但若据上文提到的《遵义府志·土官》的记载，世为杨氏部属者尚有何、宋、郑、骆、冉、毛、韩、宋、犹等族。

（一）末代播州土司杨应龙，隆庆六年（1572）接任。他与部属中的"五司七姓"的关系日益不和，走向了最终的决裂

反对杨应龙的所谓"五司"即黄平安抚司、草塘安抚司、白泥长官司、重安长官司、余庆长官司。隆庆三年（1569），杨应龙夺播州千户长官宋氏田庄，并害宋恩等十七命。万历十九年，杨应龙妻叔张时照与所部何恩、宋世臣等上变，告应龙反，五司七姓积极参与其中。④李化

---

① （明）李化龙：《平播全书》卷7《咨文》，《续修四库全书》，史部，第434册，第235页。
② （明）申时行：《明会典》卷16《户部》，《续修四库全书》，史部，第789册，第272页。
③ （清）张岱：《石匮书》卷218《杨应龙传》，《续修四库全书》，史部，第320册，第328页。
④ 《明史》卷312《土司传·四川土司二·播州宣慰司》。

龙在《平播善后事宜疏》中提到："有宣慰司同知罗氏，世有官号，与播并建者。罗氏与江外五司具疏改流挑怨速祸，至有今日之事。海内震动，流血千里。则诸司者，罪之魁也，故说者谓诸司宜以起衅绝之。第王道如天，罚宜从轻，赏宜从重，合将罗氏为新府土知事。"① 则可见杨应龙统治时期的独断肆横，导致其与副手播州宣慰同知罗氏家族并不和睦，故罗氏与江外五司土官皆具疏改流。此外，播州宣慰司所属之黄平、草塘、白泥、余庆、重安五司土官，凡承袭表笺须宣慰司印文乃达朝廷，杨应龙往往索贿无厌，此又是杨应龙与播州统治集团之五司土官产生矛盾的另一个重要原因，"衅端所由起"②。

所谓反对杨应龙的"七姓"，是指"五司"之外的其他势力，田、张、袁、卢、谭、罗、吴等大姓豪族。史载："七姓之民，应龙寄以腹心。藉应龙为奇货七姓又糜费金钱累万。久之，应龙觉其欺，乃稍稍收其权，遂交相仇怨。七姓叩阍鸣冤，且反噬龙矣。"③ 可见，"五司"与"七姓"势力皆为杨应龙部属，原来曾相互对立排斥，后来因反对杨应龙而联合到一起。

且杨应龙行事杀人如饴，顺之者生，逆之者死。朝方委用，暮即屠戮，谗言是听，人人自危。州民小有睚眦，辄行诛灭。万历十五年（1587），田氏又生一子，方弥月。正月十五日，妻兄田一鹏请杨应龙至家饮酒。是日，应龙与田氏在内室。适族弟杨继龙来，入户见应龙与田氏共语，闪而出户。应龙疑继龙与田氏有奸，竟立命杀之。且示田氏曰："尔私此夫，吾故戮之。"田氏惊泣曰："妾非张家，何例视我？"应龙已醉，益怒曰："尔为我不杀此淫奴，今效尤耶？"封刃付亲随黄元，立取杨应龙前妻张妇之首来。时张氏久嫁在杨胜龙家，已生二子。临被杀，号呼于母官氏："必索命，方瞑。"应龙闻此言，又将官氏碎剐，抽其肠，并奴婢郭氏、张受等臧获人等尽砍死。张氏之阖族哗曰："张、杨世婚，即罪不赦，犹当议宥，刭非辜乎？"张氏亲属欲赴诉上司，找明朝官员讨公道。杨应龙密遣人要截而杀之，于是张高等纠集

---

① 道光《遵义府志》卷31《土官》，第33册，第83页。
② （清）曹学佺：《蜀中广记》卷37《边防记第七》，文渊阁《四库全书》，第591册，第486页。
③ （清）曹学佺：《蜀中广记》卷37《边防记第七》，文渊阁《四库全书》，第591册，第486页。

"群怨应龙者"之彭年、杨溱、安抚罗承恩、目把何恩等,上奏明朝:"应龙杀死岳母、嫡妻等命,阉割民人为太监,夺占幼妇为绣女,杀死长官,抄投亲叔"等众多罪恶之事。上奏者为了防止杨应龙派人要截,共同商议:"吾辈赴恶于朝,恶耳目多,中易有阻。不若假五司印言兴学事,庶恶不疑。"于是弹劾杨应龙之奏疏遂得成功送达,时为万历十六年(1588)。① 《遵义府志》载:时播州长官司长官何恩曾愤杨应龙肆虐弃职,率七姓旧人宋世臣等赴阙上书请讨杨应龙,神宗命川黔两省会勘。② 《遵义府志》亦载:万历十七年草塘安抚司安抚使宋鸾之子宋世臣与何承恩、张时照诣川湖告杨应龙罪恶。③

明廷终于在万历十六年(1588)准行川、贵抚按官勘处,共计有万历十四年(1586)、万历十五年(1587)、万历十六年(1588)播州五司土官与杨应龙妻家张氏奏其不法事十一封状纸。④ 应龙闻之大怒。乘"奏民"未到省,将张高等五人、彭年等七人、叔祖杨溱、无干系之游僧三人,怒使人刃杀、杖毙之,甚至"妻子皆不留"⑤。时杨应龙派人以黄白千金行贿明朝官员以图免罪,至綦江,被何恩遮获以充军饷。⑥ 杨应龙深恨五司土官屡遭目把上奏己之罪状,不断残暴各司土官。他既疑七姓异己,乃暗结关外"生苗"为己羽翼。苗族"勇悍善摽夺",得应龙之招徕,遂大出劫掠邻境。贵阳下之六个卫所几乎无日不闻失事,商旅非结伴不敢行。苗兵所到之处,破邑堡、劫库藏,皆受应龙之指使。⑦

(二) 杨应龙继续欺凌仇家,不肯罢休,引火烧身

由于惧怕杨应龙报复,于是张时照等"奏民"以杨应龙前后犯法之事,于万历二十一年(1593)和万历二十二年(1594)奏于京师阙下喊冤。神宗征求地方大员的意见,四川巡抚王继先与贵州巡抚林道楠皆一意议剿。川疏先上,奉神宗圣旨:"着川兵剿播,贵州协助。罪在一

---

① (明)诸葛元声:《两朝平攘录》卷5《播上》,第189—190页。
② 道光《遵义府志》卷31《土官》,第33册,第84页。
③ 道光《遵义府志》卷31《土官》,第33册,第87页。
④ (明)王圻:《续文献通考》卷228,《杨应龙始末》,《四库全书存目丛书》子部,第189册,第338页。
⑤ (明)诸葛元声:《两朝平攘录》卷5《播上》,第190页。
⑥ 道光《遵义府志》卷31《土官》,第33册,第84页。
⑦ (明)诸葛元声:《两朝平攘录》卷5《播上》,第190页。

人，止擒杨应龙，不许贪功妄杀。"万历二十二年（1594）正月，王继先议进兵播州，目的是擒获杨应龙，反对杨应龙之五司七姓也出兵助剿。明军分为四路，四川三路，贵州一路。川东路大将总兵郭成，领兵三万，而以巡抚摽下游击丁光宇副之，监军道胡应辰。川南路参将王之翰，领兵一万，吴文杰佐之，播州反对杨应龙之五司出土兵各一千，监军道徐桓。川北路大将领兵一万，监军道杨光训。但计划中的贵州一路兵却不肯协同进剿，因贵州巡抚林道楠"憾川疏先发后揭报，而旨又特重川，故缓师东路"。后明军至白石"鬼崖"，为播兵诈降。为主力的川东路二万明军被杨应龙所指挥的苗兵几乎全数歼灭，其他路明军进展也不大。重庆官员闻报，行牌三路撤兵。所弃之物资，都被播兵烧抢殆尽。监军徐桓初议欲留一将协守黄平，徐俟再举，则反叛杨应龙之五司土官选卒助攻者方有所恃，不至为杨应龙随意侵凌鱼肉，而所积之粮饷又可供军用。但呈详抚台官员后，贵州按与抚怕此路兵后复有失，更加重自己的罪，故不肯听从该建议。① 这样一来五司七姓中反杨应龙之势力失去了保护，他们遭到了无情的报复和摧残。

杨应龙的儿子死重庆后，他更为加恨五司七姓之异己者。他到处密访"奏民"住处，有避在城堡者，有躲在关外苗户者，常被搜捉杀戮。闻风者抛家弃产，寄住外方，不敢复还本境。杨应龙又引兵临城逼讨，被围者几乎无一得脱。如目把袁鲁，投避泸州。播兵逼取，被缚送还。赤水里目袁年之父袁子升，逃往合江。万历二十五年（1597）内，杨应龙兵逼其城，城上人缒而与之。杨应龙执归，缚而割其肉炙之，令自食，然后磔其肉以食"诸苗"。尽掘各土官逃户坟墓，烧骨扬尘，行路之人都伤感堕泪。播州安抚罗承恩被穷追于偏桥，杨应龙得之即行磔杀。罗时丰等一门，皆为歼尽，惟宣慰同知土舍罗宠因远出从征明军之故而得幸免。万历二十六年（1598）春，杨应龙复遣从弟杨兆麟托献"皇木"，带五百苗兵入涪州，令缉杀"奏民"与白石用兵时异己部署参与助剿之人。所过要挟，鸡犬不宁，民皆逃窜。一二年间，播兵无日不扰地方。于是四川巡按王明以"土酋万骑杀毒内地"上奏明廷中央，兵科侯庆远以"狡酋恣横弄兵"上奏，皆请兵大征播州，时为万历二

① （明）诸葛元声：《两朝平攘录》卷5《播上》，第191页。

十六年（1598）。①

此时，应龙手下有黄七、孙时泰，对他建言："本州山河雄壮，兵食充盈。又得群苗为羽翼，据而用之以图大事，即公孙跃、尉佗自王，不足多也。今朝廷说动兵征剿也，只是虚名。太爷今只预备粮草，整饬险隘，将五司七姓仇家扫荡以绝祸根。又将海龙囤修理，坚壁重关，以为退步。就有几多兵马来也，无奈我何。左右归还，一个抚。"杨应龙认为此言有理，积极设置大小头目领兵管事，并连年招引"九股恶苗"及"红脚""黑脚"等苗族堪用者，招入本州充为目把。即以五司七姓逃亡仇家之田地赏之，本州田地不足，侵占湖贵四十八屯补充。杨应龙遣谢朝俸、赵仕登等杀掠江界、河水渡一十二寨。杨应龙又设虎牌传示，内书"统制赵仕登传谕，我主千岁太爷勒要各司归顺，否则必然削草除根"等语。时播州五司土官亲见此牌，无不胁息从命。惟雍水土官犹鹤不肯顺从，遂遭攻击。白泥副土官杨镇边首助杨应龙，引苗兵攻杀同僚杨以诚家，贻祸犹烈。时贵州巡抚林道楠已去任，代之者江东之。江东之以直谏有声望莅任，后播州"奏民"日聚数百，哀哭于江东之驻地喊冤求救。土官宋世孝、毛守爵日以"播酋逆谋彰著"上奏明廷，请明军据江防守，各愿率兵攻敌。杨应龙知之，加害五司中异己者愈甚。余庆、草堂二司土官甚至被逼迫得无存住之所，其妻子儿女奔窜黄平城中。至九月初旬，杨应龙探知新通判王三策往重庆，又引兵直犯黄平，勒要土官家属。操捕都司舒某恐杨应龙屠城，只得放出二司家眷，以至遭到残害，靡有孑遗。

不久，贵州巡抚江东之以失事被罢任，而起郭子章代之。明廷中朝议定："播酋狂逞益甚，宜遣一重臣。"即以四川巡抚准改总督衙门，兼制川、湖、贵三省，同心剿播。时谈播事官员意见尚纷纷不一。怕事之反对者说："播域四面天险，卒难底平。"而阁臣沈一贯与兵部尚书田乐力主大征道："此酋自戊子至今，为恶百端，五司七姓无辜悉被残害。虽经勘问两次，皆务姑息，只图完一勘合。抚不成抚，剿不成剿。养虎贻患，何以镇慑各司土酋坐异心者惩创矣？"②于是推用原任辽东巡抚李化龙，专敕总督川、贵、湖三省诸兵事。由于局势日迫，总督李

---

① （明）诸葛元声：《两朝平攘录》卷5《播上》，第193页。
② （明）诸葛元声：《两朝平攘录》卷5《播上》，第195页。

化龙于万历二十七年（1599）三月二十八起官，五月二十八到任。

当杨应龙攻占綦江后，总督李化龙知其无远略，就发遣一牌假意招谕杨应龙，以作缓兵之计。杨应龙初绝意于抚，见此牌虽不甚信，也以向来旧套，或可希冀再得招抚。于是撤兵回播，而以申文来"诉冤"，且索"奏民"和其子尸棺之类。杨应龙在申文内有"被房参将、张游击无故加兵，又隐七姓仇奴，又将差奏目把许文志等屠杀，不得已亲自会话。二官不分皂白出兵交战，并获何邦卿等耸惑揭帖，乞赐备达"等语。李化龙假意好言批复，杨应龙得此批复，以为明廷真有开豁免死之意，还差人在京行贿继续救解，遂迁延更不肯进兵重庆。此后李化龙还多次发牌票招抚杨应龙，以稳其心。杨应龙出兵綦江时，其妻田氏再三嘱取次子杨可栋之尸棺回葬。时有何邦卿者，是反对杨应龙的"奏民"之一。因赃罚未完，与杨可栋同系重庆，杨应龙欲得之而后甘心。七月，杨应龙又差人到重庆逼取二人。明朝官员经过李化龙同意后，优礼送还杨可栋之尸棺。"奏民"何邦卿也因惧怕杨应龙，而在监自缢，并归其尸于杨应龙处置。杨应龙夫妇为此感激，具文来谢。水西土官当时和杨应龙关系暧昧，杨应龙对水西土官安疆臣说："军门批我文书，意思甚好，我且待之。"故杨应龙虽时时入犯，虚声要挟，而竟不出主力攻击川蜀。各城始得保全，以待调兵之至。[1]

当李化龙准备完成后，于万历二十八年（1600）正月十五日率大小文武川省明军官兵大会于重庆府教场，作告天文誓师。其中曾云："逆贼杨应龙，枭獍为心，蛇蝎成性，藐国法如儿戏，刘民若草菅。以疑似杀妻，而并害其家。以残害殃民，而尽绝其世。同知原系寅僚，斩杀俾无遗种。五司原同手足，剿灭尽作荒坵。"当年二月大征播州之时，五司七姓也如往次一般派人从征，人数虽然有限，但颇得其为向导引路之力。[2] 如《遵义府志》就载：总督李化龙征播时，曾以播州长官司长官何恩为中军提调。李化龙又命其弟何殷为总兵刘綎所部向导，斩箐直入，师逼海龙屯。播平，何恩兄弟有功，颇为出力。[3]

宣慰使杨应龙是播州最高的长官，权力大于其他的土司，他在位期

---

[1] （明）诸葛元声：《两朝平攘录》卷5《播上》，第197页。
[2] （明）诸葛元声：《两朝平攘录》卷5《播上》，第204页。
[3] 道光《遵义府志》卷31《土官》，第33册，第84页。

间积极进京朝贡，服从中央的征调，深得中央的嘉奖，所以他在播州拥有较高的统治权力。位高权重的杨应龙剥削刁难五个长官司和由依赖转为结仇的七姓家族便是不可避免的事，在他的残酷压榨下，各土司联合攻讦杨应龙，杨氏内外矛盾不断激化。于是播州地区长时间的内部各司与杨应龙的矛盾，再加上地方官处置不当，最终导致了杨应龙之乱。在这场战争中，曾与播州杨氏结仇的水西安氏助战明廷对战争的胜负有着极其重要的意义，而播州宣慰司管辖下的小土司和目把也发挥了重要作用。得道多助，失道寡助，杨应龙注定了失败的结局。

（三）广大土司土民用自己的鲜血和生命维护国家统一

播州"末代土司"杨应龙与周边土司政权存在复杂的关系，除了播州土司与水西安氏土司、播州土司与石砫马氏土司的关系之外，永宁、酉阳土司等也与播州土司杨氏家族有着密切的政治联姻。"（万历）二十三年兵部侍郎余玠至蜀，发现永宁、酉阳皆应龙婚媾。"此外，贵州洪边宣慰宋承恩与杨应龙的关系也很密切，《平播全书·献俘疏》有云："宋承恩，酋长女婿，年二十二岁……二十五年，安疆臣争新贵县，实承恩从中鼓煽，冀合安杨之交，其谋狡矣。剿事起，承恩为酋诇事贵州，十日一报，行路知也。"在各民族上层贵族掌握政权的情况下，各族政权之间的关系主要取决于相互间的势力对比，为了各自的利益，他们时战时合，既有相互斗争的一面，又有友好妥协的一面。各土司为确保统治利益，形成了错综复杂的关系。杨应龙为了立足于西南地区土司之林的自身利益考虑，采取了不同手段，有意与周边土司搞好关系，其中包括政治联姻等。但在国家利益受到伤害的情况下，广大土司土民旗帜鲜明地站在国家一边，不惜与叛军兵刃相见。

播州土司杨氏家族与其部属中各派势力素称和睦共处，然而到杨应龙统治时期却与部属中"五司七姓"等势力反目成仇，这促成了末代播州土司杨应龙家族的灭亡。史载："应龙与诸司部落，前此皆安堵，无异志。"[①] 杨应龙与部属"五司七姓"等势力之前安定地生活，共同维护播州的安宁之后相互交恶，责任不全在杨应龙一人，也有"五司七姓"为争一己私利的因素在内。但是当杨应龙举起反叛中央的旗帜后，

---

① （清）曹学佺：《蜀中广记》卷37《边防记第七》，文渊阁《四库丛书》，第591册，第486页。

其他土司土目民土民纷纷加入了平叛行列,用自己的鲜血和生命维护国家统一。

发生在平播之役中龙泉一战表现了当地土司土民可歌可泣的家国故事。明万历二十七年(1599),杨应龙以部分兵力侵扰今贵州乌江、黄平等处,并亲率主力北上四川,攻陷今重庆綦江、赶水、南川一带。七月,杨应龙军队在马头山(今贵州省遵义市凤冈县龙泉镇柏梓村水天附近)、偏刀水(今凤冈县琊川镇)、都上坝(今凤冈县琊川镇大都)等处扎营,从三面包围了龙泉县城(今凤冈县)。为应付时局,总督李化龙在石阡府(今贵州石阡县)设一参将、务川(今贵州务川县)设一游击,各领兵三千,一方面为本城之防守,一方面为龙泉之声援。十一月,杨应龙的军队进驻马渡(今贵州省遵义市湄潭县永兴镇)、三跳(今凤冈县西山),距龙泉近在咫尺。十二月,播州数万骑兵和步兵分五路从锡落关(今湄潭县天城乡星联村锡落坪)、龙洞哨(今凤冈县何坝乡新花铺)、穿阡哨(今凤冈县何坝乡穿阡)、三跳哨(今凤冈县龙泉镇西山)、绥阳哨(今凤冈县绥阳镇)进攻龙泉及其周边关隘,明军节节败退,龙泉成为一座孤城。此时,驻扎在龙泉的思石守备杨惟中所率明军只有两千人,龙泉司长官安民志所领土兵乡勇也仅有五百人,总计不到三千人的兵力守卫龙泉孤城。就在此时,杨惟中动起了小脑筋,开始为自己盘算,将家眷送往思南府附近的鹦鹉溪(今思南县鹦鹉溪镇)潮底河避住。十二月下旬,播州大军在土缺河(今凤冈县城土桥河)与明军交战数个回合,未能取胜,便不敢贸然攻打龙泉。万历二十八年(1600)正月初四,杨惟中留下把总李君宝协同安民志守卫龙泉,自称到思南去见思仁道布政司左参政和思石兵巡道副使等上官,领本部兵马退走思南鹦鹉溪潮底河,与其家眷相聚。播军见驻守龙泉的明军大部撤退,便乘虚突破土缺河防线,攻打龙泉司。此时驻守龙泉的兵力仅有数百步兵,在播州军队的猛攻之下,安民志及所率将士全部阵亡,杨应龙的军队还将龙泉司放火烧毁。相传,龙泉大火烧了三天三夜,全城尽为焦土,城内唯一留存的是一棵银杏与城北边的一棵紫薇。① 龙泉之役,时任龙泉司应袭土舍的安养极有这样的描述:"本月初五日,逆酋

---

① 王珺偲:《平播战争中的龙泉长官司》,薛维主编:《凤冈历史微澜》,中国文史出版社 2016 年版,第 65 页。

杨应龙统兵数万,五道并出,有叔土官安民志亲领募兵五百出战,因众寡不敌,追围城内,将司治并印信、民志围困数匝,绑去吏目刘玉銮并妻、媳、子杀死讫。一切杀虏,俱不忍言等情。"① 由此可见龙泉之役的惨烈和残酷。土司安志民及土民等誓死守卫龙泉城、维护国家统一的壮举值得我们永远铭记。

播州地区改土设流之后,明朝廷除了派以重兵对播州土司威压之外,也对原有土司头目做了适当安排以示安抚,避免战乱的再次发生。如对于平播有功的土司升官,而对于投降的土司则念在其"返邪归正"的份上量授冠带。通过这些措施稳定了原播州地区的局势,在一定程度上也安抚了当地民众的情绪,使得播州地区在战火硝烟后可以在一个相对稳定的社会状况下继续发展,为战后播州地区经济和文化的发展提供了稳定的社会环境。

二 改土归流：播州国家认同的加强

万历二十七年（1599）,杨应龙打着"擒王剿叛"的旗号,公开叛乱。明朝急调李化龙前往镇压,并给予李化龙总督四川、湖广、贵州三省军事大权,"赐化龙剑,假便宜讨贼"②。经过几个月的调兵遣将,从陕西、甘肃、浙江、湖广、云南等省征调的军队不断开往川贵,加上川、贵二省本身的兵力,共计二十余万。明朝采取的是大征,"师如游龙",如"泰山压卵"。万历二十八年（1600）二月十二日,兵分八路进攻杨应龙。明军占綦江、南川等；攻陷乌江、兴隆等；破娄山关。杨应龙只得退守海龙屯,六月六日,明军攻下海龙屯,杨应龙与爱妾自焚而死,子杨朝栋及弟杨世龙等人多被俘。震惊全国的"平播之役"是神宗执政时期爆发的大规模血战,属"万历三大征"之一,自明军大规模进攻始共历时114天,明军伤亡4万余人,以巨大的代价取得了战争的胜利。万历二十九年（1601）,明朝在播州实行"改土归流",将播州分设遵义、平越两个军民府,分属川黔,派流官进行治理,杨氏土司随着平播战争的失败而灰飞烟灭。明王朝的征剿政策,也很大程度上给当地民族

---

① （明）李化龙：《平播全书》卷3《查参失守龙泉司官疏》,《续修四库全书》,史部,第434册,第333页。
② 《明史》卷228《李化龙传》,中华书局2000年版,第3991页。

带来了灾难。这样一种惨境下，生产恢复艰难。诚然，万历二十八年（1600）平定播州宣慰使杨应龙叛乱后，设流官治播，在全国改土归流中是较突出的事件，它加强了明王朝对西南地区的统治，促进了日后播州经济文化的发展，这就是历史的辩证法。

（一）教训与启示

清代诗人赵翼凭吊海龙屯古战场，叹曰"国余暮气兵犹动，地欲华风贼自焚"[①]。诗人谈到的一方穷兵黩武，不惜劳民伤财大征播州；另一方不惜豁出家族声誉乃至身家性命决一死战。平播之役，本来可以用政治手段解决的问题却付之战争解决，双方损失惨重，为我们留下了深刻的教训与启示。

自唐末杨端入播，传27代三十世，至末代杨应龙败亡，历725年。尽管七世贵迁之前的历史属于传说时代，尚需要进一步考察。但其持续之久，传承之长，这在西南地区史上，确是一个奇迹。在其漫长的历史进程中，杨氏占据播州这块广大的沃土，地区经济社会为发展做出了不少的努力，特别是在两宋时，极力传播汉文化，发展经济，造就了一个经济与文化的盛世。至元明之际，又把文化推向新的发展阶段。杨氏30世土官，其中十五任土司创造的地方经济文化强盛，保持了几个世纪的地方和平稳定，应实事求是予以肯定。

传至第三十世杨应龙，这个历世漫长的庞大家族一朝覆灭，不能不说是一个历史悲剧，杨氏土司的历史就此终结。究其败亡之因，作为朝廷委以重任的地方最高长官杨应龙负有直接责任。他我行我素，肆无忌惮，戕害百姓，不仁不义的行为，激起所辖属官和土民的共愤。不仅不体恤其属下官员，欺辱剥夺诸土司，导致"五司七姓"包括亲属纷纷上告，声闻朝廷。还有川黔地方巡抚大员，不断上疏，要求改流或者惩治。中央朝廷开始并无置杨应龙于死的意图，在宽大处理后，假如杨应龙甘心认罪，并有所悔改，事情还有挽回的余地。但他错失机会，释放回播后，残酷打击报复上告的人，变本加厉，不停地制造血案，还攻城略地，致使地方动乱不已，朝廷不再容忍，才决策讨伐，以武力镇压。当然，朝廷上下，特别是川黔官方态度不一，处置不当，在一定程度上也激化了矛盾。回顾事情

[①] 黄润蓬等：《贵州旅游诗词选》，贵州人民出版社2006年版，第197页。

之原委，从一定意义上说，杨应龙是被众人告倒的。换言之，他的暴行激起辖境各阶层人民的激烈反抗而走向败亡。对于明朝而言，杨氏土司不法，残害地方，予以追究，是完全必要的。杨应龙不知悔改，进而激化矛盾，兴兵为乱，不仅破坏了南疆的安宁，也破坏了国家的统一。因此，杨应龙之行为属非正义，既不是为民请命，也不是反抗明朝的腐朽统治，完全是为争个人或杨氏私利而掀起的政治动乱。明廷出动大军予以镇压，意在维护西南的安定，维护明王朝在西南地区的国家领土的完整与国家主权的统一。尽管明朝举措多有失当，但大方向是正确的。

从根本上说，杨应龙之反，源于土司制度的致命弊端。土司制名义上隶属中央王朝管辖，实际上形同独立王国，实为割据，土司世袭，一姓相传。所辖之境，完全属于土司酋长所有，他是当地的绝对权威，对土地和人民具有完全的支配权。他有自己的军队，有发动战争的能量，实际成为播州的土皇帝。其个人修养和政治品质在关键时候决定其对中央向背，最具典型意义事例之一就是贵州宣慰司彝族土司奢香夫人智斗马晔。洪武十四年，朝廷派驻贵州的都督马晔急功近利，"欲灭诸罗，代以流官，故以事挞香，激为兵端"①。奢香属下四十八部头人，早已恨透马晔对彝族的盘剥和欺辱，得知奢香受辱，群情激奋，立即聚集土兵准备报复马晔，战事迫在眉睫。但是奢香忍辱负重、深明大义，当众揭露了马晔逼反的用心，制止了一场殃及水西彝族百姓的战祸。奢香在暗中委托水东首领宋钦妻子刘淑贞走诉京师，"帝即召问，命淑贞归，招香，赐以绮钞"②。（洪武）十七年，奢香奔赴京师，向朱元璋面诉马晔激变彝人的真相。"且愿效力开西鄙，世世保境。帝悦，赐香锦绮、珠翠、如意冠、金环、袭衣，而召晔还，罪之"③，马晔召回京治罪，奢香回到贵州。属下无不感服朝廷的威德，在奢香带领下开山凿险、立龙场九驿，打通了与川、滇的通道，为明朝稳定云贵做出很大贡献。

在西南地区，少数民族土司与汉族官员的冲突是长期的、普遍的，遭受汉族官员误解、压迫、诬告甚至打击的情况也是常态的。为什么同为贵州土司，奢香夫人选择政治途径或者法律途径，到京城向朱元璋告状，成

---

① 《明史》卷316《土司传·贵州土司》，第27册，第8169页。
② 《明史》卷316《土司传·贵州土司》，第8169页。
③ 《明史》卷316《土司传·贵州土司》，第8169页。

功为自己申冤,并且强化了和中央政权的关系,缓解了与汉族官员的矛盾;而杨应龙选择极端的军事对抗,最终导致整个家族"崩盘"。是主要领导的性格问题?还是政治觉悟问题?① 我们看到,凡土司境内所行社会制度大多处于农奴制阶段,甚至个别的还处于奴隶制。在这种制度下,土司个人极易变异,不时与中央王朝分庭抗衡。一句话,没有制度和法律约束,一些土司很容易与中央王朝背道而驰,矛盾与冲突不可避免。杨应龙之乱,不过是这一矛盾冲突的一个典型案例。可见,改土归流是历史之必然,中央与内地一体化治理才是确保地方长治久安的唯一途径。

从杨应龙之乱,到明朝动用武力,消灭了雄踞一方的土司,是一重大历史事件,具有启发与借鉴的价值。

从杨应龙方面说,在地方,一是当为地方造福,还是为害一方?二是与中央王朝的关系,是始终与中央王朝保持一致,还是自恃实力不时地与之分庭抗礼?如果为正义而抗击中央王朝之暴政,就是顺应民意之义举,即便失败了,也必将名垂青史;杨应龙之历代前辈,之所以长久占据播州而不变,王朝更替,惟杨氏不替,就是与所历王朝的关系保持一致,故能得以"世爵"其土,杨应龙背离祖上一代又一代的政治传统,招来杀身灭族之祸。

杨应龙土司的覆灭,还昭示一个真理:经邦立政,在于典谟,在于教化,毁文化即为败亡之道。杨氏家传十训,本质和表现都是文化。杨应龙背离家训,亦即背离了文化,轻贱文人,禁锢文教。平播主将李化龙在其《播地善后事宜疏》中写道:"播故有学,宋元世,俊茂朋兴,如冉从周、尤道明、白镇之流,具登进士,蜚声上国。自逆龙禁锢文字,寇仇儒生,……盖坑儒焚书,以愚黔首。"② 到其后期,简直是穷兵黩武。其结果,隳先德,终丧其宗祀。

最重要的一个教训是,作为中央王朝应当志在维护国家的领土完整与主权的统一。当发生动乱,严重危害国家的根本利益时,就必须解决。明朝平播之时,尽管明已衰落,财政告紧。但在平播这个问题上,以明神宗为首的明朝廷态度坚决,不惜代价,采取"师如游龙""泰山压卵"之

---

① 汪建初:《海龙屯的历史价值对当代治国理政的启示》,《土司制度与土司文化新论》,中央民族大学出版社 2016 年版,第 358 页。

② (明)李化龙:《平播全书》,《续修四库全书》,史部,第 434 册,第 491 页。

"大征"① 进行镇压，动用多达 20 多万的军队，筹措军费 449 万余两②，保证了此次军事行动的胜利。仅从此事，便使我们认识到，维护国家主权，维护统一，在任何时候，都不可轻视，更不可掉以轻心。我们肯定明朝平播战争的正义性，对神宗对此事件的决策和决心，也应给予肯定。对于中央王朝而言，如果根据民族地区的特点采取适可的"雕剿"（擒王）政策更是明智之举，既可以避免劳民伤财，又不毁灭地方民族文化，还有利于统一多民族国家的长期繁荣稳定。

（二）改土归流的意义

平定播州之乱，大大树立了明朝在西南少数民族地区的权威，同时也震慑了其他的"蛮夷"地区，播州末代土司杨应龙的覆灭就是最好的例证。土司若对中央王朝采取积极认同态度、遵守法纪、履行义务，带来的就是家族的荣华富贵与民族地区的繁荣和谐；而土司与中央王朝的日益背离、目无法纪、肆意扩张，就会带来民族地区的混乱动荡与家族的灭顶之灾。平播之役加强了明朝对该地区的管辖，为西南地区经济的开发和边疆的稳定有着积极的意义和作用。

明朝用战争摧毁了杨氏土司，终结了杨氏在播州的世袭统治，同时，也摧毁了落后的社会制度，无疑把该地区经济社会推向进步。战后，明朝顺应历史发展趋势，废除土司，改任流官，改播州为府县制，实行内地的管理体制，无疑是件大好事，体现了历史的进步。

改土归流使得播州地区在政治上成为中央的直接控制地区，在经济上地主经济取代领主经济，促进社会经济的发展。在土司统治之下，土司的意愿和家法就是法律，人民没有人身自由，就连自己的生命都不能保障，土司可以任意欺凌虐杀其统治之下的人民。土司可以"夺其牛马，夺其子女，生杀任情，土民受其鱼肉，敢怒而不敢言"③。平播之役之后，土司制度的覆灭，人民摆脱了对土司的人身依附关系，实现了从土民到国民的身份转变，是社会的一个进步，也在一定程度上推动了社会经济的发展。

---

① 许立坤：《浅论明代对少数民族的军事政策》，《广西社会主义学院学报》2000 年第 2 期，第 35 页。
② 刘利平：《"播州之役"军费考》，《中国边疆史地研究》2012 年第 3 期。
③ 中国历史第一档案馆编：《雍正朝汉文谕旨汇编》第 1 册，广西师范大学出版社 1999 年版，第 79 页。

驿道和交通设施的逐步完善，不仅为播州经济带来新的机遇，也为文化的发展带来新的契机。

遵义府建立后，经历了明清朝代更替的战乱，但自康熙至晚清咸同大起义爆发之前，虽偶有战乱，大体却呈现和平的趋势，获得了大约两百年相对安定的和平发展时期，这对于遵义经济文化的重现生机，到清中叶发展成为贵州经济文化的先行区和核心区起着至关重要的作用。

总之，改土归流更促进了播州社会的进步，加快了与内地一体化的历史进程，使播州广大民众的国家认同感更为强烈。

结语　从播州土司看西南土司地区的国家认同

播州土司文化与中国古代国家认同研究，主要是研究播州土司地区的"中国认同"或者"中原认同"，换言之，就是他们对自身属于"中国"或者"中原王朝"的认知，并产生强烈持久的情感，由此自觉地去维护中原王朝的利益。这是一个重要的历史学术问题，其意义在于科学地阐明西南边疆土司地区各民族内向凝聚于中国的历史进程，以及中国边疆与内地逐渐融为一体的必由之路。通过探讨播州土司文化的特点及与国家认同的关系，厘清杨氏家族覆灭的历程以及影响杨氏土司国家认同的原因和教训。播州土司地区的国家认同在西南土司地区极富代表性。结语将探讨两个问题，一是播州土司国家认同的特点，二是西南土司地区的国家认同。旨在从个体到共性的规律性加以探讨。

一　播州土司国家认同的特点

明万历二十八年（1600），朝廷发动了平定播州土司杨应龙的战争，传续了725年30世的播州土司杨氏家族灰飞烟灭。此事件为"万历三大征"之一，史称"平播之役"。就明代而言，杨氏土司之覆灭，也是一个重大的历史事件，在西南地区震动巨大，影响深远。纵观杨氏领播历史，大多数时间对历代中央王朝尽臣节，为维护西南边疆统一做出了贡献；末代土司杨应龙叛乱的原因主要是土司制度固有的弊端和杨应龙个人因素以及中央和地方官处置失当所致。

（一）杨氏家族在应龙反叛前与朝廷共进退

播州山川险峻，地联云贵川三省，具有重要战略地位。尽管远离中原农耕区，但这里有优越的自然条件。既广泛分布被称为"坝子"的山间盆地，土地肥沃、农业发达；又有适合放牧的高山草甸；矿藏丰富，冶炼技术发达。经济发达、富饶的程度，在明代贵州位居第一。成为名副其实的"杨氏独立王国"。

唐中叶以前，播州地区都被历朝所设郡县管辖，为唐朝正州。同时还保留当地部落酋长的特权，与官派的官员共治地方。该地区与中原相距遥远，生产力发展缓慢。唐中叶，播州发生民族关系及政治大变动，杨氏入播州之事也正当此时。

安史之乱后，唐由盛转衰，势力向北收缩，对西南夷的控制大为减弱。其中一些实力较强的部落酋长纷纷割据自立。代宗大历五年（770），播州僚人"反叛"，川地泸州僚族酋长罗荣率部平定了播州之乱。史载："唐大历中，夜郎叛，命（罗）荣帅师南征，剿抚并用，蛮方永靖。朝廷遂即其地分封，命世候播土。"① 这里说，罗荣是奉朝廷之命平息叛乱，当事平之后，朝廷即以播州封赐，并许其子孙世代承袭。在此之前，历朝只设郡县管理，并未设为封地，自罗氏始，将播州封为罗氏之领地。可以肯定，盛行于元、明时期的播州土司制度，当肇始于此。这种管理体制的模式是：在内部，罗氏是本部落的世袭统治者；在外部，它是王朝的臣子，认同土地是王朝的一部分。后来，杨氏土司即由此种模式继续统治。

在罗氏入播州时，西南地区动荡，民族纷争日趋激烈。一方面，活动于今毕节及贵阳地区的水（鸭池河）西"罗闽"人即彝人，其势力逐渐强大；而居住在播州一带的僚人也发展起来，双方时有争战。另一方面，崛起于滇西北的南诏乘唐衰大肆向东扩张。既与唐战事不断，"再入安南、邕管，一破黔州，四盗西川"②。其时，水西"罗闽"人则借同族属的南诏之力，乘机攻占了播州。大中十三年（859），南诏攻陷播州，第二年即咸通元年（860），被官军收复。不久，官军撤走，播州又被南诏水西罗闽人占据。

罗氏从唐大历年间入播，已四传至罗太汪。当南诏攻贵州时，"罗闽"人趁势攻占了播州，将"少而孤"的罗太汪逐走。罗太汪被逐，无处立足，被迫返回其先人在四川泸州的故地，依附其本族叔祖避难，罗太汪不甘心失去先祖之封地，图谋东山再起。于是，他向同族杨端乞援，助

---

① 道光《遵义府志》卷31《土官》，第33册，第81页。此志所记罗氏土官入播故事主要参考清康熙《罗氏族谱》。于史无证，存疑待考。
② 《新唐书》卷147中《南蛮传中》，第6292页。

其收复播州。杨端入播就是在这一背景下出现的。

杨端为赤水河流域叙永以东，即合江、泸县南境一带僚族的土酋。与当地各部落、部族的实力相比，惟杨氏的势力最强。故罗太汪请援，杨端应允前往。

唐乾符三年（876），杨端起兵。共率八姓族人之兵，由太汪领路，自泸州出发，迳入白锦（今遵义县南白），联合土豪庚、蒋、黄之族，一举打败了罗闽人和僚人，占领播州[1]。杨端占领播州后，并未把权力交还给罗氏，按事前达成的协定，他即成为播州的新酋首，罗氏的统治亦告结束，只能坐第二把交椅。自此，杨氏取代了罗氏世袭此地，其子孙世袭其地长达725年。

杨氏入播20年后，唐朝亡，进入五代的混乱时期。播州并非风平浪静，杨端子孙遭遇了敌对族群和当地僚人不断地进攻。结果皆被杨氏一一予以平定。杨氏与其他敌对势力经过长时间的争斗，在播州的统治日趋稳定，并逐渐扩大领地。据《宋史·蛮夷传》和《宋史·地理志》载，至宋徽宗大观二年（1108），杨氏主动"纳土"表示臣属宋朝，即得到宋朝承认，诏建播州、遵义军与遵义县。虽设羁縻州县，杨氏仍掌握实际统治权。宋神宗时，封杨氏七世杨光震为从义郎、沿边都巡检使。宋代播州辖境较唐代播州明显扩大。唐时，播州人口稀少，总计户不满500，人口不过2000余。[2] 宋时，户数已达万余，人口约四万左右。播州已是两宋时期川贵势力最大的羁縻州之一。

南宋，杨氏效忠宋王朝，朝廷不断给予封赏，杨氏始终与中央朝廷保持紧密关系，杨氏在播州的统治更加巩固，播州地区的社会也进入发展时期。

南宋初，杨氏治播已历十余代，传至十一世杨选，官封武经郎，始兴文教。其子杨轸袭土官职，其弟杨轼"留意艺文"。十三代杨粲袭职，受封沿边安抚使。他"喜儒而好礼"，建学宫，提倡儒家学说，大量养士，风俗大变，"俨然与中土文物同"[3]。他当政40余年，文化与经济同发展，史称"播州盛世"。他制《家训十条》，刻于石上，务使

---

[1] 贵州省遵义县县志编纂委员会编：《遵义县志》，贵州人民出版社1992年版，第1196页。
[2] 《新唐书》卷41《地理五》，第1075页。
[3] 遵义市文化局编：《遵义地区文物志》，1984年，第58页。

后世子孙牢记并实践家训。事实表明，他的子孙忠实守训，故能保持杨氏统治播州长久不衰。

在杨氏治播的漫长的历史进程中，从杨选，经杨轸、杨轼，至杨粲，再传其子杨价，共四世五代，是杨氏治播史最重要的历史时期，清道光年间郑珍、莫有芝在《遵义府志》给出了公允的评价：

> 遵义自晋以后，经六代不见天日。隋末唐初，开山峒，招豪长，始稍稍木刊棘剪矣。……杨氏遂取之南诏，出五代之乱以入于宋。据宋文献（宪）《杨氏家传》，南渡以前，上下州不相能。闽罗诸蛮僚世世构杀，亦不暇修文矣。（杨）选始嗜读书，岁致四方贤士以十百计。轼留意艺文，由是蛮荒子弟多读书、攻文字，土俗大变。至粲，乃建学养士。价乃以取播士请于朝，而每岁贡三人。然则天荒之破，杨氏之功也。①

这一段文字，展示了南宋播州的文化之盛，可以看作是对元以前杨氏治播的历史回顾与总结。任何制度，绝不是孤立存在的。土司制度之创立，有其渊源。其前身就是元朝的土官制度。从元朝始，改变历朝在西南少数民族地区的羁縻制统治政策，实行土官制度。杨氏第十六代杨邦宪接受元之"招抚"，即"遣使纳款"，臣服元朝，世祖授邦宪为宣慰使。

至明代，沿袭元朝土官制度，并自此基础上臻于完善，土司制度建立。太祖洪武五年（1372），杨氏第二十一代杨铿、同知罗琛、总管何婴、蛮夷总管郑瑚等相率归顺明朝，太祖赏赐金牌、银印、铜章、衣币等物，铿仍领播州宣慰使，铿、琛皆仍旧职，杨氏家族继续统治播州。据《明史》载："（洪武）七年，中书省奏：播州土地既入版图，当收其贡赋，岁纳粮两千五百石为军储。帝以其率先来归，田税随所入，不必以额。"② 以示对播州土司的重视和照顾。

土司制和羁縻制相比多有相同相似之处，但是土司制度是在羁縻制度的基础上推行的新的管理体制。两种体制下的少数民族族群首领都被

---

① 道光《遵义府志》卷32《选举》，第33册，第91页。
② 《明史》卷312《土司传·四川土司》，第8040页。

朝廷授予相应的职衔，有的因军功或者纳贡周到而被提升或者授予荣誉称号，如元代时第十七世杨汉英、第二十世杨元鼎都被赐予"侍卫亲军都指挥使"，以示荣宠。土司世代承袭，但是按规定必奏报朝廷批准。两种制度的差异在于，羁縻制下的"首领"有更多的自主权，其内部事务，朝廷一般不予过问；土司制度下"首领"则受到朝廷更多的约束，对朝廷承担更多的责任和义务。明朝进一步完善土司制度，诸如土司的官职、承袭、品阶、员额、赋税、进贡、征调、差役、守土、奖惩等，都做了明确而具体地规定。

截至第三十世杨应龙叛前，在元明土司制度下，历代杨氏土司为中央王朝"附辑诸蛮，谨守疆土"，播州社会"绥宁"。明初播州宣慰司领安抚司二，即黄平、草塘，长官司六，即真州、播州、余庆、白泥、容山、重安。据杨氏太平庄大水田之《万世永赖》碑载：播州杨氏之领地："上齐乌江，下至重庆，左抵合江、泸州，右齐湖广柳扬、石柱。"① 故而，元明之世有"思播田杨，两广岑黄"之谚语，言土司之巨者，为思州之田氏、播州之杨氏土司，两广的岑氏、黄氏两大土司家族，又以播州杨氏为最巨。②

杨氏自唐末入播，历五代、两宋、元而入明，王朝不断更替，惟其杨氏治播不替不变，至明万历中，杨氏已传至第三十代杨应龙。就是在杨应龙这一代，杨氏世袭播州的历史走到了尽头，就此永远地画上了句号。

播州杨氏土司，历时之久，影响之大，在西南地区少数民族的土司中，罕有可比者。杨氏之长久存续，并非制度如何优越。关键的因素，还是人为的作用，主导着杨氏治播历久不衰。

翻开杨氏在播州的历史记录，迄今我们尚未发现杨氏土司与当朝之中央发生对抗之事，更没看到杨氏叛乱的记录。特别值得注意的是，每当王朝更迭之时，杨氏传人不再为已亡的旧王朝效命，很快投入新王朝的怀抱。新朝为笼络少数民族地区豪族首领，及时授予职衔，又不吝封赏，荣宠有加，双方表示确立了新的认同关系、新的君臣关系。如杨氏第十六代邦宪尽管对宋朝依依不舍，无奈大势已去，只得归附元朝，时

---

① 贵州省遵义县县志编纂委员会编：《遵义县志》，贵州人民出版社1992年版，第1166页。
② 谭其骧：《播州杨保考》，《贵州民族学院学报》1982年第1期，第1页。

称："本族自唐至宋，世守此土，将五百年，今愿纳土内附。"① 元世祖忽必烈即降玺书，授职绍庆、珍州、南平等处沿边宣慰使。可见，每当王朝更替的关头，杨氏传人总是顺应历史发展的趋势，无条件地臣服于新朝。杨氏代代传人政治上的明智选择，是其历久而不败的一个重要原因。

杨氏自南宋以来，世世隆孝道、尽臣节。在元朝历六世，入明朝历十世皆如此，直至杨应龙叛。在明代约200年中，杨氏传人恪守"家训"，忠实于明廷，按规定纳赋朝贡，屡应征调赴疆场，"以靖民患"，这是杨氏传人"尽臣节"的表现。据《明实录》统计，从第二十一任土司杨铿为开始，至二十九任杨应龙，共向明廷朝贡137次，其中宣慰使亲自赴京朝贡52次。其中，叛逆前的杨应龙也是长期为朝廷尽心效劳，他为朝廷多次征战。万历元年（1573）到十六年（1587），朝贡11次，其中自己亲自赴京5次。进贡的"方物"，不仅数量极多，还多属名贵特产，如战马、楠木等。除此，还有其他名义的额外进贡。在地方发生战乱时，杨氏传人会毫不犹豫地听从朝廷调遣，出兵征战，功勋屡建。明代杨氏几代都有征剿诸"叛寇"的记载。明代朝廷先后调播州军镇压"当科、葛雍十二寨蛮人"、谷撒等"十一寨蛮"、"度江诸苗黄龙、韦保"、"凯口烂王苗"、"米鲁"叛等。

杨氏传人文化素养高，读书明理，深谙事君之道，为臣之礼。杨汉英为先祖杨粲撰写《忠烈庙碑》，要求后世子孙："承家事君"，要做到二个字："曰忠曰勤"。这与杨粲所制《家训十条》一脉相承。以忠、以孝、以勤传家，故能使其多数后人能安其位，与朝廷共进退。

"尽臣节"已成杨氏土司的政治传统，代代恪守，极少发生君臣不和之状。杨氏传人对朝廷的忠诚，实则也保护其家族在播州统治地位传承。

（二）播州土司文化与国家认同的特点

"播州土司文化"就是指播州在土司制度的产生、发展和变化的历史发展过程中出现的历史文化现象。它包括三种形式，第一，物质文化，指体现播州土司地区的思想观念的东西，如屯堡、庄园、居止、交通、墓葬等；第二，精神文化，指播州土司的思想、信仰、艺文、风尚等，这是最具特色的地域文化；第三，制度文化，指社会制度与行为规

---

① 道光《遵义府志》卷31《土官》，第33册，第67页。

范，播州土司制度文化包含朝廷在播州地区采取的统治制度和播州土司内部自行颁布的土法土令条文，如土司家族内部约束条文、土地政策、土兵制度、教育制度、民间习惯法规、赋役制等等。土司制度对西南各民族产生过很大的影响，自元朝以来西南各民族历史无不与土司制度有着密切的联系。播州也不例外，杨氏统治的兴衰是随着土司制度的出现、发展、衰落而发生变化。汉文化主要是儒家文化对播州社会的影响很大，这在播州传世文献和墓志资料内容有较多反映，表达了播州土司文化认同心理倾向，反映了播州土司精英分子接受汉文化、不断提升自身儒学修养、自觉融入中华主流文化圈的诉求。此外，还有道家文化及中国化的佛教文化的影响。在此影响之下，播州文化特别是宗教信仰、丧葬婚姻风俗等诸方面表现出对主流文化认同的趋势。这种文化是国家认同的基础。表现出山地农耕文化特征，多彩民族文化特征，儒释道巫共存的多样性特征，具有国家认同时代性特征。

土司制度，在一定的历史时期有利于多民族的交流与融合，促进了国家在多元格局下的进一步统一。土司的国家认同主要表现在土司推行承袭制度、科举制度、征调制度、贡赋制度等方面，王朝认同是国家认同的前提，文化的认同是国家认同的基础，所以解读土司家族和土司制度绵延久长的原因，就绕不开对土司制度的剖析和土司文化的解读。播州土司作为播州地区少数民族首领与民族地区代表，以自身统治利益的获取和保护为出发点，在与王朝的利益博弈中，其国家认同特点突出表现在：一是受汉文化影响较深，认同亲附华夏民族；二是元明以来播州土司具有十分重要的影响，以统治时间长、汉化程度深、军事力量强盛而著称西南，曾为稳定西南少数民族地区社会安定、维护国家统治、发展社会生产做出了贡献。播州土司国家认同充分体现了土司制度的相对独立性及其与华夏核心的一体性，传承实践国家的制度文明的坚定性；三是拱卫国家社稷和与王朝共进退，每当王朝更替的关头，杨氏传人总是识时务，懂进退，与时俱进。与新王朝确定了君臣关系后，杨氏坚守臣节，与新王朝相伴始终，这是播州土司历久不败的一个关键。

土司制度在一定的历史时期有利于多民族的交流与融合，促进了国家在多元格局下的进一步统一。以问题为导向深入播州土司这个典型案例，可以为历史上中华多民族国家逐步走向统一的过程提供一个生动的历史佐证和借鉴。

二 论土司地区的国家认同

土司地区的国家认同与其他民族地区的情况不尽相同，有其自身的特点。土司制度的推行，成为土司地区国家认同的有利条件，它使长期游离于多民族大家庭之外，身处"化外"之区的民族纳入中央政府的行政管理体系内，进入多民族共同体中。土司地区国家认同的实质则是这些民族融入大一统中华民族的进程，与这一过程同步的是土司地区的进步与发展。土司地区国家认同的条件是王朝认同，认同的基础是文化认同；认同的方式是中央王朝与土司地区的双向选择，互相认同；认同的过程是渐进式的，从自在到自觉，从模糊到清晰。土司制度推行时期，土司地区的国家认同超过了以往任何一个时期。

（一）土司地区国家认同的条件

土司地区的国家认同，与其他少数民族地区的国家认同情况不尽相同，而有其自身的特点，这就是土司制度的推行，成为这一地区国家认同的先决条件，这是有别于其他少数民族地区的一个重要条件。

元朝开始的土司制度，其推行的区域主要分布在西南及中南地区，特别是西南广大地区。这里一直是少数民族聚居的地区，早在两千多年前，从秦汉把这一带列入郡治的行政区划起，即已成为中国不可分割的组成部分。但是，长期以来，边远地区与内地的发展极不平衡，中原文化在这里并没有得到一体化的发展，被历代统治者视为"化外"之区。而且这些被列为"化外"的少数民族大多自为君长，各据一方，且"皆不知正朔"[①]。他们实际上是游离于大一统中国之外，而处于相对封闭的状态中。他们大多对历代中央王朝几乎没有了解和接触，更谈不上什么认同感。

随着历代统治者对西南少数民族地区治理的加强，西南各民族也便开始了从"化外"向内属过渡的漫长历程。土司制度的出现正是在以往羁縻政策上的发展，是西南各民族从"化外"到内属的重要过渡阶段。土司制度是一种地方行政管理制度，且纳入中央政府的管理体系。

---

① （清）鄂尔泰等修，靖道谟、杜诠纂：乾隆《贵州通志》卷7《苗蛮》，《中国地方志集成·贵州府县志辑》，巴蜀书社2006年版，第4册，第126页。

土司制度的实质是中央政府通过土官/土司作为代理人对少数民族进行管理，达到对这一地区实行有效统治的目的，从而将西南少数民族地区纳入中央政府行政管理体系之中。"土司制度创造性地构筑了一种区域社会新的管理模式"①，也就是说，在行省之内采取了两种管理模式，一种是由朝廷派官员直接管理的府州县制，另一种是由土司"自治"的地区（如宣慰司、宣抚司、土府、土县等）。二者均须接受行省长官的监督与约束。这种双轨制适应了当时的历史条件，以及西南少数民族的实际情况。一般设土司之地，大多是不宜派流官治理，因而通过"因俗而治"的方式，可以收到"齐政修教"的更好效果。

土司制度与以往历朝推行的羁縻政策有着根本的不同。羁縻政策，多是针对"德不能及，威不能加"的地区和民族，"是故羁縻而绥抚之，附则受而不逆，叛则弃而不追"②。实际上对边疆少数民族地区实行的是一种消极的自治。土司制度则不同，它完全纳入地方行政管理体系中，实行严格的监控、管理与考核，如土司的授职、承袭、贡赋、征调、奖惩等都有严格的规定，而且不论发生任何情况（如土司抗命，各土司间争土夺杀，土司族属内讧等），土司辖地隶属于行省内的属性是不会改变的。所以说，土司制度是一种积极的统治政策，加强了对这一地区的管理。

从国家认同的角度看，元明清政府推行土司制度，实际上带有强制性的国家认同要求，即各土司及其所管地区必须无条件接受国家的管理，承认国家的权威。明初完善土司制度，规定文职土司隶吏部验封司，武职土司隶兵部武选司，"隶验封者，布政司领之，隶武选者，都指挥领之"③。这就说，文武土司都要受地方长官之约束。正德时任右都御史的杨一清在谈到明初对云南治理策略时有这一段论述：

> 云南荒服，前代不入版籍。太祖高皇帝始命平西侯沐英克服之，又以诸夷杂处，易动难驯，故因其酋长有功者设立为土官，各令统其所部夷人，子孙世袭，而命平西侯子孙今袭黔国公者，世镇

---

① 参见李世愉《土司制度历史地位新论》，《长江师范学院学报》2015年第3期。
② 《后汉书》卷86《南蛮西南夷列传》，中华书局1965年版，第2833页。
③ 《明史》卷310《土司传》，第7982页。

其地，以控制之。如身之使臂，臂之使指。凡所调遣，莫敢不服。①

显然，其制度设计的核心，是要各土司"听我驱调"②。清雍正皇帝亦明示"普天率土之众，莫不知大一统之在我朝，悉子悉臣，罔敢越志者也"③。尽管如此，土司制度的建立毕竟为西南少数民族的上层人物乃至广大民众进入多民族大一统之中创造了条件，使他们开始了与内地的更密切的接触与交流。

土司制度中的一系列规定，首先使西南少数民族上层与中央政府直接对话成为现实，无论是土司"赴阙受职"，还是土司子弟入国子监，成为"土官生"④，都会让土司及其子弟从遥远的边陲直赴京师，这在以往是难以想象的。同时，土司制度的推行，沟通了西南少数民族地区与内地的联系，通过日益频繁的经济、文化交流，给予了西南少数民族的广大民众以认识中原文化，了解中央王朝的机会。这其中有愉快的时光，也有痛苦的记忆，但无论如何，友好往来，相互取长补短则是交流的主旋律。这就使进入多民族国家中的西南少数民族开始有了对国家的认同感，并逐渐形成了国家认同的意识和行动。

(二) 土司地区国家认同的实质

有学者认为土司地区国家认同的实质："一是认同亲附华夏—汉民族；二是传承实践王朝国家的制度文明；三是拱卫国家社稷和顺附强势王权；四是传播共享中原文化。"⑤ 我们认为这些只是土司国家认同的某些表现形式，难以归纳为土司对国家认同的实质。土司地区国家认同的实质，应该是西南少数民族逐渐融入多元一体中华民族的进程，与这一进程同步的则是西南少数民族地区的进步与发展。

土司制度的创建，使西南少数民族进入了多民族共同体中，而随着

---

① （明）杨一清：《条处云南土夷疏》，（明）陈子龙等选辑：《明经世文编》卷119，第2册，中华书局1962年影印本，第2册，第1139页。

② 《明史》卷310《土司传》，第7981页。

③ 《清世宗实录》卷86，雍正七年九月癸未，《清实录》，第8册，中华书局1985年影印本，第147页。

④ 《明史》卷69《选举志一·学校》，第1677页。

⑤ 参见彭福荣《试论中国土司国家认同的实质》，洪涛主编《土司制度与土司文化新论》，中央民族大学出版社2015年版，第460页。

土司制度的推行与发展，乃至一些地区的改土归流，使西南少数民族逐步融入这个大一统中国之中。这一过程正是西南少数民族逐渐形成认同意识的过程，与这一进程并行的，则是西南少数民族的社会进步，经济、文化的发展。没有社会的进步，经济、文化的发展，西南少数民族的国家认同意识恐怕是难以形成的。

土司制度的推行促进了西南地区的民族融合。元明清时期，土司地区与内地的联系更加密切。伴随着内地人民逐渐南迁，西南地区的民族成分发生了变化。元代之后，云南就有大量的汉人、蒙古人和回人迁入，广西则有江南、河南、江西、山东等地汉人相继入境，贵州自明初设布政司后，汉人多以卫所形式进驻。各族人民在长期的生产生活中，加强了联系，通婚也日益普遍。如丽江纳西族木氏土司，明代到清雍正元年（1723），共传袭十八代，其中十七代土司所娶为其他府州女子，其中包括彝族的姚安高氏、武定凤氏和蒙化左氏，白族的鹤庆高氏、兰州罗氏、邓川阿氏，傣族的景东土知府女等，据余嘉华统计，历代木氏土司共五十一个女儿，也都嫁到外府州[1]。清初，汉人陈鼎到云南后，就与当地的龙氏土司之女结为婚姻，并以亲身经历写了《滇黔土司婚礼记》。贵州当地的"土人"也有与外省来此屯驻之"军民通婚姻"[2]的现象。即使在清政府控制很严的情况下，也曾出现旗人脱旗籍，与土司族属通婚的现象。如，康熙四十四年（1705），汉军正蓝旗人佟国忠"入赘四川平茶土司亲属杨昌朗家"[3]。自康熙至雍正时，湖广的民苗通婚已较为普遍，清政府曾下令禁止，后因大势所趋，只得"许其互结姻亲"[4]。这种民族间的通婚，打破了以往相对封闭的状态，促进了民族之间的友好往来和民族间的相互认同，推动了统一的多民族国家的形成。

土司制度是联系中央王朝与边远少数民族地区的纽带和桥梁。它的

---

[1] 参见余嘉华《木氏土司与丽江》，云南人民出版社2014年版，第46—47页。

[2] （清）鄂尔奉等修，靖道谟、杜诠纂：乾隆《贵州通志》卷7《苗蛮》，《中国地方志集成·贵州府县志辑》，第4册，第126页。

[3] 见《朱批谕旨》，雍正十三年四月二十四日湖广总督迈柱奏，上海，点石斋缩印本，光绪十三年。

[4] 《清世宗实录》卷55，雍正五年闰三月辛未，《清实录》第7册，第835页；卷123，雍正十年九月丙申，《清实录》第8册，第620页。

推行，加强了西南地区与内地的联系，有利于中原地区先进的经济、文化向边疆少数民族地区传播，推动西南各民族地区的经济、文化发展。

为了方便双方的往来，中央政府与各土司都很重视道路的开通。元朝曾在西南少数民族地区普遍设立驿站、邮传。据载："云南诸路行中书省所辖站赤七十八处：马站七十四处，马二千三百四十五匹，牛三十只；水站四处，船二十四只。"① 同时还重视修路，如"谕乌蒙路总管阿牟，置立站驿，修治道路"②。各地的土司大多也能按照朝廷的要求办理。元代建昌路（治今四川西昌）女士司沙智因修路立功而受奖。播州杨氏在天历二年（1329），开通遵义至贵阳的南大道，使川黔大道连通。明洪武时，贵州彝族女土司奢香，为感谢朝廷之信任，修官驿大道，西至乌蒙（今云南昭通），北达容山（今贵州湄潭），在水西境内设立龙场等九驿，连接湘、川、滇、黔交通要道。道路的修建，驿站和邮传的设置为西南少数民族地区经济文化的发展奠定了良好的基础。

土司制度实行时期，西南经济的发展，有赖于朝廷的劝农政策及内地先进的农业生产技术的传播。如元代的张立道于至元初任云南大理等处劝农官，兼领屯田事，后又任大理等处巡行劝农使，佐治滇池，他"求泉源所自出，役丁夫二千人治之，泄其水，得壤地万余顷，皆为良田。爨、僰之人虽知蚕桑，而未得其法，立道始教之饲养，收利十倍于前"。又劝导民开垦荒地，"云南之人由是益富庶。罗罗诸山蛮慕之，相率来降"③。可见，在土司制度推行时期，云南的经济有了较大发展。贵州宣慰使司："户口。嘉靖年间，官民二千一百四十五户，一万二千九百四十二丁口。万历十三年，三千七百零二户，三万五千二百四十九丁口。二十五年，报存三千二百九十四户，三万一千三十三丁口。……土田。《旧志》田无顷亩。万历八年，新丈田地三十四万九千六百四十四亩零，二十五年，报新增三十四万九千六百四十九亩零。"④ 由此可见，贵州宣慰司的田土数量与户口数量，自嘉靖时期到万历时期皆有了明显的增长。

在推行土司制度的过程中，历代中央政府都重视土司地区文化的发

---

① 《元史》卷 101《兵志四》，第 2593—2594 页。
② 《元史》卷 10《世祖本纪七》，第 201 页。
③ 《元史》卷 167《张立道传》，第 3916 页。
④ 万历《贵州通志》卷 4《宣慰使司》，西南交通大学出版社 2021 年版，第 136 页。

展。元朝提倡儒学教育，设立学宫。明朝更提出"蛮夷教化"之策，洪武二十八年（1395）谕礼部，"其云南、四川边夷土官，皆设儒学，选其子孙弟侄之俊秀者教之"①。此外，要求土司应袭子弟入学习礼，土司子弟可以优待入国子监肄业，土人入学者可以获得奖励。这些措施都提高了土司地区各民族的文化水平，特别是在土司及其子弟中提高较快，土司文化素质的提高必然促进南方各民族文化的发展。如元朝时期播州土司杨汉英为政，重视教化，大治学宫，"南北士来归来者众，皆量材用之"②。使播州文化教育发展到一个较好水平。再如云南丽江木氏土司，自元明以来就注重学习吸纳汉文化，徐弘祖至丽江，土司木增还请其教授木氏子弟。《明史》称："云南诸土官，知诗书，好礼守义，以丽江木氏为首。"③ 土司文化的提高，必然会带动本民族文化的发展。

经济文化的发展，也带来了土司地区社会的进步，正是在这种情况下，西南少数民族地区的国家认同不断深化。如明万历平播战争爆发前，播州宣慰司下属的"五司七姓"纷纷请求改流。雍正时，许多地方的土民主动要求改流就是最好的说明。如云南丽江土府的两千多奴仆主动请求向政府缴纳丁银，承担赋役，"以等齐民"④。湖广容美土民围困土司田旻如，逼迫土司田旻如自缢，容美土司被改土归流，忠峒等十五土司自请改流。湖广桑植、保靖二司之"土人不时拥入内地，迫切呼号，皆愿改土归流"⑤。这是少数民族广大民众的主动选择，显然是对国家的认同。土民这一选择的基础，则是人身依附关系的改变，是社会的进步。

（三）土司地区国家认同的基础

我们认为土司地区国家认同的条件首先是对王朝的认同，有了政治认同后，最深沉的最长久的基础便是文化认同。自华夏民族形成之日起，无论是华夏民族、汉民族，还是中华民族，她们都是文化民族，华

---

① 《明太祖实录》卷二百三十九，洪武二十八年六月壬申。台北，"中央研究院"历史语言研究所1962年校印本，第3476页。

② （清）郑珍、莫有芝撰，遵义市志编纂委员会点校：道光《遵义府志》卷31《土官》，巴蜀书社2013年版，第961页。

③ 《明史》卷314《土司传·云南土司二》，第8100页。

④ 《朱批奏折》，民族事务类，第1729号卷，乾隆三年五月初七复奏，中国第一历史档案馆藏。

⑤ （清）顾奎光等纂修：乾隆《桑植县志》卷1《建置》，乾隆二十九年刻本。

夷分野不在于血缘而在于文化①。韩愈《原道》所谓"孔子之作《春秋》也，诸侯用夷礼则夷之；进至中国则中国之"，就说的是这个道理。而华夷两地文化认同的关键在于教化，事实上，元明清中央王朝已经意识到这一点，因此，中央朝廷除了对土司在政治上设官封爵之外，同时还十分注重在土司地区施行文治教化，旨在追求文化上的认同。在元明清王朝推行政治制度和教化的过程中，要因地制宜，有所变通。既要推行华夏礼仪文明的政教，又得尊重少数民族地区的习俗，正如《礼记·王制》所谓"修其教不易其俗，齐其政不易其宜"②的做法，这样的举措，也符合通过教化而走向文化认同、国家认同的客观规律，是千百年来被证明了的行之有效的坦途。作为文治教化措施的一项重要内容，就是大力设置学校，宣传儒家的封建礼教，利用封建伦理纲常来笼络规范土司和土民的思想。正如太祖朱元璋所说"朕惟武功以定天下，文教以化远人，此古先哲王威德并施，遐迩咸服者也"③。

土司不断接受儒家文化的教育和熏陶，使其思想观念发生着变化。通过这种文化教育所培养出来的土司，懂得更多的封建伦理规范和忠孝思想，他们大多忠于朝廷，对中央政府满怀敬畏之心，这对维护明王朝的统治是大有好处的。④ 对此，朱元璋领悟颇深，洪武十五年，贵州普定军民府土官者额朝参辞归时，太祖特下诏谕："王者以天下为家，声教所暨，无间远迩，况普定诸郡，密迩中国，慕义来朝，深可嘉也。今尔既还，当谕诸酋长，凡有子弟，皆令入国学受业，使知君臣父子之道，礼乐教化之事，他日学成立而归，可以变其土俗同于中国，岂不美哉！"⑤ 在朝廷的大力推动下，西南诸地土司也自觉接受汉文化，在儒家思想的熏陶中，礼制与等级观念逐渐渗入他们的思想之中，文化认同的升华便是国家认同的进一步加深。因此，文化认同是土司地区国家认

---

① 王震中：《国家认同与中华民族的凝聚》，《红旗文稿》2016年第1期。
② （清）孙希旦撰：《礼记集解》卷13《王制》，沈孝环、王星贤点校，《十三经清人注疏》，中华书局1989年版，第358页。
③ 《明太祖实录》卷36，洪武元年十一月丙午。台北，"中央研究院"历史语言研究所校印本1962年版，第667页。
④ 陈季君：《从播州杨氏土司和石柱马氏土司的关系看明朝"以夷制夷"的民族政策》《遵义师范学院学报》2013年第6期。
⑤ 《明太祖实录》卷150，洪武十五年十二月壬申。

同的思想基础,其作用是长远和深刻的。

土司文化是土司制度建立和发展过程中产生的一种历史文化现象,包含了政治制度、思想观念、生活习俗、文学艺术等诸多方面的内容。① 土司文化是一种多元一体的文化形态,其中的文化内涵丰富,民族文化、乡土文化、政治文化等等均包含其中,这些属性决定了土司文化具有家族认同、民族认同、国家认同等文化多向性。实际上,土司文化的国家认同观念主要体现在土司上层的"家国同构"的政治实践中,而且土司文化中的国家观念,在中央政权与土司地方势力的博弈中,随着各方的政治、军事的力量的此消彼长,也在不断地动摇与反复,而文化层面的国家认同,使土司从未放弃对中华文化的认同,对中国的认同。土司文化最大的特征就是对中华文化的认同,对统一多民族国家的认同。土司文化是土司地区的民族文化与汉文化融合的产物,反映了多民族文化交融的特点,是各民族共同创造中华文化历史进程中的一部分。

土司对中华文化认同,不仅表现为对汉文化价值取向、科举制度、诗书礼乐等的认同,还表现为土司对中国国家政治文化、典章制度和统治理念的认同,通过土司文化这个媒介逐步渗透到地域社会,带动土司统治区域的中原化。

土司地区的文化认同,有一些典型事例。如,土司地区在称谓上大多模仿中原人的传统称谓。"在唐崖司,人们称历史上的土司为'土司皇'或'土司王',土司城遗址被称作'土司皇城'。与之相对应,人们称土司'女婿'为'土司驸马'。"② 土民对土司及其子弟皆用尊称,"土民称峒长曰'都爷',其妻曰'夫人',妾曰某'姑娘',幼子曰'官儿',女曰'官姐',子弟之任事者曰'总爷',其次曰'舍人'"③。康熙年间,陈鼎游历云南,他记载称"丽江府,土府亦有同知掌府印,知府则木氏世袭,见同知甚恭,称'公祖',自呼曰'治晚

---

① 李世愉:《试论土司文化的定义与内涵》,《遵义师范学院学报》2016年第2期。
② 岳小国:《从历史事件的民间叙事看改土归流——以鄂西唐崖土司为例》,载《西南民族大学学报》2015年第4期。
③ (清)吉锺颖修,洪先焘纂:道光《鹤峰州志》卷14《杂述志》,《中国地方志集成·湖北府县志辑》,第45册,江苏古籍出版社2001年版,第467页。

生'。景东、蒙化、永宁三郡皆然"①。"公祖"在清代多作为乡官对抚按道府之尊称,而"治晚生"则为绅士之谦称。可见,土司地区在称谓的使用上遵循了中原文化的习俗,注重尊卑贵贱之分,而且是典型的官场称谓,这在以前的土司地区不可思议。

还有一个很普遍的现象。元明以来西南各地土司家谱,大多自称家族祖先来自中原,系汉人。实际上大多土司谱牒类多依托虚饰之词,不足征信。这种特殊的历史现象在西南土司中屡见不鲜,究其原因,主要是由于土司"渐习诗书,浸濡礼仪,耻其先祖之出于蛮夷,故刺去前史,巧相比附"②。修改家传族谱这实际上是土司使族群历史记忆重构的过程,正如王明珂认为:南方与东南蛮夷的"华夏化"藉由"失忆"与建构新历史记忆来达成,他强调"'华夏认同'首先出现于黄河流域邦国的上层贵族间,然后逐渐向下层、向四周扩散。在地理上华夏认同向四周的成长扩张,主要是透过其边缘人群的认同变化:不断有华夏边缘人群对本地古文明失忆,寻得或接受一位华夏圣王祖先作为'起源',并在历史想象中将此'起源'之前的本地过去'蛮荒化'"③。西南土司纷纷攀附名地望族,重组自身的历史记忆,重构家族先世身份,编织先祖有功于国家、泽被生民的英雄故事,正是这种华夏——汉族边缘族群中华一体化的体现。意在去少数民族化,摆脱土著身份,提高自己的美誉度,将其统治地位神圣化。但从另一方面,也表达了土司自觉融入中华主流文化圈的诉求,反映了他们中国文化认同的心理倾向和价值追求。

(四) 土司地区国家认同的方式

土司地区的国家认同,首先是土司及其家属对国家的认同,同时也包括土司地区广大民众对国家的认同。由于受到土司制度这一特定条件的制约和影响,土司地区的国家认同方式有一个明显的特点,那就是,这种认同是中心与边缘的互动,是中央王朝与土司及其民众的双向选择,互相认同。土司需要中央政府认可其价值,授予权力,承认其地

---

① 陈鼎:《滇黔纪游·云南》,《小方壶舆地丛钞》第七帙,光绪十七年上海著易堂排印本。
② 谭其骧:《播州杨保考》,《贵州民族学院学报》1982年第1期。
③ 王明珂:《历史事实、历史记忆和历史心性》,《历史研究》2001年第5期。

位，加以保护；广大土民则需要有一个相对稳定的生活。中央政府需要土司协助管理地方，维持社会的稳定；同时也需要土司地区的少数民族广大民众能够成为大一统之下的"顺民"，各尊"王化"。在这个过程中，中央王朝要求土司及其辖区对国家的认同，一方面是积极的引导，如兴办儒学，将国家意志逐渐渗透到少数民族地区，推行科举，给少数民族子弟以入仕的机会，采取轻徭薄赋及灾荒时的蠲免，使广大民众感受到"朝廷之德化"，以及"一视同仁之怀"[1]。另一方面，也推行一些强制性措施，如土司地区必须奉正朔，土司及土兵（土民）必须听征调等。清代土司承袭条例规定，新土司袭职，经朝廷批准后，要有"谢恩"之程序，这是强化土司认同意识的典型事例。

作为土司地区的行政长官，土司与国家的认同可谓是典型的双向认同。中央王朝制定了土司的职衔、品级、任命、承袭、贡赋、征调等条例，并颁给土司印信（官印，由礼部统一铸造）、号纸（委任状），承认土司在其辖区内的管理权，并允许其子孙世袭。土司则要承认中央王朝的正统地位，服从地方长官的监管，按期朝贡，依制缴纳赋税，随时听命于中央王朝的征调。这种双向的认同保障了土司制度的稳定性，也使得土司制度推行六百年之久。

中央王朝对土司认同，还表现在制定了对土司的奖励、抚恤制度，而且对忠于朝廷者授予职衔。如元代播州土司杨汉英因功于大德五年（1301）被封为资德大夫，死后赐推诚秉义功臣、银青荣禄大夫、平章政事、柱国，追封播国公，谥忠宣。[2] 其待遇与流官无异。明初贵州女土司奢香因功封"大明顺德夫人"，死后，"朝廷遣使祭之"[3]。更有对立功者赐建牌坊者，列入世界文化遗产名录的唐崖土司遗址内的功德牌坊就是最好的证明，据《覃氏族谱》载，明后期，唐崖土司覃鼎奉朝廷之命，参与平定"奢安之乱"，先后带兵征讨樊龙、樊虎、奢崇明、奢社辉，皆凯旋[4]。为此，天启四年（1624），明熹宗升覃鼎为宣抚使，敕建平西将军"帅府"，并书"荆南雄镇 楚蜀屏翰"八个大字，赐建

---

[1] 《清世宗实录》卷147，雍正十二年九月甲申，第8册，第826页。
[2] 道光《遵义府志》卷31《土官》。
[3] 《明史》卷316《土司传·贵州土司》，第8170页。
[4] 《覃氏族谱》，民国六年抄本。

"荆南雄镇"牌坊①,以表彰土司覃鼎的战功。它是明廷给予覃氏土司对于国家权威认同的最好回报。元明清时期,记载王朝历史的正史中开始记录土司地区的重大事件和重要人物,为功勋卓著的土司立传,如《元史》就为播州土司杨汉英立传,且用钦赐之名,称《杨赛因不花传》。明代,土司职衔确立,土司制度列入正史的《职官志》和《地理志》中。《明史》除为石柱女土司秦良玉等立传外,还专设《土司传》,记载各省土司之概况。这是《明史》有别于前史的重要特点之一。清乾隆皇帝见有众多女土司认同朝廷,在处理地方政务中能以朝廷利益为重,曾赞扬她们"能知大义,甚属可嘉"②。以上都体现了中央王朝对土司的认同。

各地土司对国家的认同,首先表现为承认中央王朝的正统地位,听从朝廷的任命、调遣,代理朝廷治理土民。同时,在这样的双向认同中,土司都是借助中央政权来进行身份认定,从而确立自己权力的合法性,提高其统治权威。因此,他们往往主动靠近中央政府,积极朝贡,按时纳赋,奉调征战,以寻求中央政府的册封和奖励,从而借皇权作后盾,提高自己在本地区的威信。如播州的杨氏土司,永顺的彭氏土司,都是世代效忠朝廷,从而获得朝廷的肯定和支持,使本家族势力在地方各派势力的角逐中处于有利的地位。

土司地区广大民众的国家认同,主要表现为国家意识的加强,"奉正朔"已传习成俗,同时在与内地的不断交往中,在参与缴纳赋税,接受儒学教育,参加科举考试,跟随土司参加征战的过程中,广大土民感受到自己是这个国家的人,有了身份认同。特别是在国家需要的时候,他们能够为国家而战,而且此次为荣。如长期在土司制度下的土家族有过"赶年"的习俗,即比汉族提前一天过新年,光绪《龙山县志》载:"土人度岁,月大以二十九为岁,月小则二十八日。相传前土司出兵,值除日,令民间先期度岁,后遂以为常。"③光绪《长乐县志》亦载:

---

① 王晓宁编著:《恩施自治州碑刻大观》,新华出版社2004年版,第22页。
② 《清高宗实录》卷1394,乾隆五十七年正月丁丑,《清实录》,第26册,第729页。
③ (清)符为霖修,刘沛纂:光绪《龙山县志》卷11《风俗志》,清同治九年修,光绪四年重刊本影印,《中国地方志集成 "湖南府县志辑"》,第75册,江苏古籍出版社2002年版,第111页。

"吃团年饭，而容美土司则在除夕前一日。"① 关于"赶年"习俗形成的原因，土家族中流行的说法是明代土兵听从国家征调，赴东南沿海抗倭，接到圣旨，正好是正月初一的前一天，土民遂提前一天过年，以欢送子弟兵赴抗倭前线。由此，逐渐形成了"赶年"习俗。而据罗维庆考证，明代在土家族地区设置卫所，土兵要轮流戍守，轮值日定在春节，为按时赶到卫所，则要提前一两天出发，因而形成了土家族重要的节日——土家年。②

学者的考证是为了还原历史的真实，而民间的叙述和记忆则反映了民族的情感和意志。在民间，广大民众更愿意把过"赶年"的民族习俗与抗倭战争联系起来。这是因为明嘉靖三十四年（1555），土家族地区的永顺土司、保靖土司率土兵参加抗倭战争，"除夕，倭不备，遂大捷"③，取得王江泾大捷。戍守卫所和苗疆"边墙"与参加抗倭战争，土民将过"赶年"的习俗嫁接到抗倭战争中，都体现了土家族的爱国主义和对国家的高度认同。类似的情况还有土家族喝咂酒的习俗，土家族饮咂酒的历史久远，汉唐时期土家族地区的竹枝词就有土民饮用咂酒的记录，然而百姓更愿意相信咂酒起源于明代土司抗倭。传说明代土家族土兵在出征奔赴抗倭战场前，土司大犒将士，摆好酒缸，所有的土兵轮流咂饮，这样，咂酒成了土兵出征前的壮行酒。总之，土家族将一系列民族习俗嫁接到本民族参与的重大国家活动中，保留传承民族习俗的同时，增强了本民族和国家的互动，强化了本民族对国家的认同，提升了民族的自豪感与自信心。这种现象在其他少数民族的土司地区是普遍存在的。

（五）土司地区国家认同的过程

土司地区的国家认同经历了一个发展过程。这个过程始终是伴随着

---

① （清）李焕春原本，（清）龙兆霖续纂，（清）郭敦祐再续纂：光绪《长乐县志》卷12《风俗志》，据清光绪元年增刻本影印，《中国地方志集成·湖北府县志辑》，第54册，第263页。

② 参见罗维庆、罗中《明代卫所设置对土家族土司社会构建的影响》，《青海民族研究》2013年第1期。

③ （清）李焕春原本，（清）龙兆霖续纂，（清）郭敦祐再续纂：光绪《长乐县志》卷12《风俗志》，据清光绪元年增刻本影印，《中国地方志集成·湖北府县志辑》，第54册，第263页。

西南少数民族与王朝中央长期交往而推进。具体而言，土司地区的国家认同是一个渐进的过程，是从自在到自觉的过程、从模糊到清晰的过程。而这个过程又表现为：最初是少数民族上层人物，主要是土司及其族属（如土官生、科举中式者等）对国家的认同，其后逐步扩展为土兵、土民等少数民族广大民众对国家的认同。同时，我们认为，这一过程对于长期处于"化外"之地的少数民族而言，并不漫长。

土司朝贡是土司地区与中央王朝联系的纽带，是双方相互认同最直接的方式。土司朝贡，或一年一次，或两年一次，历朝并不划一，还有遇重大喜庆节日（如万寿节等）临时增加的朝贡。朝贡的礼仪隆重，除土司贡物外，朝廷更以"宜厚其赐，以怀远人"[1]之宗旨，给土司以优厚的赏赐。正是在长期朝贡的过程中，西南少数民族的国家认同意识越来越强烈。如元明以来，云南等地向朝廷进贡象，这些驯象送到京城后，被安置于宣武门内西城墙附近的象房。[2] 后来，这里被称为"象来街"。现在，"象来街"已经成为土司地区国家认同的历史记忆。云南的景东县，原为土司所管之景东军民府，一直有贡象的传统。如今的景东人，大多知道北京有个"象来街"。该县的一位彝族全国人大代表到北京参会，报到之后的第一件事就是去找象来街，以追忆该民族的往事。[3] 因为这里留下了他们祖先的印迹，寄托了他们祖祖辈辈的特殊情怀。

元明清中央政府在土司地区持续推行的文教政策，如创儒学、建书院、行科举等，使汉文化逐渐传播到少数民族地区。在长期接受汉文化的过程中，土司地区的广大民众逐渐强化了对国家的认同感。最为明显的表现是，读书应试者越来越多，以至于到清代不断增加这里的学额和乡试中额；许多家谱、族谱中也将考取儒学生员、乡试中举作为重要内容加以记录。地方文献中有关土人"向学"，以及土司地区"家弦户诵"的记载更是不胜枚举。有一个典型的事例，雍正十二年，贵州学政晏斯盛到黎平主持乡试前的科试，时有黎平府亮寨长官司正长官龙绍俭请求参加次年举行的贵州乡试，在当时可谓是一大新闻。因为土司是世

---

[1] 《元史》卷24《仁宗本纪一》，第546页。
[2] 见吴长元辑《宸垣识略》卷7，北京古籍出版社1982年版，第126页。
[3] 参见李世愉《土司文化遗产的独特魅力》，《人民政协报》2015年8月10日。

官，土司本人是不允许参加科举考试的。清廷为使土司能够知礼义，真正成为朝廷的代言人，早在顺治十六年（1659）就规定，凡土司应袭子弟，年十三岁以上者必须"入学习礼，由儒学起送承袭"①。这一政策使众多应袭子弟欣喜、感恩。数十年后任土司者大多有儒学生员之身份。龙绍俭在承袭父职做土司前，也按规定进入了黎平府学，为附生。由于多年受到儒学熏陶，思想逐渐变化，他认同朝廷的科举取士，以至于不愿做土司。认为做土司是"致山鸡戢翼，莫同威凤云翔"，并"以汉官之前途远大，而土职之上进无阶"，呈请参加贵州乡试，"冀与汉人同列绅士"②。晏斯盛将此事奏报，礼部鉴于成例，未予批准。雍正皇帝闻知此事，专门降旨："土司龙绍俭原由生员出身。既有志观光，陈请科举，准其一体应试。若得中式，其土司世职着伊将应袭之人举出承袭。"③龙绍俭最终并未中举，但此事影响较大，乾隆之后，土司要求参加科举考试的越来越多。从安心入学，承袭土职，到宁愿放弃土职而争取科举入仕，充分说明国家认同观念在土司地区的不断深化。

　　土司制度规定，土司和土兵必须服从国家的征调，承担应尽的责任。而反复为国家征成的过程，也正是土司及广大民众对国家认同感不断加深的过程。明清以来，中央王朝多次征调土兵，或抗击倭寇，反抗外来侵略；或参加地方平叛，维护社会稳定。嘉靖年间，湖南永顺、保靖的土兵和广西的狼兵上万人奉朝廷征调，参加抗倭，取得了王江泾大捷，斩杀倭寇一千九百多人，被誉为"东南第一功"④。广大土兵参加对外作战，以报效祖国为荣，这是西南少数民族的国家归属感增强的突出表现。到清代中后期，土司率众抵抗外敌入侵，大多成为自觉行为。乾隆三十二年（1767），西双版纳地区遭到大规模的外敌入侵，各族民众奋起反抗，与清军一起与入侵者四千人血战数十日，终于以鲜血和生命捍卫了祖国边疆。⑤光绪二十六年（1900），英军入侵云南西南边疆

---

① 《清史稿》卷273《赵廷臣传》，中华书局1977年版，第10030页。
② （清）晏斯盛：《楚蒙山房集"奏疏·土司乡试》，《清代诗文集汇编》，第270册，上海古籍出版社影印本2010年版，第84页。
③ 《清世宗实录》卷157，雍正十三年六月甲申，第8册，第921页。
④ 《明世宗实录》卷422，嘉靖三十四年五月甲午，台北"中央研究院"历史语言研究所1962年校印本，第7307页。
⑤ 参见李拂一编译《泐史》下卷，《缅陷打洛》，文建书局1947年版，第54页。

片马地区，土把总左孝臣率众抵抗，壮烈牺牲。牺牲后，片马管事勒墨杜扒率领景颇、傈僳、独龙、怒、汉、白等各族人民会同泸水土司，与英军进行了多次搏斗，给侵略军以沉重打击，最终迫使英国侵略者承认片马是中国的领土。我们注意到陇川傣族宣慰司多氏的族谱记载的字辈为："侯邦祯祥、中华强大；诗礼传家、宗枝兴广；忠永守国、陇川进德；富裕立业、敬承先泽。"在该家谱的最后一页记有，"到我这一代是'国'字派。而从我的太爷爷，多氏第二十五代土司多忠瑶，到我，连起来念正好是'忠永守国'。这32个字，寄托了多氏先辈们对于家国的护持与期盼"①。可见，这一时期，土司对国家的认同逐渐清晰，成为自觉行为。

土司国家认同的渐进过程，在边境地区土司身上表现得尤为明显。例如，云南边境的土司，由于受到两国的控制和影响，在国家认同上曾出现过摇摆。明隆庆二年（1568）六月，车里宣慰使室利稣报打去世，明朝任命其弟刀应猛（勐）为车里宣慰使。第二年，刀应猛派员出使缅甸，缅甸国王封刀应猛为"左碑国大自主福禄至善王"，并把公主娘襄呵杭许配给他，自此，车里宣慰使不仅世代受明朝委任的同时，亦受缅甸册封。由于明廷鞭长莫及，只能因势利导，协助刀应猛迎娶缅甸公主。"天缅双方，皆尽融洽。"刀应猛感恩，"于是敬以天朝为父，缅朝为母"②。这样就出现了边境土司双重认同的历史现象。不可否认的是，车里土司在地域上靠近缅甸，在民族语言、生产方式、生活习俗，乃至宗教信仰上与缅甸相近。因此，车里土司对明王朝和缅甸的双重认同，是可以理解的，也是车里土司对中国国家认同的一个发展阶段。随着中央王朝对云南地区管理的加强，以及华夏文化影响的不断渗透，车里土司对缅甸的认同逐渐淡漠。至清雍正七年（1729）于江内六版纳置普洱府，乾隆元年（1736）使江外六版纳及车里土司分隶宁洱县及思茅厅，车里土司已完全在中央政府的庇护之下，不再有双重认同和选择了。乾隆年间的蠲免钱粮，也时常惠及车里地方③。因此，当乾隆三十一年缅甸入境滋扰时，车里土司与清军共同抗击。嘉庆帝曾向缅人宣示

---

① 多国丽：《多氏土司——"忠勇守国"500年》，《看历史》2012年第12期。
② 参见李拂一编译《泐史》中卷，第21页。
③ 《清高宗实录》卷758，乾隆三十一年四月丁未（见第18册，第350页）所述即是一例。

晓谕，不准他们在"天朝车里土司地方"驻兵停留。① 车里土司属于"天朝"，既是中央政府的态度，也是车里土司的最终选择。

需要说明的是，土司地区国家认同的渐进过程，并非所有地区、所有民族都是完全同步的。对此就不再阐述了。

(六) 结束语

土司制度是元明清中央政府在西南、中南等少数民族地区推行的一种特殊的管理方式，带来了区域社会管理模式的新变化，出现了地方管理的双轨制。这种特殊的管理模式，把当地少数民族纳入中央政府的行政管理体系之中，并通过"因俗而治"达到"齐政修教"的目的，从而使原来的"化外"之区的人们逐渐形成了国家认同观念。随着土司地区的社会进步与经济、文化的发展，这种国家认同感更加强烈。土司制度存在了600余年，充分说明它适应了当时的历史条件，以及少数民族地区的实际情况。土司制度推行时期，土司地区的国家认同超过了以往任何时期，便是有力的说明。西南少数民族地区一直是最稳定的民族地区，也与推行土司制度是有关系的。

当然，土司制度并非完善的制度，也有其历史局限性及弊端。而中央王朝推行土司制度也不是其最终目的。清雍正时的岳钟琪即谈到这一点："原以番苗蛮僳之属远处边荒，向居化外，故择其中之稍有功者授以世职，俾其约束，此历代权宜一时之计也。"② 随着土司制度的推行及改革，特别是土司地区国家认同观念的不断深化，实际上也是为改土归流、废除土司制度做好了充分准备。

---

① 《清仁宗实录》卷191，嘉庆十三年正月乙巳，第30册，第522页。
② 中国第一历史档案馆藏《朱批奏折》，民族事务类，第1674卷，雍正五年正月二十九日岳钟琪奏。

附录一 关于播州杨氏家世资料的考察

播州杨氏家世比较原始的完整面貌，迄今可见者，是或多或少地被保存在元程钜夫《忠烈庙碑》、袁桷《杨汉英神道碑》、《元史·杨赛因不花传》和明宋濂《杨氏家传》等文字中的系谱资料。可是包含在这些资料中的系谱信息之间，存在着非常明显的互相冲突，值得予以清理和辨析。本文根据传世文献和出土文献对杨氏家世资料进行再梳理，反求诸己，以期我们研究更具客观性。

1972年在贵州遵义高坪杨氏墓地出土发现了南宋末年播州"土官"杨文神道碑，《杨文神道碑》是目前所见的出土与传世史籍中，对播州杨氏的家世有清晰记录的最早文献[1]。叶成勇、李飞等学者已注意到其铭文中所撰的杨氏世系与杨氏的其他同类碑志如《杨汉英神道碑》《忠烈庙碑》以及传世文献记录的世系差异很大。认为明初宋濂所撰《杨氏家传》杨氏整齐划一的世系及事迹当是经过了不断修订而成。[2] 有疑则濯去旧见，以求接近真确。本文根据传世文献和出土文献对杨氏家世资料进行再梳理，兹分为六项缕述如下。

一

据程氏《忠烈庙碑》[3]，播州杨氏以唐末杨端为入黔始祖；传五世至昭，无子，由杨贵迁接嗣；自杨端至贵迁凡六传七世。杨端其人不见

---

[1] 参见李飞《家世与国事：关于贵州遵义出土〈杨文神道碑〉的几个问题》，《四川文物》2021年第3期。

[2] 参见叶成勇《论唐宋时期播州"上下杨"与"前后杨"》，《地方文化研究》2016年第4期。

[3] （元）程钜夫：《雪楼集》卷16《忠烈庙碑记》，文渊阁《四库全书》，第1202册，台湾商务印书馆1986年版，第221—222页。

于此前官私史料提及。惟端者，始也。在他出生时，安能预知其将为杨氏入黔一支之祖而以端名之？是必为后世远溯祖源时所追加之名讳甚明。这段祖先传说既系追述，再去讨论"杨端入播，其路由合江入仁怀"①云云，似可不必。

七世祖名杨贵迁，却是一个真实存在过的历史人物，1073年虽入暮年，尚仍在世。据《续资治通鉴长编》卷二四五，熙宁六年（1073）五月，"播州杨贵迁在夷人中最强盛，以老，遣子光震、光荣献鞍马、牛黄、麝香。诏补光震三班奉职、光荣借职"②。杨贵迁入贡事，亦见《宋史》记载熙宁六年"五月癸卯朔，播州杨贵迁遣子光震来贡，以光震为三班奉职"③。苏轼《答李琮书一首》内有"播州首领杨贵迁者，俗谓之杨通判"④。其名声在当地应颇为人所知。家世以贵迁为杨业之子杨延朗之孙、杨充广之子。延朗生于958年⑤，以二十年为一世计，杨贵迁在他见于官方史载的1073年，年龄当在七十之上。此与官史说他"以老"，遣二子入贡亦尚相符。但杨延朗有子名充广、有孙名贵迁，除元代杨氏提供的家传资料外，于史无征。故以贵迁为其孙而上接延朗，由此将播州杨氏纳入杨业系谱，无非伪托而已。

二

从杨贵迁到南宋晚期的杨粲，元代系谱资料有关杨氏的世次说法颇不一致。程撰庙碑先引述杨汉英之辞，称杨端之后"昭穆十六世而下"，至于"汉英不肖"；碑文末"谨诗其事"，复有"既十六传"之语。从十六传中扣除贵迁之前六传（即"五传至昭"，加上杨昭至贵迁一传），再扣除汉英上溯至高祖忠烈公（即杨粲）四传，则贵迁至杨粲凡六传、七世。然而"昭穆十六世"之后不过两百字，碑文又谓贵迁之后"八传而当宋嘉定六年（1213），高祖忠烈公（即杨粲）始考典

---

① （清）郑珍：《白锦堡考》，《巢经巢文集》卷1，《郑珍全集》第六册，黄万机等点校，上海古籍出版社2012年版，第415—416页。
② （南宋）李焘：《续资治通鉴长编》，卷245，文渊阁《四库全书》，第318册，第172页。
③ 《宋史》卷15《神宗纪》，第283页。
④ （宋）苏轼：《苏轼文集》第49卷，第4册，孔凡礼点校，中华书局1986年版，第1434页。
⑤ 《宋史》卷272《杨业传子杨昭等附传》。

礼、建家庙以祀五世"云云。据此自贵迁至杨粲又变作八传、九世。

上述矛盾，也出现在袁桷所撰杨公（汉英）神道碑中①。碑文前云自杨端至杨邦宪，"袭土守边至是十八世矣"。据此，扣除汉英之父杨邦宪、祖父杨文、曾祖杨价三世，再扣除杨端至杨昭六世，则贵迁至杨粲应有九世。可是之后的铭文又写道："自太师（杨端）以降，十有四传。崇德（杨文受元朝追谥为崇德公）效奇，拯民脱危"云云。若依此说，杨端至杨文仅十四传、十五世；则扣除贵迁之前六世及杨粲之后二世，自贵迁至杨粲也只剩下七世。

三

以上分析若可成立，那么我们的问题就可以归结为：杨氏谱系中从杨贵迁至杨粲，何以会有七世或九世两说？

1972年出土的《杨文神道碑》②（杨文卒于1265年③），为我们认识这个问题提供了一条非常重要的信息。它写道："自祖入播，以迄于君（此指杨文），凡十有五世。"这与前引袁撰神道碑铭文谓杨端以降十有四传至杨文之说密合，证明此后杨氏口传中的后续世次，都是把始祖至杨文共十五世当作基准而续数出来的。程撰家庙碑称杨端至汉英凡十六传、十七世，亦即按十五世杨文为基准再加上后续世次的结果。

另一方面，与程、袁两通碑文所反映的家谱内容不同，《杨文神道碑》对杨文父（杨价，十四世）、祖（杨粲，十三世）以上的世谱追溯，却与包含在元代两碑文里具体的世谱情节大相径庭。据此，杨氏十世为昭、十一世实。对后世来说接续杨氏最关键的杨贵迁，或许就记录在"被旨讨泸"之后被磨泐的那十二个字当中。若然，杨贵迁就成了第十二世祖，亦即杨粲之父，距离宋末的杨邦宪仅四世，与贵迁的实际活动年代殊不相符；若不然，贵迁在这一系谱里就完全找不到位置了。大概这时以杨文为第十五世祖早已在口传中形成一种固定言说。因此，为填满"凡十有五世"的模糊追忆，自端下至于实，非得被拉长为十

---

① （元）袁桷：《清容居士集》，卷26《杨公神道碑铭》，文渊阁《四库全书》，第1203册，第348—351页。
② 贵州省博物馆编：《贵州省墓志选集》宋中亮大夫抚使御使杨文神道碑，1986年。
③ 刘世旬：《杨文墓镇墓券》，政协遵义县宣教文卫委员会编：《遵义县文物志》第二集，2003年印刷，第117页。

一世不可。其中二世至九世祖的名讳在碑文里全然缺失，成为宋末杨氏祖先传说里一个尤其显著的失忆段落。更重要的是，碑文在此处亦完全未留下足以交代杨贵迁为杨业后人的文字空间。这表明播州杨氏将本族祖先接入杨业世系的首创者，只能是宋元之际的杨邦宪。

杨文神道碑的发现，迫使我们断然放弃一向以为的下述见解，即元人所记录的杨氏世系所来有自，必是播州杨氏从更早先的年代一直传承下来的。如果说以杨文为杨氏十五世确实属于从前代承继下来的旧说，那么出现在上述两块元碑记录中的杨粲之前的世系，与《杨文神道碑》所反映的宋末杨氏对本家族历史的记忆出入之大，只存在一种解释才可能予以澄清。那就是两元碑作者所见家谱，在南宋末叶的杨文时代还根本不存在。换言之，这部家谱与之前一直流衍到杨文时代的口传家世，已然面貌迥异。

四

那么，这部被用来"纠正"口传家世的书面谱系，究竟是什么时候编撰的？忠烈庙碑提到，杨氏至忠烈公粲时始考典礼、建家庙。忠烈庙碑又说，至杨邦宪，"请于朝，赐今庙号（按指忠烈庙之号），刻家训于石榜，崇孝于楼"。元碑所据家谱，若修成于杨粲时，不可能不为杨文所知，并被引述到他的神道碑文中；因此它最可能修撰于接续杨文的杨邦宪时代。在这部家谱里，杨端至杨昭被明确为五传、六世，而自杨贵迁至杨粲的世次，已明确变作八传、九世。但由于两碑又兼采以杨文为杨氏十五世的口传旧说，从中扣除贵迁之前的新定世次和杨粲之后的续数世次，推算出来的中间这段就只剩下六传、七世了。

五

令人疑惑的是，元初修撰的杨氏家谱，看来没有能传到明初杨氏手里。只须细读宋濂《杨氏家传》[①]与写于明初的《元史·杨赛因不花（即杨汉英）传》，便不难明了这一点。

《杨氏家传》以"史官曰"云云收篇。这表明，该文应当是在明初

[①] （明）宋濂：《文宪集》卷10《杨氏家传》，文渊阁《四库全书》，第1223册，第536—542页。

受杨氏家族请托，经《元史》总撰宋濂根据杨氏提供的家传资料润色加工而成、录存史局，以供编修元史时取材之用。

家传对入元至明初最近六世（邦宪、汉英、嘉贞、忠彦、元鼎、铿）的记述，应可视为真实①。邦宪之前的三世，即杨粲、杨价、杨文，作为真实历史人物，除现身于杨氏私修家乘外，亦皆有据可查。魏了翁《许奕神道碑》："夷酋杨粲世服王官，守白锦堡。乞陛堡为锦州。"②这个人就是程氏所撰庙碑里的忠烈公。《宋史》卷四十三《理宗纪》，淳祐四年（1244）五月丁巳，"武功大夫、雄威军都统制杨价，世守南边，连年调戍播州，捍禦勤瘁。诏价转右武大夫、文州刺史"。又《宋史全文续通鉴》卷三十五、《续资治通鉴》卷一七四俱载宝祐二年（1254）八月己酉，"诏以思、播两州连年捍御，其守臣田应寅、杨文各进一秩"。因此，家传对两宋之际至于明初的世代，大致可判定为属于较真确的记录。

自杨贵迁至忠烈公杨粲之间六传、七世，情况略为复杂。

家传在正文里自然不便擅改杨家提供的资料。因此它对这一段谱系的交代，与家庙所记汉英称自杨端后"昭穆十六世"（意即自贵迁至忠烈公为七世）、《杨汉英神道碑》称自杨端至杨文"十有四传"的世代累计皆相符合（如前所述，这都是据杨端至杨文共十五世的基数推算出来的）：

杨贵迁—**光震**、光荣、光明—**文广**、文真、文锡、文贵、文宣—**惟聪**、惟吉、惟信—**选**、逡—**轸**、轼—粲③

但在"史臣曰"里，宋濂却撇开杨氏提供的系谱，列出另一种世次，即自贵迁经八传、九世而至于粲：贵迁"三传至文广"，"又三传

---

① 杨邦宪、杨汉英及其子嘉贞，见《元史》卷165《杨赛因不花传》。杨忠彦之名，见道光《遵义府志》卷11"金石"所载张亚《大报天正一宫记》碑末署名。其辞曰："至正六年丙戌嘉平吉旦，资德大夫、湖广等处行中书省左丞、上护军，臣杨嘉真，资德大夫、播州军民宣慰宣抚都指挥使，臣杨忠彦重建。"播州宣慰使杨铿之名，则见于《勘处播州事情书》《万历武功录》等多种史料，兹不赘。

② （宋）魏了翁：《鹤山集》卷69，文渊阁《四库全书》，第1173册，第98页。

③ 大号字表示其人为下一世诸子之父。

至选","又二传于粲"。被宋濂正式写入《元史·杨赛因不花传》的,也持这后一种说法:贵迁"以族子"继杨昭,"又八传至粲。粲生价、生文。文生邦宪。皆仕宋,为播州安抚使"①。

明初人们显然已看不到出于杨邦宪之手的那部家世谱系;不然的话,元明之际的杨氏后人绝没有理由不把自贵迁至杨粲所经历的九代祖先原封不动地抄入宋濂所见新修家谱中去。但是宋濂在他自己的写作中,明显不肯采信这部新修家谱,而宁可改从元修旧系谱。他当然也已无从检核旧谱系的原文,但至少可以从程撰家庙碑和袁撰神道碑间接获悉,自贵迁至杨粲不止六传、七世,而应当有八传、九世。

六

虽然今天能看见的材料并不充分,但星星点点地留在现存文献里的证据仍使我们有理由推测:正因为元明之际的杨氏在续修世系时,手头已没有从元初保存下来的那样一册旧传家谱可资参考,因此他们被迫利用散见于传世文献(如程撰家庙碑、袁撰神道碑)、较易见到的官修史书(如元修《宋史》;但他们可能还来不及看到明初修成的《元史》)、相关地方性知识(如杨端至杨文共十五世,以及关于杨氏家世的某些零星而不连贯的传说)等可以获得的素材,以拼接和填充方式去重塑本家族世谱。

例如,明初家世的续修者,除袭用程撰庙碑自端而下"其子孙世传,五世至昭"以外,可能至少须填入其中三世的名讳(五世祖名实已见于杨文碑)。二世祖名牧南,即疆理南土之意;三世祖部射,不知是否因其长于步射而以谐音名之;四世祖名三公,即端后三传之祖公。诸如此类,恐怕都是按六世断嗣之说、凭空追溯先人的需要而演绎或创作出来的。

明初杨氏依他们手里掌握的不完整信息补填家谱上空缺的祖先名讳及其事迹时,自然利用了留存于当地的有关杨氏过去的各种零散传说。为提高新修谱系的准确性,他们尤其注意把出现在《宋史》里的杨氏成员,全数纳入家传叙事之中。据宋濂所见家世,贵迁生三子,即光

① 《元史》卷165《杨赛因不花传》,第3884页。

震、光荣、光明。三人中的前二者均见于《宋史》"神宗纪"或"哲宗纪"，以及"蛮夷传"。贵迁应当还有一子，名光尔，见于宋人邹浩为杨光震之子文真补三班奉职所起草的制文中，其曰："文翰既殁，推厥承袭。而光尔等，咸曰汝宜。边吏以闻，在所襃录。往图报効，益励忠勤。"① 可是因为此人仅见于宋代文集，难以被明初杨氏所知晓，因而也就无由进入新修世谱。

最疑惑的是，杨光震的儿子中，有名文翰者，曾在其兄文广之后继掌杨氏一族。前引杨文真补三班奉职之事，就发生杨文翰死后。看来杨光震、杨文广两代都是在杨氏内讧中被害的。泸南沿边安抚使司在哲宗时向朝廷报告说，

> 文广身死，其弟文翰与光荣不相和解。光荣势微弱，欲倚汉界，为苟安之计。所以南平军诱令献纳疆土。本军不候朝廷指挥，便行接纳。……其杨光荣已令权播州都巡检，掩其过恶。但言不切钤束部族，致害文广。特与放罪，正行补授所有。文翰遭罹变故，虽然难以尽行承袭，亦乞特与殿直，并充巡检。今来杨光震元系播州夷界都巡检、光荣系同巡检。光震被害后，本司前官已令光荣权都巡检，难以却行贬损。况文翰合承袭，亦难处光荣之下。所以据逐酋元管村族，著望乞以播州东、南地，分作两面，并权充都巡检②。

对杨氏来说，这主要体现的是朝廷的恩宠。官员所承担的实际职事称差遣。杨贵迁的数代后人所任相当于流内差遣的职事为巡检或都巡检，此职在宋代前期之后一般都由官位较低的人担任（流内本官俸禄仅二百石），职责是维持地方治安。另据《宋史·地理志》《舆地广记》记录，徽宗时杨光荣、杨文贵叔侄献过一回地。这或许正是他们被纳入明修杨氏家谱的信息来源。

---

① （宋）邹浩：《杨文翰弟文真补三班奉职制》，《道乡集》卷17，文渊阁《四库全书》，第1121册，第311页。
② （南宋）李焘：《续通鉴长编》卷488，哲宗绍圣四年（1097）五月辛巳，文渊阁《四库全书》，第322册，第392页。

宋人说："唐衰，播州为杨氏两族所分据，一据播川，一据遵义。以仁江水为界"①。大观二年（1108），因杨氏叔侄献地，宋建播州；十余年后废置。端平三年（1236）宋廷复以白锦堡为播州。朝廷明确将播州之地分为东北（即白锦堡）、西南（后立遵义军）两部分，由杨氏叔侄分治，或即始于此时。此时两人的官号，俱仅为都巡检。嘉熙三年（1239），"复设播州，充安抚使"。杨氏有安抚使虚衔，当始于此。但他们作为土官，真正拥有的相当于流内职事官的官号，实为知播州事，直至杨邦宪。（元廷正式授杨邦宪安抚使官号，杨汉英时改授宣抚使）王应麟有《杨邦宪特授亲卫大夫、利州观察使、依旧知播州，兼御前诸军都统制诰》一文②。

光震及文广、文翰父子与光荣之间的权力争夺，乃至"光震被害"、光荣再"致害文广"等情节，大多似已不在明初杨氏记忆之中。在宋濂所见续修家传里，光荣为"潜谋篡立"而对文广下毒未遂，发生在文广以"少孤"继承光震之位时；文广死后，光荣摄位，继续与文广诸子冲突至死。杨文翰的时代已被杨氏后人完全忘记或者是选择性忘记。

《宋史》记载的另一名杨氏家族成员叫杨焕。嘉定三年（1210）九月"庚戌，遵义砦夷杨焕来献马"③。焕被明初家传编者说成是杨昭之弟杨先七传之裔。很可能因为他的活动年代与被家传认定的杨粲活动年代（开禧、嘉定年间）大致重叠，所以按杨昭至杨粲传七世的算法，也把他定为杨昭之弟的七传后人。

小结

现在把形成于本文讨论的若干新见解作一个归纳。从目下可以看到的文献判断，播州杨氏修撰家谱，乃是晚至元初的事情。但这部元修家谱在元末业已失传，因此杨家又在明初第二次编修世系谱，并上呈朝廷。后出的世系谱对杨粲以下各代的记录，基本符合史实。杨粲上溯至杨贵迁的世次，已从过去记录中的九世被压缩为七世，依据编撰者较易

---

① （宋）欧阳忞：《舆地广记》卷33《夔州路·遵义军》，四川大学出版社2003年版，第1030页。
② （宋）王应麟：《四明文献集》卷5，文渊阁《四库全书》，第1187册，第260页。
③ 《宋史》卷39《宁宗纪》，第758页。

接触到的《宋史》，填入播州杨氏中的历代名人，包括杨贵迁。这些人物是否都出于同一血脉，则不克详知。至少自杨文时代起，他们本来都已在当地被遗忘了。杨贵迁以上六代，则出于更早先的口传，其中某几代的名讳，很可能也是在明初补填的。

附录　　　　　　　**播州杨氏土司世系表**

代数	杨文神道碑	杨粲忠烈庙碑（元代家谱）	杨公（汉英）神道碑（元代家谱）	杨氏家传（明初家谱）	
		？表示史料中没有提到名姓		据明初家谱	宋濂：史官曰
1	端	端	端	端	端
2	？	？	？	牧南	牧南
3	？	？	？	部射	部射
4	？	？	？	三公	三公
5	？	？	？	实	实
6	？	昭	昭	昭	昭
7	？	贵迁	贵迁	贵迁	贵迁
8	？	？	？	光震	？
9	？	？	？	文广	？
10	昭	？	？	惟聪	文广
11	实	？	？	选	？
12	贵迁？	？	？	轸	？
13	粲	？	？	粲	选
14	价	？	？	价	轸
15	文	粲	粲	文	粲
16	？		价	邦宪	价
17		文	文	汉英	文
18		邦宪	邦宪	家贞	邦宪
19		汉英	汉英	忠彦	汉英
20				元鼎	
21				铿	

注：根据《杨文神道碑》《忠烈庙碑》《杨汉英神道碑》《杨氏家传》等资料整理。

附录二 播州杨氏土司墓群揭秘的播州史事

在我国元明时期的西南少数民族地区中，播州杨氏是势力最强大的土司之一，从唐末至明万历时期统治播州地区725年，除海龙屯之外在贵州大地上还留下了众多与之相关的遗存，其中最重要的当数杨氏家族墓群。在考古工作者持续不断地探究下，从20世纪50年代至今已清理发掘并确认了杨氏自唐末入播始祖杨端至末代土司杨应龙30世中15人的墓葬，并发现了众多珍贵文物，尤其是2012年以来年配合海龙屯申遗，还有了重大的考古发现。黄土之下，向世人展露了其最真实的一面，也让播州土司文化大放异彩，每件器物、壁画里都隐藏着一段历史、一个故事，大都打上了播州文化与华夏文化融合的印记。

一 "妇人启门"与"遵义型铜鼓"：播州杨氏是中原望族还是西南土著？

在遵义市红花岗区往南30里的深溪镇玉带桥上，放眼望去，只见崇山相连、峰峦环峙，湘江自遵义城中流出后在群山间蜿蜒，呈U形将一处阶地萦绕于怀中，形成水绕云从、藏风聚气之势，当地人称这片风水吉地为"皇坟嘴"。

"皇坟嘴"中真的埋着皇帝吗？答案当然是否定的。不过这里确实有一个古墓群，其中位置最高一处墓葬的主人，他生前在当地的威望甚至可能超过了远在中原的皇帝，他就是南宋播州第十三代土司杨粲。

播州，于唐贞观十三年（639）建置，辖境相当今黔北地区。"（杨汉英）其先，太原人。唐季，南诏陷播州，有杨端者，以应募起，竟复播州，遂使领之。五代以来，世袭其职。五传至昭，无子，以族子贵迁嗣。又八传至粲……"①《元史》中寥寥几笔简述了杨氏先祖杨端入播平叛，之后子孙世镇播州的故事。后世史学家对这段故事却颇有争议，尤其是关于杨氏族群的问题。

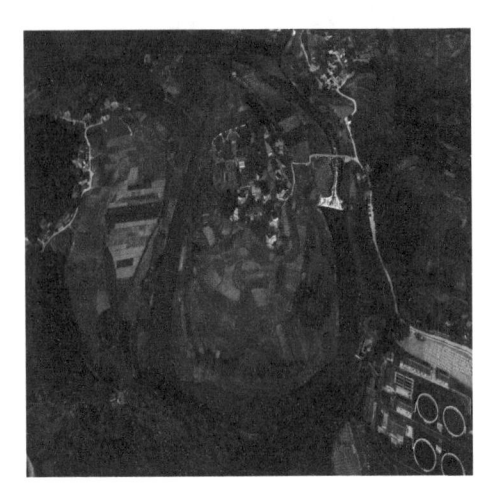

按照《元史》的记载，杨氏"其先太原人"，第六世家主杨昭无子，就以族人杨贵迁为嗣。杨贵迁是谁？在元末明初文学家宋濂受杨氏邀请所作的《杨氏家传》中写道"其父充广，乃宋赠太师，中书令（杨）业曾孙"，即杨贵迁是宋初名将杨业（也就是脍炙人口的《杨家将》故事中的杨老令公）曾孙之子，"自是守播者皆业之子孙也"②，播州杨氏传承了杨家将的英雄血脉。

《杨氏家传》说："杨氏居播十三传至粲始大。"到了第十三世家主杨粲时，播州迎来了第一个盛世，而杨粲墓也是迄今为止所发现的杨氏墓葬中最为精致和宏大的。由于早年被盗扰，该墓随葬品幸存不多，但仅以墓中所存的石刻来看，百年望族的恢宏气象就已经扑面而来。

杨粲墓是夫妇合葬墓，由496块白砂岩条石筑成，全墓共有石刻190幅。其中包括人物雕像28尊，仿木构建筑、动物、花草和几何图案雕刻162幅，③其中"双狮戏球""凤穿葡萄""野鹿衔芝"等图案，

---

① 《元史》卷165《杨赛因不花传》，第3884页。
② （明）宋濂：《文宪集》卷10《杨氏家传》，文渊阁《四库全书》，第1223册，第536页。
③ 参见遵义地区文物管理委员会、遵义地区文化局编《遵义地区文物志》，1984年。

都是同时期中原文化中常见的石刻题材。其中最令人惊艳的是中墓室后龛雕刻的"启门欲进"人物雕像：男室为"童子启门"，女室为"妇人启门"，但见那妇人"半开朱户，瞥见如花面"，头束高髻，内着长裙，外束对襟长服，从一扉关闭而另一扉微微开启的门缝间露出半身倚门而立，仿佛等候主人归来。其共同含义正如学者推测的那样，开门的形象，暗示门后有房屋、庭院，往往有墓主家大业大的寓意。[①]

这一主题在河南省禹县（禹州市）白沙一号墓、洛阳市新安县石寺乡李村家族墓等众多中原地区的宋墓壁画中都有发现。这是否能视作杨氏源出中原的证据呢？

答案依旧是否定的。杨粲墓门扉及龛内的木构建筑样式，与宋代中原墓葬相似，说明播州受汉文化影响很深；但墓形与中原不同，近乎四

[①] 参见宿白《白沙宋墓》，文物出版社1957年版。

川宋墓，石刻石雕的风格和技法与大足相似，显然是受四川文化影响。很有意思的是，还有不少文化元素富有本地民族的特色。如，两位男性负重力士和两位女性负重力士高浮雕像，分别跪坐于墓主人和其夫人雕像壁龛下左右两侧，粗犷豪放外表与汉族传统习惯有着较大的区别，四尊力士半裸上身，披肩于胸前打结，下身着短裤，尤其是两位女性力士雕像，胸前披肩花结下露出前胸，这是在中原墓葬中未曾发现的独特艺术形象。四力士身份大概是杨氏家奴，其面貌和装束表明他们的族属应该是当地的少数民族，而非拘谨的汉人。再有，在杨粲墓的男女墓室的腰坑内，各出土了一面铜鼓，而铜鼓是南方民族文化的代表性器物。近年来，我国考古工作者根据中国南方古代铜鼓的不同形制和纹饰，将其分为八个标准类型，而杨粲夫妇墓出土的两面铜鼓，后被定为遵义型铜鼓的标准器物，鼓制和花纹较为简单。以此来看，墓主的族属极可能为南方民族。

在杨粲墓两室过道旁有两尊刻有卷发造型人像浅浮雕。头顶托盘，跨步如飞，俱跣足，被考古学者称为"进贡人"石刻。他们体魄强壮，高鼻深目，一头卷发，双手戴手镯，上身着打结于胸前的披肩，下穿短裙，腰束带，双手托着盛有有闪闪发光的奇珍异宝盘子。有学者根据进贡的物品和外貌，认为"进贡人"是来自南海的"昆仑奴"①。有类似于杨粲墓卷发贡使外貌特征描述的，在清初《皇清职贡图》中的西南少数民族猓猡绘画图能看到。《遵义府志·风俗》载："土人在大定（今大方）者曰猓猡，本曰卢鹿。深目、长身、白齿、钩鼻。或曰，即罗鬼。仁怀（遵义）有之。"②另，清代学者顾炎武的《天下郡国利病书》中谈道："猓猡者，与四川建昌诸猓同类，纯服毡毳，男女俱跣足。"③从古文献可见猡猓族的特征虽与此雕像有某些相同之处。我们认为，他们不一定是进贡人，而是家仆的可能性较大。

那么《元史》和《杨氏家传》中的说法从何而来呢？仔细查阅相关史料，我们发现它们都出自杨氏的自我陈述。杨端被追认为播州始祖，目前已知记述最早的是杨文之时。1978年发现的第十五世杨文墓神道碑曰："本系出唐虞之后，伯侨食粟于□④，子孙因氏焉。汉以来聚族会稽，至鼻祖端，始入□□□□□□□于巴蜀之南鄙，近接珍、涪、南平、施、黔，远通湖北之沅、靖及广右之邕、宜等处，播乃国家藩屏也。"⑤而杨文"喜儒而好礼"，他很可能耻其先祖出于夷，于是修改了家族的历史记忆，但此时还不是指向山西太原。元末明初的《杨氏家传》，称杨端其先太原人，仕越之会稽，遂为其郡望族，后寓家京兆。（六世）昭无子，充广辍贵迁为之后，自是守播者皆业之子孙也。1940年，著名历史地理学家谭其骧先生根据掌握的史料，以及走访当地人的调查，写成了著名的《播州杨保考》一文，论证了两点：第一所谓杨氏的始祖杨端原籍为太原，是杨保汉化后的依附虚构之辞，不可据为信史；第二，播州土司杨氏是川南泸、叙两州边界羁縻州迁来播州的"泸夷"首领，后代逐渐汉化，故假借中原名门之后，重构家史。当代学者王兴骥、葛镇亚等考证杨氏籍贯为川南泸叙僚人，章光恺撰文认为杨氏可能为川南僰人。2015年海龙屯考古队李飞认为，"铁证也许还躺在黄土深

---

① 李飞：《昆仑奴：播州土官眼中的世界》，《当代贵州》2017年第19期。
② 道光《遵义府志》卷20《风俗》。
③ （清）顾炎武：《天下郡国利病书·云贵交阯·夤蛮》，《续修四库全书》，史部，第597册，上海古籍出版社2002年版，第504页。
④ 此碑残缺，据考此处应为"杨"字。
⑤ 何烨、陈季君、刘世野：《播州土司文化遗存图释》，中央民族大学出版社2015年版。

处，等待考古者轻轻唤醒。然而无论出身何处，杨氏心慕华夏及其对华夏的认同在各种表述中已流露至明。在这样的祖源追认中，边地人群的心理和文化已与中原渐趋一体，多元一体的中华共同体，正在潜移默化地凝聚成型。"① 随着播州土司考古工作的进一步开展，2021 年，他又谈到"出身'蛮夷'却宣称'华夏'的播州杨氏，选择唐宋华夏英雄为其祖源叙事中的先祖，表达了对华夏的认同以及对唐宋正朔的尊奉"②。

二　金杯银盏与金戈铁马：宋元际会中的杨氏家族

在遵义市新蒲新区新蒲村仁江河西岸，有一个规模较大的南宋合墓冢，墓道总面积约 361 平方米。2013 年 4 月，贵州省考古所为配合遵义市中桥水库建设对其水淹工程范围内的文物进行发掘后，判定是播州杨氏十四世土司杨价夫妇墓。它是迄今为止已发现的播州杨氏土司墓中唯一的土坑木椁墓（其余均为土坑石椁墓），也是唯一未经盗扰的杨氏土司墓葬。③ 墓葬平面呈凸字形，后端双室并列，中央有宽 2 米、长 17 米生土隔梁彼此隔开；前端两墓连为一体，共用一条墓道。虽然该墓棺

---

① 李飞：《海龙囤：悬在绝壁上的"土司宫殿"》，《中国国家地理》2015 年第 7 期。
② 李飞：《国事与家事：关于贵州遵义出土〈杨文神道碑〉的几个问题》，《四川文物》2021 年第 3 期，第 44—54 页。
③ 参见何烨、陈季君、刘世野《播州土司文化遗存图释》，中央民族大学出版社 2015 年版。

椁选用了本地的优质楠木材料，因埋葬于地下 800 余年，腐蚀程度较大，在发掘后被套棺运往中国社会科学院进行实验室考古。直到最近，其中的随葬品才逐步露出真颜，仅以出土的 40 余件精美的金银器而言，已经极为令人惊艳，无疑是南宋"播州盛世"的又一佐证。其中螭龙金杯和金盘是南宋杨氏墓葬出土的文物中，最具有代表性的金银器，因为这个金杯不仅工艺精湛，而且寓意深刻，它反映出典型的科举文化，亦可看成是后代对杨价为播州"开科取士"所做出贡献的奖杯。双螭首的金杯是采用了一种高浮雕的工艺，双螭缠绕其上，两螭首对称探出成为杯柄。金盘采用了捶揲的工艺，盘心为翻涌的浪花，双螭盘旋，口尾互衔。金杯、金盘上的教子升天纹是宋以后流行的纹饰，由天上的大龙和海水中的小龙组成，通过大龙呼唤小龙升天，来借喻父母教子成龙的愿望。

据悉实验室发现杨价棺椁内尸骨已经全无，但冠饰、覆面及胸前牌饰保存完好，颇为考究。有金质手串两只，腿部有金质脚串一只。还发现了金质环首铁刀、木胎髹漆镶嵌银皮盾牌和木质弓箭。单耳环、手镯、脚链、弓箭、盾牌、茶托……，这些遗物让我们脑海里一下子浮现出一个允文允武的民族英雄形象。与历史文献记载杨价"英伟沉毅,自少不群""好学,善属文"的特质相符。南宋末年,北方蒙元军队大举南下进攻南宋西南地区,战乱中蜀人纷纷南逃至播州境内避难。杨价、杨文父子严遵杨粲所定的"尽臣节"家训,积极参与抗击蒙元的战争。端平中,蒙元军队进犯四川,杨价激愤地说道:"此主忧臣辱时也,其可后乎?"播州土兵在杨氏率领下,开赴抗元前线,与南宋汉族军民一道保卫宋室而英勇抵抗。播州兵英勇善战,被朝廷授予雄威军称号,并逐渐成为西蜀战区抗击蒙元的主力部队之一。

杨价也因此深受到宋廷的荣宠和嘉许,南宋朝廷累诏授雄威军都统制、武功大夫、阁门宣赞舍人、右武大夫、文州刺史,赠开府仪同三司、威武宁武忠正军节度使,死后赐庙忠显,封威灵英烈侯。

不过杨价也绝非只是一介武夫,他以军功请命于朝廷,得岁贡3人,播州由此得开科举之先河。南宋理宗嘉熙二年(1238),播州人冉从周考中进士。当时,乡人引以为荣,欢呼本地人才"破天荒"。自冉从周后,播州考中进士的还有杨震、李敏子、白震、杨邦彦、杨邦杰、犹道明、赵炎卯等人。南宋时贵州进士也只有这八人。

在另一个地方,遵义高坪播州杨氏墓葬群,"负阴抱阳,背山面水",枫香塘河自西北流经这里,东岸峰峦叠嶂,西岸土地平旷,田畴交错,播州杨氏墓葬即分布在田野西边珍珠山北麓的地瓜堡、衙院等数道山梁上,体现出了中原文化的风水取向。1954年贵州省博物馆在考古调查中发现了此墓葬群。1972年春,相关文物部门对墓葬群进行了发掘清理,从出土的神道碑、圹志铭、墓志铭和修墓题记等文物,基本可以断定这些墓葬分别归属于播州杨氏土司中的杨文、杨昇、杨纲和杨爱。这些经过考古清理的杨氏墓葬,结构复杂,皆系夫妇合葬墓。每个墓冢当中,多者四个墓室,少者也有两个墓室。这些清理的墓葬由于多数已被盗掘,清理中发现的文物资料不太丰富,不过出土的《杨文神道碑》、杨文妻《田氏圹志铭》、杨昇及其妻田氏《墓志铭》、杨纲《墓志铭》等极富文献价值。这些播州墓葬夫妇合葬的形式,墓志铭的广泛使用,以及墓志铭文中体现的"忠孝"观念等,透露中这一时期播州土司上层浓厚的汉化倾向。

杨文(1220—1265),播州杨氏十五世,是时正值元兵进逼川鄂一带,杨文先后七次派兵援蜀。淳祐二年(1242),余玠为四川安抚制置使兼知重庆府，主持全川防务，张榜招贤纳策。播州安抚使杨文献"保蜀三策"，认为蒙古军连年挥师南下"若蹈无人之境"，是由于我方不能御敌于门户外的原因。"曷移镇利阆之间，经理三关，为久驻谋，此为上计也。今纵未能大举，择诸路要险建城壕，以为根底，此中计也。下则保江自守，纵敌去来耳。"① 余玠"伟其言"，最后采纳了中策。我们知道，蒙古军作战历来都尽量避免攻坚，多是利用骑兵用闪电式的进攻和疾风式的撤退，在进攻时又常常采用大迂回的战略战术，在敌方意想不到的地方出现，使之防不胜防，在打乱敌方部署后再突然向其腹心地带冲击，最后达到占领对方土地和征服对方的目的。后来的事态发展证明，杨文的这种分析是完全正确的。②

南宋朝廷料知蒙古军的计谋后开始了积极的部署，在泸、叙、思、播等地部署山城防御体系防，成为辰、沅、靖的最后一道防线。此时，宋朝加强与西南夷之联系，使之助其抗蒙之策，首以达思、播二郡，又遍及诸蛮部。后来，播人冉琎、冉璞兄弟在杨文的基础上将此计策具体化，并参与了合川钓鱼城等重庆山城防御体系的设计与修建，极大加强了四川防御力量。海龙屯成为国家山城防御体系的最后一道防线。

至开庆元年（1259），蒙古军向钓鱼城发起总攻，合州军民一致奋战，使蒙古军先锋汪得臣被炮石击伤致死，大汗蒙哥也在攻城中负伤，在送往后方途中死去，进攻四川的蒙军被迫撤军，护送蒙哥汗灵柩北还，于是解除了蒙古军的围攻。蒙哥的去世引发了阿里不哥与忽必烈的汗位之争，展开了历时达四年之久的激烈内战，大蒙古国分裂。播州人策划的钓鱼城及其战役对于南宋朝廷的延续，意义重大。南征长江流域的蒙军纷纷北撤，解除了南宋在西蜀战场的危机，蒙军的第三次西征行动停滞下来，缓解了蒙古势力对欧、亚、非等国的威胁，被称为"上帝折鞭之处"。通过这个事情，这说明当时的播州在西蜀川渝战场的地位至关重要，也说明播州军民在南宋朝廷已经受到重视。在南宋王朝危难关头，杨文的连战连捷，给播军以及播州杨氏在南宋王朝的秤上增加了砝码，播州杨氏的威望和实力在战争中得以提升。朝廷进封杨文为"中

---

① （明）宋濂：《文宪集》卷10《杨氏家传》，文渊阁《四库全书》，第1223册，第539页。
② 参见侯绍庄《两宋播州军民在抗击金蒙（元）斗争中的贡献》，《贵州师范大学学报（哲学社会科学版）》1996年第4期。

亮大夫、和州防御使、播州沿边安抚使、爵播州伯，食邑七百户，诏雄威将军加"御前"二字，以示优宠。岁赐盐帛给边用，著为令"。杨文卒于咸淳元年，赠金州观察使。

杨选以后，播州日益强大安宁，而此时之西川则屡遭蒙元入侵，兵戈扰攘，生民涂炭，因此大量蜀人和北方人迁徙播州；移民的进入，对中原文化在播州的传播起到了积极作用。

播州杨氏进入南宋以后，经过几代人的不断努力，大力发展经济和军事实力，使得军事力量在南宋时期进入全盛时期。参加过许多重要的战事，起到了一方土官"守箕裘、保疆土"作用，特别是为帮助南宋朝廷抗击蒙古军的进攻立下大功劳，延缓了南宋朝廷的灭亡时间。

三 从"汉英"到"元鼎"：元朝时杨氏土司势力达到了顶峰

位于遵义市区西南约五千米处的桃溪河畔，风景秀丽，古柏参天，这里曾是古代播州杨氏的官庄，桃溪寺原为杨氏桃溪庄内的家庙，称延禧寺。明万历二十八年（1600）"平播之役"，水西安疆臣进军播州，桃溪庄被焚毁。"平播"后，于延禧寺原址修建桃溪寺，规模如前。桃溪寺古墓群位于该寺右侧和后面的古丛林之中。桃溪寺墓最早见于元人输林国史院检阅官袁桷为杨汉英撰写的《杨公神道碑铭》的记载，"公薨之岁，秋七月葬于桃溪祖域之东"[①]。20世纪60年代早期，贵州省博物馆考古组调查发现桃溪寺群，并进行清理，有两座早年已开口，另两座封土如旧。但是1966年后桃溪寺古墓均道不同程度的藏坏。周围散落10来个柱础，墓坐西向东，墓门被打开，早年被盗，墓门被打开，墓顶不存，墓壁上雕刻风化严重，有花卉、武士等雕像。[②]

载入正史杨汉英。元朝建立后，时任杨氏首领杨邦宪审时度势，决定归附元朝，继续管理播州，成为杨氏家族的第一代土司。杨汉英系播州杨氏家族入元后的第二位土司。对王朝的政治认同使其于平定西南叛乱的征伐中屡建功勋，从而对维持大一统格局下西南边陲的一方平安起着积极作用。

---

① （元）袁桷：《清容居士集》卷26《杨公神道碑铭》，文渊阁《四库全书》，第1203册，第350页。

② 参见参见周必素等《牧司一方：播州杨氏土司墓葬管窥》，科学出版社2020年版。

附录二 播州杨氏土司墓群揭秘的播州史事 313

　　至元二十三年（1286），杨邦宪死，他年仅五岁的儿子杨汉英入朝，元世祖在大安殿召见了他，元世祖望了杨汉英良久，还抚摩了他的头，对身旁的臣子说："是儿真国器也！宜以父爵赐于他。"又言："杨氏母子孤寡，万里来庭，朕其悯之。"① 因袭父职，遂赐名赛因不花，授予他金虎符，龙虎卫上将军，南平、绍庆、珍州等地沿边宣慰使、播州军民宣抚使，可见元世祖对于杨汉英的器重。杨赛因不花一生被元世祖、成宗、仁宗接见近十次，杨汉英没有辜负元朝的厚望，在统治播州的三十余年中，恪尽职守，播州在政治上、军事上、文化上都有着明显的发展，同时在维护国家统一和民族地区发展方面做出了巨大贡献，杨氏家族的统治势力达到了顶峰。播州宣抚司辖地也不断扩大，包括今贵州的遵义、黔东南、黔南及重庆的綦江、南川等地，乌江以北的播州宣抚司本土即"江内之地"，乌江以南南宋以来的新开拓之地即"江外之地"，加上川黔交界的綦江南平等处、珍州思宁等处，绍庆府一带为"沿边溪洞"，成为称雄西南的大土司。《元史》记载了包括"播州军民安抚司"领"黄平府、平溪上塘罗骆家等处、水车等处、石粉罗家永安等处、六洞柔远等处……沿河祐溪等处"共计 30 多个蛮夷官。由此可见播州军民安抚司在西南土官中举足轻重，汉英成为杨氏家族中唯一立传于正史的人物。

　　仁宗延祐四年（1317），播州遭到"蛮族"入侵，杨赛因不花率兵

---

① 《元史》卷 165《杨赛因不花传》，第 3884 页。

前往征讨，不幸"急卒于军"，英年早逝，年仅四十。死后受到追封，诏赐推诚秉义功臣、银青荣禄大夫、平章政事、柱国，追封播国公，谥忠宣。

夫妇赏元曲，一宴六百年。与皇坟嘴墓地隔湘江相望的是赵家坝杨氏墓地，先后入葬元明鼎革时期的杨氏十九世土司杨忠彦、二十世土司杨元鼎和权殡厝葬（临时置棺待葬）的土司夫人。此墓地20世纪50年代调查时发现墓已被破坏，遗物几乎无存，唯有精美的石刻图还保存相对完好。

杨元鼎夫妇墓室左右壁龛皆线刻有相同的备宴图、演乐图，后壁龛都刻有代表墓主人的空交椅及身旁侍者，不同的是在男室当中，左右各六个着蒙古族衣饰侍者分站立椅后，其中三个武士两手交叉揣入袖筒，三文官分别手捧印盒、文书与茶杯，交椅空置，仿佛等着主人的到来；女室里，左右各三个侍女站立，其中有两位捧镜子，一位举着簪花，一位拿着外套，其余两位怀揣衣袖，交椅虚位以待主人，仿佛在静静地侍候女主人起床梳妆，但女主人却尚未起床。刻画惟妙惟肖，活灵活现，是土司日常生活场景再现。与左右的备宴图和演乐图相互衬托。女室《备宴图》，10个侍女，梳高冠髻、穿小袖对襟袄套长裙，两人拱手伫立，其余8人，有的执壶，有的托盘，有的上菜，有的送果品，一派即将举行盛宴的忙碌情景，跃然石上。另一块刻的是《演乐图》，8个女乐站在庭院中，神态雍容，或抱琵琶，或握横笛，或操月琴，正在为主人和宾客演奏。

贵州省博物馆将女室三幅壁龛雕刻图搬至省博保存至今。该台高出地面，平面为凸字形，三面观，有四柱支撑顶盖，与两侧廊庑相连。其台沿有勾栏，台上有歌舞伎手持乐器进行表演。有学者认为这幅图当为宋代戏台建筑的真实写照。而根据近年考古得知墓主人生活在元末明初的史实，我们认为这个戏台更像是元代亭阁式的舞台。元曲是盛行于元代的一种文艺形式，包括杂剧和散曲。在元代，女乐成为一个专门的职业，杨元鼎女室壁画戏台中间有五个女伎正在演奏散曲，右边一个在打拍子，左边两人在搬演杂剧，应是一台"综合性"的元曲艺术盛宴。

> 史载："汉英究心濂洛之学，为诗文，典雅有则。著有《明哲要览》九十卷、《桃溪内外集》六十卷。"[1] 可惜，其著作和史籍皆毁于明代平播战火中。他当政期间一直积极践行和深入传播中原文化，注重儒学文治教化，修建学官，使得播州一隅大量人才涌入，"南北士来者众"，杨汉英"皆量才用之"。[2] 由此可知，其主政期间播州人文环境大幅改善，播州中原化向前推进一步，促进了该地民族间的文化交流交融。《演乐图》体现了播州上层精英对华夏文化有了较为深入的理解和认识，因而注重高台教化，研习与推广中原文化。

我们注意到，在《杨氏家传》中，播州土司在元代的历史似乎被刻意忽略了，除了杨氏家族中唯一立传于正史的人物第十七世杨汉英外，只简略地提到了杨嘉贞、杨忠彦、杨元鼎和杨铿四位播州土司的承袭关系、官爵名号，却没有更多的事实记述。其中的原因不排除此时的中央王朝对杨氏家族已经充满了戒备。

元朝建立后，时任杨氏首领杨邦宪审时度势，决定归附元朝，继续管理播州，成为杨氏家族的第一代土司。上文提到的杨汉英在家族中起到承上启下的历史作用，将杨氏土司对元朝的认同推向了极致。可以想见，对于以反元立国的大明，看待杨氏这段历史的态度可能就颇为微妙了，《杨氏家传》中对这段家族史的淡化应是自保之举。

再有，元末至正二十年（1360），明玉珍据蜀称帝，国号大夏，定

---

[1] 柯劭忞：《新元史》，张京华、黄曙辉总校，上海古籍出版社2018年版，第4276页。
[2] 参见道光《遵义府志》卷31《土官》。

都重庆，播州为其所有。至正二十六年（1366）大夏国为朱元璋所灭。直到明洪武四年（1371），朱元璋遣使谕之，第二年，杨铿率同知罗琛、总管何婴、蛮夷总管郑瑚等归降，皆仍领旧职，播州再次回归中原王朝治下。朱元璋对杨氏迅速随势改换门庭的做法，充满了怀疑和戒备，曾多次敲打，如洪武五年，曰"尔先世，世笃忠贞，故使子孙代有爵土。然继世非难，保业为难。知保业难，则志不可骄，欲不可纵，志骄则失众，欲纵则灭身，尔能益励忠勤永保臣节，则可保世禄于永久矣。"① "（洪武）十四年遣使赉赐谕铿：'比闻尔听浮言，生疑贰。今大军南征，多用战骑，宜率军二万、马三千为先锋，庶表尔诚。'十五年城播州沙溪，以官兵一千人、土兵二千人戍之。"② 不仅训诫，而且次年还直接派出官兵镇守戍卫。可见，对一个强盛的中原王朝来说，播州这样一个事实上的独立王国的存在，怎可能不会心存芥蒂？而且播州的战略地位又非常重要，且看明人的描述，"东通思南，西接泸，北走綦江，南距贵州，万山一水，抱绕萦回，天生巢穴"③。在明朝加强国家化的大背景下，播州土司也自然低调许多，多多"备宴""演乐"了。

四 一抹余晖：陶俑中的土司仪仗

从明初杨铿献土附明至末代杨应龙反明覆亡，播州杨氏终被改土归流这一浩荡洪流所湮没，播州历史也由此进入了一个新纪元。杨氏的退出过于仓促和惨烈，以至于今人只能从浩瀚的史料和尘封地下的墓葬历史遗迹中窥探他们的生活。杨氏精心为自己构建了理想的亡灵世界，但同时招致了无数盗墓贼的光顾，大量珍宝的流失令人惋惜。万幸的是，盗墓者的眼光总被金银美玉所夺走，而那些矗立在墓中的陶俑因此躲过一劫。它们以小小的身躯承载了杨氏土司的落日余晖，是那个时代土司生活的真实缩影……

杨氏墓葬中出土的陶俑，主要以明代为主，大量发现于杨铿、杨升、杨炯、杨纲、杨辉墓中。其中第二十五代土司杨辉墓所出土的陶俑

---

① 《明太祖实录》卷108，洪武九年八月乙未。
② 《明史》卷312《土司传·四川土司二·播州宣慰司》，第8040页。
③ （明）王士性：《广志绎》，元明史料笔记丛刊，中华书局1981年版，第135页。

群因其数量庞大，种类齐全，造型丰富而闻名于世，成为贵州省博物馆珍贵典藏之一，是研究明代服饰艺术、雕塑艺术和仪仗制度的第一手资料。这组陶俑全称为"杨辉墓彩釉陶俑"，共 70 件。陶俑质地为灰胎细夹砂陶，部分表面施釉，有黄、绿、黑三种釉色。周必素等著《牧司一方》一书认为杨辉墓陶俑类型分为仪仗俑、乐俑、侍俑和持物俑四类。骑马俑头部分别戴六合一统帽、尖顶小帽、宽沿尖顶笠子帽以及幞头，身穿右衽窄袖裤褶、圆领窄袖袍、对襟窄袖裤褶等，腰束带，足蹬马镫之上，除持物俑外其余手作持缰之态，威风凛凛，肃穆挺拔。而持物俑手持印节，背物俑背负行军包袱、锅具与马扎，武士俑腰佩利剑，行列整齐，大有彰显文治武功的强者气势。执伞俑、轿夫俑、牵马俑则穿戴相同，作扛伞、起轿和牵马的姿态，各司其职，尽心尽力地服侍着墓主。

"中国古代墓葬埋藏俑的习俗盛行于秦汉至隋唐时期，宋代伴随着纸质明器的流行，俑已开始变少，元明以后俑在一般人的墓葬中已不多见。"[1] 因此明代陶俑大多出土于帝王、藩王及品级较高的官员陵墓当中。播州杨氏土司作为雄踞西南的地方势力，自然会受到此类风气的影

---

[1] 刘毅：《明代帝王陵墓制度研究》，人民出版社 2005 年版，第 426 页。

响。明代播州杨氏土司的风华岁月定格在小小的陶俑之上，即使尘封数百年，也难以掩盖当年的辉煌。随着一扇扇墓门的关闭，杨氏土司的百年功过终归于尘土，而墓门内的陶俑们则侍奉着土司的地下生活。

服饰是识别一个族群的重要标志，也是身份与地位的标识。一件服饰的造型、用料、色彩都一定程度上反映了本地区族群的心理特征和文化取向。播州杨氏土司身为少数民族地区首领，始终秉持着一颗"慕华风"之心，接受着明廷对于服饰的严格要求。自洪武六年（1373）以来，规定："凡服色职官一品二品，用杂色文绮绫罗彩绣，帽顶帽珠用玉。三品至五品用杂色文绮绫罗，帽顶用金帽珠除玉外随所用。六品至九品用杂色文绮绫罗，帽顶用银帽珠玛瑙水晶香木。庶民用䌷绢纱布巾环，不得用金玉玛瑙珊瑚琥珀。掾吏、令史、书吏、宣使奏差，凡未入流品者，并同庶民，帽不用顶，帽珠许用水晶、香木。校尉只孙、束带、幞头、靴鞋。"据上文对比而言，杨辉墓中的陶俑基本符合明代对于文武官员及差吏厮卒的服饰规范，形象地显示出以汲取华风、辨别贵贱、维护秩序为主的服饰观念深入于播州上层社会。

除了服饰文化之外，这组陶俑所表现出的土司仪仗场面令人惊叹。《明史》曰，仪仗之用在于"谨出入之防，严尊卑之分。慎重则尊严，尊严则整肃，是故文谓之仪，武谓之卫"①，声势浩大的仪仗队是主人身份地位的象征，这70人的队伍中，既有警示百姓的乐器，又有严密周详的安保，还有持物负重的劳役，可谓兼具仪式感与务实性，亦包含着播州杨氏土司运用中原文化的礼仪。不过，明律规定凡官员仪从，"一品至三品，六人"②。而西南土司由于"多取羁縻，竟存放任"，出行常常"鼓众讙噪而出"③，"趾高而气扬"④。杨辉墓中此场面尽显了

---

① 《明史》卷64《仪卫》，第1587页。
② 《大明会典》卷59《官员礼》。
③ 《明史》卷211《石邦宪传》，第5597页。
④ 《皇朝经世文续编》28《吏政》11《吏胥》。

土司出行时的威风张扬。史载:"(杨)辉在日,溺其庶子友,欲令承袭"①,致使嫡庶子渐生嫌隙,为日后内乱埋下了隐患。成化十一年(1475)土官同知罗宏奏:"辉有疾,欲援例,令爱就彼职。"此后,杨爱袭播州宣慰使职,杨友领宣抚使职。然而,杨友夺嫡之心不改,杨爱、杨友兄弟为取播州宣慰司的统治权激烈内讧,形成了两强相争局面,播州杨氏在内斗中日渐衰落。

结论:播州杨氏土司墓葬群,堪称中国古代文化的一座宝库。墓葬及其大量遗存向我们揭示一个重要的历史真相:一千多年前,中原的华夏文化,乃至儒家文化就已传播到这遐荒之地,在这里落地生根发芽,开花结果,同时,产生了华夏文化与当地少数民族文化相互融合的混合型文化。这种文化为中华民族共同体的形成,为多元一体的中华民族文化的形成,提供了一个有力的实证。

---

① 《明史》卷312《土司传·四川土司二·播州宣慰司》,第8042页。

参考文献

一 古籍类

（汉）司马迁：《史记》，中华书局1963年版。
（汉）班固撰，（唐）颜师古注：《汉书》，中华书局1964年版。
（汉）刘向撰，向宗鲁校正：《说苑校正》，中华书局1987年版。
（汉）许慎：《说文解字》，中华书局1963年版。
（晋）常璩撰，刘琳校注：《华阳国志》，四川大学出版社2007年版。
（唐）魏徵等撰：《隋书》，中华书局1973年版。
（唐）李吉甫：《元和郡县图志》，中华书局1983年版。
（唐）杜佑：《通典》，中华书局1984年版。
（唐）陆羽：《茶经》，湖南人民出版社2009年版。
（唐）令狐德棻等：《周书》，中华书局1971年版。
（后晋）刘昫等：《旧唐书》，中华书局1975年版。
（宋）欧阳修、（宋）宋祁：《新唐书》，中华书局1975年版。
（宋）范晔撰，（唐）李贤等注：《后汉书》，中华书局1965年版。
（宋）王存撰，王文楚、魏嵩山点校：《太平寰宇记》，中华书局1984年版。
（宋）朱辅：《溪蛮丛笑》，文渊阁《四库全书》，台湾商务印书馆1986年版。
（宋）祝穆：《方舆胜览》，中华书局2003年版。
（宋）司马光：《资治通鉴》，中华书局2011年版。
（宋）李昉：《太平广记》，中华书局1961年版。
（元）孛兰肹等著，赵万里校辑：《元一统志》，中华书局1966年版。
（元）刘应李：《大元混一方舆胜览》，四川大学出版社2003年版。
（元）郝经：《陵川集》，《北京图书馆古籍珍本丛刊》，书目文献出版社

1996年版。

（元）脱脱等：《宋史》，中华书局1977年版。

（明）宋濂等：《元史》，中华书局1976年版。

（明）陈邦瞻：《元史纪事本末》，中华书局1979年版。

（明）陈子龙：《明经世文编》，中华书局1962年版。

（明）陈循：《寰宇通志》，文渊阁《四库全书》，台湾商务印书馆1986年版。

（明）顾炎武：《天下郡国利病书》，上海古籍出版社2012年版。

（明）李化龙：《平播全书》，《续修四库全书》，史部，上海古籍出版社2002年版。

（明）李贤等撰：《大明一统志》，三秦出版社1990年版。

（明）刘大谟、杨慎等：《（嘉靖）四川总志》，书目文献出版社1996年版。

（明）申时行：《明会典》，中华书局1989年版。

（明）沈德符：《万历野获编》，中华书局1959年版。

（明）沈国元：《皇明从信录》，《续修四库全书》，史部，上海古籍出版社2002年版。

（明）宋濂：《宋濂全集·杨氏家传》，浙江古籍出版社1999年版。

（明）王耒贤、许一德纂修：《（万历）贵州通志》，书目文献出版社1991年版。

（明）王圻：《续文献通考》，《四库全书存目丛书》，子部，齐鲁书社1995年版。

（明）虞怀忠：《（万历）四川总志》，《四库全书存目丛书》，史部，齐鲁书社1995年版。

（明）张瓒：《东征纪行录》，中华书局1985年版。

（明）朱元璋：《明太祖宝训》，"中央研究院"历史语言研究所校印本1967年版。

（明）诸葛元声：《两朝平攘录》，《续修四库全书》，史部，上海古籍出版社2002年版。

（明）李贤：《蜀中广记》，文渊阁《四库全书》，台湾商务印书馆1986年版。

（明）宋濂：《宋濂全集》，人民文学出版社2014年版。

（明）何乔新：《勘处播州事情疏》，《丛书集成初编》，中华书局1985年版。

（明）谈迁：《国榷》，中华书局1958年版。

《明实录》，"中央研究院"历史语言研究所1962年版。

（清）张廷玉等：《明史》，中华书局1974年版。

（清）谷应泰编：《明史纪事本末》，中华书局1977年版。

（清）爱必达：《黔南识略》，《中国地方志集成·贵州府县志辑》，巴蜀书社2006年版。

（清）毕沅：《续资治通鉴》，中华书局1957年版。

（清）毛奇龄：《蛮司合志》，《四库全书存目丛书》，史部，齐鲁书社1995年版。

《朱批谕旨》，《景印摛藻堂四库全书荟要》，史部，世界书局1988年版。

（清）禹坡纂辑：《（嘉庆）仁怀县草志》，《中国地方志集成·贵州府县志辑》，巴蜀书社2006年版。

（清）常明等修，杨芳灿、谭光祜纂：《（嘉庆）四川通志》，《中国地方志集成·四川省县志辑》，凤凰出版社2011年版。

（清）顾祖禹：《读史方舆纪要》，中华书局2005年版。

（清）李台修，王孚镛纂：《（嘉庆）黄平州志》，《中国地方志集成·贵州府县志辑》，巴蜀书社2006年版。

（清）彭而述：《明史断略》，《四库未收书辑刊》，第三辑，北京出版社2000年版。

（清）邵远平撰：《元史类编》，上海古籍出版社2002年版。

（清）吴肃公：《街南续集》，《四库禁毁书丛刊》，集部，北京出版社2001年版。

（清）张岱：《石匮书》，《续修四库全书》，史部，上海古籍出版社2002年版。

（清）崇俊修，（清）王椿纂，（清）王培森校补：《（光绪）增修仁怀厅志》，《中国地方志集成·贵州府县志辑》，巴蜀书社2006年版。

（清）鄂尔泰等修，（清）靖道谟，（清）杜诠纂：《（乾隆）贵州通志》，《中国地方志集成·贵州府县志辑》，巴蜀书社2006年版。

（清）平翰等修，（清）郑珍，（清）莫友芝纂：《（道光）遵义府志》，

《中国地方志集成·贵州府县志辑》，巴蜀书社 2006 年版。

（清）黄宅中修，（清）邹汉勋纂：《（道光）大定府志》，《中国地方志集成·贵州府县志辑》，巴蜀书社 2006 年版。

司义祖整理：《宋大诏令集》，中华书局 1962 年版。

陈高华等点校：《元典章》，中华书局 2011 年版。

（民国）胡仁修，李培枝纂：《（民国）绥阳县志》，《中国地方志集成·贵州府县志辑》，巴蜀书社 2006 年版。

（民国）柯劭忞：《新元史》，上海古籍出版社 1989 年版。

（民国）李世祚修，犹海龙等纂：《（民国）桐梓县志》，《中国地方志集成·贵州府县志辑》，巴蜀书社 2006 年版。

（民国）张其昀主编：《（民国）遵义新志》，《中国地方志集成·贵州府县志辑》，巴蜀书社 2006 年版。

（民国）赵尔巽等：《清史稿》，中华书局 1977 年版。

（民国）周恭寿修，赵恺、杨恩元纂：《（民国）续遵义府志》，《中国地方志集成·贵州府县志辑》，巴蜀书社 2006 年版。

二　当代文献

（一）工具书、著作

《播州罗氏·锦水支谱》，播州罗氏锦水支谱编纂委员会，2012 年版。

《中国民族问题资料·档案集成》，第 2 辑《中国少数民族简史丛书》，第 14 卷，中央民族大学出版社 2005 年版。

道真仡佬族苗族自治县民族志编纂委员会编：《道真仡佬族苗族自治县民族志》，贵州人民出版社 1994 年版。

费孝通：《中华民族多元一体格局》，中央民族大学出版社 2018 年版。

葛兆光：《宅兹中国：重建有关"中国"的历史论述》，中华书局 2011 年版。

龚荫：《中国土司制度史》，四川人民出版社 2012 年版。

贵州省博物馆编：《贵州省墓志选集》，贵州省博物馆 1986 年版。

贵州省地方志编纂委员会编：《贵州省志文物志》，贵州人民出版社 2003 年版。

贵州省历史文献研究会编：《二十四史贵州史料辑录》，贵州民族出版社 2001 年版。

贵州省民族研究所编：《〈明实录〉贵州资料辑录》，贵州人民出版社1983年版。

贵州省民族研究所编：《贵州的少数民族》，贵州人民出版社1980年版。

贵州省仁怀县地方志编纂委员会编：《仁怀县志》，贵州人民出版社1991年版。

贵州省文史研究馆点校：《贵州通志·前事志》，贵州人民出版社1985年版。

贵州省文史研究馆点校：《贵州通志·土司土民志》，贵州人民出版社2008年版。

贵州省文物考古研究所等编著：《海龙囤》，科学出版社2022年版。

贵州省遵义地区文物管理委员会、遵义地区文化局编：《遵义地区文物志》，1984年版。

贵州省遵义市地方志编纂委员会编：《遵义地区志·民族志》，贵州人民出版社1999年版。

贵州省遵义县县志编纂委员会编：《遵义县志》，贵州人民出版社1992年版。

贵州通史编委会编：《贵州通史》，当代中国出版社2002年版。

贵州仡佬族学会编：《仡佬族文化百科全书》，贵州民族出版社2002年版。

国家民委《民族问题五种丛书》编委会编：《中国民族问题资料·档案集成》，中央民族大学出版社2005年版。

何仁仲等：《贵州通史》，当代中国出版社2002年版。

何烨、陈季君、刘世野：《播州土司文化遗存图释》，中央民族大学出版社2015年版。

黄怀信：《逸周书校补注释》，西北大学出版社1996年版。

黄润蓬等：《贵州旅游诗词选》，贵州人民出版社2006年版。

江应樑主编：《中国民族史》，民族出版社1990年版。

李飞：《复活的土司城堡：海龙囤考古手记》，贵州教育出版社2014年版。

李梦生：《左传译注》，上海古籍出版社1998年版。

刘作会：《平播之役400年学术讨论会论文集》，贵州人民出版社2002

年版。
六愚：《风水论：风水探源与本质探讨》，武陵出版有限公司2010年版。
罗开玉：《丧葬与中国文化》，三环出版社1990年版。
彭福荣、李良品、傅小彪：《乌江流域民族地区历代碑刻选辑》，重庆出版社2007年版。
钱穆：《中国历代政治得失》，九州出版社2012年版。
屈川：《都掌蛮：一个消亡民族的历史与文化》，四川人民出版社2004年版。
思南县志编纂委员会办公室编：《嘉靖·道光·民国·思南府、县志（点校本）》，内部出版，2002年。
四川文物考古研究院编著：《华蓥安丙墓》，文物出版社2008年版。
谭其骧主编：《中国历史地图集》，中国地图出版社1982年版。
田玉隆、田泽、胡东梅：《贵州土司史》，贵州人民出版社2006年版。
王明珂：《华夏边缘：历史记忆与族群认同》，浙江人民出版社2013年版。
王明珂：《英雄祖先与弟兄民族：根基历史的文本与情境》，中华书局2009年版。
王清敏：《黔北仡佬族当代作家作品选：诗歌散文卷》，民族出版社2012年版。
翁家烈：《仡佬族》，民族出版社2005年版。
吴永章：《中国土司制度渊源与发展史》，四川民族出版社1988年版。
夏征农主编：《辞海》，1999年缩印本，上海辞书出版社2000年版。
徐吉军：《中国丧葬史》，江西高校出版社1998年版。
徐杰舜主编：《人类学教程》，上海文艺出版社2005年版。
许倬云：《说中国：一个不断变化的复杂共同体》，广西师范大学出版社2015年版。
薛维主编：《凤冈历史微澜》，中国文史出版社2016年版。
尤中：《中国西南民族史》，云南人民出版社1985年版。
张勋燎、白彬：《隋唐五代宋元墓葬出土神怪俑与道教》，《中国道教考古》，线装书局2006年版。
张寅：《多元文化背景下的民族国家建构》，云南人民出版社2014年版。

中国第一历史档案馆藏:《朱批奏折》,民族事务类,中华书局1996年版。

周必素等著:《牧司一方》,科学出版社2020年版。

朱国祯:《涌幢小品》,《续修四库全书》,子部,上海古籍出版社2002年版。

遵义市汇川区高坪镇编:《遵义市汇川区高坪镇志》,方志出版社2012年版。

遵义市建设委员会编:《遵义市城建志(1776—1989)》,1993年印刷。

遵义市政协宣教文卫委员会:《明实录·播州资料辑录》,2006年印刷。

[美]杜赞奇:《文化、权力与国家:1900—1942年的华北农村》,王福明译,江苏人民出版社1996年版。

[美]拉铁摩尔:《中国的亚洲内陆边疆》,江苏人民出版社2008年版。

Anthony. D. Smith, *National Identity*, Reno: University of Nevada Press, 1991.

Mark C. Elliott, *The Manchu Way: The Eight Banners and Ethnic Identity in Late Imperial China*, Stanford: Stanford University Press, 2001.

Max Weber, *Economy and Society Volume 1*, Berkeley: University of California Press, 1978.

(二)论文

段红云:《明清时期云南边疆土司的区域政治与国家认同》,《广西民族大学学报》2015年第5期。

多国丽:《多氏土司——"忠勇守国"500年》,《看历史》2012年第12期。

范同寿:《评鉴"播州文化"》,《当代贵州》2008年第7期。

方铁:《论羁縻治策向土官土司制度的演变》,《中国边疆史地研究》2011年第2期。

贵州省博物馆:《遵义高坪"播州土司"杨文等四座墓葬发掘记》,《文物》1974年第1期。

韩昇:《"天下"与"蛮夷"——古代中国的国家认同》,《中国国家历史·壹》,人民出版社2014年版。

贺金瑞、燕继荣:《论从民族认同到国家认同》,《中央民族大学学报》

2008年第3期。

侯绍庄：《两宋播州军民在抗击金蒙（元）斗争中的贡献》，《贵州师范大学学报（哲学社会科学版）》1996年第4期。

黄阿明：《成化年间播州杨氏动乱探析》，《贵州社会科学》2006年第4期。

贾志斌：《如何加强少数民族大学生的国家认同教育》，《西北民族大学学报》2011年第1期。

蒋廷瑜：《粤式铜鼓》，《古代铜鼓学术讨论会论文集》，1982年版。

李飞：《又见皇木》，《贵州都市报》2012年12月14日，第15版。

李良品、邹淋巧：《论播州"末代土司"杨应龙时期的民族关系》，《贵州民族研究》2010年第5期。

李世愉：《明朝土司制度述略》，《中国边疆史地研究》1994年第1期。

李世愉：《试论"土司文化"的定义与内涵》，《遵义师范学院学报》2016年第2期。

刘利平：《"播州之役"军费考》，《中国边疆史地研究》2012年第3期。

彭福荣：《试论中国土司国家认同的实质》，《青海民族研究》2016年第4期。

齐东方：《唐代的丧葬观念习俗与礼仪制度》，《考古学报》2006年第1期。

沈乾芳：《明清时期土司国家认同——以滇西陇川宣抚司为视角》，《青海民族研究》2017年第4期。

谭其骧：《播州杨保考》，《贵州民族学院学报（哲学社会科学版）》1982年第1期。

田敏：《论思州田氏与元明思州宣慰司》，《民族研究》2001年第5期。

汪建初：《海龙屯的历史价值对当代治国理政的启示》，《土司制度与土司文化新论》，中央民族大学出版社2016年版。

王明珂：《根基历史：羌族的根基历史》，黄应贵主编：《时间、历史与记忆》，台北"中央研究院"民族研究所1999年版。

王兴骥：《播州土司势力的扩展及地域考释》，《贵州文史丛刊》1993年第2期。

王兴骥：《明代西南少数民族地区的茶马贸易》，《贵州师范大学学报

（社会科学版）》2003年第6期。

吴炳鋕：《漫谈施食度炼科仪》，《中国道教》2001年第3期。

许纪霖：《国家认同与家国天下》，《华东师范大学学报》2014年第4期。

许立坤：《浅论明代对少数民族的军事政策》，《广西社会主义学院学报》2000年第2期。

杨祖垲：《资中宋右丞相赵雄墓记实》，《四川文物》1995年第6期。

姚大力：《变化中的国家认同——对中国国家观念史的研究述评》，《原道》2010年辑刊。

张仁玺，冯昌琳：《明代土贡考略》，《学术论坛》2003年第3期。

张祥光：《播州建置沿革与杨氏始末》，《贵州师范大学学报》1980年第2期。

章光恺：《播州杨氏族属初探》，《贵州文史丛刊》1982年第4期。

周必素：《播州杨氏土司墓葬研究》，《贵州民族研究》2008年第5期。

周琼：《土司制度与民族生态环境之研究》，《原生态民族文化学刊》2012年第4期。

左永平：《论土司制度与国家认同的建构》，《普洱学院学报》2013年第5期。

四川省文物管理委员会：《虞公著夫妇合葬墓》，《考古学报》1985年第3期。

陈季君：《"海龙屯"地名的历史地理研究》，《遵义师范学院学报》2012年第6期。

陈季君、安奇毅：《西方学术视野下土司地区的民族融合》，《遵义师范学院学报》2017年第6期。

后　　记

《播州土司文化与国家认同研究》是笔者呈现给读者关于播州土司研究的一部新著，与旧著《播州民族文化研究》《播州土司史》不同，尽管都是专论播州土司，但视野并不限于播州。此书提笔时尚满头青丝，杀青之时已是两鬓霜花，"十年饮冰，难凉热血"，这十年，正逢行政工作繁杂，家有卧病床榻的高龄父亲，还遇上病毒突袭下至爱老父亲悲苦离世……心力交瘁，课题研究几经中断……但生活还要继续，课题总得完成，假期、周末、晚上是大多高校教师的科研时间，十年青灯黄卷，拙作终于付梓，感慨良多。

首先要感谢中国社会科学院古代史研究所李世愉先生、西南大学历史地理研究所蓝勇先生、吉林社科院李治亭先生等对本课题的指导，为此书提出许多宝贵意见。本书能够顺利在中国社会科学出版社出版，还要感谢宋燕鹏编审，2021年他到学校来学术交流时，我正在考虑把已经结题两年的国家社科项目成果出版，他审读了书稿后，对宏观视野下一个西南土司长时段研究产生了兴趣，并最终促成了拙作的出版。如果不是遇到这位热心为学人服务的编辑，本书的出版还不能这么顺利。另外，本书出版还得到了遵义市铸牢中华民族共同体意识研究基地的资助，在此一并谨表谢忱！

还要感谢团队成员，本课题组成员有郗玉松、李士祥、裴恒涛、党会先、彭恩、陈旭，我们曾冒着严寒酷暑深入播州历史的现场，数次登上海龙屯，多次深入黔北民族村寨进行田野调查，努力搜寻历史的记忆，他们还帮助查找了很多的文献资料，可以说没有他们的支持，在四年完成这一课题，恐怕是很难的事情。

应该感谢的人绝不止以上提到的几位，还有我的家人、友人、同事和学生等，因篇幅所限，此处就不一一详列了。总之，做学问绝非易事，没有众人的帮助，拙作是不可能付梓出版的。

  由于播州土司文化因子复杂，有些问题还需要进一步研究，如播州"五司七姓"的共时和地望，播州杨氏早期历史等，也望有识者共同完成。笔者绠短汲深，文中难免有疏漏和不妥之处，敬请方家指正。

陈季君于方舟书屋
2024 年 3 月 5 日